Walter Nigg

Franz Overbeck
Versuch einer Würdigung

Walter Nigg, 1903 in Luzern geboren, studierte Philosophie und Evangelische Theologie. Neben einer Professur an der Universität Zürich amtierte er als Pfarrer im zürcherischen Dänikon, wo er 1988 starb.

Walter Niggs Bücher handeln von bedeutenden, jedoch in Vergessenheit geratenen Persönlichkeiten aus der Geschichte des Christentums. Seine feinsinnigen Porträts über Heilige, Denker, Künstler oder Ketzer zeichnen sich durch die poetische Sprache und ihre Wissenschaftlichkeit aus.

Walter Nigg leistete einen bedeutenden Beitrag zur ökumenischen Annäherung der christlichen Konfessionen.

Wir danken Ortrud Nigg für die großzügige
Unterstützung dieser Publikation.

Erste Auflage Frühling 2009

info@roemerhof-verlag.ch, www.roemerhof-verlag.ch
Titel der Originalausgabe: Franz Overbeck.
Versuch einer Würdigung. Erstmals erschienen 1930 bei
C. H. Beck'sche Verlagsbuchhandlung

Lizenzausgabe mit freundlicher Genehmigung
der Diogenes Verlags AG, Zürich

Druck und Bindung: Books on Demand GmbH, Norderstedt
Papier: Cremeweiss, 90g/m^2
Foto Cover: Wir danken der Öffentlichen Bibliothek
der Universität Basel, Abteilung Handschriften und Alte Drucke,
für das zur Verfügung gestellte Bild

ISBN 978-3-905894-02-8

Tschutschka De T … zu eigen

Vorwort

Walter Nigg

Eine Darstellung von Overbecks Lebenswerk existierte bis dahin noch nicht. C. A. Bernoullis zweibändiges Werk über »Franz Overbeck und Friedrich Nietzsche« will ausdrücklich keine »detaillierte Einführung in Overbecks fachwissenschaftliche Arbeiten«[1] geben. Es handelt sich in Bernoullis Werk in erster Linie um die Overbecksche Tradition über Nietzsche. Das bleibende Verdienst von Bernoullis Arbeit ist, Overbeck für alle Zeiten als den treuesten Freund Nietzsches – allen Verunglimpfungen zum Trotz – in die Nietzsche-Literatur eingeführt zu haben. In diesem Bestreben hat Bernoulli in Ernst Horneffer »Nietzsches letztes Schaffen«[2] einen Vorgänger und in Charles Andlers mehrbändiger Nietzsche-Biographie[3] und neuerdings in E. F. Podach »Nietzsches Zusammenbruch«[4] zwei Nachfolger.

Im Unterschied zu diesen Werken will die vorliegende Monographie ausschließlich Overbeck allein zur Darstellung bringen. Sie versucht zum erstenmal Overbecks Lebensarbeit, die in einer Unmenge von Zetteln vorliegt, unter bestimmten Kategorien geordnet, zusammenzufassen. Durch diese Zusammenfassung soll von dieser verkannten Gestalt ein geschlossener Eindruck vermittelt und zugleich Overbeck der selbständige Platz in der Geistesgeschichte gesichert werden.

Zu diesem Zwecke zog sie die ganze Produktion Overbecks, von den ersten Rezensionen bis zum unveröffentlichten Nachlaß, in den Kreis ihrer Betrachtung. Die Einbeziehung des unveröffentlichten Nachlasses wäre nicht möglich gewesen, wenn mir Herr Prof. Bernoulli nicht in generösester Weise die ungehinderte Benützung des ihm persönlich gehörenden Nachlasses für meine Arbeit gestattet hätte. Für diese hochherzige Freigebigkeit kann ich Herrn Prof. Bernoulli auch an dieser Stelle nicht genug danken. Dank der Benützung des Nachlasses darf die Monographie den Anspruch erheben, ein vollständiges Bild von Overbecks Leistung zu geben.

Um die größtmögliche Vollständigkeit zu erreichen, wurden auch aus dem unveröffentlichten Nachlaß Stellen zitiert, die sich einer Nachkontrolle entziehen. Für die wörtliche Zitierung aller dieser im Quellennachweis gekennzeichneten Stellen stehe ich selbstverständlich ein. Das Ungewöhnliche dieses Vorgehens dürfte verständlicher werden, wenn ich hier über die Beschaffenheit von Overbecks Nachlaß einige Auskunft gebe.

Overbecks handschriftlicher Nachlaß – der sich gegenwärtig im Handschriftengewölbe der Universität Basel befindet – besteht aus über 30 Kartons, die in zwei Abteilungen, Historica und Exegetica, eingeteilt sind. Jeder Karton enthält zirka 300 lose Blätter, die Aufzeichnungen von einem Satz bis zu zusammenhängenden Ausführungen von über 60 Blättern aufweisen. Diese Blätter stellen den nach Stichworten alphabetisch geordneten Zettelkatalog dar, den Overbeck von Beginn seiner Privatdozentenlaufbahn bis zu seinem Tode geführt hat. Datiert sind diese Notizen mit wenig Ausnahmen nicht. Inhaltlich enthalten die Blätter neben Literaturangaben, Exzerpten aus Büchern und Übersetzungen eine Fülle von Reflexionen, meist polemische Auseinandersetzungen mit Gelehrten, Bemerkungen über die eigene Lektüre, tagebuchartige Aufzeichnungen usw. Es versteht sich nach dem Gesagten wohl von selbst, daß eine auch nur annähernd vollständige Edition dieses Nachlasses nie in Frage kommen kann. – Vielmehr hat Bernoulli den einzig richtigen und gangbaren Weg beschritten, indem er eine Auswahl publizierte.* Meine Arbeit enthält eine Nachlese, die dem Buche die Urkundlichkeit gibt, die Overbeck als eines der ersten Erfordernisse aller historischen Arbeiten bezeichnete.

Die Darstellung erhebt den Anspruch, rein wissenschaftlich zu sein. Es wird zwar in den letzten Jahren wiederum stärker Sitte, auch mit einer historischen Arbeit ein theologisches Zeugnis zu verbinden, wenn nicht gar mit prophetischer Geste die hehren Geschehnisse zu künden. Solchen Bestrebungen gegenüber hat Max Weber mit sarkastischem Spott denjenigen, der Erbauung sucht, ins Konventikel und den, der Schau begehrt, ins Kino gewiesen. Die vorliegende Arbeit verzichtet deshalb bewußt auf jedes Kerygma und auf jeden dithyrambischen Ton und bemüht sich, in sachlicher Nüchternheit das Werk Overbecks herauszuarbeiten. Die trockene Luft wissenschaftlicher Untersuchung wird der wirklichen Förderung bekömmlicher sein als der Wortschwall ekstatischer Rhetoren.

Vielleicht ist es nicht ganz überflüssig zu bemerken, daß sich diese Schrift an unvoreingenommene und, wie Overbeck einmal sagt, des fragenden Sinnes nicht ganz entbehrende Leser wendet, an solche, die auch einmal dem Gedankengang eines unbequemen Mannes ruhig folgen können. Es dürfte deshalb nicht unnötig sein, an das Wort zu erinnern, das der alte Claudius in seinem Wandsbecker Boten über Lessing äußerte: »Ob ich gleich

---

* Gegen Bernoullis Herausgabe von »Christentum und Kultur« wurde von verschiedener Seite der Verdacht geäußert, er habe den Text Overbecks willkürlich ausgewählt und einer Bearbeitung unterzogen. Da ich bei meiner Benützung des Nachlasses auf eine unfreiwillige Art Gelegenheit erhielt, Bernoullis Arbeit nachzukontrollieren, möchte ich nicht versäumen, alle diese Anschuldigungen als vollständig unbegründet zurückzuweisen. Fraglos ist jede Auswahl subjektiv gefärbt. Man muß aber Bernoulli zubilligen, daß er mit richtigem Instinkt das Bedeutende aus diesem ungeheuren Material herausgegriffen hat. Die Vermutung, es fänden sich in Overbecks Nachlaß noch andere, vielleicht mildere Urteile als die publizierten, besteht nicht zu Recht. Der Text von »Christentum und Kultur« stammt nur von Overbeck. Bernoulli hat lediglich – wie auch ich bei meiner Benützung – Abkürzungen ausgeschrieben, offenkundige Schreibfehler und gelegentlich die Interpunktion berichtigt. Sinnverändernde Korrekturen habe ich keine feststellen können.

sein credo nicht annehmen kann, so halte ich doch seinen Kopf hoch.«[5] Wenn aber vor bald 130 Jahren einem frommen Manne eine so vornehme Beurteilung möglich war, sollte das heute auch in der Wissenschaft allgemein der Fall sein.

Stein App. (Schweiz), Herbst 1930

Bildnis der Persönlichkeit

Franz Camille Overbecks Leben bietet auf den ersten Blick nichts Auffallendes und Außerordentliches. Es ist das typische Gelehrtenleben in geordneten Verhältnissen. Innerhalb der engen Ufer eines einfachen und schlichten Professorendaseins spielte sich aber ein innerlich sehr reiches und stark bewegtes Leben ab.

Am 16. November 1837 wurde Overbeck in Petersburg geboren. Sein Vater war Kaufmann und kurz vor Overbecks Geburt von England nach Rußland übergesiedelt. Der Abstammung nach war Overbeck Deutscher. Der Großvater war aus Frankfurt a. M. nach England ausgewandert und großbritannischer Bürger geworden. Die Kontinentalsperre Napoleons hatte seine Existenz zum Scheitern gebracht. Die Mutter Overbecks war eine katholische Französin. Als kleines Kind wurde Overbeck von Petersburg nach Paris zu Verwandten seiner Mutter gebracht und erhielt seine erste Erziehung in der französischen Hauptstadt. In einem Internat zu Paris sang der Knabe anläßlich der Februarrevolution, in blauem Frack und gelben Hosen, im Chor der Schuljugend die Marseillaise mit. Eine Frucht seiner Pariser Erziehung war die vollständige Beherrschung der französischen Sprache und die dadurch ermöglichte umfangreiche Kenntnis der französischen Literatur. Als Overbeck fast zwölfjährig war, zog seine Mutter mit ihren Kindern – kurz nach der Revolution von 1848 – von Petersburg nach Dresden, während der Vater noch einige Zeit in Petersburg verblieb. In Dresden wieder mit seiner Familie vereinigt, besuchte der Knabe die alte Kreuzschule. Dresden betrachtete Overbeck als seine Heimat, was er durch die Erwerbung des Bürgerrechtes bekundete. Als er mit 12 Jahren in Dresden die deutsche Sprache erlernte, sprach er bereits fließend französisch, englisch und russisch.

Overbecks Vater war eine schlichte Natur mit starken geistigen Interessen. Zu seinem Leidwesen war ihm ein wissenschaftlicher Beruf verwehrt geblieben. Einzig die Freude, daß es wenigstens seinem Sohn vergönnt war, seine ausgesprochen intellektuellen Triebe zu befriedigen, verschaffte ihm einige Genugtuung für den eigenen Verzicht. Er nahm regen Anteil an der geistigen Entwicklung seines heranwachsenden Sohnes und pflegte stundenlange Diskussionen mit ihm, die der dabei zuhorchenden Schwester den Ruf entlockten: der Franz weiß aber viel!

Von der Mutter hatte der Sohn sein Zartgefühl und seinen Takt, die ihm später gegenüber Andersgläubigen in einem so seltenen Maße eigen waren.

Was Overbeck nach Beendigung der Mittelschule veranlaßte, das Studium der Theologie zu ergreifen, läßt sich kaum noch mit Bestimmtheit feststellen. Bernoulli führte darüber aus: »Zur Theologie trieb den Sohn einer gemischten, gewiß nicht unreligiösen, aber auch durch keinerlei Eifer verworrenen Ehe der angeborene, milde, rechtschaffene, dem Guten und seiner Förderung redlich zugewendete Sinn seiner Familie. Keiner inneren Anfechtung und Gewissensnot hatte er sich durch sein Studium zu erwehren; im praktischen Amte wäre er einfach ein Nachzügler des alten Rationalismus geworden und hätte, wie er gelegentlich versicherte, seine Bauern gelehrt, wie sie am besten ihren Kohl pflanzen und ihren Acker bauen sollten.«[1] Nach diesen Worten war Overbecks Theologiestudium mehr oder weniger eine Zufälligkeit. Ebensogut hätte ihn der dem Guten zugewendete Sinn seiner Familie zur Medizin oder einem humanistischen Studium führen können. Mit Bernoullis Darstellung deckt sich die Aussage Overbecks, nach welcher er so wenig wie Nietzsche jemals ernstlich religiös war.[2] In seinen autobiographischen Aufzeichnungen bemerkte Overbeck, daß er als Kind und Jüngling wohl unmittelbare Beziehungen zur Religion gehabt haben müsse, da er sich sonst nicht erklären könnte, wie er zur Theologie kam, da sie ihm durch die ihn damals umgebende Welt nur ferngerückt war.[3] Bezeichnend ist jedoch, daß er an dieses Verhältnis keine Erinnerung behielt und nichts anderes darüber zu sagen wußte, als daß er diesem ursprünglichen Verhältnis im Laufe der Zeit immer ferner rückte. Overbeck ergriff sein Studium ohne Drang und ohne jede innere Berufung.

Über seine Studienzeit finden sich nur spärliche Notizen. Nach Bernoulli lag ihm der Bienenfleiß, mit welchem er seine Studien betrieb, in den Adern. Seine Kenntnisse waren schon damals von ungewöhnlichem Umfang. Dieser Arbeitseifer vermochte aber keineswegs seine Vitalität zu brechen. Hinter dem Stammtisch gehörte Overbeck zu den Stillvergnügten, die es »dick« hinter den Ohren haben.

Während vier Jahren studierte Overbeck Theologie und Philologie; die beiden ersten Semester, 1856/57, in Leipzig, die vier folgenden in Göttingen und die beiden letzten Semester wiederum in Leipzig. Unter seinen Lehrern trat Overbeck keinem einzigen näher. Eine Zeitlang trug er sich mit dem Gedanken, nach Heidelberg zu Richard Rothe zu gehen, um sich ihm persönlich zu nähern. »Er ist, was mein Urteil anbetrifft, jedenfalls der einzige von mir – wenigstens vermittelst seiner Schriften – erlebte Theologe, der mir persönlich imponiert, auf mich persönlich anziehend gewirkt und mich durch sich für seine Sache eingenommen hat. Sonst, d. h. im unmittelbaren Verkehr, sind mir andere, die es ihm gleich getan, vollends nicht vorgekommen.«[4] Er bedauerte später, jenem Gedanken damals keine Folge gegeben zu haben.

Seine Studien schloß Overbeck nebst dem Staatsexamen mit der Erwerbung der Lizentiatenwürde und zugleich mit dem philosophischen Doktor ab. In der Probepredigt blieb er nicht gerade stecken, mußte aber doch sein Heft konsultieren, weil ihn Kindergeschrei außerhalb der Kirche aus dem Gedankengang gebracht hatte. Von der Prüfungskommission wurde der Mangel jeglicher pastoraler Salbung hervorgehoben!

Nach bestandenem Examen ging Overbeck zu seiner weiteren Ausbildung für ein Jahr nach Berlin. Dort wohnte er in der Nähe der Dreifaltigkeitskirche und beschäftigte sich während dieser Zeit namentlich mit Schleiermacher, von welchem er sich besonders den Stil aneignete. Im übrigen blieb Schleiermacher von einem merkwürdig geringen Einfluß auf Overbeck. Er erkannte Schleiermacher einen »außerordentlichen, aber keineswegs durchaus erfreulichen Scharfsinn« zu,[5] der oft »höchst verhängnisvoll gewirkt und arg in die Irre geführt« habe. Seine Genialität zeige sich darin, daß er sich in einer schiefen Lage mit Anstand zu behaupten wußte, das Kennzeichen des wahren Genies sei jedoch, sich gar nicht in eine solche Lage zu begeben. Das Fehlen jeder Kindlichkeit fiel Overbeck besonders auf, was Schleiermachers Unverständlichkeit für einfache Menschen erkläre. »Vor seinem Charakter muß man allen Respekt haben, ja er ist ein Musterknabe, aber eben dieses viel zu sehr; auch seiner Moralität fehlt die Tiefe der Ursprünglichkeit. Es ist, als hätte er vom Diamanten nur den Schliff, so glänzt und schillert er nach allen Seiten. Aber nicht leicht dringt man bei ihm zum festen und schlichten Kern. Man muß ihn im höchsten Grad achten, aber wie kann man ihn lieben!«[6]

Nach dem Berliner Aufenthalt kehrte Overbeck nach Leipzig zurück, wo er die Freundschaft mit Heinrich von Treitschke, mit welchem er die Kreuzschule besucht hatte, wieder aufnahm. Er pflegte mit ihm Sonntagsspaziergänge zu machen, und später durchwanderten sie zusammen das deutsche Mittelgebirge und das Elsaß. Von Treitschke sog Overbeck »in aller Stille das Gift der Kritik ein«, während Treitschke an Overbeck die menschlich freie Natur schätzte: »An dir haftet nichts von jenem theologischen Geschmäckchen, das Lipsius nicht ganz verleugnen konnte.« Als Treitschke in Leipzig seine Dozententätigkeit begann, saß Overbeck unter den ersten Zuhörern und blieb nach seinem Wegzug aus Leipzig in einem lebhaften Briefwechsel mit ihm.[7] – In jenen Jahren begegnete er im Hause von Professor Brockhaus in Leipzig Richard Wagner zum erstenmal. Der erste Eindruck war negativ. Er schrieb an seine Eltern, er habe »quelque chose de phraseur et de pathétique« an sich. Am meisten fiel ihm Wagners große Lebhaftigkeit auf. Einen stärkeren Eindruck erhielt er erst von ihm, als er in diesem Kreise seine Meistersinger vorlas.

Ins praktische Pfarramt trat Overbeck nie ein. Er wandte sich sogleich der Universitätslaufbahn zu. Er sei Gelehrter geworden, äußerte er sich einmal, weil es zu nichts anderem gelangt habe, womöglich nicht einmal zum Landpfarrer! Im Jahre 1864 habilitierte er sich für neutestamentliche Exegese mit »Quaestionum Hippolytearum specimen« als Habilitationsschrift. In der Widmung seiner Schrift »Zur Geschichte des Kanons» an Hase erzählt Overbeck, daß ihn die »freundliche Aufnahme«, die seine »Skrupeln über das theologische Klima« der damaligen deutschen Universitäten bei dem Kirchenhistoriker Karl von Hase fanden, bewog, seine Dozententätigkeit in Jena zu beginnen. Er las über die Synopse, die Apostelgeschichte, den Römerbrief und die Pastoralbriefe – über die letzteren, weil sonst niemand darüber las und ihre Unechtheit als eines der gesichertsten Resultate der kritischen Forschung betrachtet wurde. Durchschnittlich hatte er vier Zuhörer, zur Abwechslung auch einmal 28.

In theologischer Beziehung rechnete sich Overbeck in »strammer Weise« zur Tübinger Schule. Allerdings ist einschränkend zu bemerken, daß Overbeck nicht, wie Andler falsch ausführte, in Tübingen studierte.[8] Overbeck hat Baur nie von Angesicht gesehen und war somit auch nicht sein persönlicher Schüler. Sein Verhältnis zu Baur war deshalb nur ein loses und sehr freies. Nur im »allegorischen Sinne«[9] nannte sich Overbeck einen Tübinger. Die Hegelsche Geschichtsphilosophie, die bei Baur dominierte, blieb ihm stets völlig fremd. Baurs kritische Leistung zog ihn an. Das Vorbild Baurs bestand allein in der »siegreichen Erstreitung seines Rechts, das Urchristentum rein historisch, d.h. wie es wirklich gewesen ist, darzustellen«.[10] Bei allem Respekt vor Baur als Gelehrtem und Mensch lehnte Overbeck die Meinung ab, es handle sich in der Tübinger Schule vor allem darum, die einzelnen Hauptthesen der Baurschen Konstruktion des Urchristentums möglichst heil durch die Welt zu bringen. Er fand es später besonders bezeichnend, daß Baur bei den modernen Theologen vor allem als Begründer der Tendenzkritik Anerkennung fand, welche die eigentliche Schwäche seiner Leistung als Kritiker bedeutet. Schon damals fragte sich Overbeck, ob Baurs Auffassung des Urchristentums als Ganzes werde bestehen können. Auch empfand er Baurs Beschränkung seiner Methode auf das Urchristentum als zu eng, dieweil Overbeck selbst begonnen hatte, sich auch in der Literatur der Kirchenväter umzusehen. Als Baurs zweiter Band der Kirchengeschichte erschien, stieg in Overbeck eine erste Ahnung auf, daß er sich wahrscheinlich nur noch bedingt werde seiner ferneren Leitung anvertrauen können, und angesichts der »enormen Unzulänglichkeit und Einseitigkeit« von Baurs Kirchengeschichte des 19. Jahrhunderts wurde ihm klar, daß Baur sein unbedingtes Vorbild nicht bleiben könne. Dennoch blieb er zeitlebens von »unauslöschlicher Dankbarkeit gegen seinen unbekannten Lehrer« erfüllt, denn »mit keines anderen Beistand als dem seinen hatte er sich vorgenommen, auf dem Gesamtgebiet der Geschichte der christlichen Kirche nachzutun, was er ihm auf dem des Urchristentums vorgetan«.[11]

Schon damals beherrschte Overbeck als ausschließliches Interesse die reine Wissenschaft. Ihr zuliebe verstand er sich dazu, vor einem einzigen Studenten – es war der spätere Dekan Schönholzer in Zürich – ein sechsstündiges Kolleg über den Römerbrief zu lesen, da derselbe Interesse an der Sache bekunde und ihrer wissenschaftlichen Betrachtung nicht geradezu aus dem Wege gehe, wie das heutzutage die meisten Theologen schon auf der Universität täten.[12] Wo er auf wirkliches wissenschaftliches Interesse stieß, fand er sich sogar bereit, am Bette eines kranken Studenten seine Vorlesung zu Ende zu lesen. – Als die Führung der liberalen Theologie in die Hände der Heidelberger überging, fand sie Overbeck übel aufgehoben, weil sie – einzig die Begründung ist hier wichtig – »im schlechten Sinne des Wortes zu praktisch« sind und ihre »Wissenschaft zu wenig auf Prinzipien dringt«.[13] Ihm graute davor, »was aus den Theologen werden sollte, wenn sie sich auf ihr ›Fach‹ zurückziehen könnten und nicht wenigstens auf der Universität sich an das allgemeine Wesen der Wissenschaft erinnern lassen müßten«.[14] Diese Äußerungen sind als Hinweis bedeutsam, wie früh Overbecks erstes Interesse der Wissenschaft galt, und mit welcher Ausschließlichkeit er sich ihr hingab. Der Eifer und die Gründlichkeit, mit welcher er seine wissenschaftliche Tätigkeit betrieb, erwiesen sich auch darin, daß er schon damals Paul de Lagardes sprichwörtliche Gelehrsamkeit einiger Mängel überführen konnte, die von Lagarde selbst anerkannt werden mußten. Aus dieser Leidenschaft für die Wissenschaft wird die selbstverständliche und beinahe alleinige Gültigkeit, die das modernwissenschaftliche Weltbild für Overbeck besaß, verständlich. Eine eigentliche Erörterung des Wissenschaftsbegriffes findet sich in seinen Ausführungen nicht. Dessenungeachtet darf gesagt werden, daß das kausale Weltbild, wie es dem 19. Jahrhundert beinahe allgemein eigentümlich war, damals auch von Overbeck akzeptiert wurde. Etliche Jahre später erst fanden in seinem Denken, das sich bisher in der Richtung dieser geschlossenen und in sich gerundeten Weltanschauung bewegt hatte, jene gewaltigen, irrationalen Einbrüche statt, die er mit dem Namen Urgeschichte bezeichnete.

In Jena pflegte Overbeck Beziehungen zu Karl von Hase. Hases Milde, die dem Weltgetriebe mit einer weisen Gelassenheit gegenüberstand, zog vor allem Overbeck zu dieser Persönlichkeit hin. Nicht minder mochte ihn auch die ästhetische Seite an Hase, die so ausgeprägt war, daß sie die theologische stark zurückdrängte, angezogen haben. Overbeck fand für den Mann und dessen außergewöhnliches Glück nichts charakteristischer als sein Debüt als Rationalistenhammer gegen Roch und Konsorten, währenddem er ja selbst nichts anderes als ein Rationalist war, wenn auch kein vulgärer sondern ein sentimentaler. – Overbeck glaubte, Hase seine Ernennung zum Ehrendoktor der Theologie zu verdanken; sehr wahrscheinlich wäre er auch sein Nachfolger auf dessen Lehrstuhl geworden, wenn nicht ein Jenenser Theologe hemmend dazwischen getreten wäre.

Unter den Kollegen stand Overbeck in näherem Verkehr mit dem Physiker Ernst Abbe, dem Zoologen Anton Dohrn und dem Ägyptologen Georg Ebers, dessen Kind er Pate war. Als Ebers mit seiner Romanschreiberei begann, ging diese Freundschaft allerdings in die Brüche, da Overbeck der Meinung war, die Romanschriftstellerei, die nur Dilettantismus verrate und nicht durch letzte künstlerische Eigenschaften begnadet sei, lasse sich mit ernster wissenschaftlicher Arbeit nicht vereinigen. – Kuno Fischers spätere geheimrätliche und selbstgefällige Exzellenzenherrlichkeit sah Overbeck in Jena »hellseherisch« voraus und verstand diese Allüren im Kreise seiner Nächsten köstlich zu schildern.

In die Zeit seiner Privatdozententätigkeit fallen auch seine ersten Publikationen. Sie bestehen aus einigen kleineren Aufsätzen in der »Zeitschrift für wissenschaftliche Theologie«, rund 50 Bücherbesprechungen im »Literarischen Centralblatt«, in welchen er sich keinen Deut um irgendeine theologische Schule kümmerte, und fünf Artikeln in Schenkels Bibellexikon. Gleichzeitig beteiligte er sich an den bekannten jenensischen »Rosenvorträgen« mit einem Vortrag über »die Entstehung des Mönchtums«. Dieser Vortrag sei hier als Beweis erwähnt, daß Overbecks Ansicht über das Mönchtum als eine der zentralsten Erscheinungen des Christentums – sie wurde für seine spätere Problemstellung von fundamentaler Bedeutung – eine genuin Overbecksche ist und nicht auf Nietzsche zurückgeführt werden darf.

Im Jahre 1867 erging an Overbeck die Anfrage, ob er einen Ruf nach Gießen als außerordentlicher Professor und Universitätsprediger annehmen würde. Er lehnte umgehend und mit abschließender Begründung ab, aus der Erwägung, daß er »das Predigen zu lange unterlassen und dazu zu gründlich aufgegeben habe, als daß er an Annahme denken könnte«.[15] Schon in den 1860er Jahren war Overbeck hinsichtlich des praktischen Endzieles der Theologie an einem Punkte angelangt, daß ihm die Ausübung des Pfarrberufes zu einer inneren Unmöglichkeit wurde. Aus dieser Einsicht eine weitere Konsequenz zu ziehen, sah er sich damals noch nicht gedrängt; die Trennung der Theologie in ein theoretisches Studium und eine praktische Betätigung enthob ihn zunächst einer Entscheidung.

Overbecks Hauptwerk in Jena, auf welches er eine Unsumme von Arbeit verwendete, war die Neubearbeitung von de Wettes

»Erklärung der Apostelgeschichte«. Formal betrachtet hat Overbeck seine Arbeit denkbar schlecht angelegt. Er druckte de Wettes Text wörtlich ab, setzte seine eigenen, inhaltlich oft entgegengesetzten Ausführungen hinzu und machte diese nur durch ein ganz kleines und unscheinbares Zeichen (, ... ') erkenntlich. Die Lesbarkeit des Buches ist dadurch schwer beeinträchtigt. Overbeck sah aber gerade in dieser Nebeneinanderstellung von de Wettes und der neueren kritischen Methode das Lehrreiche. Seine Änderung des ursprünglichen Textes rechtfertigte er, indem er sich selbst weit eher eine solche Überarbeitung wünschte, wie er sie an de Wette übte, als eine, »die den Buchstaben seiner Worte unbedingt respektierte«.[16] Overbeck hob ferner hervor, daß sein Kommentar ohne die Arbeiten F.Ch. Baurs und Zellers nicht denkbar wäre, doch habe er geglaubt, auch nicht bei ihnen stehenbleiben zu dürfen. Den Zweck seines Kommentars faßte Overbeck in die Worte zusammen: »Mit der allgemein geltenden Methode der Exegese den historischen, d.h. heutzutage den einzigen Sinn der Apostelgeschichte aus ihrem Text möglichst genau zu eruieren«.[17] Theologisch verstand er seine Arbeit dahin, daß die Theologie ungeachtet ihres praktischen Charakters nicht ein System zu verteidigen, sondern, wenn auch noch so bescheiden, die Pflicht habe, die Wahrheit zu erforschen. Mit »pfäffischen Argumenten,«[18] die diese Aufgabe der Theologie verneinen, hielt Overbeck eine wissenschaftliche Auseinandersetzung für unmöglich. Im übrigen hatte er am Streit der Theologen nur insofern Interesse, als er einen unvermeidlichen Durchgangspunkt zum Glaubensfrieden darstelle.[19] – Die Kritik billigte Overbecks Bearbeitung »souveräne Selbständigkeit« und bleibenden Wert zu und rühmte ihre »ungewöhnliche Gründlichkeit«.[20] P.W. Schmidt hat in seiner Studie über »De Wette – Overbecks Werk zur Apostelgeschichte und dessen jüngste Bestreitung« sein Ergebnis in die Worte zusammengefaßt: »Für die rein wissenschaftliche Beurteilung des Lukaswerkes hat Overbeck in allem Wichtigen die am ehesten gangbaren Wege gezeigt.«[21]

Nach fünf Jahren Privatdozententum in Jena erhielt Overbeck einen Ruf als außerordentlicher Professor nach Basel. In

Basel hatten bereits 1863 fünfundzwanzig Studierende der Theologie eine Petition um Errichtung einer freisinnigen Professur an den großen Rat eingereicht. Einige Zeit später trat der Verein für kirchliche Reform mit dem gleichen Ansinnen an die Behörde. Als die Änderung eines Paragraphen der Universitätsstatuten der Regierung die Schaffung einer fünften Professur gestattete, wurde zuerst W. Mangold in Marburg vorgeschlagen und gewählt.[22] Als Mangold wider Erwarten seine Zusage zurückzog, wurde dem Ratsherrn Wilhelm Vischer Overbeck von A. Lipsius als ein Theologe empfohlen, »der vermöge seiner gründlichen Gelehrsamkeit, seines wissenschaftlichen Rufes und seines verträglichen Charakters dazu geeignet sei«.[23] Am 1. Dezember 1869 schlug das Erziehungskollegium dem Rate Overbeck zur Wahl vor; es wurde von ihm gesagt, nach den »eingegangenen Erkundigungen zeichne er sich durch eine seltene Gewissenhaftigkeit, sowie durch Einfachheit und Scharfsinn aus, lauter Eigenschaften, welche wir über den oft den Mangel solider Einzelarbeit verdeckenden Glanz der Vortragsweise und des Stiles stellen«.[24] Der Reformverein warnte, »gleichsam in einem ahnenden Vorgefühl«, vor der Wahl Overbecks, weil ihm die philosophische und spekulative Seite, die der Verein für die wichtigste der neueren Theologie hielt, ferner liege. Auch habe Overbeck noch keine namhafte literarische Arbeit geleistet, sein Vortrag sei wenig ansprechend und seine Sinnesart eine zu ruhige und gefügige; »es muß ein Hecht unter die Karpfen, nicht aber ein fünftes Rad an den Wagen«.[25] Trotzdem wurde Overbeck am 8. Januar 1870 nach Basel berufen, mit dem Wunsche, es möge seine »hiesige Tätigkeit für die studierende Jugend eine segensreiche sein«.[26]

Der Ruf traf Overbeck am Tage nach seinem 32. Geburtstag völlig unvorbereitet. Treitschke riet dringend zur Annahme; wenn er auch »ein Stier von Uri« nicht zu werden brauche, so lasse sich dort doch ganz gut leben. Nur unter dem Druck der Not entschloß sich aber Overbeck zur Annahme der Berufung. Er ging mit dem schweren Bewußtsein nach Basel, mit Jena und seinem Privatdozentendasein ein Paradies zu verlassen und künftig mehr lehren zu müssen, als er selbst wisse. Er werde zum mindesten ebensosehr Schüler sein müssen als Lehrer und trete an eine Aufgabe, an der er leicht scheitern könnte. »Die Ahnung ist auch nicht unerfüllt geblieben.«[27]

Die Versetzung unter theologische Gegner war Overbecks Radikalismus angenehm. An Treitschke schrieb er von Jena aus, daß er »theoretisch in diesen Dingen für scharfe und rücksichtslos klare Gegensätze, so doch praktisch für den guten Frieden« sei.[28] Es war ihm klar, wie schwer dieser Gegensatz und dieser Frieden zu vereinigen seien, trotzdem war er in Jena noch bereit, wenigstens an einem solchen Versuch teilzunehmen. In Basel hielt sich Overbeck sonderbarerweise geflissentlich von jeder Mitarbeit an derartigen Bestrebungen fern. Der Grund für Overbecks Verhalten ist in seiner Unkenntnis der seiner Berufung unmittelbar vorangegangenen Ereignisse in Basel zu suchen, die ihm erst im Laufe der Jahre etwas bekannter wurden. Von Jena aus konnte er die Situation in Basel gar nicht klar beurteilen – ihm war nichts anderes bekannt von Basel, als daß es »dort ein Missionshaus« gebe! – Er stellte sich jene Gegensätze wahrscheinlich nicht kirchlicher sondern rein wissenschaftlicher Natur vor. Treitschke beschrieb er die Lage, als er sich in Basel etwas eingelebt hatte, folgendermaßen: »Ich selbst bin in der übeln und glücklichen Lage, zu keiner der drei Parteien, die sich befehden, zu gehören. Die pietistische und die vermittelnde erheben an mich keine Ansprüche, der Reformer habe ich mich dagegen bisweilen zu erwehren und bin nun wohl mit ihnen ziemlich auseinander. Wissenschaftlich bin ich viel radikaler als diese Leute, praktisch fassen sie die Dinge an fast ohne Ahnung von ihrem schweren Ernst und machen sich eine Religion von bequemen Phrasen zurecht. In dieses gewisse Ordnung zu bringen, fühle ich nicht Kraft noch Beruf, so halte ich mich zunächst einfach an meine amtliche Tätigkeit.«[29] – Overbeck war sich bewußt, den schweizerischen Reformern die herbsten Enttäuschungen bereitet zu haben. Die großen Erwartungen, die die Reformer in ihrer Phantasie auf den »agitatorischen Kämpfer« aus Jena gesetzt hatten, mußten sich angesichts der Person Overbecks in leeren Dunst auflösen. Nur eine komische Situation konnte bei diesem Zusammentreffen entstehen. Overbeck war ein viel zu zurückhaltender, akademischer Mensch, als daß er den Hoffnungen der Reformpartei auch nur im entferntesten hätte entsprechen können. Die Schnelligkeit und Verbindlichkeit, mit der sich die Reformer alsbald von ihrem Irrtum überzeugten, rechnete ihnen Overbeck dankbar an. Eberhard Vischer faßte in seinem Nekrolog über Overbeck die Enttäuschung der liberalen Kreise in die Worte zusammen: »Nicht das Zuwenig, viel eher das Zuviel an kritischer Haltung war es, wodurch er enttäuschte.«[30]

Overbecks erster Eindruck in Basel war ein Vortrag von Jakob Burckhardt. Er schrieb darüber an seine Familie: »Mardi soir j'entendis un discours extrêmement intéressant de notre historien d'ici, Jakob Burckhardt, le coriphée de notre université. C'était certainement ce que j'ai entendu de meilleur en fait de discours de ce genre, tant par la forme, qui était élégante, mais d'une noble simplicité et sans l'enflement et la prétention qui défigurait si malheureusement les exhibitions de notre célèbre orateur de Jéna, Kuno Fischer, que par la richesse d'idées.« –

Overbeck war sehr erfreut über Basels Umgebung, besonders über die Basellandschaft, die er durch den Ratsherrn Wilhelm Vischer kennenlernte, dem gegenüber Overbeck zeitlebens von größter Hochachtung erfüllt war. Er verfolgte bald mit lebhaftem Interesse das politische und kulturelle Leben der Stadt, verhielt sich aber als Ausländer mit gewollter Zurückhaltung gegenüber ihren Eigentümlichkeiten. Nie vergaß er, daß Basel ihm ein Schirmdach bot und liebte diese Stadt schon um dessentwillen.

Seine Antrittsvorlesung hielt Overbeck über das Thema »Entstehung und Recht einer rein historischen Betrachtung der neutestamentlichen Schriften in der Theologie«. In seinen Ausführungen bestritt er die Behauptung der Orthodoxie, daß die vornehmlich historische Betrachtung in der Willkür einzelner weniger Menschen begründet sei. An Hand eines historischen Überblickes weist er nach, wie die Entwicklung der Zeit der Theologie die Streitfrage einer rein geschichtlichen Erfassung des Christentums gleichsam zurollte. Jede Zeit hat ein wissenschaftliches Bewußtsein des historischen Wesens und der Überlieferung und Veränderung, wenn auch dieses Bewußtsein oft in »größter Verdunkelung« bestand. Diese Erscheinung kann durch die Patristik und das ganze Mittelalter hindurch verfolgt werden. Die Reformation brachte darin eine erste Wandlung. Ihre Kommentare dürfen jedoch nicht als wissenschaftliche Leistungen betrachtet werden. Luthers Galaterbriefkommentar »ist eines der gewaltigsten Bücher, die je geschrieben worden, aber welchem Leser könnte es einfallen, ihn als historischen Kommentar zu schätzen! Das Buch ist selbst viel zu groß, um als Kommentar etwas zu taugen. Luther schreibt eine Erklärung des Galaterbriefes wie ein Dichter, einer Empfindung voll.«[31] Der Reformation ist es nicht gelungen die »rechte Harmonie des wissenschaftlichen und des religiösen Elementes« der Theologie herzustellen. Noch weniger gelang es der Orthodoxie und dem Rationalismus, die beide dem historischen Verständnis der Schrift gegenüber versagten. Erst F. Ch. Baur warf die Ideen in den Streit, von welchen das historische Problem lebt. Der kritischen Theologie kommt es nicht darauf an, ob die neutestamentlichen Geschichten wunderbar waren oder nicht, sie interessiert, wie sie überhaupt waren. An der Wunderfrage gingen der Wissenschaft die Augen auf »für eine Menge ganz anders gearteter Eigentümlichkeiten jener Bücher, welche es nicht minder verbieten, darin historische Berichte zu sehen, welche geschehene Tatsachen in der unmittelbarsten Einfachheit wiedergeben. Ja, bleiben wir bei den historischen Schriften des Neuen Testamentes stehen, so sind diese Eigentümlichkeiten so auffallend, daß gegenwärtig an eine solche Anschauung von diesen Büchern in der Wissenschaft im Grunde niemand mehr denken mag. Die tieferen Untersuchungen der Neuzeit haben alle gezeigt, daß in keinem einzigen historischen Buch des Neuen Testamentes sich die historischen Tatsachen der evangelischen und apostolischen Geschichte in nackter Unmittelbarkeit abdrücken, sondern daß in allen die Tatsachen vom Verfasser jedes einzelnen Buches schon unter bestimmte Gesichtspunkte gestellt sind.«[32] Die Zweifel der kritischen Theologie sind also nicht auf die Frage der Glaubwürdigkeit oder Unglaubwürdigkeit der biblischen

Bücher gerichtet, sondern auf die Frage, wofür sie glaubwürdig sind. Darin zeigt sich, daß die Stellung der kritischen Theologie eine andere ist als diejenige des Rationalismus. Ebensowenig stehen aber die Gegner der kritischen Theologie einfach auf dem Boden der nachreformatorischen Orthodoxie. Die Gegenwart besitzt nicht mehr die Ungebrochenheit der Schriftanschauung der Reformatoren. »Zwischen uns Theologen der Gegenwart allen, die wir uns mit den Anfängen des Christentums und seinen ältesten Urkunden zu tun machen, und den Reformatoren herrscht der auf alle Fälle inhaltsschwere Unterschied, daß uns allen in einer Weise, wie dies bei den Reformatoren ganz gewiß nicht der Fall war, jene Anfänge wissenschaftliches, historisches Problem geworden sind, oder was ganz desselbe heißen will, daß uns die älteste Geschichte des Christentums in einem gewissen Sinn, der nicht der der Reformatoren ist, Vergangenheit geworden ist.«[33] Im modernen Sinne kannten die Reformatoren diese Frage noch nicht. Wir haben uns deshalb mit »unseren wissenschaftlichen Anschauungen in einem neuen Hause einzurichten«,[34] was aber nicht besagt, daß die historisch-kritische Behandlung das alleinige Bürgerrecht im Protestantismus habe. Die Aufgabe, an der »inneren Harmonie zwischen unserem Glauben und unserem wissenschaftlichen Bewußtsein«[35] zu arbeiten, liegt im »Wesen der Theologie, welche eben keine reine Wissenschaft ist«, da sie weder rein religiösen noch rein wissenschaftlichen Interessen dient. Wenn »an der Aufgabe der Theologie nicht verzweifelt werden soll«, darf das nicht unbeachtet bleiben.[36]

Da Overbecks Antrittsvorlesung einige Gedanken enthält, die in seinem späteren Lebenswerk nicht mehr zur Sprache kommen, war es notwendig, sie etwas eingehender darzustellen. Ihr eigentlicher Zweck war die Einführung in seine Gedankenwelt. In Wirklichkeit leistete sie aber den umgekehrten Dienst, indem sie gleichsam eine Abschiedsvorlesung gegenüber der neueren Theologie war. Von der Aufgabe der Theologie, zwischen Glauben und Wissen eine Harmonie herzustellen, redete Overbeck bald nur noch in polemischem Sinne. Seine Verzweiflung an dieser Aufgabe erfolgte kurz nach der Antrittsvorlesung. Um deren

Konsequenzen restlos durchzudenken, brauchte er beinahe sein ganzes Leben. Vorerst mußte er sich noch durch das dornige Gestrüpp der damaligen Theologie hindurcharbeiten.

Overbeck war »mit der Verpflichtung, zehn bis zwölf Stunden unter besonderer Berücksichtigung der neutestamentlichen Exegese und der älteren Kirchengeschichte zu lesen« nach Basel berufen worden. Nach dem Tode Rudolf Hagenbachs teilte sich Overbeck mit seinem Kollegen Rudolf Stähelin die Kirchengeschichte; er las von der Entstehung des Christentums bis zum ausgehenden Mittelalter. – Schon nach einem Jahr wurde er ordentlicher Professor. Im Jahre 1876 hatte er das Rektorat inne und sechsmal im gewöhnlichen Turnus das Dekanat. Mit Ausnahme des Sommersemesters 1875 und des Wintersemesters 1891/92, da er wegen Krankheit Urlaub nehmen mußte, las er ununterbrochen während 27 Jahren. Overbecks Tätigkeit an der Universität darf nicht so verstanden werden, als hätte er sich ihr nur widerwillig unterzogen. Er nahm im Gegenteil an allen Lebensäußerungen der alma mater regsten Anteil. Als Vertreter der theologischen Fakultät war er in der Kommission der Universitätsbibliothek. Mehr als 25 Jahre war er in der vom Senat gewählten Kommission für akademische Vorträge tätig. Andere als akademische Ämter hat er nie bekleidet. Der Universitätsbibliothek vermachte er nach seinem Tode sämtliche in derselben fehlenden Bücher seiner eigenen Bibliothek. Die Feststellung dieser fehlenden Bände verursachte ihm eine Arbeit von mehreren Wochen. Sein teuerstes Vermächtnis, seine vollständige, chronologisch genau geordnete Sammlung von Nietzschebriefen, hinterließ er ebenfalls der Universitätsbibliothek.

Die meiste Zeit verwandte Overbeck auf die Vorbereitung seiner Kollegien, die er gemäß seiner hohen Anschauung der wissenschaftlichen Arbeit mit ungemeiner Sorgfalt und Mühe ausarbeitete. Er ließ es sich nicht nehmen, oft die ganzen Ferien zur Vorbereitung eines kleinen, neuen Kollegs zu verwenden oder eine Vorlesung nach jahrelangem Gebrauch völlig umzuarbeiten. Er verhehlte sich dabei nicht, daß er seine Vorlesungen hauptsächlich zu seiner »eigenen gründlichen Information«[37]

halte. Er empfand es gleich seinem Freunde Erwin Rohde als den Fluch der ganzen Professorenexistenz, sich anstatt als Werdender immer als Abgeschlossener und überlegen Wissender geben zu müssen, auch da, wo man es noch gar nicht sein möchte. Über die Auffassung seiner Dozententätigkeit schrieb Vischer in dem erwähnten Nekrolog: »Die scharfe Kritik, die er an anderen übte, legte er vor allem an sich selber an. Da Wissenschaft die Wirklichkeit zu ergründen die Aufgabe hat, nicht aber ein Spiel ist mit dem Zweck, die Geschicklichkeit und das Talent zu zeigen oder den Leser zu unterhalten, so war er der Ansicht, daß auch der Geistreiche nicht das Recht habe, an Stelle von Tatsachen und Schlüssen aus Tatsachen Einfälle und Hypothesen darzubieten.«[38]

Auf die Studenten wirkten Overbecks Vorlesungen sehr verschieden. Schon rein äußerlich stellten sie, da ihnen jede temperamentvolle Behandlung abging, und er nach deutscher Professorentradition selten damit zu Ende kam, an die geistige Interessiertheit der Zuhörer große Anforderungen. Bernoulli spricht in treuester Schüleranhänglichkeit von Overbecks Vorlesungen: »Er verriet eine innere Anteilnahme, indem er sprach. Es war die Monotonie der äußersten Sachlichkeit, der Zucht und der Selbsteinschränkung; da lief keine Spule ab, da klappte kein Mechanismus – nicht ein Satz ohne Trieb und Wille und Inhalt. Nur mangelte jede Unterstrichenheit, kein Bann durch das Auge, kein Bann durch das Ohr!«[39] Trotz der Monotonie, mit der Overbeck ohne aufzublicken und ohne abzusetzen, Satz für Satz mit näselnder, dünner Stimme abzulesen pflegte, während die Hände unbehilflich von Zeit zu Zeit auf den Pultrand aufschlugen, sollen sie – nach mehrfachen Zeugnissen – von den aufgeweckteren Studenten ihres Inhaltes wegen sehr geschätzt worden sein. Die Bedeutung des Inhaltes zu ermessen, waren allerdings die wenigsten auch nur annähernd imstande. Die neugebackenen Semester wurden von der immensen Gelehrsamkeit, die Overbeck vor ihnen entfaltete, weit eher erdrückt als gefördert. Es war deshalb nicht Mode und Sensation, bei Overbeck zu hören. Nur das ahnungsvolle Gefühl der Einzigartigkeit seiner Mitteilungen und der Eindruck eines Professors, wie er nicht allzuoft auf einem theologischen Katheder steht, zogen die Studenten in seinen Hörsaal.

Overbeck war bewußt bestrebt, den Studenten fern und fremd zu bleiben, und umgab sich zu diesem Zwecke mit einer undurchdringlichen Mauer. Diesem Verhalten lag nicht Hochmut und Geringschätzung zugrunde. Overbeck besaß im Gegenteil dank seiner offenen Einstellung zu allem Menschlichen die Möglichkeit, den Studenten nahe zu kommen. Seine Zurückhaltung war ein Verzicht, den er sich um der Studenten willen selbst auferlegte. Sie nahmen ihm seine Unnahbarkeit auch nicht übel, ja es mochten sogar einige eine Ahnung davon haben, was bei ihm im Hintergrund stand. Der Eindruck der Wahrhaftigkeit blieb jedenfalls bei allen Aufmerksamen unvergeßlich haften. »So oft ich« – lautet das Zeugnis eines Studenten – »an meine Semester in Basel denke, steht er mitten drin als der, in dessen Wahrhaftigkeit wir ein unbedingtes Vertrauen gesetzt haben. Und das muß es gewesen sein, was uns innerlich mit dem Manne viel enger verband, als wir es ihm haben sagen können. Es war nicht ›Mode‹, bei Herrn Professor Overbeck zu hören, es war auch kaum das, daß wir zwei, drei mehr als andere die hohe wissenschaftliche Bedeutung von Anfang an erkannt hätten. Ich habe mich manchmal besonnen, was es war, und bin stets zum gleichen Ende gekommen: Diese unbedingte Wahrhaftigkeit, der die Sache alles gewesen ist. Es muß ihm ja manchmal fast eine Qual gewesen sein, sich mit einigen Studenten abzugeben, bei denen er nur ein Minimum voraussetzen konnte. Aber er hat es nie empfinden lassen, daß wir ihm, dem berühmten Mann, zu wenig gewesen wären. Die Sache war ihm heilig, auch die Statuierung der kleinsten wissenschaftlichen Tatsache.«[40]

Das gleiche Bild ergibt sich von Overbecks Universitätstätigkeit, wenn sie von seinen Kollegen aus betrachtet wird. Nicht schwülstige Phrasenhaftigkeit, sondern schlichte Feststellung spricht aus den Worten seines orientalistischen Kollegen Adam Mez: »Er war uns der Vertreter einer ganz gelehrten Kultur mit ihrer Zucht, ihrer Ehrfurcht vor dem, was Gröberen unbedeutend erscheint, ihrer Freude an großen Männern und Dingen. So gehörte er für uns zum heimlichen Gewissen, zum verborgenen Publikum: was würde Overbeck dazu sagen, fragten wir uns bei vielem, was wir dachten oder lasen.«[41] Der Plural, in welchem Adam Mez diese Worte sprach, war keine bloße Höflichkeitsform. Die ehrfurchtsvolle Hochachtung, die Overbeck unter seinen Kollegen in Basel genoß, war durchaus allgemein. Die Äußerungen, die sein großes Ansehen bezeugen, lassen sich unschwer vermehren. Hans Heußler schreibt: »War Overbeck doch in so vielen Dingen unser fast ideales und eben darum kaum zu erreichendes Vorbild! Vor allem aber in seiner absoluten Objektivität ... Auch da, wo ihm ausgesprochenste, eigene Vorliebe keineswegs fremd war, hat er wie wenige begriffen, daß man auch andere Götter haben könne. Das vermag nur aufrichtige Bescheidenheit, im Gegensatz zur falschen und zum Hochmut, und vollends nur die eines so großen Historikers. Auch die von warmer Pietät unterstützte vornehme Fähigkeit, sich in Gläubigere, als er einer war, hineinzudenken, und sie darum zu schonen, die gerade Burckhardt ebenfalls in so hohem Maße besessen hat, gehört hierher. ... Seine mehr intransitive Natur hat ihn zu dem so kleinen Häuflein derer geschart, welche zu wenig geschrieben haben: etwas Erstaunliches bei einem so großen Gelehrten und in unserem tintenklecksenden Säkulum.«[42] Über seine Gelehrsamkeit herrschte nur ein Urteil. Die Universität war sich bewußt, in ihm einen Bürger zu besitzen, um welchen sie von mancher Universität diesseits und jenseits des Ozeans beneidet wurde. Den Adel verlieh dieser profunden Gelehrsamkeit, daß sie nie in bloßem Fachwissen bestand, sondern von einer seltenen Tiefgründigkeit, verbunden mit einer erstaunlichen Weitsichtigkeit, war. Overbecks Aufgeschlossenheit der ganzen Lebenswirklichkeit gegenüber zog namentlich die jüngeren Kollegen zu ihm hin. Diesen Eindruck gab Karl Joël in der »Neuen Rundschau«[43] mit den Worten wieder: »Hohe Weltkultur, vor der alles Kleine, Enge, Rohe versagte, sprach aus diesem Hofmann des Geistes, auf dem der Abglanz des Großen lag, die seine Freunde gewesen – und mit ihm reden, das hieß, von großen Menschen reden, oder von solchen, die in großen Dingen seine Feinde waren. Er war ein Gelehrter, wie es vielleicht nie einen strengeren gab, ein unendlich wissenstiefer Forscher, der nie fertig wurde, weil er sich nie genug tun konnte, ein sich kasteiender Mönch der Wissenschaft.«

Unter den von Joël erwähnten Freundschaften muß an erster Stelle diejenige mit Friedrich Nietzsche genannt werden. Es war ein eigenartiger Umstand, der Overbeck mit Nietzsche zusammenführte. Vor Overbecks Ankunft in Basel war ihm durch Vermittlung eines Kollegen ein Zimmer besorgt worden; der Zufall fügte es, daß er ein Stubennachbar Nietzsches wurde. Durch die zufällige Zimmernachbarschaft in der »Baumannshöhle«, die fünf Jahre dauerte und nur durch Overbecks Vermählung aufgelöst wurde, war die äußere Veranlassung zu dieser Lebensfreundschaft gegeben. Vorerst bestanden zwar keine großen Aussichten, daß Overbeck mit dem sieben Jahre jüngeren Philologen eine nähere Gemeinschaft eingehen werde. Durch die gemeinsamen Abendmahlzeiten, die in Overbecks Studierraum eingenommen wurden, ergab sich jedoch bald eine nähere Beziehung zwischen ihnen. Zunächst war es der deutsch-französische Krieg und die darauffolgende Reichsgründung, die vor allem den beiden Sachsen im Ausland den Gesprächsstoff lieferten. Bald aber waren es ganz andere Fragen, die von gemeinsamem Interesse für sie waren.

Es ist nicht die Aufgabe dieser Arbeit, den ganzen Fragenkomplex »Overbeck und Nietzsche« in aller Ausführlichkeit zu behandeln. Das haben Horneffer, Bernoulli und Andler in ihren Darstellungen bereits erschöpfend getan. Nur in einer kurzen Skizze soll diese Beziehung hier umschrieben werden.

Overbeck zählte diese Freundschaft zu seinen tiefsten Erlebnissen und anerkannte für sein Verhältnis zu Nietzsche keine andere Bezeichnung als diejenige der Freundschaft.* »Ich bin im

* Die Darstellung, die E. Förster-Nietzsche von dieser Freundschaft in ihrer Biographie »Das Leben Friedrich Nietzsches« und in der Schrift »Das Nietzsche-Archiv, seine Freunde und Feinde« gibt, ist unrichtig. Das hat die Nietzsche-Forschung erwiesen. Schon Ernst Horneffer spricht vom »alten Haß«, den Frau Förster gegen Overbeck hatte,[44] und Bernoullis große Mo-

Verkehr mit Nietzsche schon sehr früh sein aufrichtiger und leidenschaftlicher Freund, meinetwegen selbst Bewunderer geworden, freilich niemals, so wenig wie sonst einer seiner Freunde, sein Adept.«[45] Overbeck schätzte Nietzsche als den außerordentlichsten Menschen, der ihm auf seinem Lebensweg begegnete; ihre Freundschaft blieb – von dem einen Mal, da Overbeck gegen Nietzsche seine Stimme erhob und ihm sein Mißvergnügen bekannte, abgesehen – schattenlos. »Cette amitié« – urteilt Andler – »l'une des plus pures que l'on puisse rencontrer dans l'histoire intellectuelle des Allemands, n'a pris fin qu'avec la mort de Nietz-

nographie macht diese Feststellung zur Gewißheit. Aber auch unbeteiligte Forscher wie Andler konstatieren die Voreingenommenheit der E. Förster-Nietzsche[46] oder erwähnen die Ungerechtigkeit ihrer Darstellung, wie es der Fall ist in Überwegs »Grundriß der Geschichte der Philosophie«.[47] Die Streitfrage zwischen Overbeck und dem Nietzsche-Archiv soll in diesem Zusammenhang nicht noch einmal aufgeworfen werden. Nur das sei bemerkt, daß die Behauptung der E. Förster-Nietzsche – »So hoch mein Bruder seinen Freund Overbeck schätzte, so war er sich doch vollkommen bewußt, daß dieser seiner ganzen Natur nach niemals ein inniges Verhältnis zu seinen Anschauungen haben konnte, eine Ansicht, die sich durch Professor Overbecks späteres Verhalten zur Gesamtausgabe der Werke Nietzsches und durch die Veröffentlichung über sein Verhältnis zu ihm vollständig bestätigt hat«[48] – durch die seitherige Publikation des Briefwechsels zwischen Overbeck und Nietzsche widerlegt ist. Auch Overbecks Erinnerungen an Nietzsche, die Bernoulli aus dem Nachlaß veröffentlichte, geben bei genauer Betrachtung ein ganz anderes Bild und sind in ihrer Schlichtheit und Wahrheit ebenso ergreifend als echt. Was Overbecks Verhältnis zum Nietzsche-Archiv betrifft, so war es sein gutes Recht, seine Nietzsche-Briefsammlung nicht dem Archiv auszuliefern, und es zeugt für sein tiefes Empfinden, daß er deren Veröffentlichung erst nach seinem Tode gestattete. Seine Zurückweisung des Nietzsche-Archivs, durch die sich, wie Horneffer urteilt, Overbeck »als einsichtiger, klarblickender Gelehrter bewährte«,[49] war in der Ansicht begründet, daß die Preisgabe von Nietzsches letzten Werken in einem ungeeigneten Moment an ein sensationslüsternes Publikum dessen Andenken verunehre. Durch eine gedankenlose Popularisation sei Nietzsche am sichersten und raschesten zu erledigen. Diese Befürchtung Overbecks ist denn auch vollauf bestätigt worden. Niemals ging seine Zurückhaltung auf ein ablehnendes Verhalten gegenüber Nietzsche selbst zurück. »Meines Freundes Andenken will ich mir für immer erhalten, der Weimarer Nietzschekultus bleibe mir dazu nun auch für immer und in jedem Sinne fern.«[50]

sche, et par delà sa mort elle s'est affirmée noblement par des témoignages directs, décisifs, innombrables«.[51]

Nicht anders betrachtete auch Nietzsche dieses Verhältnis. Sie waren »Wunsch- und Waffennachbarn« oder, wie sich Nietzsche ausdrückte, der es liebte, sich mit eigenartigen Bezeichnungen zu benennen, »seltsame Käuze«, »Syntroglodyten«, »Mitgift-Höhlen-Bären« oder einfach gesagt Freunde und Brüder. Vor Overbeck brauchte sich Nietzsche wegen der »Offenheit des Selbstgefühls«[52] nicht zu entschuldigen. Vor niemandem, beteuerte Nietzsche, habe er sich lieber ausgesprochen als vor Overbeck.[53] Scherzhaft nannte er Overbeck seine »zweite und bessere Vernunft«, die ihn vor dem »Umschlagen« bewahrt habe und ihm »beinahe noch den letzten Fußbreit sicheren Grundes« bedeute.[54] »Mitten im Leben war ich vom guten Overbeck umgeben.«[55] Darum »gehörte billigerweise« ihm das erste Exemplar des letzten Zarathustrateiles. Beinahe alle Briefe Nietzsches bezeugen, wieviel er Overbeck zu danken habe. – Overbeck betreute Nietzsches ganze Geldangelegenheit und andere oft kleinliche Scherereien mit einer rührenden Sorgfalt. Wie bekümmert war er um die psychische und physische Gesundheit seines Freundes, wie besorgt, wenn je einmal ein Bericht etwas länger ausblieb. Und Nietzsches Briefe waren doch mehr oder weniger lauter Jeremiaden, gequälte Aufschreie über seine unsäglichen Schmerzen und Leiden. Auf alle deprimierenden Briefe ging Overbeck immer mit Trost und Zuspruch ein, obwohl er sich durch das deutliche Bewußtsein, wie wenig Menschen einander helfen können, stets gehemmt fühlte.

Als Overbeck durch Burckhardt auf Spuren von Nietzsches ausbrechendem Wahnsinn aufmerksam gemacht wurde, reiste er sofort nach Turin und holte dort den kranken Freund. Überaus erschütternd ist Overbecks Bericht an Köselitz über seinen Eindruck, als er in Turin Nietzsche in seinem Zimmer in einer Sofaecke kauernd und lesend fand, wie Nietzsche ihn erkannte, auf ihn stürzte und ihn heftig umarmte, in einen Tränenstrom ausbrach, um dann in Zuckungen aufs Sofa zurückzusinken. Auf Overbeck machte der Transport von Turin nach Basel ins Irrenhaus einen dermaßen starken Eindruck, daß ihn nachher die Vorstellung quälte, »daß es ein weit echterer Freundschaftsdienst, als den Armen dem Irrenhause zuzuführen, gewesen wäre, ihm das Leben zu nehmen«.[56] Als Nietzsche von Basel nach Deutschland in eine Irrenanstalt gebracht wurde, begab sich Overbeck vor der Abfahrt nochmals in den Zug, um von Nietzsche Abschied zu nehmen. Wiederum erhob sich Nietzsche, um Overbeck stürmisch an sein Herz zu drücken und ihm stöhnend zu versichern, daß er »der Mensch gewesen wäre, den er am meisten geliebt hätte«.[57]

Für Overbeck war Nietzsche der Mensch, in dessen Nähe er am freiesten atmen konnte. Er war für ihn ein Phänomen, das er zwar nicht »verstanden«, wohl aber »erlebt« hatte, und wie Overbeck so schlicht sagt, »vor dem ich mich immer wieder gebeugt und vor dem so getan zu haben ich auch heute nicht bedaure. Ich sage absichtlich gebeugt – denn mich über ihn zu erheben, gerade diese Abgeschmacktheit hat mir stets unendlich fern gelegen. ... Es hätte mein Verhältnis zu Nietzsche heillos verwickelt und mich selbst nur in heillose Verwirrung gestürzt, wenn ich ihr jemals erlegen wäre. Gerade in diesem Stück waren aber Nietzsche und ich Antipoden: er hat bis zum Extravaganten auf sich gehalten, ich habe es mit mir stets entgegengesetzt getan, und eben damit denke ich am allerwenigsten mich moralisch über ihn zu erheben. Ich glaube hier nur der glücklichere Mensch gewesen zu sein, gewiß nicht der bessere oder höhere.«[58]

Die verschiedene Veranlagung Nietzsches und Overbecks war keineswegs so groß, daß sie ihre gemeinschaftlichen Interessen, durch die sie miteinander verbunden waren, auch nur im geringsten hätte zu beeinträchtigen vermögen. Ebensowenig störte, daß Overbeck in sachlicher Beziehung nicht immer mitging und »Nietzsches Schriften« – um mit Horneffer zu reden – »nicht so aufnahm und aufnehmen konnte, wie Nietzsche wohl gewünscht hätte«.[59] Overbeck war sich bewußt, daß er neben Nietzsche immer »nur eine sehr still aufwachsende Pflanze blieb«, weil der Ehrgeiz, der in Nietzsche brannte, Overbeck »bis zum Defekt mangelte«.[60] Dieser Mangel an jeglichem Ehrgeiz unterscheidet Overbecks Charakter sicher nicht zu seinen Ungunsten von Nietzsches ehrgeiziger Ruhmsucht. Denn trotz seiner stillen Bescheidenheit war auch Overbeck nicht aus dem Holze der gewöhnlichen Theologen geschnitten. Die selbstgenügsame Philisterei pfarrherrlicher Kränzchen war ihm unendlich fern. Auch er war ein Mensch, der wie Nietzsche »über sich selbst hinaus wollte«,[61] nur vollzog sich bei ihm dieses Über-sich-selbst-hinaussteigen in ganz anderen Formen als bei dem Verkündiger des Übermenschen. Daß Overbeck tatsächlich über das Theologenniveau des 19. Jahrhunderts hinausragte, wird nicht zu bestreiten sein. In diesem heroischen Bestreben sah er selbst den tiefsten Grund seiner innigen Freundschaft mit Nietzsche.

Ein charakteristisches Kennzeichen der kämpferischen Veranlagung, die Overbeck und Nietzsche eigentümlich war, ist ihre anfängliche Begeisterung für Schopenhauer. Overbecks Urteil war eine Reihe von Jahren schwankend, weil er einige Zeit brauchte zur Überwindung der sehr häßlichen Dinge an Schopenhauers Person. In Basel rang er sich bald zu der Erkenntnis durch, daß Schopenhauer »ein großer Mensch ist, groß in seinen Tugenden und Gaben, groß in seinen Fehlern, und daß er in beiden so deutlich vor uns steht, das danken wir der Tugend, die er vor allem und wie kaum einer besaß, seiner Wahrhaftigkeit«.[62] Aus dieser gemeinsamen Vorliebe für den Außenseiter der deutschen Philosophie, über welchen sich nicht nur in Nietzsches »Unzeitgemäßer Betrachtung«, sondern auch in Overbecks Nachlaß manch treffendes Wort findet, floß ihre Einstellung gegen das damalige Deutschland. Es wurde in der »Baumannshöhle« ausgesprochen ketzerischen Ansichten über die letzten Entwicklungen des Deutschen Reiches gehuldigt. Über die Gegenwart, die kaum noch eine andere Sorge kenne, als das »Verfaulte« fortzuschleppen, finden sich bei Overbeck und Nietzsche gleich starke Ausdrücke. Eine enge Gesinnungsverwandtschaft verband sie in der Ablehnung aller Modetorheiten der Gegenwart, vom Antisemitismus bis zum Parsifalchristentum, wobei sie sich nur durch die Verschiedenheit der Temperamente unterschieden. Bei Nietzsche dürfte sich ein so gelassenes Wort, wie Overbecks

Äußerung über das Philistertum, bei aller Antipathie gegen die deutschen Satisfaits, kaum finden: »Doch wie es auch mit den Philistern stehen mag, auch gegen sie ist aller Fanatismus zu vermeiden. Denn noch ist in der Welt die menschliche Gesellschaft nicht dagewesen, die dieses ihres Elementes hätte entraten können. Sie, die Philister, haben sich noch immer als die unentbehrlichen Befreier der menschlichen Gesellschaft von Schädlichkeiten bewährt, die sie ohne sie nicht losgeworden wäre.«[63]

Über die gegenseitige Beeinflussung in dieser Freundschaft wurden reichlich viele Vermutungen aufgestellt. Inwiefern die Freundschaft mit Nietzsche für Overbecks innere Entwicklung in Frage kommt, soll später eingehend betrachtet werden. Man tut gut, sie unter keinem anderen Aspekt als den der gegenseitigen Anregung und des geistigen Austausches zu betrachten. Wer der Führende und Überlegende in diesem Bunde war, ist nicht eindeutig festzustellen. Overbeck wird von Nietzsche die ungewöhnliche Art, Menschen und Dinge zu sehen, gelernt haben, und Nietzsche wird ihn in seiner auf die kulturellen Werte gerichteten Daseinsform verstanden und bestätigt haben. Overbeck hat als Erster in Nietzsche den mutigen Dürerschen Ritter zwischen Tod und Teufel gesehen, unter welchem Aspekt ihn dann später auch Ernst Bertram betrachtete.[64] Das Gegen-den-Strom-schwimmen, das Unzeitgemäße und Einsiedlerische wird Overbeck von Nietzsche angenommen haben. Er liebte den passionierten Charakter von Nietzsches Denken, seinen Drang nach Wahrheit, seinen Skeptizismus und seinen Widerwillen gegen alles Autoritäre. In allen Fragen des Wissens war jedoch Overbeck dank seiner Gelehrsamkeit Nietzsche von Anfang an unzweifelhaft weit überlegen. Auch die kritische Ader dürfte bei Overbeck in bedeutend größerem Maße ausgebildet gewesen sein als bei Nietzsche. Ihr Bund beruhte auf gegenseitiger Förderung. Overbeck anerkannte vorbehaltlos: »Das Bewußtsein ist mir eine Freude, daß die nüchternste, bescheidenste literarhistorische Untersuchung, die ich etwa noch zum Besten gebe, so wie sie ausfiele, nicht ausgefallen sein würde, wenn Du nicht wärest.«[65]

Dieser Äußerung entspricht von Nietzsches Seite: »Ich habe Deine ›Christlichkeit‹ wieder durchgelesen, mit sehr viel Freude an dem erstaunlich reichen Inhalt und der vorzüglichen Disposition, ich bin dieser Lektüre etwas würdiger geworden, denn ich habe inzwischen über mancherlei nachgedacht, und zwar rechts und links. ... Als Du das Buch schriebst, habe ich, wie ich jetzt mit Beschämung merke, neun Zehntel nur zu verstehen geglaubt.«[66]

Viel bedeutsamer als das Problem der gegenseitigen Beeinflussung ist die Frage, wie Overbeck Nietzsches Bedeutung beurteilte. Die Beantwortung dieser Frage wird zeigen, daß Overbeck die einzig richtige Nietzsche-Deutung vorweggenommen hat. Er hat nie die töricht ablehnende Haltung gewisser Kreise, die sich vor Nietzsche bekreuzten, als wäre er der Leibhaftige, geteilt, aber ebensowenig der maßlosen Überschätzung und Vergötzung, die aus Nietzsche eines der sieben Weltwunder machte, gehuldigt. Overbeck kannte auch gegenüber Nietzsche nur die kritische Würdigung, mit der er der zukünftigen Nietzschedarstellung, die ihres Bearbeiters noch harrt, den Weg wies. Diese Einstellung Overbecks wird aus der Äußerung über Nietzsche ersichtlich: »Kein einziges seiner Talente, so reich begabt er war, sicherte ihm an sich die Größe. Es sei denn das ungewöhnlichste dieser Talente, die Gabe der Seelenanalyse, die ihm denn auch selbst, da er sie vornehmlich an sich übte, so tödlich gefährlich wurde und ihn ›entseelte‹, lange ehe er starb. ... Was ihn aber wirklich beherrschte und innehatte, war das Bestreben nach Größe, der Ehrgeiz im Wettkampf des Lebens, worin er von mir so verschieden und vor mir so ausgezeichnet war.«[67] Außer dem titanischen Drange, in welcher Beziehung Overbeck jede Verdächtigung Nietzsches etwa als Schauspieler ablehnte, so sehr er dessen Entwicklung als »theatralisch« bezeichnete, sah er in der Richtung der Psychologie eines der Hauptverdienste Nietzsches. Nietzsches Mission erblickte Overbeck in dem Kampf und der Kritik gegen die Zeit, der Zertrümmerung aller hohlen Idole und der Auslüftung aller verpesteten Gerüche. »Nietzsche war ein Genie, aber das Geniale an ihm lag in seiner Begabung als Kritiker.«[68] In seiner Beurteilung Nietzsches lag Overbecks sachlicher und nicht nur persönlicher Gegensatz gegen den Kultus des Nietzsche-Archives zu Weimar.

Bezeichnend ist für Overbeck seine kühle Zurückhaltung von der Zarathustra- und Übermenschenschwärmerei Nietzsches. Er teilte diesen Glauben keineswegs und machte auch dessen Verehrung nicht mit,[69] sah allerdings darin auch nicht das Wesentliche an Nietzsches Erscheinung. Nur sein allgewaltiger Trieb zum Extremen habe Nietzsche auf die Idee des Übermenschen gebracht. Organisch sei sie nicht aus ihm heraus gewachsen. In seinem Drang zum »Äußersten« sprach sich Nietzsche unzweifelhaft das Übermenschentum zu, nicht nur in poetischer, sondern auch in sehr prosaischer Form. Overbeck erklärte sich diese Wendung, indem Nietzsche im Grunde gerade nicht an sich selbst geglaubt und auch sein Zentrum nicht gefunden habe. »Alle Erfindungen Nietzsches dagegen sind nur seine Versuche, sich selbst zu täuschen. ... Der Nietzschesche Optimismus ist nun einmal der eines Desperado.«[70]

Overbeck war sich nicht nur über die Ungeheuerlichkeit von Nietzsches Anmaßlichkeit ganz klar, er verhehlte sich auch nicht, so schmerzlich ihm das Eingeständnis war, daß Nietzsche das gelobte Land keineswegs erreichte. In überaus schonender Zartheit sprach Overbeck diese Erkenntnis aus, ohne dadurch der Größe seines Freundes im geringsten Abbruch zu tun. »Nietzsches Versuch ist ein ernster Versuch, die Welt verständig zu begreifen, nicht, oder doch nur einer, den die Verzweiflung auf der Fahrt gepackt, und der sein Fahrzeug selbst dabei preisgegeben hat, was Nietzsche lange vor dem Ausbruch seines Wahnsinns getan hat. Ans Ziel gelangt ist auf der Fahrt, die ich hier meine, noch niemand. ... Gescheitert ist er freilich, aber doch nur so, daß er gegen die unternommene Fahrt als Argument so gut und so schlecht dienen kann wie die Schiffbrüchigen gegen das Beschiffen des Meeres.«[71] Trotz der Klarheit, mit welcher Overbeck das Endergebnis von Nietzsches Philosophie ablehnte, übersah er doch nie das Bewunderungswerte daran, daß sie den Mut zu den Problemen aufrechterhielt, und darin hielt er ihr bis zu seinem Tode unerschütterliche Treue.

Wie hoch Overbeck den Verkehr mit Nietzsche schätzte, geht daraus hervor, daß er ihm sogar die Freundschaft mit Treitschke zum Opfer brachte. Da Treitschke von einer unüberwindlichen Antipathie gegen Nietzsche erfüllt war, hatte Overbecks enge Verbindung mit Nietzsche eine Entfremdung von Treitschke zur Folge. Neben diesem persönlichen Grund war allerdings auch die Erkenntnis mitbestimmend, daß er zu vielem anderen eher geschaffen sei als zu einem Patrioten des Deutschen Reiches nach dem Ideal Treitschkes. An diesem Punkte machte sich Overbecks Abneigung gegen alle politische Betätigung geltend, besonders wenn sie in der Verherrlichung des Machtgedankens gipfelte, wie das bei Treitschke der Fall war. Immerhin war die Loslösung von Treitschke keine gewaltsame. Bis zu seinem Tode sandte ihm Treitschke weiterhin die einzelnen Bände seiner »Deutschen Geschichte«.

Für die verlorene Freundschaft Treitschkes fand Overbeck in der Person von Nietzsches Jugendfreund, Erwin Rohde, einen Ersatz. Overbeck bezeichnete die Freundschaft mit Rohde als die ungetrübteste. Sonderbarerweise sind aber seine Äußerungen gerade über diese Beziehung überaus spärlich. Es finden sich sozusagen keine Aufzeichnungen darüber in seinem Nachlaß. Overbeck war Rohdes Söhnchen Pate, und Rohdes Biograph berichtet, daß sich Rohde bei Overbeck wie zu Hause fühlte.[72] An der christlichen Theologie hatte Rohde gar kein Interesse, ihn interessierte nur die Theologie der Griechen, worauf Overbeck Rohdes Interesse an der »Christlichkeit« zurückführte. »Nietzsche hat uns zusammengeführt, außerdem ist unsere Disharmonie mit unserem Professorenstand der sicherste Boden unserer Eintracht gewesen.«[73]

In der Mitte der 1870er Jahre vermählte sich Overbeck mit Ida Rothpletz, einer gebürtigen, jedoch in der Pfalz aufgewachsenen Schweizerin. Die kinderlos gebliebene Ehe war eine selten glückliche Gemeinschaft. Overbeck hat in der ersten Hälfte seines Lebens das Glück in seinem sehr guten Verhältnis zu seinem Elternhaus, in der zweiten Hälfte in seiner harmonischen Ehe gesehen. Über die Ehe im allgemeinen äußerte er, daß sie, »um gesund zu bleiben, auf die Gegebenheit der Ungleichheit der Geschlechter gegründet sein müsse. Denn diese ist ihre natürliche Voraussetzung, in ihr ist auch Heil und Glück der beiden beteiligten Menschenwesen am besten geborgen.«[74] Das Glück seiner eigenen Ehe behandelte Overbeck vor der Öffentlichkeit mit größter Zurückhaltung und sah gerade in der Verborgenheit die beste Gewähr dafür. Overbecks Frau wurde von Nietzsche als eine »Ausnahme in hundert Stücken«[75] bezeichnet. In der Tat war ihre ungewöhnliche geistige Begabung nicht nur frei von jeder blaustrumpfmäßigen Betätigung, sondern mit einem echt weiblichen Empfinden verbunden. Sie überlebte ihren Gatten um Jahrzehnte.

Im Jahre 1873 gab Overbeck eine kleine Schrift heraus unter dem Titel »Über die Christlichkeit unserer heutigen Theologie«. Über den Inhalt und die Bedeutung dieser Schrift wird in einem späteren Zusammenhang ausführlich die Rede sein. Overbeck bestritt in dieser Schrift der Theologie an sich und der gegenwärtigen insbesondere die Berechtigung, sich als christlich auszugeben. Die »Christlichkeit« wurde damals nicht verstanden und ging unbeachtet unter. Nur bei einigen ganz Vorurteilslosen fand sie ein tieferes Verständnis. So erhielt Overbeck eine Zuschrift von einem unbekannten 80jährigen amtierenden deutschen Pfarrer, des Inhalts: »Correctement müßte ja dieser liebe gute Overbeck schmoren; aber er würde auch damit sich abzufinden wissen, und jedenfalls gibts sogar Pastoren, die in einem Pastoren- und Consistorialratshimmel sich höchst beklommen fühlen und an Overbecks Flammen scheu würden!«[76] Diese Worte treffen sehr gut das Ketzerische an Overbecks Unternehmen und zeigen, was seiner in früheren Jahrhunderten gewartet hätte. In seiner Zeit äußerte sich das Verdammungsurteil in der Acht und dem Bann, mit welchen die »Christlichkeit« alsbald von den Theologen belegt wurde. In außertheologischen Kreisen wurde sie um so interessierter gelesen. Ein Richard Wagner gehörte zu ihren eifrigen Lesern, und der neugewonnene Freund Rohde fühlte die allerlebhafteste Sympathie damit, daß »man endlich gerade heraus dagegen Protest erhebe, daß eine solche historische – und ja nur quasihistorische – Betrachtungsweise ... sich wie eine religiöse gebärde. Wo bliebe denn eigentlich zuletzt ... ein alles nach sich bestimmendes Lebensprinzip, wenn nicht nur unseren Bildungsphilistern erlaubt sein soll, alles Edelste ... in eine kühle ›objektive‹ Ferne zu rücken – wo man dann von seiner Existenz wissen und dabei doch ruhig und in seinem eigenen Lebensgefühl unberührt auf seinem Kanapee sitzen bleiben kann – wenn nun auch das Christentum in denjenigen, die es ganz wegzuwerfen den Mut nicht haben, in eine solche Distance der ›wissenschaftlichen‹ Betrachtung gerückt wird, ohne daß sein eigentlicher Lebensgehalt – den von einem Theologen so entschieden als einen asketischen bezeichnet zu sehen, wie ich ihn aus Schopenhauer kannte, mich sehr gefreut hat – auf die Gesinnung des Betrachtenden irgendeinen Einfluß zu gewinnen brauchte. Kritik und Historie dort wie hier, und in den wichtigsten Dingen ein flaues Begnügen mit dem Wissen um die Meinungen anderer längst verstorbener Ehrenmänner und mit einigen kritischen Bestimmungen darüber, als ob man von Scheidewasser leben könnte! Hiergegen auf christlichem Gebiet zu protestieren, ist ebenso verdienstvoll als auf dem Gebiet der sonstigen Bildungsphilister.«[77] Nicht minder war ein Eduard von Hartmann über die erstaunliche Ehrlichkeit und Offenheit, mit der hier ein Theologe über diese Probleme sprach, betroffen; Overbeck erwiderte allerdings Hartmanns Vorliebe für die »Christlichkeit« keineswegs mit einer Gegenliebe für dessen Schriften.

Für Overbeck persönlich war die »Christlichkeit« von ausschlaggebendem Einfluß auf sein ganzes Leben. Er unterzog sich allen sich daraus ergebenden Konsequenzen ohne weiteres. In seinen persönlichen Beziehungen schuf die »Christlichkeit« die wünschenswerte Klarheit. Wer sich an ihr stieß, verriet damit sein Unverständnis für Overbecks Geist. Als er im Alter noch die Gymnasiastenfreundschaft mit G. H. Geißler wieder aufnahm, übersandte er zur Orientierung und Klärung die »Christlichkeit«, bevor weitere Wiederannäherungsversuche gemacht wurden.

Keiner seiner späteren Veröffentlichungen maß Overbeck auch nur eine ähnliche Bedeutung bei wie der »Christlichkeit«.

Zwei Jahre nach deren Erscheinen publizierte er die »Studien zur Geschichte der alten Kirche« (1875), die ausdrücklich an die »Christlichkeit« anknüpfen, und in der Form kirchenhistorischer Untersuchung das Wesen der modernen christlichen Theologie diskreditieren. Overbeck nannte seine Untersuchungen – über deren Wert auch später eingehend geredet werden soll – ausdrücklich »Studien«, um schon durch den Titel seine Verwahrung gegen die theologischen Papiertürme auszudrücken. Darin zeigt sich die Bescheidenheit des wirklichen Gelehrten gegen alle suffisante Vielschreiberei. Außer der Gelegenheitsschrift »Zur Geschichte des Kanons«, einigen Universitätsprogrammen und Aufsätzen hat er bis an sein Lebensende – aus welchen Gründen wird noch zu erörtern sein – nichts mehr veröffentlicht.

Die Zahl der von Overbeck herausgegebenen Schriften ist demnach gering, um so größer ist aber ihr Wert. Jeder seiner Arbeiten war beschieden, auf irgendeine Weise bahnbrechend zu wirken. Vom Inhalt seiner Publikationen abgesehen, erregten sie in stilistischer Beziehung stets Anstoß. »Echt wissenschaftlich, d.h. so holperig und unschön wie möglich« sei sein Stil; überhaupt »nicht geschrieben« nannte man seine Ausführungen. Der bekannte schweizerische Schriftsteller Widmann erging sich sogar in der taktlosen Bemerkung, daß Overbecks Bücher in stilistischer – nicht inhaltlicher – Beziehung eine ernste Mahnung an seine Altersgenossen darstellen, »nachzusehen, ob etwa in ihrem Stil ebenfalls eine senile Nervenverkalkung vor sich gehe«.[78]

Es hat mit Overbecks Stil fraglos seine eigene Bewandtnis. Er selber hob hervor, daß er nicht in Deutschland geboren, überdies erst nach zwölf Jahren der deutschen Sprache einigermaßen mächtig geworden sei und später an Schleiermacher seinen Stil geübt habe. Gleichwohl dürfte Bernoullis Bemerkung über die »eigenköpfige Schreibweise, die er mit niemand anderem teile« und die der »angegoetheten Manier der sogenannten gutgeschriebenen Bücher bei weitem« vorzuziehen sei, richtig sein.[79] Ähnlich urteilte Nietzsche, der Overbecks Arbeiten so gerne las, weil er seine »Gedanken so artig verschlinge« und »listig schreibe, als ein Mensch der Nuances«. Nietzsche hielt sogar einem Stilisten wie Rohde Overbecks Stil als Muster vor.[80] Mit dem bloßen Hinweis auf die Verknorztheit von Overbecks Stil dürfte in der Tat nicht das letzte Wort gesprochen sein. Die häufige Verschnörkeltheit seiner Ausführungen entspringt nicht einem stilistischen Unvermögen, sondern dient beinahe immer einer gewollten und absichtlichen Verhüllungstendenz. In den ausgesprochen polemischen Partien seiner Ausführungen erhebt sich Overbecks Stil unzweifelhaft zu einer prachtvollen Klarheit und Prägnanz.

Um nun das Porträt von Overbecks Persönlichkeit zu zeichnen, wird am besten an einen Brief Nietzsches angeknüpft. »Ich verdanke Dir so viel, teurer Freund«, schrieb Nietzsche zu Overbecks Geburtstag, »daß ich dem Schauspiel Deines Lebens so in der Nähe zusehen durfte: in der Tat, Basel hat mir Dein Bild und das Jakob Burckhardts gegeben; ich meine, nicht nur mit der Erkenntnis, einen großen Nutzen aus diesen Bildern gezogen zu haben. Die Würde und die Anmut einer eigenen und wesentlich einsiedlerischen Richtung im Leben und Erkennen; dies Schauspiel wurde mir durch die nicht genug zu verehrende Gunst meines Schicksals ins Haus geschenkt – und folglich verließ ich dies Haus anders als ich es betrat.«[81] Mit Nietzsches Deutung, daß Overbeck »ein Seefahrer und Vereinsamter auf seine Art«[82] sei, ist das Bezeichnende an Overbecks Existenz getroffen.

Als erste, auffallende Erscheinungsform von Overbecks aristokratischer Lebensanschauung ist seine Auffassung und Vertretung des Gelehrtendaseins zu nennen. »Er war ein deutscher Professor im alten, sozusagen klassischen Sinne des Wortes und hat die Würde seines Standes durch hervorragende Leistungen und unabhängige Gesinnung vorbildlich dargelebt«, wurde an seinem Sarge geäußert.[83] Overbeck war bestrebt, abgekehrt von dem Lärm der Straße, in rein kontemplativer Betrachtung des Lebens zu leben. Die beste Charakterisierung seines Daseins ist, es als das Gegenteil der Existenz des Journalisten zu bezeichnen, den Overbeck als eines »der traurigsten Exemplare der Menschengattung« bezeichnete, die »sich heutzutage auf unseren Gassen bewegen«. Er verurteilte das ganze Pressewesen als eine Zeitkrankheit und haßte leidenschaftlich alle Bestrebungen in der wissenschaftlichen Welt, die eine Angleichung an den Journalismus suchten. Im Vorwort zu den Studien zur alten Kirche gab er seinem Widerwillen in glänzenden Worten Ausdruck: »Ich bin zwar weit entfernt davon zu behaupten, daß die Studierstube die höchste Warte sei, von welcher man, ich sage nicht die Welt – denn diese übersieht mit Ausnahme der Theologen niemand – sondern die menschlichen Dinge übersehen kann. Aber ich sehe auch nicht ein, warum man von da aus nichts davon sehen soll, und der Ansicht der heute zahlreichen Gelehrten bin ich jedenfalls nicht, welche meinen, daß sie mehr davon zu sehen bekommen, wenn sie sich halb auf die Gasse stellen. Auch muß ich gestehen, daß ich von einer wahrhaft pharaonischen Verhärtung des Gemütes gegen den Schimmer der Redensart bin, mit welcher heutzutage so vieles von sich erklärt, es sei ›für das Volk‹ bestimmt. Als ob irgendeine ernste, auch wissenschaftliche Arbeit für jemand anderes bestimmt sein könnte, als ob mehreren Arbeiten als nur sehr wenigen beschieden sein könnte, es in direkter Weise zu sein, ohne sich grober Demagogie schuldig zu machen. Endlich verzichten auch diese Aufsätze ganz auf eine Art von Reiz, welchen zu verleihen selten im Bereiche der Talente des Gelehrten und nie in dem seiner Stärke liegt. Dagegen denkt gegenwärtig manch einer unter den Gelehrten, reiche es bei ihm auch nicht zum Künstler aus, so doch jedenfalls zum Literaten, und ziert sein historisches Werk aus mit den pittoreskesten Schildereien von Städten und Landschaften, welche sein Auge nie erblickt hat, und intimen Charaktergemälden vom Apostel Paulus, von Nero und Seneca, wie wenn er je solche Menschen aus der Nähe gesehen hätte.* Zum Lohne für seine Bescheidenheit, wenn er wirklich nur nach der Palme des Literaten begehrt hat, bringt ihm dann eine urteilslose Tageskritik den Namen eines Künstlers, ja eines Klassikers schon entgegen.«[84]

---

* Diese Anspielung bezieht sich auf die »Neutestamentliche Zeitgeschichte« von Hausrath. Overbeck wurde ihr zufolge in einen kleinen Briefwechsel mit dem Verfasser verwickelt, der aber, so kurz er war, die beiden Gelehrten gänzlich auseinander brachte.

Overbecks Abneigung richtete sich gegen jede Aktualisierung der wissenschaftlichen Arbeit, weil er diese als das schlimmste Hindernis, das sich der ernsten Begründung einer Sache in den Weg stellt, betrachtete. Er verglich dieses Vorgehen spöttisch mit dem Unternehmen, sich mit einer feinen und schwierigen Denkarbeit in den Lärm einer Kinderstube zu setzen. Nicht daß er die Lösung eines Problems für gesichert hielt, wenn man sich abseits in die Stille begibt. Aber in der Ablehnung eines begierigen Buhlens um den Beifall der Tagesmeinung für eine wissenschaftliche Tätigkeit war Overbeck nicht irre zu machen. Er war von der Geringschätzung aller öffentlichen Meinung so erfüllt, daß er von keinem Entgegenkommen an ein nur unterhaltungslustiges Publikum wissen wollte. Wer auf interessante Weise anregen will, braucht kein Buch zu schreiben, denn ein Buch soll lehren. »In der modernen Literatur«, meinte Overbeck, sei die Kategorie des Interessanten »eine Eigenschaft, der man bisweilen scheu auszuweichen guten Grund hat, weil sie zu sehr ›affektiert‹ wird. Die ganze Sippschaft hat für mich Nietzsche gleichsam totgeschlagen. Auch er ›affektierte‹ mir zu viel Geist, aber er konnte es besser als Moderne.«[85]

Diese Einstellung hatte bei Overbeck zur Folge, daß er mit überlegener Gelassenheit auf die Wirkung seiner Schriften blickte. Scherzend bemerkte er, daß er dem Publikum die Sorge um seine Arbeiten überlasse, und das mache sich's eben bequem. Und doch war Overbeck einer der größten Patristiker seiner Zeit, ein Mensch mit einem immensen Wissen, der trotzdem nicht den geringsten Trieb empfand, dieses Wissen anderen Menschen mitzuteilen. Der ihm bis zum Defekt mangelnde Ehrgeiz ließ ihn auch nicht in die literarische Arena hinabsteigen. Der ganze Reichtum blieb in seinem Inneren aufgestapelt. Er war jedoch nicht auf eine bloße Anhäufung toten Wissens bedacht, sondern bestrebt, die Quellen mit dem Lichte des Gedankens zu durchleuchten. Es wurde gegen diese ungeheure Gelehrsamkeit, die sich gar nicht in den Dienst der Menschheit zu stellen schien, der Vorwurf erhoben, sie sei nicht einem sittlichen Zwecke unterstellt. Sein Wissen wurde als unfruchtbar beurteilt, da es infolge seiner kritischen Veranlagung nicht zur Wirkung komme. Charakteristisch für die Beurteilung von Overbecks Schaffen ist der Witz Jakob Burckhardts, daß Overbeck mit einer kleinen Reparatur, die er an seinem Hause vornehmen ließ, die erste grundlegende Tat vollbracht habe! Der Vorwurf der bloßen Negativität warf Overbeck nicht aus seiner Stellung. Seiner negativen Haltung lagen – der betrachtenden Mitwelt unsichtbar – positive Einsichten zugrunde.

Zum Verständnis von Overbecks Gelehrtenleben ist es notwendig, auf seine Auffassung der wissenschaftlichen Arbeit einzugehen. Er vertrat den Standpunkt, daß er sich vor allem zu seiner eigenen Belehrung und Vertiefung dem Studium hingegeben habe. Dieser eigenen Förderung diente die ganze Einrichtung seines Studierzimmers, vor der Nietzsche einen heiligen Schauer empfand. Bernoulli gibt folgende anschauliche Schilderung davon: »Eine Ahnung von den unterirdischen Abgründen und dem vielschachtigen, planvollen Ausbau dieses Wissens erhielt erst, wer sein dreifach angelegtes, streng alphabetisch durchgeführtes, in jedem einzelnen Punkte sofort registrierbares, handschriftliches Sammelwerk sah, das viele Schäfte seiner Bibliothek füllte. Seine einst zum Privatgebrauch angefertigten Übersetzungen des ganzen Clemens, des ganzen Tertullian, eines guten Stückes Origenes etc. füllten viele handgeschriebene Manuskriptbände. Einen kleinen, selbst angelegten Thesaurus der neutestamentlichen und patristischen Graecität hatte er sich angelegt.«[86]

Man würde sich jedoch täuschen, wollte man in Overbeck einfach einen engstirnigen Gelehrten sehen, der vor lauter Bäumen den Wald nicht mehr sah. Die »Feldwebelinteressen« seines Standes hat er nach dem Zeugnis seiner Kollegen nie erörtert.[87] Er stellte die Forderung auf, der Gelehrte habe sein Verhältnis zur Wissenschaft selbst nicht zu ernst zu nehmen. Seinem unbestechlichen Blick konnte es nicht entgehen, daß in der Wissenschaft oft nur ein müßiges Spiel getrieben wird, und oft genug ganze Forschergenerationen mit Bagatellen ihr Dasein fristen. »Auch die Wissenschaft hat ihre Selbstsucht und muß sich gefallen lassen, daß man, bevor man ihr unbedingten Wert zuspreche, nach ihren Methoden frage. Die Wissenschaft hat in sich selbst keinen Zweck, der ihr solchen unbedingten Wert sicherte. Sie soll Einsicht erzeugen und verbreiten und ist zu diesem Zwecke nur ein Mittel. Ist sie hingegen blind und folgt nur Methoden, die ihre eigene Existenz sichern, sie aber unfruchtbar für ihren Zweck machen, bearbeitet sie Probleme, die nichts anderes als ihr Truppen zuführen, so ist sie fürs Feuer reif und die vielen Mühsale und die Langeweile nicht wert, die von ihr unzertrennlich sind.«[88]

Zu dieser Auffassung der wissenschaftlichen Tätigkeit wurde Overbeck nicht durch ein Banausentum geführt, sondern durch seinen Individualismus. »Noch jetzt ist, was der Menschheit gelingt, ihr nur durch Individuen möglich.«[89] Er war von einem »unbegrenzten Zutrauen zum Individuum«[90] erfüllt und fest überzeugt, daß gegenwärtig ein Mensch von bedeutenden Gaben auf jeden Fall seine eigenen Wege gehen müsse und auf nichts anderes Rücksicht nehmen dürfe. Die Kehrseite dieses unentwegten Individualismus, die unentrinnbare Vereinsamung, die nur zu leicht daraus folgt, hat Overbeck klar erkannt.[91] Er nahm dieses Schicksal auf sich und wandte sich auf Grund seiner individualistischen Erkenntnis in scharfer Weise gegen alle Politik, Massenbewegungen und den Staat. »Der Staat ist der eigentliche Menschenverderber. Er braucht nur alle Anlagen der Menschen sich dienstbar zu machen und für seine Zwecke zu gebrauchen – Religion, Moralität Wissenschaft –, um sie in ihren Wurzeln zu verderben. Von allem zieht ihn überhaupt nur die Oberfläche an. Was darunter liegt, ist ihm gleichgültig, ja gilt ihm als gefährlich.«[92]

Overbeck war alles andere als ein in den spanischen Stiefel der Gottesgelehrtheit eingeschnürter Mensch. Bei aller Professorenhaftigkeit, die ihm durch und durch eigen war, glühte und sprühte in ihm ein Feuer von nicht alltäglicher Natur. »Ich bin freilich kein Jüngling mehr«, schrieb er im Ruhestand, »aber was mich mit dem mir zeitgenössischen Jahrhundert verbindet, ist wirklich nur, was in seinen Bestrebungen jugendlich war, mag das Jahrhundert auch nie das rechte Alter seiner Bestrebungen gehabt haben. Noch jetzt ist es nicht die altkluge Weisheit des

Jahrhunderts, für die ich glühe, sondern für seinen Freiheitsdrang und alles, was es in diesem für die Menschheit geleistet hat. Für die alten Götzen, die es zu stürzen unternahm, habe ich keine, auch keine eingebildete Kraft mehr übrig.«[93]

Daß Overbeck nicht in seinen Fachinteressen aufging, bezeugen außer seinen Freundschaften vor allem seine sonstigen Beziehungen zur geistigen Welt. An erster Stelle muß seine Liebe zur Musik genannt werden. Schon in seiner Jugend holte er gerne seine Schwester zum vierhändigen Klavierspiel. Während seiner Studienzeit lebte er ganz in den klassischen Musikwerken. Die Faust-Ouvertüre von Wagner war ihm damals ein ohrenzerreißendes Baßgeheul. Auch Schumann beurteilte er als Viertelzukunftsmusiker. In seiner ersten Basler Zeit wich er einer neuen Begegnung mit Wagner aus, und es brauchte die enthusiastische Überredungskunst Nietzsches, um ihn 1874 zu einem Besuch in Bayreuth zu veranlassen, wo er auch Liszt persönlich kennenlernte. In der Folgezeit wurde Overbeck ebenfalls Mitglied des Patronatsvereins, und die »Meistersinger« und »Tristan und Isolde« rechnete er nun zu seinen stärksten Eindrücken. »Das Gewoge und Geplätscher des Rheingoldes ist das Wunderbarste und Merkwürdigste, was ich an musikalischem Klang gehört.«[94] Wagners Entwicklung zum Parsifalchristentum war ihm jedoch unsympathisch, und er beurteilte sie als Verirrung.[95] Den »Parsifal« nannte er einen Hexenkessel und fällte über Wagner das scharfe Urteil: »Den Typus eines dionysisch erregten Schulmeisters stellt er ja überhaupt wunderbar dar.«[96] In einem seiner letzten Briefe an Nietzsche berichtet ihm Overbeck über eine Don-Juan-Aufführung in München und schließt mit der Bemerkung: »Ich war darauf meinerseits von der Frage ganz durchdrungen, wie sich, wenn das Musik sei, denn Wagner als Musiker ernst nehmen lasse, und sonst hat man es bei ihm doch vollends nur mit dem ›Schauspieler‹ zu tun«.[97] – Am meisten entsprach seinem klangfreudigen Ohr Brahms Kammermusik, der, außer den Liedern von Hugo Wolf, von dessen Eichendorff-, Mörike- und Goethezyklen er wohl jede Note kannte, seine Hauptliebe galt. Er war der Musik so stark zugetan, daß er es sich nicht nehmen ließ, für ein Konzert von Basel nach Zürich zu fahren. Auch pflegte er in seinem Hause selbst eifrig zu musizieren. Peter Gasts Laufbahn verfolgte er mit größter Teilnahme.[98]

Außer für die Musik besaß Overbeck namentlich für die schöne Literatur ein starkes Interesse. Sowohl seine Fach- als seine belletristische Bibliothek waren so reichhaltig, daß kaum ein Buch von einiger Bedeutung darin fehlte. Auf beiden Gebieten dieselbe lückenlose Belesenheit. Die deutschen, französischen und englischen Monatsschriften, auf welche er abonniert war, beweisen seinen universalen Horizont. Kein Wunder, daß Overbeck mit einer erstaunlichen Sensibilität auf alle damals noch unbekannten Gestalten wie Strindberg, Hamsun, Bloy usw. aufmerksam wurde und sie mit einer seltenen Treffsicherheit beurteilte.* – An den häuslichen Abenden las Overbeck seiner Frau sowohl moderne als klassische Autoren vor. Über Goethes »Wilhelm Meister« schrieb er an Nietzsche: »Durchgängig kommt man, wenn man an die Literatur unserer Tage unter uns denkt, nicht aus dem Staunen heraus, daß so etwas in deutscher Literatur schon da sei«.[99]** Mit ihrer gemeinsamen Lektüre bei Stifters »Nachsommer« angelangt, hob Overbeck den herzlich wohltätigen und künstlerisch höchst erbaulichen Eindruck stark hervor.

---

* Als Beispiel sei an dieser Stelle nur sein Urteil über Carl Spitteler angeführt: »Ein überaus talentvoller Schriftsteller der Schweiz, der mir indessen, als Dichter des schweizerischen Volkes gewürdigt, als ein Rock erscheint, der auf den Leib nicht paßt, auf welchen er geschnitten ist. Das ist gewiß vorzügliche Kunstpoesie, neben welcher die Seele des Volkes, die es zu bekleiden hat, nur herflattert. Spitteler ist Poesie für die Aristokratie des demokratischsten Volkes der Neuzeit. Daran, daß es Menschheitspoesie wäre, ist nicht zu denken.«[100]

** Im übrigen teilte Overbeck die Goethemanie nicht. Der Straßenkultus, der mit diesem Namen getrieben wird, und der jedem Flachkopf gestattet, sich mit Goetheworten zu schmücken, legte ihm eine spärliche Verwendung nahe. »Kaum irgendwie tritt das Abgeschmackte und Verkehrte des modernen Goethekultus stärker und sprechender hervor als in der Literatur der modernen Theologie.«[101]

Bei der innigen Vertrautheit mit den Werken eines Tolstoi, Turgenjew, Ibsen, Zola usw. fällt sein hartes Urteil über die Gegenwartsliteratur, die nicht mehr kultivierende, sondern barbarisierende Wirkung zur Folge habe, umso stärker ins Gewicht. Overbecks Ablehnung aller Sensationsliteratur, die allen geistigen Abenteurern als Rattenfänger dienen kann, ist nicht überraschend; ungewöhnlich dagegen ist seine Warnung, uns nicht die »Nachtmütze der Literatur« über die Ohren ziehen zu lassen. »Es wäre höchste Zeit, der übermäßigen Entwicklung der Literatur Schranken zu ziehen. Geht es so weiter, wie es etwa seit hundert Jahren geht, so zerschwatzen, zerlesen und zerschreiben wir Menschen die Welt«.[102]

Overbecks Persönlichkeit wäre, ohne seine Stellung zur Philosophie zu berühren, nicht vollständig gezeichnet. Er hätte nicht Nietzsches Freund sein können, wenn er nicht zur Philosophie ein eigenes Verhältnis gehabt hätte. Seine philosophischen Interessen wurden aber nicht erst durch Nietzsche geweckt; schon während seines Berliner Aufenthaltes 1860 las er »mit größter Begeisterung und Hingerissenheit Schopenhauers« Werke.[103] Allerdings bewegt sich Overbecks Interesse an der Philosophie in einem ganz anderen Rahmen als dasjenige Nietzsches. Ihm diente die Philosophie – wie seine Gelehrsamkeit – vor allem zu seiner eigenen Orientierung in der Welt. Außer seinem rein persönlichen Interesse daran stellte er an eine Philosophie die Anforderung, daß sie einen Einfluß auf das Leben auszuüben imstande sei. An Schopenhauers Philosophie liebte Overbeck die Eindringlichkeit, mit welcher der Schopenhauersche Pessimismus auf dessen Begründer selbst wirkte. Als eine Lösung der Welträtsel betrachtete er sie nicht, ungeachtet der uralten Weisheit, die sie enthielt.

Den großen Denkern gestattete Overbeck, im allgemeinen nach dem Sinn des Lebens zu fragen, fügte allerdings hinzu, daß auch sie sich, freilich nur postum, die Vergänglichkeit ihrer Antwort gefallen lassen müßten. Den anderen Menschen sprach er nur ein Recht zu, über den Sinn ihres eigenen Lebens zu fragen und meinte, sie müßten froh sein, wenn ihnen darüber etwas dämmere. »Wer mich über den Sinn des Lebens unterhält – was heutzutage gar mancherlei Geister unternehmen – hat sich vor allem darüber auszuweisen, wie er zur Frage kommt, woher er sie hat, vor allem ob nur aus sich und für sich oder ob von außen und woher? Das heißt, ist der Sinn seiner Frage: Was ist der Sinn meines Lebens? Oder was ist der Sinn dessen, was ich im Weltall überhaupt unter der Bezeichnung Leben verbreitet sehe? Schon die Überlegung dieser Alternative entscheidet über die Fortsetzung der Unterhaltung; denn die Antwort öffnet oder verschließt mein Ohr für alles Weitere. Probleme und Wissen gibt es überhaupt für den Menschen nur auf dem Weg über sich selbst.«[104] Persönlich bekannte Overbeck, den Zweck des Lebens nicht zu kennen und ihn aus der Natur so wenig wie aus der Geschichte ergründen zu können. Diese Äußerungen bewegen sich in der Richtung des Skeptizismus, wo seine philosophische Einstellung zu suchen ist. Es darf aber keineswegs der Gedanke eines theologischen Pseudo-Skeptizismus damit verbunden werden, der die Menschen nur in religiöser Beziehung einfangen will und mit skeptischen Vorstellungen im letzten Grunde nur spielt. Overbeck vertrat einen konsequenten, ehrlichen Skeptizismus, den er bis ans Ende seines Lebens durchfocht.

Es ist eine Eigentümlichkeit des echten Skeptizismus, sich nicht in aggressiver Art zu betätigen; er beschränkt sich darauf, an die menschlichen Grenzen zu erinnern. Overbeck war es demzufolge auch in der Philosophie in erster Linie um den Hinweis auf die Unzulänglichkeiten aller himmelstürmenden Systeme zu tun. »Der Platonismus im Lichte der damit in der Kulturgeschichte der Menschen gemachten Erfahrungen, der vielen durch ihn veranlaßten Mißverständnisse, Verirrungen, geschmacklosen Schwärmereien und mißbräuchlichen Verwendungen, die er gefunden, betrachtet, scheint der Menschheit wie zur Warnung vor dem zu Edeln auf ihren Weg mitgegeben. Was man vom Platonismus auch Gutes und Schönes halten mag, es steckt ein Haar drin, etwas Falsches, was diese Weisheit wenigstens für Menschen unbrauchbar macht.«[105] Angesichts solcher Äußerungen ist es nicht mehr überraschend, daß Overbeck den Idealismus als Pestherd bezeichnete und die Idealisierung der Dinge als »die subtilste Methode« betrachtete, »welche lebenssatte Menschen erfunden haben, den Dingen das Lebenslicht auszublasen«.[106] Alle Romantik hat mit den Dingen selbst nichts zu tun, sondern breitet nur einen illusorischen Schimmer über sie. »Romantik ist die Denkart, bei der man allen realen Zusammenhang mit den realen Dingen, d.h. den Boden unter den Füßen verloren hat.«[107]

Overbeck pries den Skeptizismus als Lebensbefreier des Individuums. Keine müde Resignation hatte sich über ihn gelegt, sondern eine heitere Gelassenheit, mit welcher er allen Dingen gegenübertrat. Diese Gelassenheit hat Overbeck zum wahrhaft Weisen gemacht und ließ ihn in seinem Alter die shakespearesche Vollendung »reif sein ist alles« erreichen. Als solchen Weisen hat ihn schon Nietzsche gewertet, als er die »milde Festigkeit«[108] und das unerschütterliche »Gleichgewicht«[109] hervorhob, die es Overbeck ermöglichten, in »unwandelbarer Treue«[110] auch in der härtesten und unverständlichsten Zeit Nietzsches zu seinem Freunde zu stehen.

Overbecks reife Überlegenheit über die »gebrechliche Einrichtung der Welt«[111] hinderte ihn nicht, mit mächtiger Leidenschaft gegen alle Falschmünzerei zu Felde zu ziehen und von innen heraus eine zerfetzende und oft vernichtende Kritik zu üben. Trotzdem war er – wie Vischer bezeugt – »eine überaus feine, vornehme, allem unfruchtbaren Streite abholde Natur und von rührender Bescheidenheit. Es gibt wenige Leute, auf die so sehr die Bezeichnung einer anima candida paßte wie auf ihn.«[112] Auch seiner Familie galt er als der Lebensfrohe, den nichts aus seiner Heiterkeit zu bringen vermochte. Welt und Menschen gegenüber war er offen, immer voller Anregung und Erlebnis, nie ohne mitteilsame Unterhaltungsfähigkeit. »Eilte er früher mit beflügeltem Schritt, mit suchend erhobenem Antlitz seinen Weg«, so wandelte er nach Bernoullis Beschreibung »im Alter mehr in sich gekehrt; aber etwas Bewegtes, Getriebenes haftete seinem Gange auch da noch an. In seinem breitkrämpigen Professorenschlapphut, das Foulard um den Hals, den Überzieher nicht ganz zugeknöpft und in der Haltung eines halben

Fragezeichens drückte er schon dem Auge etwas von seinem Wesen aus.«[113]

Mit seinem 60. Altersjahr trat Overbeck aus Gesundheitsrücksichten und um noch einige seiner wissenschaftlichen Arbeiten zu vollenden, von seinem Amte zurück. Zur Ausführung dieses Planes kam er allerdings nicht mehr. Erst in diesem Alter fing Overbeck an, selbstbiographische und tagebuchartige Aufzeichnungen zu machen. »Die zunehmende Beschäftigung mit sich selbst«[114] brachte ihn noch um den letzten Rest seiner so sparsamen Veröffentlichungen, anderseits gab sie ihm aber die Möglichkeit, noch einige seiner tiefsten Gedanken zu denken und zu Papier zu bringen. Seinen Lebensabend verbrachte Overbeck in reiner Beschaulichkeit; er hatte sich mit seinem scharfblickenden Auge von der Unzulänglichkeit der Welt überzeugt und genoß nun mit weiser Reife die letzten Strahlen der Sonne.

Ihre besondere Weihe erhielten Overbecks Vollendungsjahre durch seine königliche Betrachtung von Alter und Tod. »Man hat im Alter zu seinen Erlebnissen nicht mehr die nötigen Nerven, wenigstens zu vielen. Darum vermeide man im Alter Exzesse, erlebe überhaupt vorsichtig und halte sich nicht für befähigt, alles was an einen herankommt, noch ganz durchführen zu können; man lasse sich eben dazu nicht alles unbedenklich gar zu nahe und vollständig auf den Leib rücken.«[115] Diese Weisheit bezog er auf alles in den Bereich des Streites gehörende und unternahm deshalb seinen letzten großen Kampf nicht mehr.

Während Overbeck in jungen Jahren oft und bisweilen aus keinem anderen Anlaß, als daß er gerade an einem Wasser vorbei ging, »von einer unnennbaren und von ihm auch als ganz unwiderstehlich empfundenen Todessehnsucht befallen wurde«,[116] so machte im Alter diese nur flüchtig und wie im Traume empfundene Todessehnsucht einer seltenen Abgeklärtheit Platz. Der Tod ist für uns Menschen zwar das empfindlichste Rätsel unseres Lebens, er braucht aber deswegen, fügt Overbeck hinzu, noch nicht der Schlüssel zum Welträtsel zu sein. »Respektieren wir vielmehr im Tode das unzweideutige Symbol unserer Gemeinschaft im Schweigen, das er als gemeinsames Los über uns alle unausweichlich verhängt.«[117] Es ist besser, daß wir uns in möglichster Ehrlichkeit in ihn zu schicken suchen als uns unter jeder Bedingung über ihn zu trösten.

Mit dieser heidnischen Todesbetrachtung sah Overbeck seinem unaufhaltsam weiterschreitenden Altersleiden und seiner drohenden Erblindung[118] ruhig entgegen. Er mußte erleben, daß seine geistigen und physischen Kräfte einem beständigen Verfallsprozeß unterlagen. Immer mehr Funktionen wurden außer Tätigkeit gesetzt, es kamen immer häufiger Anfälle und setzten seiner Lektüre, seiner Beschäftigung am Schreibtisch oder einer Unterhaltung mit einem Besuch ein Ende. Am 26. Juni 1905 ist Overbeck seinem Herzleiden erlegen. Er wünschte ausdrücklich, die Stille an seinem Grab möchte durch kein Wort feiernden Urteils gestört werden. Nur ein »Gebet um die ewige Ruhe seiner von der Erde abgeschiedenen Seele« sollte von Professor Mezger gesprochen werden. Ein nicht-theologischer Kollege richtete im Trauerhaus noch eine kleine Ansprache an die Witwe, die er mit den Worten schloß: »Franz Overbeck hat schwer darunter gelitten, sein stolzes Münster nicht mehr vor uns auftürmen zu können. Aber vielleicht ist dieses vergebliche Ringen mit dem Spröden, der rührende Anblick dieses feinen alten Mannes, der mühselig und bestaubt die Steine herbeischleppt und auf ihre Tragfähigkeit abklopft und dabei sich zum großen Baumeister berufen fühlt – vielleicht ist das fruchtbarer in der Geschichte der Wissenschaft als ein noch so gutes Buch. Mir jedenfalls wird dieser Theologos, zum Himmelreich und zur Welt gelehrt, der am Schluß wie ein unnützer Knecht zusammenpackt, mein ganzes Leben lang zum Segen sein.«[119]

Das Problem seines Lebens

Der skizzierte Lebensgang Overbecks unterscheidet sich in keiner Weise von einer gewöhnlichen Gelehrtenexistenz. Die Berechtigung oder gar Notwendigkeit, dieses Lebens in einer Darstellung zu gedenken, welche die sachliche Bedeutung Overbecks hervorheben möchte, wäre schwer zu erweisen, wenn es mit der Erwähnung der äußeren Lebensumstände sein Bewenden hätte. Diese bilden aber nur den verhüllenden Mantel für ein inneres Problem.

Overbeck selbst bezeichnete sich gelegentlich als einen »anonymen Glückspinsel«,[1] der sich in diesem Sinne sogar an die Seite der »großen Glücklichen« der Weltgeschichte stellen dürfe. In der Tat wird dieses autobiographische Urteil durch die Betrachtung seines Lebens zunächst nur bestätigt. Keine große Erschütterung, keine Dämonie und keine Tragödie scheint dieses Leben durchkreuzt zu haben, sondern alles nahm seinen geordneten und glücklichen Verlauf. Aus dieser Wahrnehmung wird Bernoullis Formulierung entstanden sein, daß Overbeck sich für einen vom Geschick bevorzugten, unter einem guten Stern geborenen, wahrhaft glücklichen Menschen gehalten habe, bei welchem alles auf Glück und nichts auf Verdienst begründet gewesen sei.*

---

* Das Wort Nietzsches »der glückliche Overbeck«, das Bernoulli in diesem Zusammenhang verwendet, darf nicht in diesem Pauschalsinn gebraucht

Diesen Aussagen steht das Urteil von Eduard Schwartz gegenüber, daß Overbeck, »diesem feinen Geiste, die εὐτυχία im Leben und in der Arbeit nur spärlich zuteil geworden« sei.[2] Dem gleichen Eindruck gab Vischer in seinem Nekrolog Ausdruck, daß es diesem Leben an »ergreifender Tragik« nicht gefehlt habe.[3]

Diese sich gegenüberstehenden und widersprechenden Urteile über den glücklichen Overbeck und den, dem des Lebens ungeteilte Freude nicht zuteil wurde, hat Nietzsche in eines zusammengefaßt und ist damit dem richtigen Sachverhalt wohl am nächsten gekommen, indem er »den Leidenden-Glücklichen« auf das herzlichste grüßen ließ.[4] Mit diesem Ausdruck dürfte die eigentümliche Verflochtenheit von Glück und Leid in diesem Leben treffend wiedergegeben sein.

Wenn nur auf die äußere Abrollung des Lebens und auf die Heiterkeit von Overbecks persönlichem Lebensgefühl geschaut wird, so muß dieses Leben unzweifelhaft glücklich gepriesen werden. In einem seltenen Maße war dieser Mensch von nicht alltäglichen glücklichen Ereignissen begünstigt. Es braucht hier nur an seine Freundschaften und seine Geistesgaben erinnert zu werden, um dieses Urteil vollauf bestätigt zu finden.

Bei eingehenderer Betrachtung dieses höchst kultivierten Lebens wird man aber den tiefen Zwiespalt, der dieses Dasein durchzog, nicht verkennen können. Overbeck war von Beruf Theologieprofessor, ein Mann, der nach der landläufigen Auffassung die Aufgabe hat, das Christentum zu vertreten. Nun aber fehlte ihm nicht nur jegliches Pathos und jede Begeisterung, jegliche Wärme und Leidenschaft dafür, sondern es ist auch nicht die geringste Spur eines eigenen religiösen Lebens zu entdecken. Overbeck erinnert sich später nicht mehr, ob er je einmal ein religiöses Verhältnis hatte; er schlägt als Privatdozent eine Professur aus, nur deshalb, weil das Universitätspredigtamt damit verbunden war; er hält sich in Deutschland geflissentlich von jeder kirchlichen

werden. Nietzsche pries nicht Overbecks Existenz als ganze glücklich, sondern äußerte das Wort in einer ganz bestimmten Situation, nämlich anläßlich Overbecks Verlobung.[5]

Partei fern und schreibt schließlich eine Protestschrift von ungewöhnlicher Wucht und Polemik gegen die zeitgenössische Theologie und ist – theologischer Lehrer. Diese auf den ersten Blick ganz unverständliche Tatsache, über die sich die Mit- und Nachwelt so kopfschüttelnd aufhielt, verleiht diesem Leben das Zwielichtartige, was das sonst so glückliche Dasein doch unter einem gewissen Druck stehend erscheinen läßt.

Troeltsch hat dem Eindruck, den dieser Tatbestand auf ihn machte, als Sprecher der offiziellen Theologie in der Besprechung von Overbecks postumem Werk »Christentum und Kultur« bezeichnenden Ausdruck gegeben: »Er hat dadurch im Grunde alle irregeführt. Das Verhalten Overbecks ist in Wahrheit allerdings fast unbegreiflich. Ich erinnere mich, daß Erwin Rohde mehrfach darauf zu sprechen kam und meinte, die Theologie müsse bei Overbeck doch tiefer sitzen, als er sich selber zugebe; sonst sei das Verhalten des grundehrlichen Mannes völlig unverständlich.«[6]*

Overbeck widerfuhr nach Troeltschs Charakterisierung das Reimarus-Schicksal. Aber dieses Urteil gibt Overbecks eigentliches Problem nicht richtig wieder. Es ist immer ein kurzschlüssiges Verfahren, wenn man meint, ein vergangenes Schicksal einfach auf ein anderes übertragen zu können. Das zeigt sich gerade in diesem Fall. Es ist bei Reimarus fraglich, ob sich sein Haß gegen die Person des Stifters des Christentums richtete oder nur gegen die Kleider, die man ihm umgehängt hatte. Ferner ist zu beachten, daß Reimarus zu Beginn der deutschen Aufklärung lebte und sich deshalb genötigt sah, seinen Haß und seine Verachtung gegen das Christentum für sich zu behalten, wollte er nicht sich

* Troeltsch, dem nicht nur Overbecks Denken sondern auch dessen Leben widerspruchsvoll erschien, erklärte sich dieses Rätsel, indem er auf Overbecks Charakter tiefe Schatten fallen ließ. Durch diese persönliche und ethische Verunglimpfung Overbecks verliert Troeltschs Besprechung an Wert. Für das psychologische Faktum wird wenig oder gar kein Verständnis aufgebracht und das sachliche Problem wird mit den Worten abgelehnt: »Skepsis heißt für Overbeck Aufstellung radikal empiristischer und atheistischer Behauptungen mit dem Vorbehalt, daß die Sache vielleicht doch anders liegen möchte.«

und seine Familie der Not und dem Elend preisgeben. Inzwischen war die Aufklärung siegreich vorgedrungen, hatte die Welt gelernt, sich über atheistische Äußerungen nicht mehr aufzuregen, und war das Christentum, von seiner Herrschaft entthront, in die Verteidigungslinie zurückgedrängt worden. »Reimarus« war also nicht mehr genötigt, sein Geheimnis sorgsam vor aller Welt in seinem Busen zu verwahren. Overbeck hat das auch keineswegs getan. Er schrieb in seiner »Christlichkeit der Theologie« (1873) – also schon zu Beginn seiner Laufbahn als theologischer Professor – eine scharfe Absage an alle Theologie und verlieh auch seither seinem Protest gegen die Entwicklung der modernen Theologie mehr als einmal deutlichen Ausdruck. Troeltschs Behauptung, Overbeck habe »alle in die Irre geführt«, ist durch die Veröffentlichung der »Christlichkeit der Theologie« widerlegt.

Overbecks Problem bestand nicht in seiner Entfremdung von Christentum und Theologie. Die Sprödigkeit seines Verhältnisses zu diesen Phänomenen teilte er mit einer großen Zahl moderner Menschen. Darin wäre nichts Außergewöhnliches zu erblicken, wenn er wie Reimarus ein Laie und nicht Theologe gewesen wäre.

Das Problem seines Lebens bestand, ganz allgemein gesprochen, darin, daß Overbeck theologischer Lehrer und als solcher berufen war, das Christentum zu vertreten, seinem Wahrheitsgefühl nach es aber nicht vertreten konnte und dennoch theologischer Lehrer blieb. Dieses widerspruchsvolle Verhältnis macht sein Leben zu einem solchen Rätsel,* um dessen Erhellung es sich im folgenden handelt. Bevor aber auf Overbecks eigene Deutung seines Schicksals, auf die naturgemäß das größ-

* Dieses Rätsel hat nach K. Barth »weder Overbeck noch sein Herausgeber (Bernoulli) glaubwürdig zu deuten« gewußt.[7] Obwohl Barth damit über einen psychologischen Tatbestand ein Urteil fällt, erklärte er in der »Christlichen Welt«, an der Klärung dieser Frage nicht interessiert zu sein und sich daran nicht beteiligen zu wollen.[8] In der Tat hat er zur Lösung dieses Rätsels nichts beigetragen. Barth glaubt, Overbecks sachliche Interpretierung von ihrer psychologisch-persönlichen Unterlage lösen zu können. Das aber ist nicht möglich. Denken und Leben bilden auch bei Overbeck eine Einheit. Aus der Zerreißung dieser Einheit – neben der ungenügenden Kennt-

te Gewicht fällt, eingegangen werden kann, erhebt sich die Notwendigkeit, die Entstehung dieses inneren Problems zu untersuchen.

Die Ursache dieser Lebensschwierigkeit liegt einzig und allein in Overbecks eigener Persönlichkeit. Warum gerade in ihm die Frage nach dem Verhältnis des modernen Menschen zum Christentum erwachte und zu einer solchen Dimension anwuchs, ist in dem Geheimnis seiner Person begründet. Dieses zu ergründen vermag keine noch so tief bohrende Psychologie. Es ist ein Faktum, das als solches hingenommen werden muß und das jeder rationalen Erfassung widersteht. Diese Feststellung, die eine ihre Grenzen kennende Forschung nicht umgehen darf, entbindet nicht von der Bemühung, weiter nach denjenigen Quellen zu forschen, die einer historisch-psychologischen Durchleuchtung zugänglich sind.

Wenn wir den Tatsachen nachgehen, die zur Entstehung von Overbecks Lebensproblem beigetragen haben, so ist vorerst auf seine geringen und spärlichen religiösen Voraussetzungen hinzuweisen, zur Zeit da er das Studium der Theologie begann. Der Mangel an jeglicher religiöser Bindung wurde auf der Universität nicht behoben. Overbeck gesteht im Gegenteil selbst: »Ich war noch kein Jahr Student und legte die Gewohnheit meiner Kinderjahre, allabendlich mein Vaterunser zu beten, ab, und ich habe sie seitdem nicht wieder angenommen.«[9] – Man wird sich über das Fehlen eines eigenen religiösen Lebens weniger wundern, wenn man sich vergegenwärtigt, wie Overbeck zur Theologie kam. Auf jeden Fall war kein religiöses Agens die treibende Kraft. Nur durch ein Mißverständnis in seiner Jugend kam Overbeck dazu, dieses Studium zu ergreifen. Es war das Pfarrerideal des Vulgärrationalismus, also das Ideal des aufgeklärten Menschenwohltäters, das nach Overbecks eigener Erinnerung

nis aller Werke Overbecks – sind die meisten Fehler seiner Deutung zu erklären. In seinem Kampf gegen eine nur psychologische Fragestellung gegenüber Overbeck verfiel Barth in das andere Extrem, der völligen Ignorierung dieser Seite.

ihn in seiner Knabenzeit zur Theologie verleitete, von dessen Unhaltbarkeit ihn aber das Leben und das Lernen immer mehr überzeugte. Die dürftige Begabung mit Phantasie habe es verschuldet, daß er Theologe wurde, und als er von seiner Theologie dazu gedrängt worden sei, sein bißchen Phantasie langsam und allmählich aufzubrauchen, da sei es auch mit seiner Theologenherrlichkeit zu Ende gewesen. – Er konnte schon als Student der Theologie kein anderes als ein wissenschaftliches Interesse abgewinnen. Nie spürte er in sich den geringsten Drang, jemals über Gott und göttliche Dinge zu lehren oder gar darüber zu streiten. Deshalb fühlte er sich selbst schon früh zum Theologen unbrauchbar, oder um mit seinen eigenen Worten zu reden: »nicht befähigt, ein Anwalt Gottes zu sein«.

Zu dieser religiösen Beziehungslosigkeit kamen schon in jenen Jahren Einwirkungen hinzu, die ihn vollends in eine andere Richtung wiesen. Overbeck machte in seinen Papieren die Bemerkung, daß, wenn er einmal noch dazu käme seine Selbstbiographie als Theologe zu schreiben – er besaß manche dahin weisende Aufzeichnung und veröffentlichte auch einen Teil davon in dem Vorwort und Nachwort zur zweiten Auflage der »Christlichkeit der Theologie« – sie zu einem guten Teil im Zusammentragen aller Lebensfügungen bestehen würde, die darin zusammentrafen, ihn von der Theologie, der er überhaupt nie angehört hatte, immer noch mehr zu entfremden. »Unter diesen Fügungen sind jedenfalls meine Freunde eine der vornehmsten. Ein Theologe ist darunter nie gewesen, auch wüßte ich mir nicht vorzustellen, wie einer hätte darunter kommen können.«[10]

An zeitlich erster Stelle muß von seinen Freunden Heinrich von Treitschke genannt werden. Overbeck wurde nach seinem eigenen Zeugnis von Treitschke eigentlich ins Leben eingeführt, was er ihm auch nie vergessen habe. Treitschke stand aber von jeher allem Christentum sehr fern. Overbeck zählte ihn deshalb zu »seinen Erziehern im Unchristentum, zu den Bestätigern seiner selbst in der im Verhältnis zum Urchristentum empfundenen Fremdheit.«[11] Die Freundschaft mit Treitschke fiel in die Jahre, in welchen bei Treitschke das Nichttheologische unverhüllter und aggressiver hervortrat als später, so daß Overbeck ausdrücklich hervorhob, er habe von allen seinen Freunden am direktesten daran gearbeitet und dazu beigetragen, in ihm den Theologen ganz zu verderben. An diesem Urteil ändert nichts, daß Overbeck später die Führerschaft Treitschkes nur noch bedingt anerkannte und Treitschke nicht dauernd sein Vorbild blieb. Der Grund hierfür lag in der Verschiedenheit der Charaktere. Treitschke war der geborene Politiker, der sich um der Politik willen sogar zu einer gewissen Christlichkeit bequemte. Overbeck war der ausgesprochen unpolitische Mensch, der eher den letzten Funken Patriotismus ausgelöscht hätte, wenn die Zumutung damit verbunden war, zum Christentum zurückzukehren. Diese Verschiedenheit führte denn auch zu mannigfachen Spannungen in dieser Freundschaft, besonders als nach dem deutsch-französischen Krieg Treitschke sich im Zenith seines Lebens befand, während Overbeck mit Nietzsche der neuen Reichsherrlichkeit mit größter Skepsis und innerer Opposition gegenüberstand. Als Treitschke unter der Einwirkung der Frömmigkeit seines Bruders und dessen Schlachtentod eine Bekehrung durchmachte und aus dieser Umstellung sogar politisches Kapital schlagen wollte, verweigerte Overbeck ihm die Gefolgschaft. Was diese Freundschaft zusammenhielt, bis sie durch die Verbindung Overbecks mit Nietzsche in ihrem Lebensnerv getroffen wurde, war, nach Overbecks eigenen Worten, »unsere Weltlichkeit«.

Schon in Jena, als Privatdozent, war Overbeck nach seinem eigenen Zeugnis unter dem Einfluß von Treitschke dazu gekommen, sich in Abstand vom Christentum zu halten. »Schon in Jena hatte ich keinen Raum für ein Interesse in meinem Beruf als theologischer Lehrer in mir gefunden als das am kritisch-historischen Verständnis des Christentums, von jeder Annäherung an die kirchlich liberalen kirchenpolitischen Bestrebungen meiner Zeit und Umgebung aber mich beharrlich fern haltend.«[12]

In Basel, wohin Overbeck als Professor für Kirchengeschichte und Neues Testament berufen wurde, trafen ihn zwei ganz entscheidende Einflüsse, die in ihrer Art einander entgegengesetzt waren, aber dennoch das gleiche Ergebnis bewirkten.

Der Haupteinfluß war seine Freundschaft mit Nietzsche. Man versuchte schon des öfteren, Overbeck ganz aus dieser Verbindung mit Nietzsche zu erklären.* Dieser Versuch lag nahe, zumal er durch die Beobachtung gestützt wurde, daß in Overbecks Veröffentlichungen vor seiner Beziehung zu Nietzsche die aggressiven Äußerungen fehlten. Im täglichen Verkehr mit Nietzsche sei Overbeck dessen Einfluß unterlegen und habe Nietzsches Ansichten über das Christentum angenommen. Vischer stellte daher die Behauptung auf, daß in Overbecks Leben um diese Zeit eine Entwicklung stattgefunden habe, die durch Nietzsche herbeigeführt worden sei.[13] So nahe diese Vermutung lag, so ist sie doch zu bequem, um in dieser vagen Formulierung als Lösung anerkannt werden zu können. Der Hauptmangel dieser Aussage liegt in ihrer Unbestimmtheit; Vischer vermochte mit keinem einzigen Beweis auf Grund von Overbecks oder Nietzsches Äußerungen seine Vermutung zu erhärten. Mit demselben und noch größerem Rechte, mit dem Vischer seine Ansicht vortrug, stellte Bernoulli die entgegengesetzte Behauptung auf, daß es auf den »niemals unterbrochenen engen geistigen Austausch Nietzsches mit Overbeck zurückzuführen sei, daß zuletzt der Hauptakzent in Nietzsches System auf die Kritik des Christentums entfiel«.[14] Richtig an Bernoullis und Vischers Äußerungen ist jedenfalls, daß diese Freundschaft für beide Männer von größter Bedeutung und Folge war. Es ergibt sich daher die Notwendigkeit, noch einmal auf das Verhältnis Overbecks zu Nietzsche einzugehen und diese Beziehung, soweit es sich dokumentarisch tun läßt, zu untersuchen.

In der Einleitung zur zweiten Auflage der »Christlichkeit der Theologie«, in der Overbeck erzählt, wie er dazu kam, seine Schrift

* So Troeltsch in der bereits angeführten Besprechung: »Das Entscheidende scheint dann aber doch die Einwirkung Nietzsches gewesen zu sein, die ihn völlig aus der Theologie herausriß und ihm nur den Ehrgeiz übrig ließ, als der Theologe des Nietzsche-Kreises seine historisch-kritische Kennerschaft zur völligen Vernichtung des Christentums zu verwenden, Pläne, die er aber dann doch nicht ausgeführt hat. So zog er es vor, lediglich im Strahlenbereiche Nietzsches als dessen Freund zu glänzen, obwohl er eine viel kühlere, kritischere und ärmere Natur war.«[15]

zu schreiben, führt er aus: »Indessen auch einen Einfluß so ganz unabsehbarer Art sollte ich noch auf Basler Boden erfahren; es ist der stärkste der Art, der mich auf meiner Wanderschaft durch das Leben, und zwar nel mezzo del cammin, getroffen; er hat auch an meiner ›Christlichkeit der Theologie‹ mitgeschrieben. Ich habe meine Freundschaft mit Friedrich Nietzsche im Sinne.«[16] Mit diesen Worten räumt Overbeck selbst dieser Freundschaft größte Bedeutung ein, und die Ansicht, damit eindeutig bewiesen zu haben, daß Overbeck die »Christlichkeit der Theologie« unter dem Einfluß Nietzsches schrieb, ist daher begreiflich. Es gilt jedoch genau zu beachten, daß es nicht heißt, Nietzsche habe an der »Christlichkeit der Theologie« mitgeschrieben, wie vorschnell und unvorsichtig ausgelegt wurde, sondern der »Einfluß« habe mitgeschrieben. Nietzsche wußte wohl – wie er an Fräulein von Meysenbug schrieb –, daß in seinem Hause etwas »sehr Rühmliches entstand, eine Charakteristik unserer heutigen Theologie, hinsichtlich ihrer Christlichkeit«, worin »nach allem, was er wisse und worin sie einmütig seien, einige erschreckende Wahrheiten bekanntgegeben« würden.[17] Mehr aber wußte Nietzsche nicht. Er bekam die Schrift nicht vor Beendigung zu Gesicht und war überrascht, wie rasch diese erfolgte.

Vor allem aber ist mit der bereits angeführten Äußerung Overbecks über den Einfluß Nietzsches die Widmung zu vergleichen, die Nietzsche in die beiden Schriften schrieb – gemeint sind Overbecks »Christlichkeit der Theologie« und Nietzsches erste unzeitgemäße Betrachtung »David Friedrich Strauß« – die sich beide in einen Band binden ließen.

»Ein Zwillingspaar aus Einem Haus
ging mutig in die Welt hinaus,
Welt-Drachen zu zerreißen.
Zwei-Väterwerk! Ein Wunder wars!
Die Mutter doch des Zwillingspaars
Freundschaft ist sie geheißen!«

Darunter die Unterschrift: »Der eine Vater dem andern!«

Damit dürfte Nietzsche das Treffendste über dieses Thema gesagt haben. Die »Christlichkeit der Theologie« so gut wie »David Friedrich Strauß« sind Früchte dieser Gemeinschaft, deren gegenseitige Förderung sich nicht im einzelnen nachweisen läßt. Inhaltlich konnte sich Overbeck Nietzsches Ansicht über das Christentum nicht angeeignet haben, aus dem einfachen Grunde, weil Nietzsche sie damals selbst noch gar nicht besaß. Bei der Annahme des alleinigen Einflusses von Nietzsche auf Overbeck trägt man stets den späteren Nietzsche in den früheren hinein. Es finden sich beim jungen Nietzsche noch gar keine spezifisch antichristlichen Äußerungen, weil in den ersten Basler Jahren sein ausschließliches Interesse auf die griechische Kultur gerichtet war. In Nietzsches ersten Schriften – darauf macht auch Horneffer aufmerksam[18] – gibt es keine religiösen, sondern nur ästhetische Probleme.

Außer Frage steht jedoch, was auch von Overbeck selbst hervorgehoben wurde, daß zwischen ihnen mannigfache Gespräche über das Christentum geführt wurden, und zwar lange bevor Nietzsches Einstellung dazu so weit wie in seiner letzten Periode gediehen war.[19] Daß in diesen Gesprächen Overbeck, als Theologe und durch sein ungeheures Wissen, der Überlegene und Führende war, nimmt Bernoulli wohl mit Recht an. In seiner Monographie über »Franz Overbeck und Friedrich Nietzsche« hat Bernoulli seine Annahme eingehend begründet,[20] die auch von Horneffer ausgesprochen wurde: »Ich glaube, daß die Wendung zum Ethisch-Religiösen, das später ohne Zweifel das Grundproblem Nietzsches war, nicht ohne entscheidende Anregung des stillen Overbeck erfolgt ist.«[21] Nicht minder trat Andler in seinem großangelegten Werk über Nietzsche für diese Auffassung ein: »Mais il a aussi le mérite d'avoir assis solidement la position de Nietzsche en ce qui touche au problème de Jésus.«[22] Ja, Andler stellt sogar die richtige Vermutung auf, daß Nietzsche »s'il avait mieux écouté son ami, aurait-il moins simplifié l'histoire de l'Eglise primitive«.[23]

In seinen »Erinnerungen an Nietzsche« deutete Overbeck an, daß in ihr Freundschaftsverhältnis wohl »widernatürlich« Meister- und Schülerbeziehungen hineingespielt hätten.[24] Bernoulli interpretiert diese Worte so, daß Nietzsche von Overbeck positive Anregung und Belehrung empfangen habe, daß es aber schwierig sei, den Einfluß Overbecks stofflich nachzuweisen, da die deutlich sichtbaren Berührungen so innig ineinander fließen, daß sich die Umrisse des dein und mein verwischen.* Diese Auslegung des Verhältnisses ist natürlich hypothetisch, wenn sie auch sehr vieles für sich hat. Es läßt sich aber auch eine andere Interpretation vertreten, die Overbecks Worte umgekehrt deutet: daß Nietzsche den Versuch gemacht habe, sich in diesem Freundschaftsverhältnis gemäß seiner prophetischen Geste als Meister aufzuspielen, was bei seiner Veranlagung nicht undenkbar wäre. Bekanntlich sind an diesem Anspruch Nietzsches

---

* Trotz der unverkennbaren Schwierigkeit ist es nicht ganz unmöglich, diesen Einfluß stofflich nachzuweisen. Als Beispiel sei angeführt: Nietzsche schrieb in seiner zweiten unzeitgemäßen Betrachtung »Vom Nutzen und Nachteil der Historie für das Leben« (1874), die ein Jahr nach Overbecks »Christlichkeit der Theologie« (1873) erschien: »Die reinsten und wahrhaftigsten Anhänger des Christentums haben seinen weltlichen Erfolg, seine sogenannte historische Macht, immer eher in Frage gestellt und gehemmt als gefördert; denn sie pflegten sich außerhalb der ›Welt‹ zu stellen und kümmerten sich nicht um den ›Prozeß der christlichen Idee‹; weshalb sie meistens der Historie auch ganz unbekannt und ungenannt geblieben sind.«[25] Damit ist folgende Stelle aus der »Christlichkeit der Theologie« zu vergleichen: »Anders steht die Sache nur, wenn man erkennt, daß die Weltverneinung die innerste Seele des Christentums ist, die Welt ihm gar nicht mehr als mögliche und würdige Stätte der Religion gilt. Damit hängt auch die außerordentliche Armut der Kirchengeschichte an großen und reinen Charakteren zusammen. Von den größten und reinsten erfährt in diesem Bereiche die Geschichte nichts.«[26] Dasselbe könnte bei Nietzsches Äußerungen über die wissenschaftliche Religion und über die neuere Theologie[27] nachgewiesen werden. Nietzsche besaß gar nicht so große Kenntnisse der neueren Theologie, daß er solche Urteile hätte fällen können; sie sind von Overbeck bezogen. Auch in den späteren Werken Nietzsches findet Andler Spuren von Overbecks Gedanken: »Plus d'un aphorisme, dans Aurore, lui vient de cette réflexion sur les travaux d'Overbeck.«[28] Das will aber nicht besagen, daß Nietzsches ganze Haltung zum Christentum von Overbeck abgeleitet sei, vielmehr ist auch Nietzsche später darin seine eigenen Wege gegangen. Die oben mitgeteilten Ausführungen sollen nur dartun, wie nahe sich Overbeck und Nietzsche damals standen, so daß sie ihre Gedanken als gemeinsames Gut betrachteten.

nicht wenige seiner Freundschaften gescheitert; Overbeck hätte dann einiges abzuwehren gehabt, um die Freundschaft gegen diese Veranlagung Nietzsches zu behaupten.

Mit den bisherigen Ausführungen ist aber dieses Freundschaftsverhältnis noch nicht erschöpfend behandelt. Es ist noch auf die Frage einzugehen, wie Overbeck sich in seinem späteren Leben gegenüber Nietzsches Stellung zum Christentum verhielt. Denn es wäre möglich, daß die zu Beginn der Beziehung erwiesene Unabhängigkeit und Überlegenheit Overbecks im Laufe der Jahre einer veränderten Einstellung Platz gemacht hätte. Es zeigt sich aber, daß Overbecks Haltung gegenüber seinem Freund stets diejenige der kritischen Würdigung blieb. Bernoullis Aussage, daß Overbeck und Nietzsche »in bezug auf das Christentum seit 1872 unzertrennbare Kameraden«[29] waren, besteht in dieser geradlinigen Formulierung nicht zu Recht. So einleuchtend sie auf den ersten Blick scheinen mag, so ist sie doch unzutreffend, weil sie einerseits mit Overbecks eigenen Aussagen in Widerspruch steht und anderseits den unterscheidenden Nuancen zu wenig Rechnung trägt.

Gewiß wurde Overbeck durch Nietzsches offenen Kampf gegen das Christentum in seinem Verhältnis dazu keineswegs verletzt. Er lehnte namentlich die Auffassung gewisser christlicher Kreise, daß Nietzsches Äußerungen gegen das Christentum bereits seine Geisteskrankheit andeuteten oder diese sogar als Strafe für seine Befehdung zu betrachten sei, scharf ab. Auf diese Weise dürfe dem Angriff Nietzsches auf das Christentum nicht begegnet werden. Einen Mann, der das Wort aussprach: »Erlöster müßten mir die Christen aussehen, sollte ich an ihren Erlöser glauben« dürfen die Christen nicht auf solche billige Art widerlegen wollen.

Nietzsches Kritik gegen das gegenwärtige Christentum, als eines der bloßen Stimmungen, fand Overbeck zunächst vollkommen berechtigt; Nietzsches Bekämpfung eines Parsifalchristentums war ihm eine Selbstverständlichkeit. Das Erfreulichste an Nietzsches Antichristentum schien ihm die Gründlichkeit und Unumwundenheit, mit der Nietzsche die Entfremdung der Neuzeit von den Forderungen des Urchristentums empfand, so daß er z. B. auf den evangelischen Rat, zu werden wie die Kinder, äußerte: »Oh, wie fern wir von dieser psychologischen Naivität sind.« Sogar den Versuch Nietzsches, den psychologischen Typus des Erlösers festzustellen, bezeichnete Overbeck als den ernsthaftesten Versuch aller menschlichen Charakterisierungen Jesu. »Alle bisherigen Versuche, eine menschliche Figur aus ihm (Jesus) zu machen, erscheinen lächerlich abstrakt und nur als Illustration zu einer rationalistischen Dogmatik neben der Leistung Nietzsches.«[30] Auch die Beurteilung des Paulus im »Antichrist« zog Overbeck, so unsympathisch sie ihm wegen ihres invektivischen Charakters war, der Wellhausischen vor. Overbeck hielt überhaupt Nietzsches Ausführungen zur Geschichte des Christentums – in »Der Wille zur Macht« –, insbesondere zur historischen Auffassung desselben, für recht bedeutend.

Mit Nietzsches Atheismus beschäftigte sich Overbeck ernsthaft; seine Äußerung darüber muß, weil sie zugleich ein helles Licht auf seinen eigenen Standpunkt wirft, hier angeführt werden: »Nietzsche hat gesagt: Gott ist tot! und das ist etwas anderes als: Gott ist nicht!, d. h. er kann nicht sein, ist nicht, wird nicht sein und ist nie gewesen! Vielmehr: Er ist gewesen! Und dies ist wenigstens der allein menschenmögliche Atheismus, die einzig für Menschen mögliche, ihnen allein zugängliche Form des Atheismus. Die andere Form wäre die übermenschliche, und wie Nietzsche zu dieser stand, steht dahin und hängt vollkommen an der Zweideutigkeit seines Übermenschenbegriffes. Ein Bekenntnis Nietzsches zu dieser übermenschlichen Form des Atheismus gibt es auf jeden Fall nicht ... Ich selbst meine in der Sache nur: Gottes Dasein, wie es mit ihm steht, geht uns Menschen nichts an! und wüßte nur mit der atheistischen Formel überhaupt etwas anzufangen, die ich eben die menschenmögliche genannt habe. Unter uns Menschen kann es sich, das Vorurteil einer Religion natürlich vorbehalten, immer nur um die Frage selbst handeln: ob Gott ist! nicht um ihren Inhalt –: Ist uns die Frage gegeben? – nicht: Ist uns Gott gegeben?, wovon jenes ebenso augenscheinlich ist wie dieses nicht.«[31] So verhält es sich also mit Overbecks angeblichem Atheismus, von welchem immer wieder in ganz unbegründeter Weise gefabelt wird. Overbecks Stellung zu dieser Frage ist demnach eindeutig die, daß es sich in jedem religiösen Bekenntnis nur darum handeln könne, daß Gott die Menschen kennt und nicht umgekehrt, daß die Menschen ihn kennen. Daß letzteres nicht der Fall ist, scheint ihm gewiß zu sein. Nicht als Atheismus, sondern als konsequenter Agnostizismus muß seine Stellung bezeichnet werden.

So ernst Overbeck Nietzsches Beurteilung des Christentums bei sich erwog, so wenig täuschte er sich darüber, daß einiges darin unhaltbar sei. Wie Nietzsche mit dem Wort: das Reich Gottes ist in euch, spielte, schien Overbeck auf einen schlechten Witz hinauszulaufen.[32] Er ging so weit, in Nietzsches Christentumsauffassung eine »Quasi-Verwandtschaft der Harnackschen«[33] zu sehen, nur mit dem Unterschied, daß dieser anbetet, was jener verabscheut. Jedenfalls schien ihm Nietzsche die »Unbefangenheit in der historischen Beurteilung des Christentums allmählich vollkommen«[34] verloren und sich dessen kritisch historische Auffassung zu leicht gemacht zu haben. Daher ist es ihm auch verständlich, daß in seinen »Reden vom Christentum manche Gedankengänge etwas wirr durcheinander gehen«.[35]

Nicht wie Karl Holl, nach dem Nietzsche seine Auffassung des Christentums lediglich von Tolstoi übernommen hätte,[36] urteilte Overbeck. Ihm schien Nietzsches Antichristentum vornehmlich antisemitisch begründet zu sein. An Köselitz schrieb Overbeck: »Insbesondere scheint mir Nietzsches Auffassung des Christentums sozusagen zu politisch und die Gleichung Christ = Anarchist auf einer historisch sehr bedenklichen Schätzung dessen, was das Christentum der ›Realität‹ nach im römischen Reich gewesen ist, zu beruhen.«[37]

So mannigfach und so frei sich Overbeck und Nietzsche ihre gegenseitige Beeinflussung und Vertiefung zugestanden haben – die zu leugnen niemand einfallen wird – so darf doch durch die vorliegenden Ausführungen als gesichert betrachtet werden, daß Overbecks Einstellung zum Christentum nicht durch Nietzsche bedingt war. Vielmehr verdankt umgekehrt Nietzsche in den religiösen Fragen Overbeck entscheidende Förderung. Anregungen und Bestätigungen gaben sich die beiden Männer gegenseitig, aber keiner war des andern Schüler. Auch die verschiedenen Einstellungen in der Abwehr gegenüber dem Christentum dürfen nicht übersehen werden; sie wird in der weiteren Darstellung immer mehr hervortreten. Karl Barth wies mit Recht darauf hin, indem er jene »kritische Linie« betonte, die »den Antireligiosus Overbeck von dem Antireligiosus Nietzsche trennen dürfte«.[38]

Als dritten Freund, der dazu beigetragen habe, ihn vom Christentum nur fern zu halten, nannte Overbeck Erwin Rohde. Dessen Einfluß in dieser Beziehung war allerdings anderer Art als derjenige Treitschkes und Nietzsches. Er bestand mehr in einer starken Übereinstimmung in ihrer skeptischen Grundeinstellung gegenüber dem Christentum. Der Brief Rohdes an Volkelt[39] gibt nach Overbecks Aussage am besten ihre Harmonie in dieser Sache und was sie an religiösen Kümmernissen an der Gegenwart auszusetzen hatten wieder. »In Rohdes Abneigung gegen alle agitatorische Freigeisterei lag der Kern unserer Übereinstimmung in diesen Dingen.«[40] Über sich selbst urteilte Overbeck, daß er in sich nicht einmal so viel Christentum lebendig zu erhalten vermocht habe, als an seinem »unersetzlichen Freund Rohde« in dessen Werk »Psyche« der Welt sichtbar geworden sei!

Allen drei Freunden ist eigentümlich, daß sie Overbeck in seiner naturgemäßen Fremdheit gegenüber dem Christentum bestätigten. Ihr Einfluß ist weniger eine positive Bestimmung als eine negative Bestärkung. Sie gaben Overbecks Denken in dieser Richtung weitere Nahrung.

Zu diesen Freundeseinflüssen, die alle Overbeck in seiner zurückhaltenden Stellung zum Christentum bestätigten, kam noch ein anderes Element hinzu, das von größter Wichtigkeit war: die geistige Atmosphäre seines neuen Wirkungsfeldes in Basel, die hier in Rechnung gezogen werden muß. Overbeck selbst hat nachdrücklich darauf hingewiesen, daß »insbesondere die Gedanken, die mich in der ›Christlichkeit‹ zu meiner Auseinandersetzung mit dem mir zugefallenen Amte getrieben haben, teilweise unter dem Banne jenes Eindruckes (gemeint ist der baslerische Pietismus) in mir hervorgetrieben worden sind und schwerlich ohne ihn ganz zum Ausdruck gelangt wären, den sie schließlich gefunden haben«.[41]

Diese Worte scheinen zunächst ganz unbedeutend; sie blieben auch in der Regel als nebensächlich unbeachtet. Es liegt aber in ihnen gewissermaßen ein verborgener Schlüssel zum Verständnis von Overbecks Lebensproblem. Sie sind wie wenige geeignet, seine Situation blitzlichtartig zu erhellen. Overbeck ist danach eines der instruktivsten Beispiele für die Folgen des Zustandes, in dem das Christentum zur bloßen Titulatur und selbstverständlichen Bezeichnung herabgesunken ist. Dadurch war es ihm möglich, inmitten der Christenheit – in welcher man als Christ geboren wird, was zwar vom Kirchenvater Tertullian verneint wurde – in der christlichen Religion erzogen zu werden, sich dem speziellen Studium derselben zuzuwenden, dann Kandidat der Theologie und schließlich sogar Lehrer des Christentums für angehende Verkündiger desselben zu werden, ohne je einmal in nähere Berührung mit der Frage zu kommen, ob es ihm im eigenen Leben möglich sei, selbst ein Christ zu werden! Ein Christ zu werden? Seltsame Frage. Das mußte er doch nicht erst noch werden, das war er doch schon! Zu diesem Zwecke war er doch getauft und konfirmiert, hatte er sogar Theologie studiert und war jetzt Lehrer in dieser Religion. – Als er in Basel aber Gelegenheit hatte, den Pietismus – diesen letzten Versuch, innerhalb des Protestantismus das Christentum konkret zu vertreten – zum erstenmal mit eigenen Augen zu sehen, erst da kam er mit dieser Frage in Berührung und zugleich in Kollision. Aber nun war es nach seiner eigenen Aussage zu spät. Jetzt konnte es sich für Overbeck nicht mehr um eine ernstliche Annäherung an die pietistische Denkweise handeln, obwohl er zeitlebens dem Pietismus mit Respekt gegenüberstand. »Ritschl ist die pietistische Form des Christentums die verhaßteste. Für mich ist es die einzige, unter welcher mir ein persönliches Verhältnis zum Christentum möglich wäre oder doch gewesen wäre.«[42] Overbeck war aber zu gründlich dieser Lebensweise entfremdet, zu stark schon in sein eigenes, auf die Kultur und ihre Werte gerichtetes Dasein hineingewachsen, als daß es sich für ihn noch hätte darum handeln können, in Gebetsstunden zu sitzen und Hallelujalieder zu singen; zu verknöchert, aber auch zu verkleinbürgert war der Pietismus, zu deutlich die Spuren, daß seine Blüte und seine Zeit vergangen war. Zur Veranlassung aber, wenigstens dieser Frage und dieser Selbstprüfung nicht aus dem Wege zu gehen, sich keiner Illusion über seine tatsächliche Stellung hinzugeben, durch keine hohlen Phrasen und bequemen Theorien sich über seine Lage zu täuschen und gleichsam im Schlafwandel in einem entnervten Christentum dahin zu vegetieren, dazu konnte ihm der Pietismus noch gereichen. Overbeck hat sich diesen Fragen nicht entzogen und beantwortete sie mit einer persönlichen Wahrhaftigkeit und Schärfe, wie es im vergangenen Jahrhundert nicht allzuoft geschehen ist. Daß die Beantwortung so negativ ausfiel, daran trägt nicht er allein die Schuld, sondern – wenn schon von Schuld gesprochen werden soll – nicht weniger der Zustand der Christenheit und ihrer Theologie.*

Nachdem die verschiedenen Lebensfügungen, die Overbecks Stellung in religiöser Beziehung beeinflußten, erwähnt worden sind, ist nun auf das sich daraus ergebende Problem einzugehen. Denn alle diese Einwirkungen waren für Overbecks Verhalten zum Christentum mitbestimmend, anderseits muß aber auch betont werden, daß seine Grundeinstellung in ihrem Kern schon früh erkennbar und sich in ihren wesentlichen Zügen

* Vischer äußerte in der »Christlichen Welt«[43] die Vermutung, daß Overbeck auch von Paul de Lagarde beeinflußt worden sei. Als müßte immer ein anderer und nur nicht Overbeck selbst der Urheber seiner Gedanken sein! Im Vorwort zur »Christlichkeit« schrieb Overbeck, daß es Lagardes Aufsatz »Über das Verhältnis des deutschen Staates zur Theologie, Kirche und Religion« nebst Strauß' Bekenntnis gewesen sei, die ihn zur Abfassung seiner Schrift bestimmt hätten. Natürlich seien die in seiner Schrift geäußerten Gedanken älter als der sie hervorrufende Anlaß. Die Zusammenstellung von Lagarde und Overbeck – wie bei Kattenbusch –[44] beruht nur auf der dürftigen Erkenntnis, daß beide Außenseiter waren! Inhaltlich sind die beiden Persönlichkeiten und ihre Argumentation so verschieden als möglich. Overbeck hatte eine ausgesprochene Antipathie gegen Lagarde und beurteilte dessen wissenschaftliche und religiöse Tätigkeit ganz negativ.[45]

stets gleich geblieben ist, und das Charakterbild lediglich schärfer und ausgeprägter wurde.

Vorerst ist aber noch das vulgäre Vorurteil über Overbecks Stellung zum Christentum abzuwehren. Troeltschs Behauptung, Overbeck sei »im stillen ein radikaler Gegner und bitterer Verächter alles Christentums« gewesen, erweckt nur Voreingenommenheit. Damit verbaut man sich aber das Verständnis für den Konflikt in Overbecks Leben. Diese Kollision ist nicht so gering zu achten, daß sie mit einem Satz zu erledigen wäre. Mit Haß und Verachtung gegen das Christentum hat Overbecks Haltung nichts zu tun. Jedenfalls wird sie mit diesen Worten nicht richtig wiedergegeben. Für die Anfänge seiner theologischen Laufbahn ist eine solche Bezeichnung direkt unrichtig. Und wenn auch Overbeck im Laufe seines Lebens eine Entwicklung durchgemacht hat, die eine gewisse Akzentverschiebung zur Folge hatte, so ist doch auch in seinem Alter sein Verhältnis zum Christentum ein viel zu kompliziertes, als daß es auf so einfache Art bestimmt werden könnte.

Die Unbegründetheit einer solchen Charakterisierung in der ersten Hälfte seiner Wirksamkeit mag am eindruckvollsten zur Anschauung kommen in zwei Briefen, die Overbeck an seinen Freund Treitschke, nach dessen bereits erwähnter Bekehrung zum Christentum, schrieb. Die beiden Briefe zeigen, daß er gegen eine solche positive Wendung zum Christentum nichts einzuwenden hatte, so lange sie eine ernste, rein persönliche Angelegenheit blieb; erst als Treitschke sie mit seiner politischen Stellung verquickte, trat Overbeck mit seinem Protest hervor. »Leid tut mir sehr, bei Dir solchen Ruf (nach Religion) zu finden, wenn mir doch die Zuversicht eine Art Trost ist, daß jede Hoffnung derart vergeblich ist ohne gänzliche Umkehr der öffentlichen Denkart. Diese Trauben hängen doch zu hoch, um nebenbei dem heutigen Reiche erreichbar zu sein. Was Religion betrifft, so habe ich keine Hoffnung und weiß nichts zu sagen ... Du lehnst ausdrücklich jeden Kirchenglauben ab, aber was soll ein anderer und zumal ein Gegner mit etwas, was eben, weil es kein Kirchenglauben, nichts allgemein Anerkanntes noch überhaupt Erkennbares ist, nur für den, der es zu haben meint ... Das ist bei Deinem Bekenntnis, das, seinem Wortlaut nach, auf Zugehörigkeit zu keiner bekannten Religion Anspruch machen kann, um so evidenter der Fall, als es in Deinen Aufsätzen, wenn ich so sagen soll, so vollständig überhängt, als diese Aufsätze sonst durchaus auf Ideen beruhen, die aller Religion, mindestens der christlichen, so vollständig entfremdet sind und die Du selbst nicht als Früchte, die diesem Boden entwachsen wären, wirst ansehen wollen. Man sollte freilich meinen, daß heute, wo wir einen ›Kulturkampf‹ gegen die Kirche führen sollen, jedermann nichts leichter von Herzen ginge als ein Religionsbekenntnis für oder gegen. Aber daß solche Erwartung weit fehlen würde, wirst Du mir wohl selbst zugeben. Ich gestehe allerdings, in der Geschichte kaum einen zweiten Kampf zu kennen, der bei solcher Höhe des Gegenstandes moralisch die für Kämpfer von tieferer Unfruchtbarkeit und Gleichgültigkeit wäre, als unser sogenannter Kulturkampf. Wen befreit er denn? Wirklich die Katholiken? Doch dies der Kürze halber zugestanden: der Eifer, mit welchem wir Protestanten hineinstürzen, hat für mich sogar etwas Empörendes als eine Art Beschimpfung Luthers. Sollte man meinen, daß Luther zu irgend etwas gut gewesen ist und getan hat, was man dreihundert Jahre nach ihm nicht zu tun braucht, wenn sich heute kaum ein deutscher Professor mit einer historischen oder naturhistorischen Arbeit an ein größeres Publikum wendet, ohne sich bemüßigt zu fühlen, auf die Flüche des Papstes mit ebenso wohlfeilen Protesten gegen seine, heute sogar kaum von jemand ehrlich empfundenen ›Sakrilegien‹ zu antworten. So tief ist unser Protestantenstolz gesunken! Ich sollte meinen, es wäre für uns wichtiger, daß sich der preußische Staat zumal und nun der Deutsche ein für allemal die Lust vergehen ließe, Pfaffenpolitik zu treiben, als was der Papst tut und läßt. Das braucht uns weniger anzugehen, für jenes leisten Falk-Bismarck-Gesetze meiner Ansicht nach nicht einmal Gewähr. Doch wenn sie es täten: es gibt einen Kampf zwischen Staat und Kirche, und ich fürchte, der unsere ist von dieser unangenehmsten Form, wo jedem, der hineingezogen wird, auch schwül werden darf. Beide, Staat und Kirche, erscheinen uns dabei nur wie die zwei Mühlräder, zwischen welchen die menschlichen Individuen zerrieben werden, und auf diese kommt es doch allein an.«[46]

Fünfzehn Jahre später griff Overbeck noch einmal das gleiche Thema auf und schrieb an Treitschke: »Peinlicher noch und, um ganz offen zu reden, abstoßender ist mir ein anderer Ton, der aus Deinen letzten Veröffentlichungen immer unverzagter herausklingt, ich meine den ›christlichen‹. Hier nun zunächst kein Mißverständnis. Ich meine nicht ein persönliches Gefühl, welches ich bei jedermann im höchsten Grade achte, der es besitzt, anzutasten nicht in den Sinn kommt. Ich meine den öffentlichen Gebrauch, den Du im politischen Streit von diesem Gefühl machst, und in welchem ich Dir immer mehr die alte, bei Dir mir immer besonders werte Scheu verlorengehen sehe, Fragen der Religion in den Streit der Politik hereinzuziehen. Nur gegen diesen Verlust drücke ich meinen Widerwillen aus, weil ich allerdings für diesen Respekt nicht habe, und insbesondere auch der Meinung bin, ein Mann mit Deiner Vergangenheit setze sich bei Deiner heutigen Redeweise der Frage aus, welchen Beruf er habe, mit seinem Christentum so herauszutreten. Denn so leicht wird es doch damit immerhin nicht zu nehmen sein, daß man eines Tages so tun dürfte und wäre doch sonst, für das Publikum wenigstens, in allen Stücken der alte Adam, wobei sich das Christentum wie ein politisches Expediens neben anderen ausnimmt. Entschuldige meine Grobheit, es handelt sich hier um einen Punkt, bei welchem ich keinen Spaß verstehe und, wenn Du willst, unverträglich bin. Ich habe in meinem Leben Veranlassung gehabt, mir alle Vermischung radikaler kirchlicher Tendenzen mit politischen vom Leibe zu halten, und habe so getan, ganz gewiß nicht weil ich an konservativer Mengerei derart größeren Gefallen hatte. So empfinde ich, und so lerne ich aus der Geschichte, daß, wenn es einen Punkt gibt, an welchem man inne wird, daß das Christentum etwas in der Menschheit verrenkt hat, dieses in allen Verbindungen zu finden ist, die das Christentum mit der Politik eingegangen ist, wie ich denn auch gar nicht zweifle, daß hier der Punkt ist, an welchem es noch einmal allgemeiner Geringschätzung erliegen wird, wenn mit ihm dieser Bereich nicht noch sauber zu halten ist. Und die Anrufung des Christentums im gegenwärtigen Judenspektakel kann mich doch wohl nicht anders denken lassen, da es mir vollends nur wie eine der Maskeraden erscheint, für welche in moderner Zeit das Christentum nicht für zu gut gegolten.«[47]

Aus diesen beiden Briefen geht deutlich hervor, welches in jenen Jahren Overbecks Stellung zum Christentum war. Sie wurde in erster Linie durch die rein persönliche Erkenntnis, daß »diese Trauben doch zu hoch hängen, um nebenbei dem heutigen Reich erreichbar zu sein«, bestimmt. Christsein ist nicht neben anderen Dingen möglich. Nie konnte das Christentum sich dazu verstehen, seine Herrschaft mit anderen Göttern zu teilen oder sich nur auf den inneren Menschen zu erstrecken. Es setzte sich immer gegen diese »Vielgötterei« zur Wehr, und wenn es das nicht mehr tat, war es bereits etwas anderes als Christentum geworden. Wie Max Weber – dessen Einstellung derjenigen Overbecks eigentümlich verwandt war – betonte, daß man als Villenbesitzer und Unternehmer ehrlicherweise nicht Sozialist sein könne, wenn man nicht als Salonsozialist den Sozialismus diskreditieren wolle, sondern ein proletarisches Dasein dazu gehöre, so verlangte Overbeck eine der Forderung des Christentums entsprechende Existenzform. Die Aufmerksamkeit auf das konkrete Leben seines Bekenners kann vom Christentum nicht losgelöst werden. Wer glaubt, in seiner ganzen Zielsetzung anderen Zwecken nachstreben und so nebenbei als Mittel zum Zweck sich das Christentum dienstbar machen zu können, wird zu dessen Verräter. Auf diesen Punkt im Bekenntnis zum Christentum wurde Overbeck aufmerksam und verstand darin keinen Spaß. Seine Haltung muß somit als Versuch verstanden werden, das Verhältnis zum Christentum rein zu halten und im Gegensatz zur modernen Entwicklung keine unerlaubten Vermischungen darin vorzunehmen.

Im Vorwort zu den »Studien zur Geschichte der alten Kirche« hat er seine Stellungnahme unmißverständlich formuliert: »Das Christentum ist eine viel zu erhabene Sache, als daß es in einer im ganzen ihm entfremdeten Welt dem einzelnen so leicht gestattet sein sollte, sich ohne weiteres damit zu identifizieren. Es tut dies auch heutzutage im Grunde niemand, die Theologen ausgenommen; und wenn diese es tun und das öffentliche Urteil ihnen selbst dabei entgegenkommt, so ist dieses Urteil ein Vorurteil, und jenes geschieht auf Grund einer unberechtigten Selbsttäuschung. Und doch kommt in der Lage, in welcher wir uns gegenwärtig mit dem Christentum befinden, mindestens etwas darauf an, daß die Theologen die richtige Stellung zur Sache finden und imstande sind, in einer Zeit, da Kraft und Einfalt des Glaubens früherer Tage, ob sie uns gleich noch bestimmen, doch geschwunden sind, und eine Jahrhunderte alte und sehr verwickelte Erfahrung sich zwischen das Christentum und uns alle schiebt, den Entschlüssen, welchen wir entgegengetrieben werden, die Besonnenheit zu wahren. Das kann, füge ich heute hinzu, auf sehr mannigfaltigen Wegen geschehen; unter diesen wird sich jedenfalls auch der der wissenschaftlichen Aufklärung über das Christentum befinden, und dieser Aufgabe wollen auch die vorliegenden historischen Aufsätze, so gut sie können, dienen. Einer Disziplin aber, welche uns in den religiösen Wirren der Gegenwart zur Besinnung ruft, werden wir kaum so bald entraten können.«[48] Da diese Worte nicht etwa in einer schwachen Stunde beim schwarzen Kaffee geschrieben worden sind, haben sie ein umso größeres Gewicht. Sie wiederholen nach Overbecks eigener Aussage das Problem der »Christlichkeit« in der »erreichbaren Kürze und Einfachheit«. Um die Abwehr dieser gedankenlosen Identifikation handelt es sich auch in der »Christlichkeit«.

Mit diesen Darlegungen sollte ein für allemal der Weg, Overbecks Verhältnis zum Christentum aus Ressentiment oder Haßursachen abzuleiten, verlegt sein. Wie Overbeck an der »Schwelle metaphysischer Möglichkeiten« Wache stand, um mit Bernoullis ebenso schönen als treffenden Worten zu reden, »und weit und breit keiner zu erblicken ist, der ihm den Rang des tapferen und treuen Torhüters streitig machte«,[49] so übernahm er schon früh an der engen Pforte (Matth. 7, 13) des Christentums die Paßkontrolle. Allen Gedankenlosen und allen Zudringlichen, die vermeinen, sich ohne weiteres als Christen ausgeben zu dürfen, hat er den Eingang gesperrt. Viel zu erhaben ist das Christentum, als daß es so leicht zu haben wäre. Wer durch die enge Pforte hindurchgehen will, muß sich darüber ausweisen, daß er durch sein Leben auch ausdrückt, was er vorgibt am Christentum verstanden zu haben. Demjenigen aber, dessen Christentum nur in dem Wissen einer Dogmatik besteht, hat Overbeck den Eintritt verwehrt.

Diese Haltung Overbecks bezeugt seine Ehrfurcht vor dem Christentum, dem er mehr Ehre und einen größeren Dienst zu erweisen glaubte, wenn er dessen wirkliches und nicht durch eine Perfektibilitätstheorie verunstaltetes Wesen klarstellte und für seine Person auf eine Identifizierung damit verzichtete.* Bei der Feststellung, daß er als Richter auf der Markscheide zwischen Christ und modernem Menschen darüber wachte, daß die Kluft der Qualitätsverschiedenheit offen bleibe, und Christ- und Modern-Sein nicht in eines zusammenfalle, darf nicht übersehen werden, daß Overbeck selbst sich außerhalb der Grenzen des Christentums stellte. Nur wenn dieses Sich-abseits-stellen vom Christentum genügend betont wird – das mit keinem demütigen Zugeständnis wie bei Kierkegaard, selbst zwar noch kein Christ zu sein, sich aber in der Einübung ins Christentum ständig zu mühen, verbunden war –, ist Overbecks Haltung richtig bestimmt.

Overbeck ließ hinsichtlich seines Standortes niemanden im Zweifel. Er verzichtete samt seiner »ehelichen Mitheidin«[50] radikal auf das Christentum und erklärte gegenüber Nietzsche, beim Heidentum bleiben zu wollen.[51] Etwas anderes zu sein als ein moderner Mensch, und das gründlicher als alle modernen Theologen zusammen, kam für ihn gar nicht in Frage. Mehr als einmal betonte Overbeck ausdrücklich, kein eigentümliches Christentum zu haben, »ich bin ihm nur entfremdet, von Haus aus fremd

* Für diese ehrfürchtige Scheu Overbecks vor gedankenlosem Mißbrauch zeugt auch folgende tagebuchartige Aufzeichnung: »Gott sei Dank! Ich, so wenig ich mit Religion zu tun habe, bin für die mit diesem Ausruf ausgedrückte Empfindung nicht unempfänglich, schrecke eher vor ihr und vor ihrem Ausdruck, als einem Mißbrauch des Namens Gottes zurück, als daß ich mich dabei gerne aufhielte.«[52]

und durch das Leben, alles was mir an Menschen und Dingen darin begegnete, nur immer fremder geworden. Ich habe kein Verhältnis zum Christentum, das auf einem anderen Bande beruhte, das mich damit verbinde, als meine Theologie und meinen Theologenberuf. Zu diesem bin ich aber nur durch ein Mißverständnis gekommen, woher sollte ich also noch ein Christ sein? Ich bin kein Theologe und also auch kein Christ, der ich nur, wenn ich ein Theologe wäre, sein könnte. Kann ich den Satz auch umkehren? Ich glaube nur darum nicht, weil es doch eine viel bedeutsamere Sache ist, kein Christ als kein Theologe zu sein. Nur meinetwegen wäre diese Umkehrung, so viel ich sehe, möglich.«[53]

Es ist hier nicht der Ort, allgemein auf das Verhältnis zwischen Christentum und Theologie näher einzugehen, aber Overbecks Gedanken über diese Beziehung sind hier festzuhalten. Er unterschied deutlich zwischen den beiden Größen, wenn es ihm auch völlig klar war, daß diese Unterscheidung wegen des Ineinanderfließens der Grenzen oft sehr schwer durchzuführen ist. Es wäre aber unstatthaft, aus seiner Bekämpfung der Theologie auf eine solche des Christentums zu schließen. Die aus dieser Befehdung für das Christentum erwachsenden Folgen ließ er ausdrücklich dahingestellt sein. Er legte aber Wert darauf, daß sein Verhältnis zur Theologie ein ganz verschiedenes von demjenigen zum Christentum sei, was aus der nachfolgenden Tagebuchnotiz mit aller wünschbaren Deutlichkeit sichtbar wird. »Ich kann wohl von meiner Theologie reden oder konnte es wenigstens, bis ich mich förmlich davon lossagte (was für die Öffentlichkeit erst mit der zweiten Auflage meiner ›Christlichkeit‹ geschah).* Denn eine Theologie habe ich eine Zeitlang wirklich besessen, aus dem einfachen Grunde, weil ich einmal, nämlich als ich mich dafür entschied, im Leben etwas als Theologe zu bedeuten und als sonst nichts, sehr ernsten Anlaß hatte, eine Theologie, die ich bis dahin freilich nicht hatte, mir doch anzuschaffen. Eben das ist

* Dieses Urteil Overbecks ist cum grano salis zu verstehen. Die erste Auflage der »Christlichkeit« läßt doch im Grunde keinen Zweifel darüber aufkommen, wie der Verfasser zur Theologie steht.

der Punkt, wo es mit meinem Verhältnis zum Christentum anders steht. Ein Christentum habe ich ursprünglich ebensowenig besessen, nämlich nur das Durchschnittschristentum der heutigen Menschen, das ich aber als Christentum zur Zeit nicht mehr anerkenne, aber nicht anzuerkennen vor recht langer Zeit schon begonnen habe, nämlich ungefähr in der Zeit, da ich mir eine Theologie anschaffte, d. h. wo ich überhaupt über diese Dinge nachzudenken begann. Dieses sogenannte Christentum nun aber zum wirklichen und mir daraus einen Besitz zu machen, das ist es, wozu mir der Anlaß stets gefehlt hat. Das Leben hat mich vielmehr mit der auffallendsten Konsequenz stets so geführt, daß es mich dem Quasichristentum nur immer mehr entfremdete. Und darin liegt der Grund, warum ich auf keinen Fall von meinem Christentum im selben Sinne reden kann, wie von meiner Theologie. Im Christentum bin ich nie ansässig gewesen, in der Theologie habe ich mir einmal Grundbesitz erworben. Ich bedaure dieses Verhältnis nicht und in Hinsicht auf das Christentum am wenigsten. Denn es hat mir die Friedlichkeit meines Verhältnisses zum Christentum erhalten, das ich zu respektieren nie aufgehört habe, weil ich nie persönlich mich angehenden oder aufregenden Anlaß hatte, entgegengesetzte Empfindungen dagegen zu fassen. Anders mit der Theologie. In dieser habe ich einmal ›Prätentionen‹ gehabt. Nie sehr ernste, die geeignet gewesen wären, mir wirklich Befriedigung zu gewähren. Ich habe im Gegenteil schon verhältnismäßig früh begonnen, meine Theologie recht gering zu schätzen (›Christlichkeit‹!), ist es auch erst spät dazu gekommen, daß ich ihr in aller Form diese Geringschätzung erklärt habe. Kurz, zum Christentum habe ich nie ein Verhältnis gehabt, wohl aber einmal zur Theologie, doch auch zu dieser nie ein gutes und nur ein solches, mit dem es einmal schlimm ausgehen mußte. Aus meiner Theologie habe ich gelernt, alle Theologie von Herzen nicht zu mögen; so viel Christentum, um mich zu solcher Abneigung auch dagegen zu bekennen, habe ich nie gehabt.«[54] Overbeck hat mit diesen Worten klar gesagt, daß er dem Christentum nie zu nahe treten wollte, obwohl er es nichtwollend in seinen Äußerungen bisweilen getan habe. Zu solchen Aussagen veranlaßte ihn die »Schwarmgeisterei des Christentums«, die ihn so sehr abstieß. Im großen und ganzen aber hielt er strikte die Linie ein, die ihn in ehrfürchtiger Zurückhaltung vom Christentum davon trennte.

Diese Doppelhaltung kommt klar zum Ausdruck in seiner Schätzung von Robert Kübels Schrift »Christliche Bedenken über modern christliches Wesen« (1889), die unter der anonymen Bezeichnung »Von einem Sorgenvollen« erschienen war. Es ist charakteristisch für Overbeck, daß er diese bescheidene, aber in ihrer beunruhigten und besorgten Weise ergreifende Schrift als einziges Erzeugnis der zeitgenössischen theologischen Literatur anführt, die er – obwohl der Verfasser auf streng gläubigem Boden stand – nach seiner Lossagung von der christlichen Theologie in der »Christlichkeit« ergriffen gelesen und die ihm einen persönlich anziehenden Eindruck hinterlassen habe. Overbeck anerkannte das ausdrücklich in der zweiten Auflage der »Christlichkeit«[55] und machte auf die bezeichnende Verschlossenheit der modernen Theologie gegenüber diesem ihm so sympathischen Mann aufmerksam. Seiner Meinung nach vertrat diese kleine Schrift das Christentum in einer Art, die ihm allein wieder Respekt verschaffen konnte, da sie in seltener Weise strengste Gläubigkeit mit Weitherzigkeit, Abwesenheit jedes Fanatismus, natürlicher Menschlichkeit und nüchterner Verständigkeit verband, und ihr Verfasser als überzeugter Christ Einsichten über modernes Christentum aussprach, die Overbeck als Nichtchrist in der Hauptsache nur teilen konnte. Allerdings, fügt er nun charakteristisch hinzu: »Ich habe kein Recht, mir mit dem Manne hier ›Sorgen‹ zu machen, aber Recht hat er mit seiner Sorge, daß das Christentum unter uns modernen Menschen am Dahinschwinden ist, und ich kann bei dieser Sorge nicht jene Sympathie verweigern, verstehe davon wenigstens so viel als ein über jenes Dahinschwinden Unbesorgter nur verstehen.«[56]

Als zweite, ähnliche Erscheinung nannte Overbeck die ebenfalls anonym erschienene Schrift »Einsame Wege« von Rocholl, die ihm erst nach Abschluß der zweiten Auflage der »Christlichkeit« bekannt wurde, und die er, wenn sie ihm früher zu Gesicht gekommen wäre, an der gleichen Stelle mit Kübel genannt hätte. Über die große Schwatzhaftigkeit und Träumerei, die Rocholls Autobiographie unangenehm von Kübels Schriftchen unterscheidet, war sich Overbeck klar. Sie lehrt ihn aber, indem sie ihn »bei aller Idiosynkrasie an die Theologie erinnert, die zu seiner Studentenzeit damals das große Wort führte und ihn zum christlichen Glauben hinausdrängte, so sehr wiederum schon damals gerade dieses separierte Altluthertum ihn besonders anzog, den gegenwärtigen Erfolg der modernen Theologie und zugleich seinen absonderlichen Widerwillen gegen sie besser verstehen«.[57] Overbeck fand, daß seine Gedanken in der eigentümlichsten Weise mit den Rochollschen verflochten seien, wenn sie sich auch auf Erden wie im Himmel antipodisch zueinander verhielten. Ja, Overbeck ging so weit, nach Abschließung der zweiten Auflage seiner »Christlichkeit« und in Überlegung des Sachverhaltes, in Rocholl und nicht in Harnack den eigentlichen Antipoden seiner Haltung zu sehen.

Wenn aber die ganze, oben geschilderte Stellung Overbecks zum Christentum bedacht und ins Auge gefaßt wird, geht es nicht an und ist zum mindesten eine Verwirrung der christlichen Begriffssprache, ihn mit Blumhardt »Rücken an Rücken zu stellen«[58] und einen »Träger einer ganz bestimmten, nämlich der eschatologischen Auffassung des Christentums«[59] zu nennen. Dadurch wird die konkrete Existenzform des Christen dialektisch verflüchtigt und für unwesentlich erklärt. Außerdem gibt man Overbeck damit eine Bezeichnung, die er sicher aufs bestimmteste abgelehnt hätte. Wohl erkannte er wie wenige im 19. Jahrhundert das ursprüngliche Christentum und in dieser Erkenntnis mag er eine Strecke weit mit Blumhardt übereinstimmen. Aber er bewegte diese Erkenntnis nicht hoffend bei sich, wie Blumhardt es tat; ihm fiel nicht im Traume ein, sich für dieses Christentum einzusetzen. Für Overbeck folgte daraus vielmehr die reine Unmöglichkeit, dieses ursprüngliche, nicht durch moderne Abschwächungen zurechtgemachte Christentum zu vertreten.

Man sollte – wenn man von Overbecks Geist etwas verstanden haben will – eine solche Zusammenstellung seiner Person mit ausgesprochen christlichen Persönlichkeiten nicht vollziehen, hegte er doch eine besonders heftige Abneigung gegen die Beschlagnahmung antichristlicher Menschen für das Christentum. Er bemerkte darüber: »Es ist eine Manier des heutigen Christentums, in seiner Art sich der Welt zu geben, oder ein darin beliebter Sport, wenn sich in der modernen Welt kein bedeutender Mensch als Antichrist mehr gebärden kann, ohne mit Vorliebe für das Christentum angerufen zu werden. Das müssen sich unter den Christen moderner Observanz Goethe und Schiller, L. Feuerbach, Schopenhauer, Wagner, Nietzsche und jedenfalls auch noch ihre Nachfahren gefallen lassen. ... Wir sind in der Tat mit dem Christentum bald so weit, daß uns alle jene großen Herren als fromme Christen viel vertrauter erscheinen, denn als Abtrünnige des Christentums. Und käme es zum Erweise einer solchen Auffassung ihrer Person auf weiter nichts an, als darauf die Rosinen der ›warmen‹ Töne der Anerkennung für das Christentum aus ihren Schriften herauszupicken, wer möchte sich noch lange bedenken, sich mit Begeisterung zum modernen Christentum zu bekennen!«[60] Doch mit bloßen Worten ist nach Overbeck in der Tat kein Ausweg aus dem heillosen Konflikt der modernen Welt mit dem Christentum zu finden, darum bezeichnete er dieses ganze Verfahren als ein reines Kinderspiel.*

Aus der ehrfürchtigen Distanz, mit der sich Overbeck bewußt abseits vom Christentum stellte – ohne dieselbe durch eine religiöse Begriffsverwirrung zu verbrämen –, und aus seiner Gegnerschaft gegen die Theologie ergab sich nun für ihn das Problem seines Lebens. Für einen theologischen Universitätslehrer ent-

* Overbeck sah in der Inanspruchnahme unchristlicher Menschen für das Christentum ein besonderes Kennzeichen des Parasitenwesens der Theologie. »Von Kaftan höre ich, er sei jetzt so weit mit Nietzsche, daß er ihn für einen der besten Erzieher zur Theologie erklärt. Für das Parasitenwesen der Theologie ist sein Urteil allerdings charakteristisch. So hat es die Theologie stets gemacht und sich weiter geholfen, indem sie sich an das ihr Fremdartige heranwarf und davon lebte, so insbesondere an die Wissenschaft. An der hat sie überhaupt ihre Parasitentalente entwickelt und immer bewiesen, daß sie auch mit dem dezidiertest Irreligiösen auskommt. ... ›Herrschen – und nicht mehr Knecht eines Gottes sein –, dies Mittel blieb zurück,

standen aus dieser Einstellung eine Menge von Schwierigkeiten. Wie er dieser Lage Herr zu werden versuchte, hat er im Nachwort zur zweiten Auflage der »Christlichkeit« selbst erzählt. Durch seine Stellungnahme, wie er sie in der »Christlichkeit« formulierte und aller Welt bekannt gab, wurde seine persönliche Lebensführung in solchem Maße beeinflußt, daß diese, so weit sie der Öffentlichkeit zugewendet war, von ihr bestimmt wurde.[61] Schon im Vorwort zur ersten Auflage bemerkte Overbeck, es sei zu beachten, daß seine Schrift sich nur mit der theoretischen Lösung des Problemes befasse und nicht mit den tausendfachen praktischen Verträgen zwischen Christentum und Kultur, und daß sich aus diesem Grunde seine Urteile nicht auf die Laien, sondern nur auf Theologen beziehen. Aber auch diese sehr beachtenswerte Einschränkung nur auf die Theologen ist eigentlich noch ungenügend. Letzten Endes galt die »Christlichkeit« auch nicht den Theologen, so schwer sie damit getroffen waren, sondern – nur Overbeck allein! Er bezeichnete in seinem Nachwort, das er 30 Jahre später schrieb, die theologische Kritik an seiner Schrift als gänzlich unfruchtbar. Das Befremden und die Ratlosigkeit, die sie bei den Theologen hervorrief, die in ihrem Unverständnis auch den Freibrief zu besitzen meinten, ihn nicht ernst nehmen zu müssen, erklärte er sich dadurch, daß sein Schriftchen ja ein reiner »Monolog«[62] war, und er es auch nur für seine »eigene Befreiung geschrieben habe«.[63] »Und in der Tat: an wen oder was soll ich denn in meinem Schriftchen sonst denken als an mich und

die Menschen zu veredeln.‹ Dies Wort Nietzsches sollte billigerweise allen Theologen den Geschmack an Nietzsche verderben, zumal den ›modernen‹, welche Religion und Christentum mit Vorliebe unter dem Gesichtspunkt des Machtmittels, des Mittels zur Weltherrschaft betrachten und schätzen, allerdings in schroffstem Widerspruch zu dem innersten Geist des Christentums.«[64] Kaftan anerkannte allerdings im Vorwort zu seiner Schrift »Aus der Werkstatt des Übermenschen« diesen Ausspruch nicht als seinen eigenen an. Irgendein Wort, das er im Gespräch mit Overbeck zum Lobe Nietzsches gesagt habe, müsse in Overbecks Erinnerung diese Gestalt angenommen haben. An der sachlichen Charakterisierung der Theologie, die Overbeck mit diesem Worte treffen wollte, ändert aber diese persönliche Richtigstellung nichts.

daran, mir zu helfen? An das Christentum gewiß nicht, da ich doch in seiner von mir weder verkannten noch in Abrede gestellten gegenwärtigen Not ihm den Weg heraus zu zeigen mir von vornherein den Beruf und die Prätention abspreche. An die Theologie noch weniger, von der ich nur eine so schlechte Meinung kundgebe.«[65]

Ihren Verfasser aus der Notlage zu befreien, war die primäre Tendenz der »Christlichkeit«. Das erkannte auch Treitschke sofort und »bewunderte« diese Schrift nicht nur und freute sich über den »unerschrockenen Wahrheitsmut«, sondern fühlte auch aus jeder Zeile den Zwang heraus, der Overbeck zur Abfassung getrieben hatte.* Es gab für Overbeck keinen anderen Ausweg, als den ganzen Konflikt in seiner Stellung zum Christentum in der Form eines theologischen Bekenntnisses auszusprechen. Er durfte seine Haltung gegenüber dem Christentum nicht verschweigen und die öffentliche Meinung, die ihn für einen Lehrer im Christentum hielt, nicht im unklaren lassen darüber, daß er persönlich gar kein Christ sei. Nur indem er seine Situation unumwunden öffentlich aussprach und sie dadurch zu überwinden suchte, war die innere Problematik wenigstens erträglich gemacht. War schon sein bloßes Dasein eine »unerträgliche Ausnahme«, wie Bernoulli sich ausdrückte, so durfte wenigstens kein Versuch gemacht werden, seinen Gegensatz zur Theologie zu vertuschen oder gar zu verschweigen. Die Stellung jener Bischöfe in der alten Kirche, die das Christentum nur exoterisch

* Im übrigen verstand Treitschke die »Christlichkeit« wohl auch nicht. Sein Urteil unterscheidet sich nicht von demjenigen der Theologen: »Der große, prächtige Torweg führt zu einem kleinen Gebäude. Das letzte, positive Ergebnis löst mir das eigentliche Rätsel nicht – vielleicht weil es unlösbar ist. Dein Heilmittel könnte ich persönlich nicht ertragen. Der Drang nach harmonischer Bildung, nach Übereinstimmung mit sich selber liegt einmal unausrottbar in der menschlichen Natur. Ich kann den Theologen nicht schelten, der das Vernunftwidrige sich vernünftigerweise zurecht zu legen sucht, obgleich ich über die Unklarheit seines Kopfes lächeln muß. Du fassest mir den Begriff des Christentums zu eng. Diese in ihrem Ursprung staatsfeindliche, nicht bloß unpolitische Religion hat es doch verstanden, zum Staat in ein Verhältnis zu treten; sie hat Kulturelemente, die ihr feindlich waren, in sich aufgenommen.«[66]

vertraten, war nur deshalb keine Heuchelei, weil sie beim Amtsantritt niemand darüber im Zweifel ließen. Diesen Weg beschritt auch Overbeck.

Er täuschte sich aber keinen Augenblick über das Verhängnisvolle seiner Lage. Es war ihm nur zu klar, daß die sittlichen Begriffe der alten Kirche nicht mehr die der modernen Welt sind, daß, was damals möglich war, nicht ohne weiteres auch heute noch möglich ist. Er wußte, daß die Abfassung der »Christlichkeit« »ein halsbrechendes Unternehmen« sei, das ohne »einiges Haarsträubende«[67] nicht ablaufen werde, so daß was für ihn dabei herauskomme, bedenklich genug aussehe. Aber mochte daraus entstehen was wollte, er konnte darauf keine Rücksicht nehmen. Das Bekenntnis mußte heraus. In heroischer Erkenntnis wußte Overbeck, daß er nicht allein für sich, sondern weit mehr noch gegen sich schrieb. »Ich wußte vielmehr im Schreiben vollkommen, daß ich gegen mich schrieb, und habe mich den Folgen, die mein Schriftchen über mich verhängte, jedenfalls von Anbeginn an bis heute unweigerlich unterworfen. ... Ich dachte nichts anders, als daß es mich um mein theologisches Lehramt bringen könnte. ... Basel ist mir das Asyl für meine ›Theologie‹ geblieben.«[68] Nur um den Preis seiner Existenz schien die Lage geklärt werden zu können! Vor aller Öffentlichkeit erklärte Overbeck – schon im Vorwort –, daß er sich nicht gestattet hätte, so abfällig über die Christlichkeit der heutigen theologischen Parteien zu urteilen, wenn er nicht für sich und seine »Theologie« auf das Prädikat christlich grundsätzlich und vorbehaltlos verzichtet hätte. Nach dieser Erklärung rechnete er sich auch öffentlich nicht mehr zum Christentum.

Mitten in der Christenheit hatte ein theologischer Lehrer nicht nur auf sein eigenes Christentum prinzipiell verzichtet, sondern auch der ganzen bestehenden Theologie die Berechtigung bestritten, sich auf das Christentum zu berufen. Was Overbeck getan hat, geschah nicht zum erstenmal unter der Sonne, und wie die Christenheit in älterer und jüngerer Zeit auf solche Fälle reagierte, ist bekannt. In Overbecks Fall geschah aber das Seltsame, daß er von seinem Amte, künftige Geistliche auszubilden, nicht abgesetzt, sondern ohne ein Wort, als wäre nichts geschehen, weiter darin belassen wurde. Gewiß entsprach ein solches Verhalten am besten der derzeitigen Christenheit bei ihrer Bekenntnislosigkeit. Aber auch ihre Ohnmacht trat ohnegleichen zutage, indem sie nicht einmal imstande war, ihr Verhältnis zu dem Ruhestörer zu regeln.

Für Overbeck war dadurch der Zwiespalt, den er durch seine Aussprache zu klären gedacht hatte, nicht nur nicht beseitigt, sondern wurde noch um ein bedeutendes gesteigert. Er sah sich mit seinem Problem wieder ganz auf sich zurückgeworfen und mußte selbst zusehen, wie er eine Lösung fand, da die Christenheit nichts zu diesem Thema zu bemerken hatte.

Nietzsche fand aus der Ferne, daß Overbecks Situation in Basel »wahrlich nicht zu beneiden, aber mindestens auch nicht zu bejammern«[69] sei und Overbecks Haltung dazu »etwas Vorsichtiges und Feines« habe. Für Overbeck, der im Treffen stand, war die Lage wirklich alles andere als angenehm. Wie er sich darin um eine reinliche Lösung bemühte, ist am besten geeignet, alle ethischen Verdächtigungen seines Charakters zu entkräften. In dem bereits erwähnten Nachwort verbreitete er sich eingehend über seinen Versuch, das Verhältnis zu ordnen.

An erster Stelle erhob sich für Overbeck die Frage, wie er sich künftig auf seinem theologischen Lehrstuhl zu verhalten habe. Die eigentümliche Lösung, auf die er dabei verfiel, charakterisiert am besten ein Ausspruch Nietzsches über Jakob Burckhardt, wonach dieser nicht zur Verfälschung, wohl aber zur Verschweigung von Wahrheiten neigte. So auch Overbeck. Er verhielt sich nach Erscheinen der »Christlichkeit« nicht anders als vorher. Aber in diesem »nicht anders als vorher« liegt eben das Merkwürdige seiner Lösung. Sie enthielt die eigenartige Fiktion, daß sich Overbeck mit dem Tage der Veröffentlichung seiner Schrift in seinem Hörsaal so einstellte, als wäre dieselbe seinen Zuhörern völlig unbekannt.* Er erwähnte sie während seiner ganzen Dozententä-

* Daß dies nichts als eine Fiktion war, geht aus der nachfolgenden Erklärung eines ehemaligen Studenten, des späteren Pfarrers B. Hartmann, deut-

tigkeit nie auf seinem Katheder, geschweige daß er sie behandelt hätte. An seinen übrigen kirchenhistorischen Arbeiten, die er gelegentlich anführte, brach er stets die antitheologischen Spitzen ab und drückte sich so verhüllt darüber aus, daß den Studenten der Sachverhalt bis zur Unkenntlichkeit verdunkelt blieb. Dieser Handlungsweise lag die Erwägung zugrunde: »Ich war es, der schon einige Zeit, bevor ich mein Schriftchen schrieb, meinen Zuhörern als ihr Lehrer im Christentum nicht was ich davon annahm, sondern was ich unter Voraussetzung ihres Glaubens daran zur Schonung desselben für zweckmäßig hielt, ihnen vortrug. Für die Zuhörer änderte sich in meinem Lehrvortrage mit dem Tage des Erscheinens meines Schriftchens nichts.«[70]

Man ginge völlig fehl, wollte man Overbeck wegen seines Verhaltens der Unwahrhaftigkeit und der Heuchelei bezichtigen. Nichtmitteilung dessen, was ein Mensch denkt und glaubt, ist keine Heuchelei. Es spricht für einen Menschen, wenn er sich, von Fragen heimgesucht, auf die er keine Antwort findet, in seinem Zweifel nicht selbst wichtig wird. Overbeck kehrte seinen Zweifel nach innen und trug ihn nicht zur Schau; er war für ihn kein sanf-

lich hervor und bildet zugleich eine notwendige Ergänzung zu Overbecks Aussagen über seine Dozententätigkeit. »Es hat mich eigentlich ergriffen, als Herr Professor Overbeck in dem Beiwort zur ›Christlichkeit der heutigen Theologie‹, 2. Auflage, von seiner akademischen Lehrtätigkeit sprach. Glaubte er denn wirklich, durch seine Objektivität keine Fühlung mit seinen Schülern gewonnen zu haben! Gerade sie hat diejenigen mächtig angezogen, die, von Mißtrauen gegen das theologische Denken erfüllt, allen stark subjektiven Reden aus dem Wege gingen. Wir wußten ja, daß am Ende der Methode des Herrn Professor Overbeck eine Paradoxie stand, die, daß Wissenschaft und Religion sich gegenseitig aufheben. Aber ich danke ihm immer von neuem für dieses theologische Paradoxon. Als ich im zweiten Semester die ›Christlichkeit‹ las, ist es mir wie Schuppen von den Augen gefallen. Von da an datiere ich meine Freude am Studium. Die Paradoxie ist seither nicht verschwunden, aber – so sehr sie mir zeitweilig Not und Angst gemacht hat – ich wünsche gar nicht, daß sie verschwinden möchte. Sie hat mich erlöst von den Ängsten der Apologetik. Ich bin Pfarrer seit zehn Jahren nächstens und bin es mit voller Freude an meinem Beruf und mit nie schwächer werdendem innigem Dank gegenüber unserem lieben Lehrer Herrn Professor Overbeck.«[71]

tes Ruhekissen, wie es nur zu oft der Fall ist, und er geriet deshalb auch in keinen Kult des Zweifels. Overbeck litt selber unter der Gequältheit und Gespaltenheit seines eigenen Daseins genug, um nicht auch die Studenten mit seinen Zweifeln und Bedenken, denen sie doch nicht gewachsen waren, zu behelligen und ihnen dadurch den Beruf unmöglich zu machen. Daß er seinen Zuhörern unwahrhaftig gegenüberstand, indem er ihnen nicht seine Ansichten über die Dinge vortrug, sondern diese selbst in möglichst objektiver Form zu ihnen sprechen ließ, ist nicht der Fall. »In der Tat, ›vorgemacht‹ habe ich ihnen nichts, weder denen unter ihnen, welche mit größtem Recht in meinen Vorträgen Erbauung vermißten, etwas vom Mitklingen eines Glaubens an die Sache, der nun einmal hier fehlte, noch den anderen, deren kritische Stimmung von Haus aus sie mir näher bringen mochte, etwas, das sie über die Leichtigkeit der Lebensaufgabe, der sie entgegengingen, irre zu führen geeignet gewesen wäre.«[72] Jeder Theologe, der in kritischer Haltung zum Christentum steht, gerät nach Overbecks Ansicht in eine Spannung, die ihm das Leben nicht leicht macht. Diese Erkenntnis den Studenten zu verheimlichen oder mit hohlen Phrasen zu vertuschen, fühlte er sich nicht gedrungen. Aber mangels jeglicher Berufung, die Theologie zu reformieren, fühlte er sich auch nicht berufen, jene Studenten, die diese Spannung nicht selbst empfanden, eigens darauf zu stoßen.

Daß diese Einstellung zu seiner Lehrtätigkeit mit großen Schwierigkeiten verbunden war, kann man sich leicht vorstellen. Overbeck fühlte deutlich, daß es nicht war, wie es sein sollte, und warnte wohl aus diesem Gefühl gelegentlich vor jedwelcher Nachahmung seiner Haltung. »Der Grundschaden des ganzen Verkehrs zwischen meinen Zuhörern und mir war, daß ich mich ihnen als Theologe darin hartnäckig entzogen habe, d.h. als der Berater, den sie in mir vor allem gesucht haben. Dieser Theologe fehlte nun einmal in unserer Gesellschaft ... Er fehlte auf dem Katheder – auf welchem ein Lehrer stand, der sich bemühte, den Schülern, die im Christentum zu unterweisen waren, das Neue Testament nach Möglichkeit ohne Tendenz auszulegen und ebenso die Kirchengeschichte zu erzählen.«[73] Für Overbeck waren die Vorlesungen, die er unter diesen Umständen vortragen mußte, »Notprodukte« und lediglich »Muster, wie ein Theologe sich solcher Aufgaben nicht zu entledigen hat«.[74] Die »Studien zur alten Kirche«, die im Vorwort ja ausdrücklich an die »Christlichkeit« anknüpfen, waren in ihrer Darstellung der Kirchenhistorie das direkte Gegenteil derjenigen, um welche er sich im Auditorium bemühte. Es entstünde aber ein irrtümliches Bild, wollte man nur nach diesen Worten seine Vorlesungen beurteilen. Man darf nicht übersehen, daß es Overbeck ist, der so über seine Vorlesungen urteilte, und es ist wohl am Platze, hier an das Wort Vischers über die »rührende Bescheidenheit« Overbecks zu erinnern.*

Wichtig sind diese Äußerungen Overbecks über seine Lehrtätigkeit nur dadurch, daß sie uns eine Vorstellung davon vermitteln, wie sehr er unter diesem Teil seiner Existenz gelitten hat. Er empfand sein Verhältnis zu seinen Zuhörern als so drückend, daß er sogar von einem »Schächerdasein« sprach, das er in ihrer Mitte geführt habe, und um dessentwillen er allen Zuhörern ausdrücklich Abbitte tun müsse. Diese große Schuld seines Lebens,

---

* Seit »Vorgeschichte und Jugend der mittelalterlichen Scholastik«, eine Vorlesung aus dem Jahre 1892, von Bernoulli herausgegeben wurde, ist es möglich, ein objektives Urteil über Overbecks Vorlesungen zu fällen. Diese »Notprodukte« werden wohl jedem Leser durch ihre Gründlichkeit und, wie Troeltsch betonte, durch ihre »klare und völlig sachliche Auffassung und Ordnung des Stoffes«[75] auffallen. Gewiß trug Overbeck auch in diesem Kolleg den Studenten seine Gedanken über das Mittelalter nicht in der Form, in welcher er sich sonst auszudrücken pflegte, vor. Von solcher Beurteilung des Mittelalters, wie sie in einem Briefe an Nietzsche vorliegt: »Ich stehe im Anfang in ominöser Weise unter dem Eindruck, wie es der europäischen Menschheit nur möglich war, sich aus dem Wust wieder heraus zu finden, mit dem sie ins Mittelalter trat, und den sie zunächst noch häufte«[76] findet man in der Vorlesung keine Spur. Nur wer Overbecks Problemstellung kennt, wird seine Ansicht zuweilen herausspüren, aber stets vollständig verdeckt und gebändigt; der Subjektivität des Lehrers ist nirgends freier Spielraum gelassen. In der Auffassung des akademischen Lehramtes, daß sich der Lehrer äußerste Selbstzucht und Selbstbeschränkung gegenüber seinen Zuhörern aufzuerlegen habe, begegnet sich Overbeck noch einmal mit Max Weber. Auch er forderte, daß alle offene oder versteckte Suggestion und Beeinflussung der reinen Sachlichkeit und intellektueller Redlichkeit Platz zu machen habe.[77]

wie er sich ausdrückte, verwehrt es, seine Existenz nur glücklich zu preisen. Man darf sich durch sein äußeres »glückpinselhaftes« Dasein nicht täuschen lassen. Overbeck lehnte mit Recht ab, ein »Zerrissener« genannt zu werden, der immer am Abgrund gestanden habe. Er wußte jedoch, daß er auch kein »Ganzer«, keine harmonische Gestalt war, und dies aus dem einfachen Grunde nicht, weil er ein moderner Mensch war und sich auch nicht im geringsten bemühte, diese »moderne Gespaltenheit«[78] zu verhüllen. Um so mehr verbarg er aber vor den Augen der Welt, wie schwer ihm seine persönliche Haltung zu schaffen machte.

Besonders waren es seine Lehrerpflichten, denen er im Hörsaal nachzukommen hatte, die immer drückender auf seinem Gemüte lasteten. »Über diese habe ich mir« – so schreibt er in seinen Papieren – »ja schon manche Gedanken gemacht und so hat auch die Weinelsche Anzeige (von Wernles ›Anfänge unserer Religion‹) in mir die Frage angeregt: Solltest du, zumal nachdem dir Wernle noch am 13. Januar einen sinnreichen Schülerbesuch gemacht, mit allem, was du über Wernle weißt und denkst, zu ihm mit der Anzeige in der Hand hingehen und an sie als sein Lehrer ein ernstes Wort der Warnung knüpfen, das ihn aufforderte sich nochmals zu überlegen, ob er wirklich auf den Pfaden der modernen Theologie weiter wandeln und in die Verwirrung sich stürzen wolle, wo er sich mit Harnack und Weinel und ihrem Unsinn verbrüderte. Ich habe den Gedanken fallen lassen.«[79] Obwohl in dem Gedanken des Gerichtes eines erzürnten Lehrers über die »Salbadereien« eines Schülers, dem er geglaubt hatte eine andere Auffassung der wissenschaftlichen Arbeit beigebracht zu haben, eine verlockende Anziehungskraft lag, führte er ihn doch nicht aus. Abgesehen davon, daß ihm der Glaube an Wernle fehlte und er mit einem solchen Schritt nichts anderes für ihn getan hätte, als was er bei Bernoulli erreicht hatte, den Geschmack an »moderner« und tatsächlich an jeder Theologie wirklich zu verderben, fühlte Overbeck, daß ihm die Berechtigung zu solchem Vorgehen fehlte und es damit auch zu spät war.

Die immer drückender werdende Erkenntnis der Geringfügigkeit dessen, was er seinen theologischen Zuhörern sein konnte, führte Overbeck zu einer endgültigen Klärung seiner Lage. Diese Wahrnehmung vermochte ihm nicht das subjektive Interesse an der Theologie und vor allem an der Kirchengeschichte zu nehmen, wohl aber die Möglichkeit der weiteren Ausübung seines Professorenberufes. Die Last der Einsicht, seinen Schülern in den entscheidenden Fragen nicht weiterhelfen zu können, verbot ihm die Fortsetzung seiner öffentlichen Tätigkeit als theologischer Lehrer, von welcher ja doch ein bis zu einem gewissen Grade bindender Einfluß auf die Teilnehmer ausging. Mit der vorzeitigen Niederlegung seiner Professur löste Overbeck das Problem seines Lebens. Aber erst in seinen letzten Jahren gelangte er zu dieser Lösung. Die stille und unauffällige Art, in der er diesen Schritt tat, hatte zur Folge, daß er bisher unbeachtet geblieben und nicht als letzte Etappe in seiner Entwicklung bewertet worden ist.

Die von Barth und anderen erwähnte »banale Tatsache, daß Overbeck selbst nie etwas anderes gewesen sei als eben Theologe«,[80] besteht somit nicht zu Recht. Overbeck nahm seine Demission deshalb vorzeitig, um einerseits theologischer Schriftsteller zu bleiben, solange seine Kräfte reichten und jemand bereit war, ihn zu lesen, anderseits aber, weil es ihm zur inneren Unmöglichkeit geworden war, länger das Amt eines Theologieprofessors auszuüben. Das Auffallende an seinem Entschlusse ist, wie spät er dazu kam, nachdem er doch durch seine Einstellung zum Christentum schon so früh zu diesem Ziele gedrängt worden war. Die Erklärung für diese Langsamkeit in der Entwicklung wird in seinem indolenten Temperament zu suchen sein. Zugleich aber ist daraus zu ersehen, daß Overbeck sich nicht durch eine vorschnelle Entscheidung aus der Spannung seines Lebens befreite, sondern bis zu seinem Alter darin ausharrte.

Zwei Jahre nach seiner öffentlichen Amtsniederlegung zog Overbeck auch die letzte Konsequenz und beschloß, öffentlich aller Theologie zu entsagen und über dieses Gebiet nichts mehr zu publizieren.* Als ihn Preuschen zur Mitarbeit an der neuge-

* An diesem Entschlusse änderte auch die zweite Auflage der »Christlichkeit« nichts, denn sie sollte nicht die Diskussion weiterführen, sondern nur

gründeten »Zeitschrift für neutestamentliche Wissenschaft« aufforderte, lehnte Overbeck am 20. November 1899 ab, da er »entschlossen war, sich praktisch von der Theologie ganz loszulösen, auch etwa ein halbes Jahr vorher schon eine Beförderung zum Ehrendoktor der Theologie an einer schottischen Universität abgelehnt hatte«.[81]

Die Universität St. Andrews ließ es sich zwar nicht nehmen, einige Jahre später Overbeck zum zweiten Male den theologischen Ehrendoktor anzubieten. Wenige Wochen vor seinem Tode nahm er diese Ehrenbezeugung an, um J. Donaldson, den englischen Mitkritiker des Briefes an Diognet nicht endgültig vor den Kopf zu stoßen. In schönster Weise kommt durch diese Ehrung zum Ausdruck, daß die von Overbeck aufgegebene christliche Kirche ihrerseits diesen Mann nicht preisgeben wollte.

Overbeck selbst aber endete tatsächlich mit der völligen Loslösung von Christentum und Theologie. »Ich darf wohl sagen, daß mich das Christentum mein Leben gekostet hat. Sofern ich, wiewohl ich es nie besaß und nur durch ›Mißverständnis‹ Theologe wurde, mein Leben gebraucht habe, um es ganz los zu werden.«[82] So schloß Overbecks Entwicklung ab. Über das Resultat derselben kann kein Zweifel bestehen: Overbeck war mit aller Theologie zu Ende. Fortan sprach er von sich nur noch als einem solchen, der früher einmal eine Theologie gehabt habe. Für alle Theologien zeigte er Verachtung, mit Ausnahme der rationalistischen, die er wegen ihrer Selbstaufhebung wenigstens respektierte, so wenig er für sich persönlich von ihr wissen wollte. Er hatte den Glauben an die Künste der Theologie, schon bei der Geschichte der alten Kirche, verloren und war an aller und jeglicher Theologie verzweifelt. Aber aus dieser Verzweiflung sog er noch die Kraft, bis zu seiner letzten Stunde den unerbittlichsten Kampf gegen die Theologie zu führen!

Overbecks Ende mit aller Theologie unzweideutig Ausdruck geben. Auch aus dem Gefühl, gar zu wenig für sein Verständnis getan zu haben, entschloß sich Overbeck nochmals zur Herausgabe seiner Schrift.

Historische Präliminärfragen

Als Prolegomena eines Kirchenhistorikers sind die in dem vorliegenden Kapitel behandelten Ausführungen Overbecks zu bezeichnen. Sie beschäftigen sich mit Fragen, über welche die Kirchengeschichtsschreibung im allgemeinen mit einer ganz rätselhaften und unbegreiflichen Unbekümmertheit hinwegeilt. Ohne sich über die eigentümliche Beschaffenheit des zu behandelnden Stoffes näher Rechenschaft zu geben, wird gewöhnlich in medias res gegangen. Im Gegensatz zu dieser Einstellung umkreiste Overbeck diese Vorfragen mit einer seltenen Zähigkeit und Unbeirrbarkeit in seinem Denken.

Man darf sich jedoch unter seiner Arbeit über die Grundfragen der Kirchengeschichtsschreibung nicht ein in sich gerundetes System vorstellen. Sie besteht vielmehr in einer Besinnung, die an einer bestimmten Stelle einsetzt, von da aus bohrend in die Tiefe dringt und an einer anderen Stelle abrupt wieder abbricht. Was auf diese Weise entstand, sind Gedanken und Gedankensplitter, die sich gegenüber abgeschlossenen Prolegomena nur wie ein Fragment ausnehmen. Wenigstens sind uns Overbecks Gedanken über die Voraussetzungen der Kirchenhistorie nur in dieser Form überliefert. So fragmentarisch der Charakter dieser Ausführungen ist, es wird an ihrer Bedeutung und Tragweite dadurch doch nichts geschmälert. Diese würden nur dann einbüßen, wenn sie der inneren Einheit entbehrten und lediglich ein Konglomerat verschiedenster Einfälle darstellten. Es läßt sich aber nicht verkennen, daß alle Äußerungen Overbecks über dieses Thema von einer ganz bestimmten Reflexion durchdrungen und zusammengehalten sind, was sich herausstellt, sobald sie unter bestimmten Kategorien betrachtet werden. Ihr oft widerspruchsvolles Aussehen rührt nicht von ihren tatsächlichen Widersprüchen her; solche haften jedem Organismus an, der aus dem Leben gewachsen ist und nicht nach einem vorgefaßten Plan geschaffen wurde. Ihr ungewöhnliches Aussehen ist vielmehr darin begründet, daß Overbecks Gedanken der offiziellen Kirchengeschichtsschreibung des 19. Jahrhunderts direkt entgegengesetzt sind. Einsam und unzeitgemäß ragen sie aus den landesüblichen Auffassungen hinaus.

Ein kurzer Blick auf den geistesgeschichtlichen Hintergrund vergegenwärtigt uns, daß das 19. Jahrhundert in geschichtsphilosophischer Beziehung von Hegels Philosophie beherrscht wurde. Hegel betrachtete die ganze Geschichte unter dem Gesichtspunkt einer aufsteigenden Entwicklung, des zu sich selber kommenden absoluten Geistes. Die ganze historische Arbeit des 19. Jahrhunderts in Deutschland stand mehr oder weniger unter dem Banne der Hegelschen Geschichtsphilosophie. Einzig Arthur Schopenhauer vertrat mit seiner Philosophie eine andere Anschauung. Nach ihm hat die Geschichte weder Sinn noch Ziel, wodurch sie aber auch entwertet und vernichtet wurde.

Overbeck stand schon früh und später zusammen mit Nietzsche – dessen Werk über den »Nutzen und Nachteil der Historie« entstand im Nebenzimmer von Overbecks Arbeitsraum, und Overbeck lieferte mehr als einen Baustein dazu – unter einem gewissen Einfluß Schopenhauers. Diese Einwirkung war aber vorwiegend negativer Art, was besagen will, daß Overbeck sich stets ablehnend gegen die Hegelsche Geschichtsauffassung verhielt. Daß Schopenhauers Philosophie, trotz ihrem romantischen Erbe, der Geschichte nicht gerecht zu werden vermochte, war Overbeck klar. »Denn es ist die Frage, ob nicht z. B. Schopenhauers Hinrichtung der Geschichte ein Exzeß ist, den nur übertriebene Sensibilität für die Gegenwart motiviert hat. Schopenhauer hat freilich seinem Temperament gemäß die Gegenwart zu schwer genommen und darum seine Geringschätzung auf alle Zeitlichkeit, d.h. auf den ganzen Verlauf der menschlichen Entwicklung übertragen. Doch war er ohne Zweifel ein Philosoph und die Gefahr, der er unterlag, bedrohte nur Ausnahmemenschen. Weit verbreiteter ist die andere, daß man sich bei der Gegenwart zu gut ›amüsiert‹ und sich aus diesem Grunde als Philosoph bei ihr zuviel aufhält.«[1] Es wäre falsch, Overbecks Geschichtsbetrachtung als im Schatten Schopenhauers entstanden zu betrachten, sie stellt vielmehr eine eigene und unabhängige Denkleistung dar.

Der fragmentarische Charakter von Overbecks Ausführungen über die Voraussetzungen der Geschichte hängt mit seinem starken Mißtrauen gegen alle Geschichtsphilosophie, in deren größte Nähe er mit seinen Reflexionen natürlich kam, zusammen. Geschichtsphilosophie ist seiner Meinung nach eine recht bedenkliche Wissenschaft, mag sie gegenwärtig noch so eifrig betrieben werden. Zur Historie gehört allein ein beschreibendes Element, das einzig auf Beobachtung zu gründen ist. Alle sogenannten Ideen des Geschichtsschreibers, namentlich auch das »Ideen ablauschen« verderben nur die Sache. »Die Geschichtsschreibung ist eine deskriptive Wissenschaft, sie hat ihre Aufgabe am vollkommensten erfüllt, wenn sie einen historischen Tatbestand so korrekt als nur möglich dargestellt hat; darnach werden große Historiker vor allem streben; darum ist jedenfalls Ranke allein ein großer Historiker, daß er, was man auch von der Beschränktheit seines Horizontes sagen mag, durch diese Beschränkung vor allem sich bestrebt und es fertig gebracht hat, der historischen Wissenschaft jenen ihren wesentlichen deskriptiven Charakter zu wahren und sie um den Preis einer trügerischen Universalität ihres Gegenstandes und ihrer Tendenzen gegen die Verquickung mit Momenten zu schützen, welche nur dazu dienen können, jenen Charakter zu kompromittieren.«[2]

Overbeck hat gleichwohl erkannt, daß die Geschichte so wenig als eine andere wissenschaftliche Darstellung der Dinge einen nur beschreibenden Charakter haben kann. Auch die Historiographie setzt sich zusammen aus Erkennen und Urteil; diese Zweiseitigkeit ihrer Aufgabe macht sie aber zu einer so peinlichen, weil das Geschehen aus zu großer Nähe nicht erkannt und aus zu großer Ferne nicht beurteilt werden kann. Beide Funktionen, sowohl die des Erkennens als die des Urteils, besitzen aber eine philosophische Voraussetzung. Das ist auch Overbeck nicht entgangen, und er sprach deshalb von der Fragwürdigkeit der geschichtsschreibenden Disziplin. Im Gegensatz zu A. Ritschl drückte er aber klar aus, daß die Geschichte nicht ohne Philosophie betrachtet werden könne. »So würde ich mich auch als Historiker vorkommendenfalls nicht weigern, auf einen Moment den Absurditäten der ›Geschichtsphilosophie‹ Gehör zu leihen, nur auf einen Weg, auf dem ich ihrer Weisheit dauernd verschrieben wäre, ließe ich mich nicht leicht verlocken.«[3] In dieser vorsichtigen und umsichtigen Haltung, die sich auf keine Position absolut versteift, liegt das Geheimnis von Overbecks durchdringender und scharfsinniger Historikertätigkeit.

Overbecks philosophische Reflexionen über die Geschichte setzen ein mit dem Gedanken der völligen Zweideutigkeit des Begriffes Geschichte, womit er das beständige Ineinanderfließen des objektiven Geschehens und der subjektiven Darstellung, die unter dem Begriff Geschichte möglich sind, meinte. Er verlangte die reinliche Unterscheidung dieser beiden Vorgänge und war selbst bemüht, dieser Forderung nachzukommen, wenn auch gesagt werden muß, daß sogar bei ihm das Mißverständnis nicht überall beseitigt ist.

Geschichtsforschung definierte Overbeck als diejenige Wissenschaft, die trotz Kant noch den Begriff der Zeit ernst nimmt, weil die Zeit die Grundlage ihrer Arbeit bildet.* Dauer müssen die Dinge vor allem besitzen, damit die Geschichtswissenschaft sich mit ihnen befasse, denn in der Dauerhaftigkeit erweist sich die geschichtliche Wirksamkeit eines Phänomens und nicht in seiner Tiefsinnigkeit. Die tiefsten historischen Erscheinungen

* Über die Auffassung Kants, die in dieser Definition hindurchschimmert, hat Overbeck sich nicht näher verbreitet.

blieben oft geschichtlich völlig wirkungslos oder entzogen sich aller historischen Erfassung. – Aus der Bestimmung der Dauerhaftigkeit als primäre Eigenschaft geschichtlicher Vorgänge folgte für Overbeck die Ablehnung aller Geschichtsschreibung der Gegenwart. Nur Geschichtsschreibung der Vergangenheit hielt er für möglich, da Gegenwartshistoriographie den Menschen stets mit Umnebelung bedrohe. »Die wirklichen Vorgänge jeder Zeit pflegen zu ihrer Zeit am schlechtesten und nur wenigen wirklich bekannt zu sein.«[4] Daß der Mensch nicht wissen kann, welche Dauer und Kraft den Bestrebungen seiner Zeit innewohnen, macht eine Geschichtsschreibung der Gegenwart unmöglich.* Gegenwartsgeschichte vermag der Mensch nur von sich selbst zu schreiben. Darin darf er seiner Subjektivität freien Spielraum lassen, und je lebhafter er darzustellen vermag, wie seine Zeit auf ihn gewirkt hat, um so größerer Wert eignet seiner Autobiographie. In der übrigen Geschichtsforschung ist alle Subjektivität tunlichst zu vermeiden; an ihre Stelle hat die größtmöglichste Objektivität zu treten. Die Historiographie bedarf zum Verständnis der Bedeutung und Tragweite der Dinge immer eines Spielraumes, und diesen vermag ihr nur die Vergangenheit zu bieten.

Außer der Dauerhaftigkeit, die einer historischen Erscheinung eigen sein muß, um Gegenstand der Geschichtsforschung zu werden, hebt Overbeck die folgende Beobachtung hervor, die

* Eine charakteristische Einschränkung, die Overbeck machte und die im nächsten Kapitel von Bedeutung ist, sei hier erwähnt: »Die Behauptung, daß Geschichte nur von Vergangenheit möglich sei, an deren Recht ich nicht zweifle, wird nicht im geringsten dadurch gefährdet, daß sie mindestens nicht von aller Vergangenheit gleich gilt. Es mag sein, daß es eine Vergangenheit gibt, deren Ferne für den Geschichtsschreiber wiederum zu groß ist. ... Der Grundirrtum bei der Statuierung von Gegenwartsgeschichte ist eben das Vorurteil, daß der Geschichte alle Zeitlichkeit zugänglich ist. Vielmehr ist es die Zukunft anerkanntermaßen nicht, und selbst die Vergangenheit nur zum Teil. – Die Geschichte ist gegen die Zeit nichts weniger als gleichgültig oder indifferent. Zwischen ihr und der Vergangenheit besteht eine innigere Beziehung als zwischen irgendeinem anderen Zeitraum. Der Geschichtsschreiber, der diese Affinität verkennen und sich über sie in seiner Geschichtsbehandlung einfach wegsetzen wollte, würde damit der Gefahr nicht mehr entrinnen, selbst zur Karikatur eines Historikers zu werden.«[5]

sich auf das geschichtliche Geschehen selbst bezieht. Wer sich der Betrachtung des historischen Prozesses widmet, gewinnt den Eindruck, daß alle Dinge darin im Verfall begriffen sind. Dieser Eindruck findet seine Erklärung darin, daß Geschichte die Entwicklung der Dinge darstellt und der Anfang eines geschichtlichen Objektes immer stärker ist als dessen Fortgang. Es fängt besonders kräftig an, gedeiht, erlebt seine Blütezeit, bis es wieder verfällt und stirbt. »Das gilt von jedem geschichtlichen Gebilde, wenn es wirklich und ernstlich historisch betrachtet wird.«[6] Overbeck stand somit der Perfektibilitätshypothese ablehnend gegenüber, stimmte aber ebensowenig restlos der Verfallstheorie zu, wie sie Gottfried Arnold am eindrucksvollsten vertreten hatte. Beide Fragestellungen hielt er für aussichtslos und war weder für unbedingte Bejahung noch Verneinung. Je nach Gesichtspunkt, unter welchem die Geschichte betrachtet wird, stellt sie sich als steter Fortschritt oder steter Verfall dar. Sie ist in Wirklichkeit weder unbegrenzte, aufwärtssteigende Entwicklung, noch immer mehr überhand nehmende Degeneration, sondern das geschichtliche Geschehen vollzieht sich in stetem Wechsel dieser beiden Prozesse. Den Streit aber, ob am Anfang der Geschichte das Paradies oder die Urzelle war, nannte Overbeck eine Absurdität. »Für die Geschichtsbetrachtung des gesunden Menschenverstandes ist überhaupt mit keinem Anfang etwas anzufangen ohne Ende. In aller Geschichte ist der Anfang an sich problematisch und darum, wie er auch beschaffen sei, unscheinbar oder in Herrlichkeit strahlend, nicht in sich selbst gebunden. Denn Geschichte ist in sich selbst Bewegung und Veränderung und unsterblich an und in ihr nur ihre Rätselhaftigkeit.«[7]

Overbeck teilte somit, ungeachtet seiner Herkunft aus dem Rationalismus die rationalistische Geschichtsauffassung nicht, die als bewegende Kraft in der Geschichte keine andere als die Vernunft wirksam sah, sondern hielt sie für bereits von den jüngeren Zeitgenossen Voltaires, der als ihr glänzendster Vertreter betrachtet werden kann, überwunden. Die Ablehnung der Vernunft als allem Geschehen zugrunde liegender Faktor hatte für Overbeck eine weitgehende Konsequenz.

Wenn das Wesen des geschichtlichen Prozesses ein wellenförmiges Kontinuum ist, so kann von einem Sinn desselben, den der Mensch augenscheinlich wahrnehmen könnte, nicht gesprochen werden. Dafür ist der Verlauf des geschichtlichen Geschehens zu zweideutig und undurchschaubar. Das Unternehmen, Sinn und Ziel der Geschichte aus einer bestimmten Macht abzuleiten und zu verstehen, muß als übermenschlich bezeichnet werden. Die Frage nach dem Sinn der Geschichte übersteigt die den Menschen gegebenen Grenzen. Wenn – bezeichnenderweise – die Theologen diese Frage in Umlauf brachten und noch heute an ihr festhalten, so gilt es ihnen gegenüber diese Frage in die ihr auferlegten Grenzen zurückzuweisen. »Was haben aber die Theologen für Aussicht, uns hier zum Ziele zu führen. Religion mag ja freilich so aussehen, als ob sie uns auf das einfachste dahin gelangen läßt. In Wahrheit ist gerade da nur Niederschlagung des ganzen Problems nach dem Sinn der Geschichte überhaupt zu holen, niemals Lösung. Die orientalischen Religionen insbesondere haben dessen im Grunde am wenigsten, indem sie Geschichte überhaupt nicht anerkennen, und unter ihnen namentlich auch die Religion, die sich selbst mit Geschichte noch am meisten zu tun gemacht hat: der Islam. Denn nach ihm hat in der Geschichte Allah allein zu reden. Allerdings läßt das Christentum darin auch Menschen zum Worte kommen. Aber damit tut es doch gewiß nichts zur ›Vereinfachung‹ der Frage.«[8] Geschichte läßt sich nicht nach den Maßstäben des menschlichen Lebens und der menschlichen Individuen begreifen und darf auch nicht im Hinblick auf ihren Nutzen beurteilt werden. – Overbeck schloß daraus keineswegs, daß deshalb alle Beschäftigung mit der Geschichte wertlos sei. Er rechnete im Gegenteil Hume als großes Verdienst an, daß, obwohl er als Philosoph in der Geschichte keinen Sinn finden konnte, er gleichwohl Geschichte schrieb, und zog diese Stellung derjenigen des um die Geschichte als Philosophie beflissenen Weltweisen, der den Sinn der Geschichte in seiner Tasche zu haben meint, vor.

Bei Verneinung eines für die geschichtliche Betrachtung feststellbaren Sinnes und Zweckes und im Hinblick auf die verwüstende und auflösende Wirkung der historischen Forschung auf dem Gebiete der Metaphysik und Religion ist nach Overbecks Ansicht der Skeptizismus die einzige Philosophie und Denkweise, die sich mit der Geschichtswissenschaft verträgt. Er folgt notwendig aus der Erkenntnis, daß die Geschichtsschreibung eine hinsichtlich ihrer Resultate so fragwürdige Wissenschaft ist. Die bekannte Auffassung der Geschichte als Erfahrungswissenschaft erachtete Overbeck als falsch. In Wahrheit kann die Geschichte, da sie allem Geschehen nur mit Werturteilen gegenübertreten kann, keine Erfahrungswissenschaft sein und kann auch erfahrungswissenschaftlich nichts begründen. Overbeck steht mit seiner skeptischen Beurteilung der Geschichte keineswegs allein. Von Menschen, die die Historiographie denkend betrachteten, wurde dieses skeptische Ergebnis schon mehr als einmal hervorgehoben. Ein Dilthey bezeichnete das Resultat der deutschen historischen Arbeit als die »Anarchie der Werte«, und ein Jakob Burckhardt räumte in seinen »Weltgeschichtlichen Betrachtungen« dem Skeptizismus in »einer Welt, wo Anfänge und Ende unbekannt sind und die Mitte in beständiger Bewegung ist«, einen besonderen Platz ein.

Aus dieser Auffassung des geschichtlichen Werdens und aus einer auf dieser Erkenntnis beruhenden skeptischen Geschichtsbetrachtung resultierte Overbecks Beantwortung seiner zentralen Frage nach dem Verhältnis von Christentum und Geschichte. Durch wenige Äußerungen stellte er sich in stärkeren Gegensatz zu seiner Zeit als durch seine radikale Klärung dieser Präliminärfrage, wie er sie erstmals in der »Christlichkeit« unternahm. Um diesen Kontrast richtig zu sehen, muß man sich erinnern, wie diese Frage in der deutschen Theologie des 19. Jahrhunderts beantwortet, bzw. nicht beantwortet wurde. Harnack empfand zwischen diesen beiden Größen keine Spannung, nach ihm waltet »Gott in der Geschichte, nicht nur durch Lehren und Erkenntnisse, sondern mitten in ihr stehend«.[9] Und was er als Führer der modernen Kirchengeschichtsschreibung programmatisch verkündete, war nur Ausdruck allgemein anerkannter Meinung. Die Geschichte wurde – um nur noch ein Beispiel anzuführen –

als »die Sprache Gottes« bezeichnet, aus ihr sieht man direkt »das große Antlitz Gottes« blicken, sie ist »die beste Apologie des Christentums«.[10] Solche und ähnliche Äußerungen muß man sich vergegenwärtigen, um das Gegensätzliche von Overbecks Stellung zu sehen, um den Faustschlag, den er der ganzen offiziellen Kirchenhistoriographie versetzte, zu empfinden.

Der Ausgangspunkt zum Verständnis von Overbecks Fragestellung betreffend Christentum und Geschichte muß von seinem Begriff »Historie« genommen werden. Was heißt historisch? Zu übersetzen ist nach Overbeck dieses Wort nicht, wohl aber zu umschreiben, und zwar: als der Zeit unterworfen. Da die ganze weitere Argumentation Overbecks von dieser Definition abhängt, so ist sie und ihre Verwendbarkeit auf ihre Übereinstimmung mit der allgemein anerkannten Bestimmung des Begriffes Historie in der Geschichtswissenschaft zu prüfen. Das Wort Geschichte ist von »geschehen« abzuleiten. Unter »geschehen« versteht man in der heutigen Geschichtswissenschaft »so viel wie sich verändern«.[11] Die gleiche Deutung findet sieh auch bei Burckhardt: »Das Wesen der Geschichte ist die Wandlung.«[12] Demnach ist Overbecks Definition im Einklang mit der Etymologie sowie mit dem in der historischen Disziplin üblichen Gebrauch dieses Wortes, und es ist deshalb nur folgerichtig, wenn er historisches Christentum ein der Zeit unterworfenes Christentum nennt, was er als etwas Absurdes bezeichnete.

Wahres Christentum wehrte sich immer dagegen, als vorzüglich geschichtliche und kulturschaffende Potenz bewertet zu werden. »Das Christentum ist ein Ding, das in der Kirche eine Geschichte nur wider Willen gehabt hat. Es hat ursprünglich guten Grund gehabt, diese Geschichte zu scheuen.«[13] Wenn man das Christentum in das geschichtliche Werden einordnet, wird es unweigerlich der Relativität preisgegeben. Geschichte ist Fluß und Strom, Welle folgt auf Welle, die eine wird von der anderen verschlungen. Das Christentum mit seinem Absolutheitsanspruch in diesen unablässigen Wandel einzureihen, ist ein Gallimathias. Wer das Christentum unter den Begriff des Historischen stellt, also zugibt, daß es historisch geworden ist, gesteht damit auch ein, daß es der Vergangenheit angehört, daß »es von dieser Welt ist und in ihr, wie alles Leben, nur gelebt hat, um sich auszuleben«.[14] Wird das Christentum als Geschichte betrachtet, so unterliegt es auch den Gesetzen derselben, und da man bei allem geschichtlichen Geschehen von Entstehung, Blüte und Verfall spricht, so gelten diese Kategorien auch für das Christentum, was es ursprünglich nie zugegeben hätte.

Bei seinem Eintritt in die Welt lehnte das Christentum ab, historisch zu werden und erlebte seine Geschichte nur entgegen seinem eigenen Willen. Nach seiner eigenen Intention kann es mit Geschichte nie identisch werden. Wer das Christentum dennoch unter den Gesichtspunkt eines historischen Prozesses rückt, verläßt den Boden des Christentums, liefert es hoffnungslos der Endlichkeit und der Dekadenz aus. »An dem ewigen Wesen der Geschichte müssen alle sogenannten historischen Ansprüche des Christentums zerschellen. ... Eben diese Aufgabe, die das Christentum gelöst zu haben meint, indem es sich zum Mittelpunkt oder Wendepunkt der Geschichte machte, hat es nicht gelöst. ... Jeder Versuch, mit der christlichen Periodisierung der Geschichte Ernst zu machen, kann nur zur Erkenntnis der Endlichkeit und Unzulänglichkeit des Christentums führen. Nicht die Geschichte ist durch das Christentum zu bändigen, sondern die Geschichte wächst überall zu den Grenzen des Christentums hinaus. Und eben darum ist die Geschichte ein Schlund, in den sich das Christentum nur ganz wider Willen geschleudert.«[15]*

Das Christentum will nicht auf Grund seiner geschichtlichen Entwicklung verteidigt werden. Als Historiker kann man sich nur entgegen dem ausdrücklichen Willen des Christentums dafür apologetisch einsetzen. Wer sich in Anbetracht des Alters des

---

* Philosophisch formulierte Overbeck seine oben ausgeführte Argumentation, durch welche er das Bündnis von Christentum und Geschichte in Frage stellte, in den Einwand: »Was an uns ewig ist, ist in uns stets gewesen und uns nicht erst nachträglich in einem historischen Moment unseres Lebens zuteil geworden. Gegen diese Auffassung der Geschichte kann auch die von uns Menschen mit dem Christentum gemachte Erfahrung nicht aufkommen, sie wird vielmehr durch diese nur bestätigt.«[16]

Christentums und seiner kulturellen Auswirkungen Ungelegenheiten macht, um ihm Recht und Anerkennung zu verschaffen, unternimmt etwas höchst Zweideutiges. Mit diesen Bestrebungen kündigt sich das Zeitalter an, in welchem das Christentum zu seinem Ende kam und davon Abschied genommen werden muß. Wer sich auf den Grund des christlichen Glaubens besinnen will, muß sich klarmachen, daß die historische Forschung nicht das Fundament dazu bilden kann; denn jede geschichtliche Erforschung eines Gebildes dient dem Zwecke, sich davon zu befreien. Das Christentum als historisches Phänomen betrachtet, erweckt, wie jedes Erkenntnisphänomen, das vollständig erkannt ist, bei dem Betrachter den Eindruck eines toten Gegenstands. Geschichtliche Betrachtung ist immer abschließend und abrechnend. »Das hohe Alter des Christentums ist für ernste geschichtliche Betrachtung das tödliche Argument gegen seine Ewigkeit. Im Leben gibt es kein Alter, das nicht Vorbote des Todes wäre.«[17] Wenn aus der Geschichte die Lebenskraft des Christentums bewiesen werden soll, so kann ebensogut daraus bewiesen werden, daß auch das Christentum dem Kreislauf des Blühens und Verblühens ausgesetzt, daß es abgebraucht und zu alt ist. Schon wird die siegesfrohe und zuversichtliche Ansicht, die im Christentum das Prinzip des ewigen Fortschrittes in der Geschichte erblickte, durch die Frage abgelöst, ob es nicht, wie Nietzsche meinte, ein in die Menschheit hineingeworfener Keim des Verfalles sei. Auf dem Boden historischer Betrachtung sind beide Fragen gleich berechtigt, und die Menschheit wird aus diesem Streite nicht mehr herauskommen, wohl aber wird das Christentum darin zu seinem Ende gelangen. »Wir können höchstens für unser irdisches Heil eine Bekehrung zum Christentum aus Betrachtungen der vergleichenden Geschichtsforschungen als sich empfehlend ansehen; auf den Weltuntergang uns vorzubereiten, wie das untergehende Altertum es tat, ist was wir nicht mehr vermögen.«[18]

Daß sich das ursprüngliche Christentum nur um den Preis des Selbstverzichtes in das geschichtliche Werden hinein verflechten ließ, beweist am nachdrücklichsten die Kirchengeschichte. Nirgends, auch nicht auf der kleinsten Strecke ihres Verlaufes, verrät sie eine qualitative Verschiedenheit von der übrigen Weltgeschichte. Die katholische und die altprotestantische Kirche behaupten zwar, daß die Kirchengeschichte eine Geschichte anderer und besonderer Art sei. Doch fehlt bis zur heutigen Stunde jeder Beweis zur Erhärtung dieser Behauptung. Es gibt kein Kriterium zur Unterscheidung der Kirchengeschichte von der Universalgeschichte. Nichts ging in der Kirchengeschichte wunderbar und »göttlich« zu; kein Greuel und kein Unsinn fehlt auf den blutigen Feldern ihrer Erfahrung; der »Mischmasch von Irrtum und Gewalt«, den Goethe als ihren Inhalt bezeichnete, hebt sie in keiner Beziehung von der übrigen Geschichte ab. Das Christentum erscheint in der Kirchengeschichte, wie jedes andere geschichtliche Gebilde, als der Welt preisgegeben und ihrem Entstehen und Vergehen ausgeliefert. Nie vermochte es die historischen Gesetze und Schranken zu durchbrechen und sich ihren nivellierenden Folgen zu entziehen. Die Kirchengeschichte ist »die beste Schule, um an dem Dasein eines Gottes als Weltlenkers zu verzweifeln«,[19] sie ist die eigentliche Schule des Skeptizismus für Theologen. Gegenüber der Kirchengeschichte kann das Dasein Gottes nicht in Anbetracht der großartigen, aber schauerlichen Denkmäler, die sie in der Welt hinterließ, behauptet werden, sondern nur in der Annahme, daß sich Gott von dieser Geschichte abwendete und zurückzog und sie ihrer eigenen, immanenten Entwicklung überließ.

Zwischen dem ursprünglichen Christentum und der Geschichte besteht ein nicht zu überbrückender Gegensatz. Wenn das Christentum in der Folge dennoch zu einer geschichtlichen Macht wurde, so konnte das nur geschehen, indem es in seinem tiefsten Wesen gelähmt und gebrochen wurde. Nur bei Verleugnung seines zentralen Glaubens konnte es sich auf dem auf- und niederwogenden Meer der Geschichte behaupten. – Die Glorifizierung der Tatsache, daß das Christentum Geschichte wurde, regte nur die Frage an, »ob es in der Menschengeschichte mehr ist und sein kann als ein Rätsel, nämlich ein in der Geschichte alles in Frage stellendes Problem von fundamental rätselhafter

Natur«.[20] Dieser Ausspruch, der dem Historiker die Schwierigkeit der urchristlichen Forschung vor Augen führen will, wird keineswegs beeinträchtigt durch Overbecks persönliche Überzeugung von der Belanglosigkeit des Christentums, nach welcher er die ersten Christen nicht einmal als würdiges Objekt der Geschichtsschreibung betrachtete.

Overbeck geht bei seiner Argumentation für die Unvereinbarkeit von Christentum und Geschichte sowohl von der Front des Christentums als derjenigen der Geschichte aus und gelangt von beiden Seiten zum gleichen negativen Resultat. Es lautet, einfach ausgedrückt: Das ursprüngliche Christentum kann nicht als eine geschichtliche Macht verstanden werden. Es wollte in seiner ursprünglichen Gestalt nicht eine geschichtliche Erscheinung und seine Vergangenheit keine Vergangenheit im allgemein üblichen Sprachsinn sein.

Wenn das Christentum aber nicht Geschichte sein wollte, so erhebt sich die Gegenfrage, als was es dann erfaßt werden soll? Wie kann ein Gebilde, das nachweisbar in die Geschichte eingegangen ist und eine beinahe zweitausendjährige Geschichte erlebt hat, anders als geschichtlich begriffen werden?

In dem Zusammenhang, in welchem die Frage gestellt wird, braucht wohl nicht hervorgehoben zu werden, daß sie nicht durch die Dogmatik beantwortet werden darf. Overbeck stand der dogmatischen Sphäre völlig fern. Ebenso unzulässig ist aber eine Beantwortung, die, weil das Christentum im Laufe der Zeit eine geschichtliche Erscheinung wurde, auf Grund dieser geschichtlichen Entfaltung geschieht. Overbeck bekämpfte diesen Weg aufs nachdrücklichste und hat dessen Unmöglichkeit nachgewiesen. Wenn die Antwort aber nicht an Hand der mannigfachen geschichtlichen Verwirklichung des Christentums gegeben werden kann, so muß eine außerhalb der Geschichte liegende Möglichkeit in Betracht gezogen werden. Overbeck bemühte sich tatsächlich um diese Möglichkeit und antwortete, daß das ursprüngliche Christentum nicht Geschichte, sondern Urgeschichte war.

Der Begriff der Urgeschichte ist in Overbecks Denken von größter Bedeutung; es widerfuhr ihm aber bisher das Mißgeschick, am allerwenigsten verstanden zu werden. Er selbst versuchte den Begriff in die Kirchengeschichtsschreibung einzuführen, indem er ihn bei der Bestimmung der christlichen Urliteratur in seinem Aufsatz »Über die Anfänge der patristischen Literatur« verwendete. Overbeck bemerkte wenige Jahre vor seinem Tode, er habe mit jener Arbeit außer sonderbaren Erfahrungen keinen Erfolg erlebt, und diese Erfahrungen veranlaßten ihn, im allgemeinen vor unbedachtem und unvorsichtigem Aufgreifen des Begriffes zu warnen. Die Philologen ließen ihn unbeachtet, und einige theologische Historiker machten in dem Overbeckschen Sinne nicht entsprechender Verwendung Gebrauch davon. Keine bessere Förderung widerfuhr der Sache in der letzten Zeit durch Benützung des Begriffes von einzelnen Dogmatikern, die damit ihre Mühlen zum Klappern zu bringen suchten.* Man wird Overbecks Warnung vor dem Begriff Urgeschichte unter diesen Umständen begreiflich finden. Seine Forderung, daß man sich zunächst über dessen wissenschaftliche Behandlung zu verständigen habe, zu welchem Zwecke neue, sehr vorsichtige Untersuchungen notwendig seien, blieb jedenfalls unberücksichtigt. Overbeck selbst unternahm diese Klärung, indem er versuchte, den Unterschied von Geschichte und Urgeschichte klar herauszuarbeiten.

Es wird zur Vermeidung von Mißverständnissen beitragen, wenn gleich zu Beginn darauf aufmerksam gemacht wird, daß Overbeck in der Urgeschichte keine spezifisch christliche Erscheinung sah. Jede Ausdeutung des Begriffes Urgeschichte, wel-

* Von den Historikern nannte Overbeck die Namen Harnack, Battifol, G. Krüger und Haußleiter. Unter den Dogmatikern machte Barth unter dem Einfluß Overbecks von dem Begriff Urgeschichte Gebrauch, zuerst in seinem ›Römerbrief‹ und dann in offenkundiger Umdeutung in seiner ›Dogmatik‹. – »Im Unterschiede zu seinem Freunde Barth« kann Brunner in seiner Schrift ›Erlebnis, Erkenntnis und Glaube‹ (1921) »dagegen nicht einsehen, daß die Unterscheidung von Urgeschichte und Geschichte, wie sie Overbeck vorschlägt und versteht, zur Lösung dieses Problems etwas beitrage.« Während er damals den Begriff ablehnte, verwendete er ihn in seiner ›Religionsphilosophie‹ (1926) in eigener Deutung ohne Namensnennung Overbecks.[21]

che die Vorstellung einer einmaligen Offenbarung im dogmatischen Sinne damit verbindet, trägt ein Overbeck völlig fremdes Element hinein. Viel näher kommt man seinen Gedanken, wenn man sich vergegenwärtigt, was Goethe mit seiner Idee der »Urpflanze« meinte. Overbeck konnte z. B. beim Abendmahl von einer Urfeier reden und verstand darunter die von Jesus in der Abschiedsnacht gehaltene Feier, mit dem Zusatz, daß es sich dabei um ein Ereignis handelte, das uns in seiner rätselhaften Symbolik und seiner Erstmaligkeit, unter ganz anderen Voraussetzungen, nicht mehr ganz verständlich sei.

Nicht nur jede Interpretierung des Begriffes Urgeschichte in ausschließlich christlichem Sinne muß abgewiesen werden, sondern ebenso die Auffassung, die ihn lediglich »methodisch, als ein Wink für alle Geschichtswissenschaft« (Brunner) verstehen möchte. Overbeck unterschied Geschichte und Urgeschichte sowohl formell als materiell. Die nur methodische Deutung sollte durch die Worte, die er für die Unvergleichbarkeit und die monumentale Wucht der Urgeschichte fand, ausgeschlossen sein. Nur mit der Rätselhaftigkeit der Geburt und der Majestät des Todes konnte er sie in Beziehung setzen. »Geschichte und Urgeschichte sind überhaupt voneinander von Grund zu unterscheiden, formell und materiell; formell, sofern sie verschieden überliefert sind, aber auch materiell, sofern ihr Inhalt ein verschiedener ist, die Gegenstände, die in beiden behandelt werden, einer verschiedenen Welt oder verschiedenen Entwicklungsreihen angehören.«[22] Man hat sich deshalb zu hüten, Urgeschichte ohne weiteres mit Vergangenheitsgeschichte zusammenzuwerfen.

Um zu einer näheren Bestimmung des Begriffes Urgeschichte zu gelangen, zitiert Overbeck den Satz Rankes in der Vorrede zu dessen »Weltgeschichte«: »Geschichte beginnt erst, wo die Monumente verständlich werden und glaubwürdige schriftliche Aufzeichnungen vorliegen« und fügt selbst hinzu: »Sie beginnt also nicht einfach da, wo Monumente und Aufzeichnungen auftreten. Was vor der Geschichte liegt, ist Urgeschichte, dieses vor ist jedoch nicht in chronologischem, einmaligem Sinne zu verstehen. Geschichte scheidet sich von der Urgeschichte in dem Augenblick, da die Grenzen, die das Wesen eines Organismus von der Welt trennen, keine wesentliche Verrückung mehr erfahren.«

»Urgeschichte hat zum Grundmerkmal Entstehungsgeschichte zu sein.«[23] So definierte Overbeck ihren Grundcharakter, der sie in der Tat als bedeutsamere und entscheidendere als alle übrige Geschichte qualifiziert. Das gilt keineswegs nur für die Geschichte der religiösen Bewegungen: »Entstehungsgeschichte ist in der Geschichte alles Lebendigen, im Leben überhaupt unvergleichlich. ... Darum auch die Ähnlichkeit dieses Momentes mit dem Tode.«[24] Der Akt der Geburt ist das bestimmende Moment der Urgeschichte und nicht, wie aus dem Namen fälschlicherweise geschlossen werden könnte, daß sie uralt sein müsse. Alter und Jugend sind keine sie charakterisierenden Kategorien. »So wenig wie Geschichte überhaupt ist auch Urgeschichte irgendwie an einen Ort in der Zeit gebunden. Die Zeit der Urgeschichte des Christentums z. B. ist nicht die Zeit der Urgeschichte überhaupt, da doch vielmehr fast alles, was wir aus dieser Zeit unter dem Begriff Geschichte zu begreifen pflegen, Urgeschichte gar nicht ist. ... Vom Standpunkt der Zeit aus betrachtet läßt sich dagegen keine Urgeschichte chronologisch fixieren. Sie kann uralt und ebensogut der neuesten Geschichte angehören, und welcher sie tatsächlich angehört, ergibt sich nie von der Zeit aus, sondern nur vom subjektiven Urteil aus, das erst auf dem Boden historischer Betrachtung eines Dinges entsteht.«[25] Urgeschichte ist von der Geschichte nicht in chronologischem Sinne verschieden, so daß zur Zeit der uns verständlichen Geschichte keine Urgeschichte möglich wäre. Gerade zu Beginn der christlichen Zeitrechnung erscheint dunkel, rätselhaft und unverständlich ein Stück Urgeschichte inmitten der von der antiken Geschichtsschreibung grell und hell beleuchteten hellenistisch-römischen Kultur. An diesem Beispiele wird deutlich, daß die Urgeschichte nicht eine Geschichte neben anderer Geschichte ist, in dem Sinne wie die deutsche Geschichte neben der französischen verläuft, sondern daß sie sich qualitativ von der Geschichte unterscheidet. Sie geht nicht einfach allem übrigen geschichtlichen

Geschehen zeitlich voraus, so daß sie einen einmaligen Vorgang darstellte, der nie wieder möglich wäre. In der Urgeschichte steht alle Zeit still; sie liegt in einer anderen Ebene als alle übrige Geschichte und schneidet diese, wie eine vertikale Linie eine horizontale schneidet.

Wohl hat es auch die Urgeschichte mit Vergangenheit zu tun, aber mit einer Vergangenheit besonderer Art, einer solchen, die in ausgezeichnetem Sinne vergangen ist und die sich von aller übrigen Vergangenheit durch die Beschaffenheit ihrer Überlieferung unterscheidet. Die Tradition einer Urgeschichte genießt ein ganz eigentümliches Ansehen, das ihr schon wegen des Grundcharakters der Urgeschichte, gemäß welchem sie Entstehungsgeschichte ist, eignet. Sie ist stets durch krasse Dunkelheit, Unvollständigkeit, Lückenhaftigkeit und Trümmerhaftigkeit gekennzeichnet. Dieser Umstand macht das Unternehmen, Urgeschichte zu schreiben, zu einem ebenso bedenklichen, wie Gegenwartsgeschichte zu schreiben, was nach Overbecks Ansicht beides so gut wie unmöglich ist. »Urgeschichtliche Probleme sind in steter Gefahr, im Lichte betrieben zu werden, in welchem alle Katzen grau sind. Sie sind daher nur Forschern erlaubt, welche dabei den Glauben zu erwecken imstande sind, daß sie sich auch in diesem Lichte zu bewegen vermögen, auch im Lichte, wo alle Katzen grau sind, mit Katzenaugen, d.h. im Dunkeln sehen, und eben darum Forschern wie Harnack einer ist, unbedingt verboten. Denn solchen ist auch im Lichte vieles grau.«[26] Overbeck beabsichtigte mit diesen Ausführungen über die Urgeschichte nicht im geringsten, den Begriff anzutasten oder gar zu negieren. Seine Bemühung war vielmehr darauf gerichtet, wenn irgend möglich zu einer klareren Bestimmung desselben zu gelangen. In Anbetracht dessen aber, daß die Vergangenheit der Urgeschichte qualifizierte, Mehr-als-Vergangenheit, Vergangenheit in zweiter Potenz ist, wollte er vor den unleugbaren Untiefen der Urgeschichtsschreibung warnen, ist ja der Schleier, der über jeder Überlieferung liegt, bei der Urgeschichte bis zur Undurchdringlichkeit verdichtet. Overbeck hielt die Urgeschichte unzweifelhaft für etwas »Substanzielles« – sogar auch für den Geschichtsschreiber –, aber »ihre Denkmäler verlangen, um verstanden zu werden, noch besondere Bemühungen«.[27] Gemäß dem ungewöhnlichen Charakter der Urgeschichte sind alle sonst gebräuchlichen Methoden der Geschichtsforschung zu ihrer Erfassung völlig unzulänglich.

Zur Erhärtung dieser Behauptung wird am besten auf eine konkrete Erscheinung der Urgeschichte, auf das Urchristentum, hingewiesen. Es ist, als hätten die heutigen Darsteller und Erforscher des Urchristentums nicht die geringste Ahnung von der qualitativen Verschiedenheit der Urgeschichte von der Geschichte, obwohl diese prinzipielle Unterscheidung von größter Bedeutung ist, da sonst die ganze Geschichtsschreibung in Verwirrung gerät. Die durch die Vermengung von Urgeschichte und Geschichte hervorgerufene Grenzverwischung ist in der historischen Quellenkritik der Gegenwart geradezu Mode geworden. Der Historiker überschreitet dabei sein Gebiet und die ihm zur Verfügung stehenden Möglichkeiten. »Ein besonders evidentes Symptom der Sorglosigkeit, mit der gegenwärtig die Geschichte des Urchristentums behandelt zu werden pflegt, sind die absurden Methoden, welche darin das große Wort führen.«[28] Vor allem bezeichnete Overbeck als unbedacht und unbesonnen, wenn das Urchristentum – wie es Karl Müller in seiner Kirchengeschichte getan hat – einfach in die ungeschiedene Masse des Begriffes »Vergangenheit« geworfen und gar nicht als besonderer Begriff unterschieden wird. Urchristentum ist die Entstehungsgeschichte des Christentums und bildet deshalb ein besonderes Kapitel der Kirchengeschichtsschreibung, das »nach besonderer Methode zu behandeln« ist.[29] Eine weitere Folge dieser gedankenlosen Beschäftigung mit der Urgeschichte sah Overbeck in dem Trümmerhaufen, oder wie er sich etwas spöttisch ausdrückte, in dem Papierturm, den die moderne Theologie über dem Schrifttum des Urchristentums aufrichtete.

Das Versagen aller bisherigen Bemühungen um die Urgeschichte bietet uns eine Möglichkeit, den Sinn unseres Nichtwissens auf diesem Gebiete zu begreifen. Wer über die Ursache unseres geringen Wissens um das Urchristentum nachdenkt, wird dabei auf den irreligiösen Charakter der Theologie aufmerksam werden. Denn die ganze Tätigkeit und Absicht der modernen Theologie ist darauf gerichtet, Licht in dieses Dunkel zu bringen, während das Urchristentum bestrebt war, dieses nächtliche Dunkel, das ihm eigentümlich ist, um sich festzuhalten. »Ein Stück historischer Macht, welche das Christentum erlangt hat, hängt daran, daß es ihm gelungen ist, seine Entstehung, seine Urgeschichte, so gut zu verbergen. Nicht gut genug zwar, um sich schon damit diese Macht unter Menschen für immer zu sichern, aber doch vielleicht, um die vollkommene Enthüllung seiner Entstehung mit den Mitteln historischer Wissenschaft für immer aussichtslos zu machen.«[30]

Diese Bemerkung über die Verdunkelungstendenz des Urchristentums schließt die Meinung, Overbeck sei für die Urgeschichte in blinde Begeisterung geraten, restlos aus. Er teilte nicht einmal ihr allgemein anerkanntes Ansehen, und von einer Einschätzung der Urgeschichte als vorbildlich, wie sie die Romantiker vertraten, findet sich bei ihm keine Spur. Im Gegenteil, er formulierte seine Bedenken gegen die Urgeschichte sogar in die Frage: »Sind im Urchristentum wirkliche Kräfte, welche den Sinn für die Wahrheit und Wirklichkeit auf einen relativ tiefsten Stand herabdrücken, vorhanden?«[31] und bejahte dieselbe. Ein sprechendes Beispiel für die Wirksamkeit solcher die Wahrheit und Wirklichkeit negierenden Kräfte sah er in dem geheimnisvollen Versteckspielen des Verfassers des vierten Evangeliums.

Overbecks skeptische Einstellung, die er auch gegenüber den Auswirkungen der Urgeschichte nicht verleugnete, hinderte ihn aber keineswegs anzuerkennen, daß das Urchristentum als Urgeschichte Kräfte in sich barg, die es von der späteren Geschichte, in der das Christentum nicht mehr auf sich allein stand, sondern mit den Mächten dieser Welt unauflöslich verbunden war, unterschieden. Urchristentum ist nach Overbeck nicht nur ein beliebiges Stück der Vergangenheit des Christentums, sondern das mehr-als-vergangene Christentum. Ein dunkles Bewußtsein der Eigenart des Urchristentums innerhalb des historischen Christentums sah Overbeck sich bei den Kirchenvätern ans Licht ringen. »Diese Erkenntnis darf aber die Tatsache nicht verdunkeln, daß der Begriff des Urchristentums ein durchaus moderner ist. Erst der Bruch, der durch die Geschichte ins Selbstbewußtsein des Christentums gekommen ist, hat den Begriff als solchen aufkommen und erst in der Neuzeit allmählich zu immer wachsender Deutlichkeit dringen lassen.«[32]

Als Beispiel dieser anderen Möglichkeiten, die das Urchristentum noch in sich barg, nannte Overbeck das Problem von Christentum und Sozialismus. Die hoffnungslose Konfusion, in der von sozialem Christentum oder christlichem Sozialismus gesprochen wird, beweist anschaulich, wie wenig man das Urchristentum in seiner Andersartigkeit als die spätere Kirchengeschichte noch zu verstehen vermag. »Es kann nur Verwirrung stiften, wenn man die Anfänge des christlichen Sozialismus schon in das Christentum verlegt und was sich dort so betrachten läßt überhaupt in dieselbe Entwicklungsreihe stellt mit der gemeinhistorischen Erscheinung des christlichen Sozialismus. Es ist ebenso verkehrt, von christlichem Sozialismus schon im Urchristentum zu reden, wie von christlicher Literatur. Die Beziehung ist im Laufe der Zeit eine ganz andere geworden, etwas anderes ist die christliche Urliteratur als die gemeinhin genannte Literatur und so auch der urchristliche Sozialismus als aller späterer sogenannter christlicher Sozialismus.«[33] Alles Postulieren eines sozialen Christentums ist widersinnig, da dem Urchristentum Sozialismus noch innewohnte. In allen späteren Perioden hat die »Beziehung des Jesusglaubens zur Welt sozusagen seine Farbe geändert«, weshalb in gemeinhistorischer Zeit aller sogenannte christliche Sozialismus etwas total anderes als im Urchristentum ist. »Der Sozialismus im Urchristentum ist aber im Verhältnis zum christlichen Sozialismus oder sozialem Christentum der späteren Zeit etwas ganz heterogenes und darum historisch gar nicht in eine Linie mit diesen späteren Gebilden zu stellen. Es kommt zur Herstellung der Klarheit auf diesem Gebiet alles auf die Erfassung des Unterschiedes von Urgeschichte von aller anderen Geschichte an. Der im Laufe der Kirchengeschichte aufgetretene christliche Sozialismus ist etwas anderes als der urchristliche Sozialismus und beide Erscheinungen gehören nicht in ein und dieselbe historische Entwicklungsreihe. Die Verkennung der hier bestehenden Grenzen verführt zum heillosen Irrtum, die Beziehungen des Christentums und des Sozialismus für unlöslich zu halten. So scheint es aber, wenn man dem Urchristentum verkehrter- und unmöglicherweise die Maßstäbe für die Auffassung der Kirchengeschichte überhaupt entnimmt, aber es widerlegt sich ebenso augenscheinlich, wenn man die kirchengeschichtliche Entwicklung in ihrer Totalität überblickt. Denn dann ist es ebenso klar, daß Christentum und Sozialismus an und für sich nichts miteinander zu tun haben und nur zufällige dem Wechsel unterworfene Verbindungen miteinander eingehen können.«[34]

Die Bemerkung über den Sozialismus im Urchristentum beleuchtet nur schlaglichtartig die ganz andere Betrachtungsweise der bekanntesten Probleme, die aus der strikten Unterscheidung von Geschichte und Urgeschichte resultiert. Zu restloser Klarheit gelangt der Begriff der Urgeschichte erst bei der Darstellung von Overbecks eigener Arbeit zur Erfassung der Urgeschichte, seinen Ausführungen über die christliche Urliteratur.

Christliche Urliteratur

Overbeck las während seiner ganzen Dozententätigkeit neben seinen kirchenhistorischen Vorlesungen »Exegese des Neuen Testaments«. Sein Beruf brachte eine dauernde Beschäftigung mit der christlichen Urliteratur mit sich, der er keineswegs nur des beruflichen Zwanges wegen oblag. Schon als Privatdozent verwandte er die meiste Zeit auf die Neubearbeitung von de Wettes Kommentar zur Apostelgeschichte; ungefähr in der Mitte seiner Professorentätigkeit gab er eine Schrift heraus, die zum Hauptgegenstand die Tradition der alten Kirche über den Hebräerbrief hatte, und nach seiner Emeritierung beschäftigte er sich erneut mit dem Johannesevangelium. Die Frucht dieser Studien wurde seinem Wunsche gemäß nach seinem Tode von C.A. Bernoulli veröffentlicht. Es lag also nicht Zwang, sondern freies, eigenes Interesse für dieses Gebiet vor.

Es blieb Overbecks Arbeiten, namentlich derjenigen über die Apostelgeschichte, die Anerkennung nicht versagt; die volle Bedeutung seiner Beschäftigung mit dem Neuen Testament wurde jedoch noch nicht richtig erkannt. Die einzelnen kritischen Ergebnisse seiner Arbeiten, die zu einem großen Teil Allgemeingut der neutestamentlichen Wissenschaft wurden, sind nicht die Hauptsache. Solche Verdienste, so wertvoll sie sind, teilt Overbeck mit einer Reihe von Forschern des 19. Jahrhunderts. Die einzigartige Betrachtungsweise, die nicht ihresgleichen hat, ist das Wesentliche an seiner Beschäftigung mit dem Neuen Testament, deren Würdigung der Zweck der nachfolgenden Darstellung ist.

Das Phänomenale dieser neuen Betrachtungsart liegt in der sich daraus ergebenden neuen und eigentümlichen Fragestellung. Die neutestamentlichen Schriften erscheinen ihr zufolge in einem ganz anderen Licht. Durch diese auflockernde und neuartige Fragestellung stellte Overbeck die neutestamentliche Wissenschaft vor ganz ungewohnte Probleme. Auf eine neue Bahn gewiesen, wurden ihre alten Voraussetzungen erschüttert und die Forschung für ihr weiteres Vorgehen zur größten Vorsicht gemahnt.

Die neue Blickrichtung, in der Overbeck das Neue Testament betrachtete, wird durch den Begriff Urliteratur charakterisiert. Durch die Einführung dieser Kategorie gelang es ihm, sich in überraschend neuer Art an dieses Schrifttum heranzutasten. Aus diesem Begriff ergab sich für ihn die Einsicht, daß man mit der wirklichen »Ergründung der literar-historischen Probleme des Urchristentums an ihrem Anfang ist und nicht, wie Harnack behauptet, an ihrem Ende«.[1] Overbecks Arbeit ist alles andere als eine erschöpfende Durcharbeitung der christlichen Urliteratur. Sie ist vielmehr eine höchst fragmentarische Beleuchtung dieses merkwürdigen und seltsamen Phänomens, die nur den Anspruch erheben kann, das neu entdeckte Problem in seiner ganzen Tiefe und Schwierigkeit gleichsam mit Grenzpfählen abgesteckt zu haben. Aus diesem Grunde soll auch hier nicht die ganze historische Arbeit Overbecks am Neuen Testament in all ihren Details dargestellt, sondern nur ein Querschnitt durch seine Leistung gezeigt werden.

Es lag nach Overbecks eigener Aussage nicht im Bereiche seiner Zielsetzung, eine vollständige Darstellung der christlichen Urliteratur zu geben. Weder beabsichtigte er, einen vollständigen Katalog der christlichen Urliteratur herzustellen, noch die »höchst eigentümlichen Bedingungen«[2] der Entstehung und Erhaltung dieser Urliteratur zu erforschen, und noch viel weniger dachte er daran, eine Erklärung oder gar Geschichte der christlichen Urliteratur zu geben. Diese Aufgabe, die den gleichen Schwierigkeiten wie jede Paläontologie unterworfen ist, hat sich Overbeck bewußt nicht gestellt. Er war vorerst nur bestrebt, die Voraussetzungen zu klären, »um den allgemeinen Begriff der christlichen Urliteratur so weit aufzuhellen, daß eine Vorstellung vom allgemeinen Charakter dieser Literatur«[3] möglich wurde. Ein Kriterium, das stets ermöglicht zu entscheiden, was zu dieser Urliteratur gehört und was nicht, wollte er feststellen. Ferner sollte die Abgrenzung von der patristischen Literatur klar und eindeutig vorgenommen werden.

Zwei Merkmale, die das grundlegende Fundament seiner Betrachtungsweise bilden, kennzeichnen Overbecks Vorgehen bei seiner neutestamentlichen Arbeit.

Als erstes Moment muß die vorsichtige und besonnene Überlegung hervorgehoben werden, mit der sich Overbeck seinem Forschungsobjekt näherte. Damit ist nicht nur der Ernst, mit welchem jeder einsichtige Forscher seine Untersuchung zu begleiten pflegt, gemeint, sondern eine ganz bestimmte Voraussetzung, die Overbeck bei seiner Forschung nie aus den Augen verlor. Er setzte voraus, daß man sich über die »gebührende Würdigung der enorm trümmerhaften Überlieferung«[4] dieser Urliteratur klar sein müsse. Aus der Verkennung dieser Sachlage sind nach Overbeck die »anschaulichen Denkmäler des gegenwärtigen Verfalls der historischen Kritik«[5] hervorgegangen. Man hat ihm die Äußerung über den Papierturm, der über dem Neuen Testament errichtet wurde, ganz besonders übel genommen und darin eine Schmähung der neutestamentlichen Wissenschaft erblickt. Es war aber Overbeck in diesem Fall nicht so sehr um eine Schmähung zu tun, als seinem Erstaunen darüber Ausdruck zu geben, daß in der neutestamentlichen Disziplin so wenig oder beinahe gar nichts zu spüren ist von der »tiefen Nacht«, die für den Historiker in allen Fällen, in denen es sich um Urliteratur handelt, angebrochen ist, und daß die Forschung so gar nicht mit den geschlossenen Türen, vor denen sie steht, rechnet und rechnen will.

Overbeck trug der Dunkelheit der Urliteratur Rechnung und wollte sie nicht durch eine pneumatische Exegese aus der Welt schaffen. Vielmehr bildete er, um den Schwierigkeiten, die die

Urliteratur dem Forscher bereitet, zu begegnen, seine Methode aus, die alle subjektive Willkür unter starke Zucht nimmt.

Das zweite und wichtigste Charakteristikum von Overbecks Methode ist, daß sie nicht so sehr von dem Inhalt, sondern mehr von der Form der Literatur ausgeht.* Harnack hat in seiner Dogmengeschichte die Bedeutung Overbecks für die Entdeckung der Formen ausdrücklich anerkannt: »Overbeck gebührt das Verdienst, die Bedeutung der Formen der Literatur, wie sie allmählich in der Christenheit rezipiert worden sind, für die Geschichte der Kirche zuerst nachgewiesen zu haben.«[6] Schon in seiner Bearbeitung von de Wettes Kommentar zur Apostelgeschichte war Overbeck in der Frage der sogenannten Wir-Stücke auf die Form aufmerksam geworden.[7] In der Untersuchung »Über den pseudojustinischen Brief an Diognet« leistete Overbeck – außer seinem Witterungsvermögen dafür, daß ein Werk, bei dem die moderne Theologie die Freude des sich selbst wiederfindenden Christentums erlebte, unmöglich aus dem zweiten Jahrhundert stammen könne – die Beachtung der Form den entscheidenden Dienst. Nicht der Zeitpunkt seiner mutmaßlichen Entstehung ist das Wesentliche in dem Streite über diesen Brief, sondern allein die Form. In seiner Form, die sich in ihrer Gelehrtheit und Gebildetheit so stark von der übrigen erhalten gebliebenen kirchlichen Literatur abhebt, sah Overbeck das verräterische Unterscheidungszeichen.[8]

So war Overbeck in der neutestamentlichen Wissenschaft nicht nur als Erster auf die Formen der Literatur aufmerksam geworden, sondern er bildete darüber eine eigene Theorie aus. Die Grundmaxime derselben war, daß eine jede Literatur ihre Eigentümlichkeit nicht nur in ihrem Inhalt, sondern ebensosehr in ihrer Form hat. »Ihre Geschichte hat eine Literatur in ihren Formen, eine Formengeschichte wird also jede wirkliche Literaturgeschichte.«[9] Die Nichtbeachtung dieses Umstandes schrieb

* An diesem Punkt hat die formgeschichtliche Schule in der neutestamentlichen Disziplin – wie ihre Vertreter mit Recht betonen[10] – an Overbeck angeknüpft, so lose ihr Zusammenhang mit Overbeck sonst ist.

Overbeck nicht einem zufälligen Übersehen zu, sondern erblickte in dem theologischen Standpunkt, der in der neutestamentlichen Forschung ausschlaggebend ist, die alleinige Ursache. Es ist die »Erbsünde der theologischen Betrachtungsweise«, der Subjektivität des Betrachters gar keine Schranken zu ziehen und ihm die Einbildung zu suggerieren, daß bei der wissenschaftlichen Untersuchung eines Gegenstandes Form und Inhalt ohne wesentlichen Schaden auseinanderfallen dürfen.[11] Die Einheit von Form und Inhalt kann aber nicht preisgegeben werden, sofern nicht auf das Verständnis verzichtet wird. Denn die Form, in welcher eine Literatur auftritt, ist nicht eine Zufälligkeit, sondern hängt mit ganz bestimmten Ursachen zusammen. »Einem jeden Literaturwerk ist die schriftliche Form für seinen Inhalt wesentlich.«[12] Mit den Formen schwindet in den Dingen auch ihr vermeintlich ewig Gültiges dahin, wenn das auch in den Urteilen der Menschen nicht der Fall ist.

Overbeck war bemüht, die neutestamentlichen Schriften hinsichtlich ihrer Form mit der späteren christlichen Literatur zu vergleichen. Zu diesem Zweck mußte er vorerst die literarischen Formen des Neuen Testamentes bestimmen. Er machte dabei die seltsame Wahrnehmung, daß im Neuen Testament Formen existieren – die Briefe –, die zu allen Zeiten christlicher Literatur vorkommen und die noch gar keine bestimmten literarischen Wesensmerkmale an sich tragen, weshalb sie auch nicht zu der Gattung der Literatur zu zählen sind, und daß ferner im Neuen Testament Schriften mit wirklichen literarischen Formen enthalten sind, die sich aber nicht behaupten konnten und als literarische Formen untergegangen sind.[13]

Diese beiden Beobachtungen begründen Overbecks Grundthese, wonach das Neue Testament nicht Literatur in dem Sinne, in welchem man gewöhnlich von Literatur spricht, ist, sondern ein davon qualitativ verschiedenes Erzeugnis, für welches er den Begriff Urliteratur einführte. »Die neutestamentlichen Schriften gehören zur christlichen Urliteratur und haben als solche Urliteraturcharakter, bei welchem sie insbesondere der damaligen Zeit ganz fremd sind.«[14] Diese Behauptung bedarf jedoch der eingehenden Begründung durch das Neue Testament selbst. Sie kann nicht anders als durch eine genaue Analyse der einzelnen Schriften gegeben werden.

Eine Hauptgruppe der neutestamentlichen Schriften bilden die apostolischen Briefe. Unter dem Gesichtspunkt der Form betrachtet, bilden sie eine eigene Gruppe, da sie alle die sie charakterisierende Briefform haben. Als Briefe fallen sie aus dem Bezirk der Literatur heraus. Sie tragen kein spezifisch literarisches Merkmal an sich, da der Brief ein Erscheinungsprodukt aller Zeitalter ist. »Zur Literatur gehört an sich und zunächst ein Brief nicht.«[15] Eine durch seinen Inhalt bedingte Form besitzt er nicht. Ein Brief verdankt seine Entstehung nur der Zufälligkeit, daß die beiden Menschen, die sich miteinander unterhalten wollen, räumlich voneinander getrennt sind. Sind der Schreiber und der Empfänger des Briefes wieder beisammen, so wird die schriftliche Mitteilung überflüssig. Das geschriebene Wort ist in diesem Fall nur ein Surrogat für das mündliche.[16] Paulus kann als typisches Beispiel für diese Ansicht angeführt werden.

Ein weiteres Merkmal des Briefes, das ihn grundsätzlich von der Literatur scheidet, bildet seine Adresse. Während es im Wesen der Literatur liegt, sich an einen gar nicht näher zu bestimmenden Kreis von Menschen zu wenden, gehört es zur Eigentümlichkeit des Briefes – Overbeck scheidet ausdrücklich den Kunstbrief aus –, sich an ein genanntes und beschränktes Publikum zu wenden.* Daß Briefe, als die sie ursprünglich nicht zur Literatur gehören, auch zu der Bedeutung von Büchern gelangen

* »Ein Brief ist eine schriftliche Aufzeichnung, welche sich von Aufzeichnungen im eigentlichen Sinne literarischer Art darin unterscheidet, daß sie in der Welt nicht so allein auf sich steht wie diese. Er ist an eine bestimmte Adresse gerichtet und hat eben an diesen Adressaten außer sich selbst seine Vertreter in der Welt. Ob außer sich selbst ein Literaturwerk noch einen Menschen hat, der sich dafür interessiert, ist zunächst absolut problematisch. Eben das ist beim Brief nicht der Fall; er hat von vornherein seinen Adressaten für sich, und außer ihm selbst kann eben dieser Adressat den Kernpunkt eines sich allmählich entwickelnden Ansehens des Briefes abgeben. Damit erklärt sich, warum es die sogenannten katholischen Briefe des Neuen Testamentes schwerer hatten, zu Ansehen zu gelangen,

können, die sich an einen unüberblickbaren Kreis von Menschen wenden, ist kein Einwand dagegen. Gerade den apostolischen Briefen ist dieses Schicksal widerfahren. Es stieß ihnen aber erst nachträglich zu und lag keineswegs in den Absichten ihrer Verfasser. »Aber wenn der Brief auch keine Form der Literatur ist, eben als literarische Unform kommt ihm in der christlichen Literaturgeschichte hohes Interesse zu.«[17] Doch führt das Interesse, das die christliche Literaturgeschichte an der werdenden reinen Gelegenheitsschriftstellerei der Kirchenväter hat, in das Gebiet der Patristik.**

als die paulinischen. Diese hatten ihre jedesmalige Gemeinde, von welcher ihr weiteres Ansehen ausging. Die katholischen Briefe waren Briefe ohne Adressaten und darum gerade des besonderen Rückhalts entbehrend, der Briefen dazu dienen kann, zu Büchern (Erzeugnissen der Literatur im eigentlichen Sinne) zu werden.«[18]

** Aus der Nichtbeachtung dieser Tatsache erklärt sich Overbeck die Konfusion, die in der Geschichte der kirchlichen Literatur herrscht. »Ganz besonders irreführend ist in dieser Beziehung die Behandlung, welche in der christlichen Literaturgeschichte die offiziellen Briefe kirchlicher Amtspersonen zu finden pflegen. Denn was Amtspersonen produzieren, ist überhaupt keine Literatur und ihr Anteil kann daran keinem Dinge einen literarischen Charakter auftragen, den es an sich nicht hat. Insofern ein Brief, der zugleich amtlicher Erlaß ist, eben damit aufhört, ein einfaches Mittel der Mitteilung an seinen Adressaten zu sein, sondern ihm befiehlt und, welches sein Inhalt auch sei, Nachachtung verlangt, ist er freilich kein gewöhnlicher Brief mehr, aber zugleich ist, was er statt dessen wird, gerade keine Literatur. ... So daß sich solche Erlasse von der Literatur ebensosehr wie vom Briefe entfernen, auch wenn die Adresse eines amtlichen Briefes die individuellste Bestimmung hat, ist er eben kein Brief, und zwar um derselben Eigenschaft willen, welche ihn auch aus dem Bereich der Literatur ausschließt, nämlich die Amtlichkeit. Denn eben durch diese wächst ihm eine Autorität zu, deren Mangel für alles, was wirklich Literatur ist, wesentlich ist. Die Amtlichkeit ist für einen Brief unter Umständen das, was ihn einem Werk der Literatur ähnlich macht, nämlich als das Mittel, das die Erweiterung seiner Adresse bis zur Allgemeinheit, welche in dieser Beziehung ein Werk der Literatur an sich hat, ermöglicht, aber gleichzeitig ihm eine andere für jedes Gebilde der Literatur konstitutive Eigenschaft nimmt. ... So wenig wie ein gewöhnlicher Briefschreiber will der in seiner amtlichen Eigenschaft (und nicht privatim) korrespondierende Bischof Literatur produzieren.«[19]

Overbeck betrachtete die apostolischen Briefe in diesem Zusammenhang als wirkliche Briefe. Die Frage nach ihrer Echtheit ließ er absichtlich, als hier nicht von Bedeutung, außer Betracht. Einen anderen Einwand bilden jedoch die Briefe, die sich im Neuen Testament unter dem Namen »die katholischen Briefe«, deren Briefcharakter äußerst fragwürdig ist, finden. Namentlich der erste Johannesbrief lenkte Overbecks Aufmerksamkeit auf sich. »Das Seltsame des ersten Johannesbriefes ist die gänzliche Abwesenheit der Briefform, oder wenigstens der gewöhnlichen Briefform, womit dieses Stück im Neuen Testament einzig in seiner Art ist.«[20] Overbeck antwortet auf die Frage, die sich hinsichtlich der katholischen Briefe erhebt, daß sie – was auch die gangbaren Lehrbücher zur Einleitung ins Neue Testament sagen mögen – noch ein »unaufgeklärtes Rätsel«[21] darstellen. Eine Lösung dieses Rätsels versuchte er nicht, da es sich anläßlich seiner Äußerung über die katholischen Briefe nicht um eine Erklärung der christlichen Urliteratur handelte. Er deutete nur an, daß, wenn der Briefcharakter der katholischen Briefe sich als eine Fiktion erwiese, diese Gruppe dadurch an die Grenze rückte, an der die christliche Urliteratur auf dem Wege sei, zur Literatur zu werden.

Die übrigen neutestamentlichen Schriften werden nach ihren Formen eingeteilt in die Evangelien, die Apostelgeschichte und die Apokalypse. Jede dieser Gruppen besitzt eine nur für sie gültige literarische Form, die von einem noch näher zu bestimmenden Zeitpunkt an in der Geschichte nicht mehr vorkommen.* Dieser Umstand weist darauf hin, daß im Neuen Testa-

* Die apokryphe Literatur, die nach diesem bestimmten Zeitpunkt noch weiter Evangelien, Apostelgeschichten und Apokryphen fabrizierte, beweist schon durch ihren Namen, daß sie ein unechtes Kind ist und nur unter Fiktionen existieren kann. Deshalb will sie aber Overbeck nicht aus der Geschichte der christlichen Literatur streichen, sondern gesteht ihr ein bedeutsames Interesse zu, nicht zuletzt deswegen, weil die Gnostiker die Ahnen der theologischen Literatur waren, was besagen will, daß sie erstmalig die Weltliteratur der damaligen Zeit in die christliche Gemeinde einführten. Die Apokryphen als häretisch ans der Geschichte der kirchlichen Literatur ausscheiden, kann nur eine konfessionell beschränkte und deshalb entstellte Auffassung derselben – wie sie in der katholischen Patris-

ment nicht eine der späteren christlichen Literatur gleichartige vorliegt, sondern von dieser grundsätzlich unterschieden werden muß. Aber nicht nur die begrenzte Dauer dieser Formen unterscheidet sie von aller übrigen Literatur, sondern es tritt in ihnen ein völlig anderer literarischer Charakter in Erscheinung. Diese qualitative Verschiedenheit wird sich bei der Betrachtung der Evangelien sogleich zeigen.

Das Matthäusevangelium »ist gegen die Person seines Verfassers absolut gleichgültig«.[22] Es verrät auch nicht das geringste Interesse an ihm und beweist dadurch eindrücklich, daß hier nicht Literatur im gewöhnlichen Sinne vorliegt. Ob man dieses Evangelium »das erste« oder das »des Matthäus« nennt, ist belanglos. In beiden Fällen handelt es sich um ganz inhaltslose, nur der Unterscheidung dienende Bezeichnungen, die mit dem Inhalt des Evangeliums gar nichts zu tun haben.

»Im Kanon haben die Evangelien keine Verfasser. Er will von solchen nichts wissen und läßt ihre Namen, wie das bezeichnende κατα anzeigt, nur noch als Etikette zu, setzt sie dazu herab. Wer daher im Kanon nach Verfassern der Evangelien fragt, darf nicht klagen, wenn er sich damit die Evangelien für den Gebrauch, für den sie im Kanon bestimmt sind, verdirbt. Er ist vom Kanon gewarnt.«[23] Die gleiche Feststellung ist bei dem Markusevangelium zu machen.

Anders, wenn auch nicht wesentlich verschieden, verhält sich die Sache bei Lukas. Er ist der Erste unter den Evangelisten, der sich seinem Stoff subjektiv näherte und ihn subjektiv anzugreifen versuchte. Zwar sind es, wie Overbeck in seiner

tik herrscht –, denn alle kirchliche Literatur ist häretisch, sobald sie nicht mehr zur Urliteratur gehört. – Es darf nicht unbeachtet bleiben, daß die Bedeutung der Begriffe apokryph und kanonisch sich im Laufe der Zeit gewandelt hat. Ursprünglich bedeutete die Bezeichnung apokryph, daß der Verfasser einer Schrift unbekannt sei, und als kanonisch galt, was apostolischer Herkunft war. Nach der Bildung des Kanons galt als kanonisch, was darin enthalten war, unabhängig von der Herkunft einer Schrift, wodurch sich auch der Begriff apokryph änderte. Als apokryph wurde nun bezeichnet, was nicht kanonisch war.

Bearbeitung von de Wettes Kommentar zur Apostelgeschichte schon bemerkte, nur zwei Stellen, »in welchen der Verfasser mit eigenen Worten als Schriftsteller eintritt«.[24] Erstmals geschieht es in dem bekannten Prolog zum Evangelium, in dem sich der Verfasser zwar »persönlich einführt, aber zugleich um so schärfer als unbeteiligt beim Stoffe seiner Darstellung sich erkennbar macht«.[25] Aus diesem Vorwort (Lukas 1, 1–4) hörte Overbeck den »hellsten Klang aus der Welt der eigentlichen Literatur (der Weltliteratur der Zeit), welcher im Neuen Testament laut wird. Hier scheint einmal wie sonst kaum je in ihm, ein Schriftsteller zu reden«.[26] Doch hat der Prolog mit dem Buche selbst sozusagen nichts gemein, sondern scheint ihm nur wie ein Schönheitspflästerchen angeheftet zu sein. Overbeck bemerkte – nach Georg Bertram mit Recht[27] –: »Dem dritten Evangelisten ist sein Unternehmen, den Stoff der evangelischen Geschichte historiographisch zu gestalten, völlig mißlungen – der Gedanke an sich war dilettantisch, kein Wunder, daß sich der Dilettant auch sonst verrät ... Und doch wird Lukas oft als gewandter Schriftsteller gepriesen. Er ist es auch, nur übt sich diese Gewandtheit an einem widerstrebenden Stoffe aus und an diesem wird sie zuschanden. Lukas behandelt historiographisch, was keine Geschichte und auch so nicht überliefert war.«[28] War Lukas in seinem Evangelium noch bestrebt, sich selbst so stark wie möglich von der Darstellung der evangelischen Geschichte zu unterscheiden, so wagte er sich in der Apostelgeschichte schon weiter vor »und drängt sich, wenn auch in verdeckter Form, in den Stoff selbst hinein«.[29] Overbeck erblickte in dem Gedanken, »dem Evangelium eine Apostelgeschichte als Fortsetzung zu geben«, das Verkehrte in Lukas Behandlung des Stoffes. »Es ist das eine Taktlosigkeit von welthistorischer Dimension, der größte Exzeß der falschen Stellung, die sich Lukas zum Gegenstand gibt.«[30] Overbeck war aber keineswegs der Ansicht, daß die Schriften des Lukas auf einer Stufe mit den historischen Werken der antiken Kultur stehen. Er wurde bei einer Bearbeitung von de Wettes Kommentar zur Apostelgeschichte früh auf das mangelnde Interesse des Verfassers an den Persönlichkeiten der Apostel aufmerksam, sowie auf die Willkürlichkeit der Annahme, daß er »an der Person der Apostel noch ein anderes Interesse hatte, als das welches in seinem Buche hervortritt, daß für ihn die Geschichte der Apostel nicht eben in dem aufging, was er davon erzählt«.[31] So wenig als Lukas beabsichtigte, eine Biographie des Paulus zu schreiben, so gering war auch sein Interesse an der Chronologie, und es ist deshalb aussichtslos, die Apostelgeschichte in ein vollständiges chronologisches System einzuordnen. Mit einem solchen Vorgehen tut man dem Buche nur Gewalt an und legt auf ein ihm fremdes Moment Gewicht. Die Apostelgeschichte ist kein historisches Buch und darf deshalb weder als Kirchengeschichte der apostolischen Zeit noch als paulinische Kirchengeschichte betrachtet werden.[32] Overbeck sah in der Bezeichnung des Evangeliums und der Apostelgeschichte als historische Bücher nichts anderes als ein durch Trägheit und theologisches Interesse bedingtes, grundverkehrtes Vorurteil und stellte dagegen die Behauptung auf, daß »zwischen kirchlicher Geschichtsschreibung und sogenannten historischen Büchern des Neuen Testamentes kein literaturhistorischer Zusammenhang« besteht.[33] In seiner Schrift »Über die Anfänge der Kirchengeschichtsschreibung« hat Overbeck den Nachweis erbracht, daß z.B. Eusebius nicht von ferne ahnte, im Verfasser der Apostelgeschichte einen Vorgänger zu haben, und daß ihm das Verdienst, auf dem Gebiete kirchenhistorischer Darstellung als Erster unbekannte Wege gegangen zu sein, nicht streitig gemacht werden könne. Kein Patristiker »nimmt das Thema der Evangelien und der Apostelgeschichte wieder auf.«[34]

Eine ganz eigenartige Stellung nimmt das vierte Evangelium ein, für das sich Overbeck als eines »der merkwürdigsten Werke der Weltliteratur«[35] in besonderem Maße interessierte. Dieses Interesse deckt sich allerdings nicht mit der Vorliebe, welche die moderne Theologie dieser Schrift entgegenbringt. Overbeck fesselte ein rein literarisches Problem an diesem Evangelium, das so ganz andersartig als die übrigen und nur für sich allein zu betrachten ist. Es ist hier nicht der Ort, die Fülle von Beobachtungen und Begründungen, mit welchen er seine

Ansicht über das vierte Evangelium unterbaute, anzuführen – dafür sei auf seine »Studien zum Johannesevangelium« verwiesen. An dieser Stelle können nur seine Ergebnisse genannt werden.

Die synoptischen Evangelien kennzeichnet eine seltsame Unpersönlichkeit. Ihre Verfasser verschwinden als Eigenwert sozusagen vollständig hinter dem Stoff und wollen nichts anderes als Sprachrohr sein. An ihren Verfassernamen sind sie gänzlich uninteressiert.[36] Nicht einmal auf die Apostolizität legten sie ursprünglich ein Gewicht, denn Markus und Lukas erhoben in dieser Beziehung keinen Anspruch. Ganz anders verhält es sich mit dem vierten Evangelium, »weil dieses Evangelium in ganz anderem und viel vollkommenerem Sinn als diese anderen ein Literaturwerk ist«.[37] Das charakteristische Merkmal und zugleich den religiösen Minderwert sah Overbeck darin, daß ein künstlerischer Schriftsteller in einem Ausmaß daran beteiligt war wie an keinem anderen Evangelium. Die Lösung der Johanneischen Frage kann infolge der Einzigartigkeit des vierten Evangeliums als Literaturwerk nur im Zusammenhang mit seiner Verfasserfrage versucht werden. Mit dem Umstand, daß das Johannesevangelium ein Werk der Literatur ist, was im Munde Overbecks ein Werk der Wortkunst heißt, hängt das zweite, wesentliche Merkmal, seine Pseudonymität, zusammen. Pseudonymität und Verfasserfrage sind daher in »einem gewissen Sinne die Hauptfrage beim vierten Evangelium«.[38] Der Verfasser desselben verschwindet nicht wie bei den Synoptikern hinter dem Stoff, sondern er rückt sich selbst in den Vordergrund. Das bezeichnende Selbstzeugnis im vierten Evangelium muß vor allem richtig erfaßt und dessen Sinn und Wert klargestellt werden. Der Verfasser treibt mit diesem Selbstzeugnis ein richtiges, sich ebenso verratendes als im verhüllenden Zwielicht verharrendes Versteckspiel, zu dem er sich aus verschiedenen Gründen gezwungen sah. Die Erklärung für dieses eigenartige Spiel fand Overbeck in der Annahme, daß der Schreiber des Evangeliums kein Augenzeuge der im Evangelium erzählten Geschichte war, obwohl er gerade das sein wollte.[39] Den Sinn dieses Selbstzeugnisses erblickte Overbeck darin, daß der Verfasser damit auf den Apostel Johannes ziele. Darin aber ist das Evangelium mystifikatorisch. Overbeck verstand die altkirchliche Tradition über das vierte Evangelium, die er eingehend durchforscht hat, »als Spiegelbild einer gelungenen Mystifikation«.[40] Der Verfasser behandelte seinen Namen als ein Rätsel, das er auch von jeher sein wollte.[41] Diese Vorstellung machte sich auch die Tradition zu eigen, und die Annahme dieser Rätselhaftigkeit verleiht ihrer Lösung den Vorsprung gegenüber der kritischen Forschung, die oft nahe daran ist, dem Rätsel des Evangeliums seine Rätselnatur zu nehmen. Overbecks Lösung des Rätsels gehört sachlich nicht mehr in diesen Zusammenhang und wird nur der Vollständigkeit und ihrer Genialität wegen in Kürze noch angeführt: »Der vom Verfasser im vierten Evangelium für den Zweck seiner Unterschiebung auserlesene Apostel heißt Johannes, weil er ihm in Hinsicht auf Jesus als der Seitenzeuge zum Täufer gilt. Wie der Täufer der Zeuge des Logos, der Vermittler zwischen ihm und der Welt vor Vollendung seiner weltlichen Epiphanie, bevor der Logos so weit ist, sich selbst die Herrlichkeit Gottes auf Erden der Welt vollkommen darzustellen, so ist Johannes der Apostel für diesen Logos derselbe Vermittler nach seinem Abschied von der Erde.«[42]

Die hier dargestellte Auffassung Overbecks über das vierte Evangelium könnte den Gedanken aufkommen lassen, daß er das Johannesevangelium als reines Literaturwerk betrachtete. Damit wäre aber seine Absicht verkürzt und unrichtig wiedergegeben. So wenig er die Apostelgeschichte als historische Schrift betrachtete, so wenig hielt er das Johannesevangelium für ein historiographisches Erzeugnis. »Wie sehr dieser Gesichtspunkt außerhalb aller möglichen Geschichte liegt, darüber läßt er uns von vornherein durch das Vorwort, welches er an die Spitze seines Werkes gestellt hat, keinen Zweifel.«[43] Das Buch ist von größter Gleichgültigkeit gegen alle historischen Tatsachen erfüllt. Sowohl in den Personen – mit Ausnahme des Petrus – als in den Landschaften des Evangeliums sah Overbeck »Stufen des Unglaubens oder Glaubens, die als solche nur die finstere Folie bilden, von welcher sich das der Welt fremde Licht des Logos abhebt«.[44] Diese Eigentümlichkeit macht das Evangelium zu einem

Drama, dem etwas Visionäres zugrunde liegt, weil die Menschen und Dinge darin in einer Welt ohne Zeit und Raum zu schweben scheinen. Nur bei einer solchen Betrachtungsweise ist »der Standpunkt gefunden, der dem phantastischen Grundcharakter des Buches« entspricht.[45]

Obwohl Overbeck im vierten Evangelium eine der eigentlichen Literatur schon bedeutend näher gerückte Form sah, erblickte er darin doch noch nicht reine Literatur. Diese Umbildung von den synoptischen Evangelien zu demjenigen des Johannes setzt voraus, daß die der Entstehung von Evangelien haltgebietende Kanonisation noch nicht eingetreten war. Das vierte Evangelium entstand vielmehr zu einer Zeit, da die Evangelienbildung noch in lebendigem Flusse und beweglich genug war, eine solche Umbildung zu gestatten. Overbeck zählte das Johannesevangelium noch zur christlichen Urliteratur, wenn es sich auch der Grenze nähert, die der Urliteratur ein Ende bereitete.

Zusammenfassend kann Overbecks Ansicht über die Evangelien folgendermaßen wiedergegeben werden: Die Evangelien sind keine Geschichtsbücher, da sie von einer ganz anderen Auffassung der Geschichte ausgehen, als sie die gemeine Geschichtsschreibung zeigt. Sie gehören einem Grenzgebiet zwischen Geschichte und Dichtung an. Will man im Hinblick auf die primäre Bestimmung der Evangelien, das Gedächtnis an Christus zu erhalten, sie dennoch als historisch bezeichnen, so muß festgehalten werden, daß die historische Form das von den Evangelisten am freiesten und mit der größten Gleichgültigkeit behandelte Moment an den Evangelien ist. Jedenfalls sind die Evangelien in der christlichen Urliteratur die einzige nicht entlehnte, originelle Form literarischer Art, die unter der Einwirkung des Christentums neu entstanden ist. Aber »mit dem Problem der literarischen Form der Evangelien ist das religiöse Geheimnis, das eigentliche Mysterium dieser Bücher berührt«.[46]

Die letzte Form des Neuen Testamentes, die zu erwähnen bleibt, ist die Apokalypse. Sie besitzt ihre bestimmten literarischen Wesensmerkmale, die allen Apokalypsen, sowohl den vor der christlichen Urgeschichte entstandenen – wenn an das jüdische Schrifttum gedacht wird – auch den außerhalb des Neuen Testamentes stehenden eigen sind. Die Beobachtung, daß es vor und nach dem Neuen Testamente Apokalypsen gibt, könnte als entscheidender Einwand gegen Overbecks Axiom des nichtliterarischen Charakters des Neuen Testamentes geltend gemacht werden. Overbeck stellte sich selbst diese Frage. Er sah aber in dem Vorkommen von Apokalypsen vor der christlichen Urliteratur keinen stichhaltigen Einwand gegen die qualitativ verschiedene Begriffsbestimmung der Urliteratur von aller übrigen Literatur, weil eine Form, um zur christlichen Urliteratur zu gehören, von dieser nicht als neue Form erschaffen zu sein brauchte. Neu war nur die Form der Evangelien. Die christliche Urliteratur hat sich an gewisse Vorbilder angelehnt. »Das Beachtenswerte ist hier nur, daß, wo diese Urliteratur des Christentums von Formen Gebrauch macht, die ihr schon gegeben sind, sie doch nur an Formen der religiösen Literatur früherer Zeiten anknüpft.«[47] Ganz unbenützt bleiben jedoch die Formen der heidnischen profanen Literatur.*

Auch die Beobachtung, daß es außerhalb des Neuen Testamentes, im angeblichen patristischen Katalog, noch eine Apokalypse gibt – die des Hirten des Hermas** – fand Overbeck bei eingehender Prüfung nicht stichhaltig als Argument gegen seine Grundthese. Der Hirt des Hermas erhob auch Anspruch auf Aufnahme in den neutestamentlichen Kanon. Seine Existenz

* Über die Frage, wie weit im Hinblick auf Stellen wie Apg. 17, 28; Tit. 1, 12; 1. Kor. 15, 33 eine Bekanntschaft der neutestamentlichen Schriftsteller mit der gleichzeitigen profanen griechischen und römischen Literatur vorliege, hat sich Overbeck nicht näher geäußert.

** Über die Form der Hermas-Apokalypse, sowie deren Echtheitsfrage bemerkte Overbeck: »Wenn man auch den Hirten des Hermas für echt ansieht, d. h. wenn man annimmt, daß der Verfasser sich seinen ursprünglichen Lesern als der ihnen bekannte Hermas unmittelbar zu erkennen gab und nur als solcher dieses Buch geschrieben haben wollte, so soll man sich doch vor verkehrter Trennung der Aufzeichnung des Buches von seinem Inhalt trennen und sich etwa nicht vorstellen, der Verfasser habe nur Erlebnisse, die er einmal gehabt, nun aufgezeichnet. So literarisch war man beweist nur, daß die irritierende Einzigkeit der Johanneischen Apokalypse im Neuen Testament unbegründet ist, was auch schon durch die sogenannten katholischen Briefe klar sein dürfte, wenn deren Auffassung als Produkte der altchristlichen Prophetie zu Recht besteht.

Bevor darauf eingegangen werden kann, daß sich dieser Hermas als Fremdling in einem ganz anders gearteten Literaturbezirk befindet, muß Overbecks Auffassung der altchristlichen Inspirationslehre wiedergegeben werden. Die alte Kirche – und in ihrer Gefolgschaft die mittelalterliche und reformatorische – machte zwischen dem Neuen Testament und aller übrigen christlichen Literatur den entscheidenden Unterschied, daß sie die Entstehung der neutestamentlichen Schriften auf die Inspiration des Heiligen Geistes zurückführte. Damit zog sie einen nicht zu überschreitenden Trennungsstrich zwischen dem Neuen Testament und aller übrigen Literatur. Den Sinn dieser altkirchlichen Inspirationslehre sah Overbeck in dem Wissen der alten Kirche um die Entstehung der neutestamentlichen Bücher – als menschliche Schriften betrachtet – unter Voraussetzungen, die ihre Glaubwürdigkeit aufs höchste gefährdeten. Sie muß-

im 2. Jahrhundert in christlichen Kreisen noch nicht. Auch fällt ja die Absicht der Aufzeichnung der Visionen, wie bei Apokalypsen überhaupt, noch in den Bereich der Visionen selbst, und die Aufzeichnung schließt sich selbst, da sie himmlisch aufgetragen sein will, aus dem Bereich der Willkür des Verfassers aus. Wenn das Buch geschrieben ist, so ist es, weil diese geschriebene Form eben die einzige Form ist, in welcher, was es erzählt, existiert. Der praktische Zweck liegt in ihm selbst, es will ein Muster aufstellen, nicht eine Geschichte erzählen. Aufzeichnung und Erlebnis fallen gar nicht auseinander, da schon das Erlebnis nicht ohne Rücksicht auf die Aufzeichnung stattgefunden hat. Es liegt gar nicht in der Willkür, solche Apokalypsen zu schreiben oder nicht zu schreiben, eben weil seine Visionen neben seinem Buch gar keine Realität haben und das Buch selbst außerhalb ihrer gewissermaßen auch nicht, da es unmittelbar aus den Visionen hervorgeht. Richtig verstanden bietet daher ein solches Buch gar keinen Anlaß zur Frage, ob es echt ist oder nicht. Verfasser ihres Buches wollen weder der Apokalyptiker Johannes noch der Apokalyptiker Hermas sein. Solche Bücher schreiben sich gewissermaßen selbst. Betrug ist dabei auf jeden Fall kein anderer als bei jedem Werk der Dichtung.«[48]

ten deshalb durch die Annahme eines göttlichen Ursprunges geschützt werden. Durch die Aufstellung der Inspirationslehre bewies die alte Kirche eine tiefere Kenntnis der Verhältnisse als die neuzeitlichen Bestreiter dieser Lehre, die dennoch die Autorität des Neuen Testamentes aufrechterhalten wollen.

Overbecks Interesse war nicht auf den Nachweis der unbedingten Gültigkeit dieses Trennungsstriches, wie ihn die Kirche gezogen hatte, gerichtet. Eine solche Bemühung würde apologetische Tendenzen verraten, denen er völlig fern stand, was wohl nicht nochmals ausgeführt zu werden braucht. Dagegen war er bestrebt, den Sinn dieser Unterscheidung zu verstehen, eine Einsicht davon zu gewinnen, was die alte Kirche zu dieser Unterscheidung führte. Er betonte deshalb, daß bei Verkennung des Sinnes dieses Trennungsstriches durch die kritische Forschung, was bei ihren Voraussetzungen leicht zu geschehen pflege, sie in Gefahr komme, »sich den Weg zum Verständnis der Dinge hoffnungslos zu verlegen«.[49] Overbeck bezweckte mit diesen Worten nichts anderes, als die Forschung auf ihre Grenzen hinzuweisen. Sie darf bei der berechtigten Kritik gegenüber den Selbstaussagen der alten Kirche nie so weit gehen, die Äußerungen der Kirche a priori als sinnlos zu negieren, sondern muß darauf gerichtet sein, ihren Wahrheitsgehalt herauszuarbeiten.

Zurückkommend auf die Wahrnehmung, daß sich der Hirt des Hermas trotz seiner Zugehörigkeit nicht im Kanon findet, ist nun Overbecks Verdacht, »daß hier vielmehr irgendwo eine Grenzlinie falsch gezogen«[50] worden sei, zu erwähnen. So sehr er von der Forschung die Beachtung dieser Grenzlinie forderte, so sehr legte er auch Gewicht darauf, daß dieser Trennungsstrich für die literarhistorische Forschung an einer anderen Stelle zu ziehen sei. Wenn Overbeck den Satz aufstellte, Evangelien, Apostelgeschichte und Apokalypse seien Formen der christlichen Urliteratur, die von einem ganz bestimmten Zeitpunkt an nicht mehr vorkommen, so involvierte er keineswegs die Meinung, daß diese Formen mit den im Neuen Testament vertretenen erschöpft seien. Es stand für ihn außer Zweifel, daß noch eine Reihe solcher Schriften existierten, die jedoch keine Aufnahme in den neutestamentlichen Kanon gefunden hatten. »So betrachtet erscheint aber das Neue Testament nur als der vornehmste Rest einer christlichen Urliteratur, welche der mit der Kirche allein am Leben gebliebenen Literatur einst vorausgegangen ist.«[51]

Im Hinblick auf das Vorhandensein außerkanonischer Urliteratur löste Overbeck die apostolischen Väter von der patristischen Literatur ab und wies sie der christlichen Urliteratur zu. Wieder waren es – außer der Beobachtung, daß sie keine historische Gruppe im strengen Wortsinn bilden, sondern nur ein abstraktes Gebilde moderner Zeit sind – formgeschichtliche Gründe, die ihn zu dieser Abtrennung führten. Die apostolischen Väter bestehen aus Briefen und einer Apokalypse. Auf den ersten Blick scheint die Form des Evangeliums zu fehlen. Bei näherem Zusehen jedoch ist auch diese Form bei den apostolischen Vätern vorhanden. Die Evangelien der apostolischen Väter – die als Schüler der Apostel gelten – tragen die Namen des Markus und des Lukas. Die beiden Evangelien sind vom Kanon bereits angesaugt worden, was besagt: Die Kirche hat an diesem Punkt selbst ihre Grenzlinie nicht eingehalten. – Mit einer ähnlichen Begründung wies Overbeck die sogenannten Denkwürdigkeiten des Hegesipp und die sogenannten Exegesen des Papias von Hierapolis* der christlichen Urliteratur zu.[52] Daß Overbeck mit dieser Einordnung nicht einer persönlichen Grille folgte, sondern daß dieser Neueinteilung eine der feinsten historischen Feststellungen zugrunde lag, wird durch die Kanongeschichte bestätigt. So wenig von der Kanonsbildung als historisch gesichert betrachtet werden darf, so steht doch wenigstens außer Frage, daß der Bestand des Kanons lange Zeit nicht festgelegt war. Der Trennungs-

* »Papias' Exegesen sind ein Werk der christlichen Urliteratur, d.h. ein Denkmal der Vergangenheit von qualifizierter, mehr als gemeiner Dunkelheit. Als solches gibt es sich uns nicht nur durch sich selbst, sondern auch durch die Schicksale, die es in der Auslegung erlebt hat, zu erkennen. Nicht nur die Lektüre des Textes der papianischen Fragmente, auch die Kritik der Auslegung, die sie erfahren haben, zeigt uns, mit wem wir es zu tun haben. Auch die Fährlichkeiten, welche die Fragmente unter ihren Auslegern erfahren haben, sind exegetische Abenteuer qualifizierter Art, wie eben überhaupt bei Urliteratur oder auch kanonischen Texten.«[53]

strich, der kanonische und zu den apostolischen Vätern gerechnete Schriften schied, wurde sehr verschieden und immer wieder wechselnd gezogen.

Overbeck untersuchte hierauf die Frage, ob die unter dem Begriff »Apologeten« gesammelte Literatur zur christlichen Urliteratur gehört, oder ob mit ihr die patristische Literatur beginnt und somit die apostolischen Väter die Zeitgrenze der Urliteratur bilden. Bei dieser Frage ist das eigentümliche Wesensmerkmal der christlichen Urliteratur im Auge zu behalten, daß das Christentum sie beinahe ganz aus sich selbst heraus entwickelte, »sozusagen aus eigenen Mitteln schaffte, sofern sie ausschließlich auf dem Boden und den eigenen inneren Interessen der christlichen Gemeinde noch vor ihrer Vermischung mit der sie umgebenden Welt gewachsen ist«.[54]

Diese Sachlage erfuhr durch die Apologeten eine charakteristische und tief eingreifende Veränderung. Die Apologeten wandten sich mit ihren Schriften nicht mehr einzig und allein an Christen, sondern im Gegenteil ausdrücklich und absichtlich an die Kaiser und die Obrigkeiten. Damit war der Schritt in die große, nichtchristliche Öffentlichkeit getan, wodurch auch der Kreis der christlichen Urliteratur überschritten war. In der Tat beginnt mit den Apologeten die Patristik, die Overbeck als die griechisch-römische Literatur christlichen Bekenntnisses definierte.[55]* Das Bild wäre jedoch mit zu kurzen Perspektiven gezeichnet bei der Annahme, dieser Schritt sei bei den Apologeten endgültig und vollkommen, selbstverständlich und ohne innere Hemmung getan worden. Um mehr als die ersten, tastenden und nur unter Druck und Not erzwungenen Schritte handelt es sich nicht. Die Apologeten dürfen höchstens als die Elementarschule der patristischen Literatur betrachtet werden.

Die Einstellung, daß der Gebrauch der Literatur für das Christentum etwas Unpassendes und Unschickliches sei, ver-

---

* Die Frage, ob das Christentum eine bleibende Literatur behalten sollte, ist bei den Apologeten noch keineswegs entschieden. Auch Irenäus beantwortete mit seinem großen Werk diese Frage nicht endgültig.[56] Erst Clemens Alexandrinus entschied sie in bejahendem Sinne.

lor sich mit den Apologeten noch nicht. In einer Studie über den Diognetbrief verwendete Overbeck als Argument gegen dessen Echtheit, daß dieser Brief »von diesem Sichverbergen, ohne welches auch sonst die altchristliche apologetische Literatur nicht zu begreifen ist«, nichts an sich hat.[57] Denn nur unter schweren Bedenken bedienten sich die ersten Kirchenväter des Mittels der Literatur. »Die Kirchenväter sind Schriftsteller, die es nicht sein wollen.«[58] Mit großer Scheu und nur in einer Zwangslage griffen die Kirchenväter zur Literatur. »Die Grundüberzeugung des Kirchenschriftstellers ist, daß er etwas Verbotenes tut.«[59] Deshalb verwahrten sie sich auch stets dagegen, daß sie Schriftsteller seien und wollten sich den Bedingungen des Schriftstellers nicht unterwerfen. Ein Origines hob deutlich hervor, daß eine so vielen Mißverständnissen ausgesetzte Form für den von ihnen zu verkündenden Inhalt völlig unzulänglich sei. Ganz klar stand den Kirchenvätern die Schwierigkeit vor Augen, daß sie die Autorität, auf welche sich ihre Verkündigung stützte, dem Publikum in ihren Schriften nicht als Autorität geltend machen konnten, weil ihre Verkündigung für die Leser nicht als Wahrheit feststand. Nur durch eine literarisch geschmeidige Form seines Buches konnte sich der Kirchenvater Gehör verschaffen. Durch diese Anpassung geriet er aber mit sich selbst und seiner Verkündigung in Kollision. »Diese Apologetik will das Christentum einem nichtchristlichen Publikum in der ihm geläufigen Sprache der allgemeinen Literatur annehmbar machen. Sich literarisch auszuzeichnen ist dabei nicht nur gar nicht der Zweck, sondern dies zu verschmähen wird in diesem Falle sogar zu einem Ausdrucksmittel.«[60] Absichtliche Formlosigkeit wurde zur bezeichnenden und gewollten Form. Der Kirchenvater konnte sein Gewissen nur beschwichtigen, indem er durch die Formlosigkeit seines Werkes beständig wieder verhüllte und versteckte, was in Gefahr war, allzu schutzlos den Augen der Öffentlichkeit preisgegeben zu sein. Am Beispiel der Stromateis von Clemens Alexandrinus wies Overbeck ausführlich und mit genialem Spürsinn nach, wie der Kirchenvater immer zugleich redet und schweigt.[61] »Er gestattet sich nur den halben Gebrauch der menschlichen Rede; da er ein Geheimnis verrät, darf er auf jeden Fall nur andeuten, zugleich einerseits ausdrücken und erkennen lassen und andererseits für sich behalten und verbergen.«[62] In diesem Konflikt verfielen die Kirchenväter schließlich auf den Gedanken, daß alle kirchliche Schriftstellerei nur Schriftauslegung sein dürfe, wie Hieronymus und Augustin ausführten. Der kirchliche Schriftsteller wollte nur weiter überliefern, was er von anderen gelernt hat, er wollte das bloße Organ der Tradition sein. »Der christliche Literat hat große Scheu vor sich selbst. Es hängt mit dem religiösen Charakter seiner Aufgabe zusammen, daß der christliche Schriftsteller nur mit großer Scheu schreibt und, um nicht zu fehlen, sich möglichst jeden eigenen Gedanken versagt, sich beim Schreiben an die Tradition anschließt. Die Folge hiervon ist gewesen, daß in der Literatur der Kirche der Intellekt durchaus unterdrückt ist. Um so fesselnder kommt dagegen der Wille, das Gemüt des Menschen zum Worte.«[63] Aus diesen Gründen kann sich, wie Augustin selbst zugab, die Literatur der Kirche als Literatur betrachtet mit der weltlichen nicht messen. Overbeck zog aus dieser Beobachtung aber den Schluß: »Kurz, die Kirchenschriftstellerei, so wie sie sich unter der Sanktion der Kirche entwickelt, ist die organisierte Unehrlichkeit und Zweideutigkeit.«[64]

Die dargelegten Überlegungen begründen Overbecks These, daß nicht, wie gewöhnlich angenommen wird, mit den ersten christlichen Aufzeichnungen die christliche Literatur beginne, und infolgedessen die christliche Literaturgeschichte nicht mit dem Neuen Testament zu beginnen habe. Diese These erfährt nach Overbecks Ansicht ihre Bestätigung durch das Urteil der Kirchenväter. Sie waren sich gar nicht bewußt, in den Aposteln ihre Vorgänger als Schriftsteller gehabt zu haben. Sie waren im Gegenteil der Meinung, »aus der Quelle apostolischer Schriftstellerei eben nicht mehr zu schöpfen«.[65] Will man trotz dieser eigenen Aussage der Kirchenväter die Evangelien und die Apostelgeschichte als historische Bücher betrachten – obwohl es in der Literatur der Kirchenväter kein Werk gibt, das einem Evangelium oder einer Apostelgeschichte auch nur ähnlich oder aus deren Form abzuleiten wäre – so muß wenigstens klar ausgesprochen werden, daß die historische Literatur der alten Kirche zwei zeitlich weit auseinander liegende Ansätze besitzt, die seltsamerweise ohne jeden literarhistorischen Zusammenhang sind.

Nach Overbeck kann von einer christlichen Literaturgeschichte seit dem Neuen Testament bis Euseb nur sprechen, wer einen ganz barbarischen Begriff von Literatur hat. »Die Geschichte der kirchlichen Literatur läßt sich jedenfalls nur von dem Moment an schreiben, von dem ab diese Geschichte in ihrem eigentlichen Verlauf sich verfolgen läßt, d.h. seitdem die ›kirchliche Literatur‹ genannte historische Größe eine übersehbare und kontinuierliche historische Entwicklung gehabt hat. Ist dies erkannt, so scheidet sich das Ganze, das sich als Literatur des altchristlichen Altertums anbietet, sofort in zwei Komplexe aus, zwischen denen ein historischer Zusammenhang nicht ohne weiteres besteht: eine schon früh untergegangene Geschichte der christlichen Urliteratur und eine darauf folgende Geschichte der Kirchenschriftstellerei, die sich dann fortlaufend mit der alten Kirche selbst entwickelt hat.«[66]

Nun kann endlich auf den der christlichen Urliteratur zugrunde liegenden Sinn eingegangen werden. Das Christentum zog sich zunächst aus der Welt zurück. Mit der Abschließung von der Welt war notwendig auch die Zurückziehung von der Literatur verbunden, da die profane Literatur griechischer oder lateinischer Prägung für die Christen ein Stück dieser Welt bedeutete, von welcher sie bestrebt waren, sich fern zu halten. »Sich anfangs in ganz anderen Formen äußernd, hat das Christentum ursprünglich an den Gebrauch der Formen der Weltliteratur gar nicht gedacht.«[67] Mit dieser Zurückziehung verzichtete das Christentum auch bewußt auf die damalige Literatursprache. Ursprünglich bediente sich das Christentum der aramäischen Sprache, des literaturlosen Dialekts eines unbedeutenden und weltvergessenen Volksstammes; später des Judengriechisch, das ebenfalls keine Literatursprache ist. Und als das Urchristentum doch gewisse schriftliche Erzeugnisse hervorbrachte, lag ihm jedenfalls der Gedanke völlig fern, daß ein Werk der Literatur seine ganze Autorität und Bedeutung aus sich selbst, das will besagen, aus seiner literarischen Form schöpfe. Seine Kundgebungen waren auf ganz andere Grundlagen gestellt,* weshalb seine schriftlichen Äußerungen auch nicht zur Literatur zu rechnen sind. Das aber hat zur Folge, daß die Produkte der christlichen Urliteratur für die Nachwelt die Verständlichkeit eingebüßt haben. »Die christliche Urliteratur ist darum für spätere Geschlechter und noch für uns so schwer verständlich, weil sie es für ihr ursprüngliches Publikum so unmittelbar war. Sie redet die Sprache ihrer Leute und verzichtet demnach auf alle Künste der Literatur, weil sie es kann. Sie ruft unmittelbar einen Glauben an, den sie mit den ihr vorschwebenden Lesern teilt und diese mit ihr. Was kümmert sie da der literarische Ausdruck dessen, was sie zu sagen hat? Aber freilich, diese Sorglosigkeit muß sie mit dem Preise besserer Verständlichkeit für eine spätere und jede ihr ferner stehende Welt zahlen.«[68]

Indem die christliche Urliteratur es verschmähte, dem Inhalt ihrer Schriften durch literarische Ausdrucksform größere Verständnismöglichkeit zu geben, verpaßte sie den Anschluß an die Weltliteratur. Nur in einer gewissermaßen geistesabwesenden Art konnte die Urliteratur in der Kirche noch gelesen werden. »Es ist, als wenn die christliche Urliteratur einer ganz anderen Welt angehörte, für die man gar kein Auge mehr hatte und die man demgemäß entweder gar nicht sah, oder noch sah, aber gar nicht mehr verstand, zu der man sich daher im günstigsten Falle nur noch durch die gewaltsame Umdeutung in Einklang zu setzen vermochte.«[69]

Aus dieser Erwägung schloß Overbeck auf die praktische Aussichtslosigkeit jeder Einleitung ins Neue Testament. Das Urchristentum lebt für die heutige Zeit nur noch in Schriften und nur in solchen, von deren Verfasser wir nichts oder so gut wie nichts wissen. Ein neutestamentliches Buch »ernst nehmen, heißt in dieser Zeit nichts anderes als neben ihm von seinem Verfasser nichts weiter Besonderes wissen«.[70] Buch und Verfas-

---

* Selbst ein Literaturmensch wie Euseb legte für den Beweis des Christentums das Hauptgewicht nicht auf dessen Schriften, sondern auf die ἔργα des Christentums.

ser fallen in der Entstehungszeit unmittelbar – auch für den Leser – zusammen. Erst im Laufe der historischen Wirksamkeit werden sie getrennt, und zwar in einer solch beständigen Weise, daß zuletzt nur noch das Buch und vom Verfasser selbst nichts mehr übrigbleibt. Dann ist die Zeit der Literaturgeschichte angebrochen, die auf einer Überschätzung des Buches beruht, weil sie nur noch durch das Buch etwas vom Verfasser erfahren kann. In diesem Stadium wirkt das Buch nur noch ohne den Verfasser und damit ist der unvermeidliche Prozeß eingeleitet, in dem es einmal gänzlich aufhört zu wirken. »Einst wurde es durch sich selbst als die lebendige Rede seines Verfassers verstanden, und neben ihm war der Verfasser nicht erst zu zitieren. Aber nun bringt kein wünschenswert gewordenes Zitieren des Verfassers dieses einstige Verständnis zurück.«[71] Der Verfasser ist entweder gleichzeitig mit dem Buche oder überhaupt nicht da, auf alle Fälle ist er nicht mehr der alleinige Interpret seines Werkes. Lebt aber eine Literatur ausschließlich noch in Büchern, dann ist es mit ihrer lebendigen Wirksamkeit zu Ende.

Sollte der Verfasser einer neutestamentlichen Schrift in historisch greifbarer Art auftauchen, so würde das die historische Wirksamkeit des Neuen Testamentes aufheben. Diese beruht nur auf der in der Urzeit vorhandenen, unmittelbaren Einheit von Entstehung und Wirksamkeit. Wäre es möglich, diese Einheit zu trennen und sich mit dem Verfasser direkt zu unterhalten, so würde dadurch die neutestamentliche Literatur selbst überflüssig und ihr historisches Dasein wäre aufgehoben. »Das Vergangene aller Urliteratur ist eben nicht einfache Vergangenheit, sondern qualifizierte Vergangenheit oder Vergangenheit in zweiter Potenz, Mehr-als-Vergangenheit, Übervergangenheit; es ist, nahezu nichts mehr von Gegenwart darin.«[72]

Trotz der eigentümlichen Beschaffenheit der christlichen Urliteratur und trotz der Ablehnung der heidnischen Literatur konnte sich das Christentum auf die Dauer gegen die antike Literatur so wenig behaupten wie gegen die antike Welt überhaupt. Die Kirche verschaffte sich deshalb schließlich eine eigene Weltliteratur, denn etwas anderes ist im Grunde die Kirchenschriftstellerei nicht. Bei der kirchlichen Weltliteratur erhebt sich aber sogleich die Frage, ob in ihr »das Christentum mehr die Sprache der Literatur behandelt oder diese das Christentum«.[73] Zu dieser Frage fühlte sich Overbeck gedrängt, weil seiner Ansicht nach über jeden Stoff, der irgendwie Literatur geworden oder in die Literatur geraten ist, die Form Herr wurde. Diese Erkenntnis erklärt, weshalb der Versuch einer christlichen Urliteratur früh scheitern mußte. »Über den Stoff durfte die Form nicht Herr werden. Auch die historische Form, in der ein Stoff behandelt wird, sichert ihn allen Kautelen zum Trotz, die gerade hier angewendet werden, nicht vor beständiger Verwandlung. Das durfte mit Christus nicht werden, wie es in den Evangelien zu werden auf dem Wege war. Daher auch der Prozeß der Evangelienbildung durch Kanonisierung stillgestellt wurde.«[74]

Die Verschiedenheit der christlichen Urliteratur gegenüber aller späteren christlichen Literatur ist nicht nur eine zeitliche, sondern eine qualitative. Da bei den Apologeten noch unentschieden blieb, ob in der Kirche der Gebrauch der profanen Literatur nicht nur vorübergehend, sondern dauernd freigegeben werden sollte, war das Bestehen der christlichen Urliteratur neben der Wirksamkeit der Apologeten möglich; ganz unvereinbar mit ihr war jedoch die Entstehung einer bleibenden kirchlichen Weltliteratur. In dem Augenblick, da die Frage in bejahendem Sinne entschieden wurde, war der Untergang der christlichen Urliteratur beschlossen. Ihr Tod wurde dadurch zur unausbleiblichen Folge. So fand die christliche Urliteratur ihr frühes Ende, d. h. sie ging nach kaum hundertjährigem Dasein unter. Ihr Totenschein liegt im Kanon des Neuen Testaments vor. Mit dem Kanon war der Entstehung neuer Evangelien, Apostelgeschichten und Apokalypsen ein Riegel vorgeschoben. Jedenfalls war für einen Christen die Produktion solcher Literatur untersagt. Damit erklärte aber die Kirche selbst offiziell, »daß die Quellen, aus denen die Urliteratur ihr Leben gesogen hatte, versiegt seien«.[75] Gleichzeitig bildete die alte Kirche die Inspirationslehre aus, um die christliche Urliteratur gegen alle Gleichsetzung mit der übrigen Literatur zu schützen.

Der Vorgang der Kanonisation entzog sich bisher vollständig der historischen Forschung. Eine glaubwürdige Tradition existiert nicht, sondern bis heute gibt es nur ganz haltlose moderne Vermutungen darüber. Kein deutlicherer Eindruck ist davon möglich als die »tiefe Stille, unter welcher für die betrachtende Nachwelt der Kanon zustande kommt«.[76] Dieses Fehlen jedes direkten Zeugnisses über seine Entstehung erklärt die Verdunkelung der Vorstellung über die historische Entstehung der Kanonsobjekte, die der Kanonisationsprozeß zur Folge hatte. Am deutlichsten geht das aus der Reihenfolge der Briefe des Paulus im Kanon hervor, die, wie Overbeck hervorhebt, nach keinem anderen Gesichtspunkt als der Länge der Briefe angeordnet sind. Die ursprünglichen historischen Tatbestände der apostolischen Briefe sind für die Kanonisation belanglos, weil ihr Interesse von demjenigen der historischen Wissenschaft weit abliegt. Die Kanonisierung eines Objektes bringt immer »die Verdunkelung des historischen Bewußtseins über dasselbe«[77] mit sich. Zu dieser Eigentümlichkeit der Kanonisation gesellt sich der damit verbundene Ausscheidungsprozeß. Aus der Menge der christlichen Urliteratur wurde ausgeschieden, was nach dem Urteil der Kirche nicht auf göttliche Inspiration Anspruch erheben konnte.

»Eine Katastrophe der Geschichte der christlichen Urliteratur ist darum auch ihre Kanonisierung. An dieser hängt ein gutes Stück der Ungleichmäßigkeit und Zusammenhanglosigkeit ihrer Erhaltung. Von der eigentümlichen Verschüttung, welche jede Urzeit trifft, findet bei der christlichen Urliteratur ein guter Teil seine Erklärung in ihrer Kanonisation. – Schriften, welche einem Kanonisierungsprozeß unterlegen haben, oder anders gesagt, in einem Kanon überliefert sind, sind bei Gelegenheit ihrer Kanonisierung gewissermaßen zum zweiten Male entstanden. Theologen haben daher sich wohl zu hüten, Methoden der Literaturkritik, die ihnen bei Behandlung kanonischer Literatur geläufig geworden sind, ohne Besinnen auf Schriften anderer Art zu übertragen.«[78] Das scheint jedoch niemand stärker bestreiten zu wollen als die heutige Forschung des Urchristentums. »Wenigstens sind die Methoden, die sie in Anwendung bringen, vollkommen zweckwidrig und unvernünftig. Die Tradition einer uralten Entstehungsgeschichte hätte vor allem Anspruch, mit subjektiver Konjektural- und Hypothesenkritik verschont zu werden – aber gerade mit ihr wird der Überlieferung des Urchristentums am rücksichtslosesten zugesetzt.«[79] Der Erfolg ist allerdings ein gänzlich negativer, weil alle kritisch-psychologischen Methoden diesem Gegenstand gegenüber unzulänglich sind und hoffnungslos an ihm abprallen.

Overbeck nannte die Kanonisation der christlichen Urliteratur einen »Mortifikationsprozeß«.[80] Die Kanonisation macht ihre Objekte in solchem Maße unverständlich, daß man »auch von allen Schriften unseres Neuen Testamentes sagen kann, daß sie im Augenblick ihrer Kanonisierung aufgehört haben verstanden zu werden«.[81] Sie werden in die höhere Sphäre einer ewigen Norm erhoben, während über ihre Entstehung absichtlich ein dichter Schleier gebreitet wird. Diese Erhöhung und die damit verbundene Interpretation ist aber nur eine andere Form des Eingeständnisses ihrer Unverständlichkeit. Eine Schrift kanonisieren heißt demnach sich eingestehen, daß man sie nicht mehr versteht und man sich deshalb vorbehält, sie auszulegen; »sie zum Objekt derjenigen Exegese machen, welche darin alles, was die Kirchenlehre brauchte, zu finden gestattete«.[82]

Diese Äußerung Overbecks führt zu dem exegetischen Problem, über das er sich in diesem Zusammenhang klar zu werden versuchte. Er betonte zunächst, daß ein Buch für seine Leser und nicht für seine Ausleger geschrieben sei, was niemand mehr geneigt sei zu vergessen als diese Ausleger selbst. Das größte Unglück, das einem Text zustoßen kann, ist, ausgelegt zu werden, und je eifriger man sich seiner in diesem Sinne annimmt, um so größer ist das Unglück. Hinzu kommt, daß die Bücher, die einer Exegese bedürfen, ohnehin nicht zu den am besten verstandenen, sondern zu den dunkelsten und kontroversesten gehören. Beim Neuen Testament liegt die Schwierigkeit der Exegese einerseits in der Beschaffenheit des urliterarischen Textes, der als solcher auf die Verständigung mit der übrigen Literatur verzichtete, was er aber mit dem Preise des Nicht-mehr-verstanden-werdens durch die späteren Geschlechter bezahlen mußte. Anderseits wird die Exegese auch durch die Befangenheit und Interessiertheit der Ausleger gegenüber dem Texte außerordentlich erschwert, da sie zum großen Teil nicht so sehr sein Verständnis, als seine praktische Verwendbarkeit anstreben.

Besonders der theologischen Exegese stellte Overbeck kein gutes Zeugnis aus, da sie die offenkundige Schwierigkeit nicht deutlich genug empfinde. »So besteht die theologische Exegese z. B. der Evangelien in einem beständigen Durcheinander eigentlichen Textauslegens und selbstherrlichen Orakelns über den Vorgang, der hinter diesem Texte steht.«[83] Ihre wilde Willkürlichkeit ertrug Overbeck nicht. Die theologische Exegese will die Tatsache, daß sie vom Tode eines Buches lebt, mit dem Berge ihrer Kommentare übertürmen. »Die kirchliche Schriftauslegung läßt sich als der zweite, der verstärkte und gelungene Versuch bezeichnen, den religiösen Stoff des Christentums zur Literatur zu zwingen, d. h. ihn der literarischen Form dienstbar zu machen. – Der erste Versuch war mit der christlichen Urliteratur gemacht. Er wurde gerade, wo er am frühesten Erfolg hatte, auch zuerst geschlossen ... Aber nur, um sich dem Ziel von einer anderen Seite wieder zu nähern. Nach Heiligsprechung des Kanons bemächtigte sich die Literatur seines Stoffes mittels seiner Auslegung und nun gelangte sie zum Ziel. Jetzt wurde der ursprüngliche Inhalt des Kanons die Beute der Literatur bis zu völliger Unkenntlichkeit. Und dies mit Hilfe des Kanons selbst, der dagegen zur Schutzwehr hätte dienen sollen, aber weil er ein unmögliches Ziel verfolgte, in Wahrheit die Erreichung nur beförderte. Zu beachten ist übrigens, daß man in der Kirche den Kanon aufstellte genau in dem Moment, wo man von den Schriften, aus denen er bestand, nichts mehr verstand, wo er also alle Elastizität besaß, die ihn als Schutzwehr ziemlich illusorisch machte. Das ist im Moment seiner Entstehung am augenscheinlichsten der Fall, da die älteste Exegese gerade auch die kühnste ist. Mit der Zeit machte man die Erfahrung der Sache, lernte erkennen oder doch ahnen, wo man hin kam, und wurde etwas vorsichtiger, bis die glückliche Nacht der Unwissenheit des Mittelalters alles verschwimmen ließ und man mit dem Kanon wieder machen konnte, was man wollte. Die evangelische Geschichte wurde nun zum Gedicht, sie war wirklich nur noch poetischer Stoff.«[84] Mit diesen Ausführungen wollte Overbeck auf die Fragwürdigkeit des exegetischen Unternehmens hinweisen.* Keineswegs sollte dadurch die Exegese an sich verneint werden. Overbeck wußte, daß der Kanon in einer Kirche den idealen Kern aller theologischen Literatur bedeutet. Weit entfernt davon, die Exegese strikte abzulehnen, leistete er darüber noch seinen letzten, hervorragenden Beitrag zum Kapitel der christlichen Urliteratur.

Wiederholt äußerte Overbeck die Meinung, daß die von ihm und den modernen Bearbeitern des Urchristentums angewandten, kritisch-psychologischen Methoden dem zu behandelnden Objekt gegenüber unkongenial seien. Viel entsprechender sei diesem Gegenstand die allegorische Exegese, deren Betätigung er auch heute noch für möglich hielt.

Der Hinweis auf die Allegorie aus Overbecks Mund erscheint so überraschend und so seltsam, daß die Ansicht geäußert wurde – so von Vischer –, Overbeck habe damit nur einen ironischen Spaß gemacht. Diese Auslegung wird aber Overbecks Äußerung in keiner Weise gerecht. Er nannte die Ansicht, wonach die allegorische Exegese nur eine Verirrung der Theologie der Vergangenheit wäre, von welcher der Protestantismus die Welt in der Hauptsache befreite, ausdrücklich einen modernen Gemeinplatz. »Die allegorische Methode der Schriftauslegung ist in der christlichen Kirche nicht eine beliebige Methode unter ihren exegetischen Methoden überhaupt, und in diesem Sinne insbeson-

---

* Overbeck ist nicht der Erste, der auf das Zweifelhafte aller Exegese aufmerksam wurde. Er kann sich auf eine Reihe alter Zeugen berufen. In seinem Nachlaß notierte er selbst darüber die Bemerkung: »Die Väter der nitrischen Wüste verboten, das Leben und die Aussprüche der ›Alten‹ anders als auf Papier – etwa auf Pergament – niederzuschreiben. Denn spätere Generationen würden doch die Tradition mildern und schreiben, was ihnen gefiele. – Diese Weisheit trifft alle Kanonisierung von Schriften tödlich. Denn daß sie kanonisiert sind, reizt nur die Leser, damit zu machen, was sie wollen – durch die Künste der Auslegung – und hindert sie jedenfalls nicht daran.«[85]

dere als die an sich gleichberechtigte und nur durch ihr Unglück in der Geschichte schließlich erfolgloser gebliebene Nebenbuhlerin der wissenschaftlichen oder historischen Exegese.«[86] Als grundfalsch bezeichnete Overbeck diese Gleichsetzung, weil die allegorische Exegese in der Theologie nicht eine Methode neben anderen exegetischen Methoden sein wollte, sondern die einzige, die der Theologie allein eigentümliche, die allein für sie charakteristische, die deshalb nur zugleich mit der Theologie selbst preiszugeben war. »Die allegorische Exegese ist in der Kirche keine Methode oder Form der Exegese neben anderen, sondern die Exegese der Kirche κατ ἐξοχήν, die in ihr allein mögliche; gibt sie die Kirche auf, so gibt sie sich selbst auf.«[87]

Ihre Bedeutung hat die allegorische Interpretation historisch, was besagen will legitim, erworben. Die Ansicht F. C. Baurs, daß die Allegorie immer die Zerfallserscheinung einer Religion sei, hielt Overbeck für ganz verkehrt. Das Christentum hat zu keiner Zeit ohne allegorische Interpretation existiert. Ohne Allegorisierung des Alten Testamentes hätte das Christentum in die hellenistisch-römische Kultur keinen Eingang gefunden, und auch das Neue Testament wurde keineswegs nur von den Gnostikern allegorisiert. Aus dem Gebrauch, den das vierte Evangelium von dieser Interpretation der evangelischen Geschichte machte, schloß Overbeck auf das Recht dieser Exegese und erblickte in der Nichtbeachtung dieses Gebrauches den Grund dafür, daß bis heute der Standpunkt, der einer urliterarischen Schrift wie dem Johannesevangelium gerecht zu werden vermöchte, nicht gefunden wurde.[88] »Ja man kann sagen, daß eine so phantastische Auslegung, wie sie vom Evangelium die großen Meister der alten Kirche (z. B. Origines und Augustin, der letztere in besonders interessanter Weise in seiner Auslegung des 21. Kapitels) liefern, dem Geist des Buches viel näher steht als die sogenannte wissenschaftliche, wenigstens auf der Stufe, auf welcher diese sich immer noch behaupten zu können vermeint. Die alte Kirche verkannte wenigstens den phantastischen Charakter des ausgelegten Buches nicht, wenn es ihn auch nicht Wort haben wollte; wir machen in dieser Beziehung keine Umstände und meinen trotzdem uns in unserem Verhältnis zum Buch blind verhalten und mit ihm umgehen zu können, als wenn es das nicht wäre, als was es uns erscheint, nämlich phantastisch. Phantastisch sollen wir ein Buch jedenfalls auslegen, das dies selbst ist, nur daß wir nicht darüber selbst phantastisch werden dürfen, aber auch der Phantastik des Buches nicht mehr die Huldigung zu erweisen brauchen, die ihm die alte Kirche erwiesen hat.«[89] Overbeck sah somit in der allegorischen Interpretation die aus dem Gegenstand selbst hervorgegangene und ihm am meisten entsprechende Methode. Nur eine Theologie, die ihren Besitz nicht mehr zu wahren weiß, kann das leugnen.

Mit diesen Ausführungen über die Allegorese wollte Overbeck nicht nur eine historische Erkenntnis aussprechen. Seine Gedanken gipfeln in der Einsicht, daß die allegorische Deutung nicht allein für die Vergangenheit eine hohe und einzigartige Bedeutung hatte, sondern auch für die Gegenwart von nicht zu unterschätzendem Werte sei. Die allegorische Interpretation »ist noch heutzutage unter die Möglichkeiten zu rechnen, die es für das Christentum gibt, sich in der Welt zu behaupten«.[90] Overbeck sah sogar in der allegorischen Methode den archimedischen Punkt, vermittels dessen das Christentum seinen verlorenen Posten in der Welt zurückgewinnen könnte. Er gab sich keiner Täuschung hin über die Schwierigkeit dieses Unternehmens, aber er ließ sie nicht als Argument gelten, das zum voraus von einem Versuch entbinde.

Overbecks negative Behauptung der Unverständlichkeit der Urliteratur für alle späteren Geschlechter findet ihre positive Ergänzung in seiner Hervorbebung der Allegorese. Sie bildet einen der Punkte, an welchen sein Lebenswerk, dessen Hauptbedeutung in der kritischen Leistung besteht, zu positiven Einsichten gelangte. Nur wenige seiner Zeitgenossen vermochten ihm darin zu folgen. Unsere Aufgabe ist es, an diese wertvollen Einsichten anzuknüpfen.

Profane Kirchengeschichte

Die Idee zu einer profanen Kirchengeschichte wurde bei Overbeck durch F. Chr. Baur angeregt. Nach Overbecks eigener Aussage[1] ist somit der Hauptgedanke seiner historischen Arbeit aus der Kirchengeschichtsschreibung des 19. Jahrhunderts hervorgegangen. Diese über seine eigene Existenz weit hinausreichende Aufgabe empfing er zwar nicht auf direkte Weise von der Kirchenhistoriographie des vergangenen Jahrhunderts. Vielmehr kam er durch die Freiheit, mit welcher er es wagte, über den kirchenhistorischen Horizont Baurs hinauszublicken, zu dem Gedanken der profanen Kirchengeschichte. Nur durch die Sprengung des geistigen Gesichtskreises der traditionellen Forschung gelangte er zu seinem wichtigsten Anliegen.

Daß Overbeck schlicht und einfach bei den Bestrebungen der historischen Arbeit des beginnenden 19. Jahrhunderts anknüpfte, ergibt sich aus den Anfängen seiner kirchengeschichtlichen Bemühungen. Schon als Student in Leipzig sah er die Aufgabe des Historikers darin, »keine Ideen aufzusuchen, sondern sie ganz kaltblütig aus der Geschichte hervorwachsen zu sehen«.[2] Es ist das Ziel aller echten Geschichtsschreibung, das sich vor seinen Augen öffnete. Auf die Erforschung der Tatsachen und die chronologische Darstellung der Ereignisse richtete sich vorwiegend sein Interesse. Das war das Ziel des jungen Overbeck, als er in Jena seine Privatdozentenlaufbahn begann, und blieb auch seine Bestrebung in Basel, als er bemüht war, seinen Studenten das Neue Testament nach Möglichkeit ohne Tendenz auszulegen und auf gleiche Weise die Kirchengeschichte vorzutragen.

Vom Beginn seiner Tätigkeit an wandte sich Overbeck gegen zwei weitverbreitete Auffassungen der Geschichtsschreibung.

Man wird es dem Vorbild Baurs zuschreiben dürfen, daß Overbeck von der ersten Stunde seiner Vorlesungen an gegen jede dogmatische Behandlung der Kirchengeschichte Stellung nahm. Er war sich selbstverständlich der Unmöglichkeit einer voraussetzungslosen und völlig objektiven Geschichtsschreibung bewußt. Aber »die Gelassenheit, um nicht zu sagen Genugtuung, mit der man gegenwärtig die Unmöglichkeit objektiver Geschichtsschreibung zu verkünden pflegt, hat bei der Bedeutung, die man der Geschichtsschreibung zuerkennt und der Reverenzen, die man allgemein ihr zu erweisen pflegt, nur um so mehr etwas Empörendes.«[3] Wohl anerkannte Overbeck, daß alle Geschichtsdarstellung subjektiv gefärbt ist, schloß aber aus dieser anhaftenden Schwäche nicht auf die Unmöglichkeit objektiver Forschung, sondern forderte möglichste Einschränkung der unvermeidlichen Subjektivität.

Auch der Historiker tritt mit ganz bestimmten Voraussetzungen an seinen Stoff heran, er kann gar nicht anders daran gehen. Gibt er die Voraussetzungen auf, so gibt er seine Arbeit als Historiker auf. Die Grundvoraussetzung des Historikers, mit der jede wissenschaftliche Untersuchung steht und fällt, ist, vermittels seiner historischen Methode das geschichtliche Geschehen überhaupt irgendwie »einzufangen« und »festzuhalten«. Alle weiteren zur Anwendung gelangenden Voraussetzungen sind nur Versuche, sich den Gegenstand durchsichtig zu machen. Vergewaltigt ein solches Versuchsmittel den Stoff oder erweist es sich als unzulänglich, so wird es der echte Historiker wieder fallen lassen. Die Bemühung, die Subjektivität auszuschalten, kann nie restlos gelingen, immer wird etwas vom eigenen Aspekt des Geschichtsforschers mit unterlaufen. Es ist deshalb die Forderung zu berücksichtigen, wenigstens »nach Möglichkeit ohne Tendenz« die Geschichte zu bearbeiten.* Das stellt selbstredend nur einen graduellen Unterschied dar. Wo jedoch eine qualitative Unterscheidung nicht möglich ist, kommt es allein auf die graduelle Differenzierung an. Overbeck betätigte diese Erkenntnis in seiner historischen Arbeit äußerst fein, was ihm die hervorragende Bedeutung als Geschichtsforscher verleiht.

Eine durch dogmatische Gesichtspunkte oder Interessen gebundene Geschichtsschreibung – der Historiker müsse gläubig sein, lautet eine alte und moderne Forderung! – schließt die Augen vor dem wirklichen historischen Geschehen. Der Historiker, der beständig ein dogmatisches Gewicht in der Waagschale mit sich führt, womit er sein historisches Objekt wägt, entbehrt des eigentlichen geschichtlichen Verständnisses, das vor allem erforschen, entdecken, aufspüren und verstehen will, und sich erst in zweiter Linie mit der Bewertung des Gegenstandes befaßt. Alles Werten und Beurteilen, der Kirchenväter beispielsweise, nach einem bestimmten dogmatischen Maßstab vergleicht Overbeck mit einem »nachträglichen Herumdoktern«, dem nicht mehr Sinn beizumessen sei als dem Unternehmen eines Arztes, der heutzutage die alten Griechen und Römer von den Krankheiten, an denen sie gestorben sind, kurieren wollte. Ein solches Unternehmen kann nicht anders denn als »Abgrund von Langeweile« bezeichnet werden. Echte Geschichtsforschung will vor allem ihrem Gegenstand gerecht werden. Wird eine Persönlichkeit oder eine Epoche in einer Darstellung dogmatisch verurteilt – z. B. als Abfall oder Verrat am »Evangelium« –, so ist sie in ihrer spezifischen Eigenart geschichtlich nicht richtig erkannt worden. Jede dogmatisch verurteilte Geschichtserscheinung ist eine historisch nicht richtig verstandene Begebenheit. Wo ein Kirchenvater verdächtigt wird, ob er den Christennamen auch zu Recht führe, ist die Untersuchung keine historische, sondern

---

* Overbeck hat dieses Postulat auch einmal in die Worte gefaßt: »Ohne Radikalismus ist in der Wissenschaft gewiß nichts zu erreichen, aber ebenso gewiß nichts mit einem ganz losgelassenen Radikalismus. Nur mit einem, der sich selbst in Zügel hat, ist zum Ziele zu gelangen«.[4]

eine dogmatische, deren Ergebnis je nach dem dogmatischen Standpunkt des Verfassers vorausgesagt werden kann. Ein Aburteilen der Patristiker von einer dogmatischen Position, etwa des Paulinismus aus, so daß keiner vor diesem Gerichtstribunal bestehen kann, bezeichnete Overbeck als sehr leicht für die heutigen Theologen. Geschichtliches Verständnis ist damit nicht bewiesen, und man wird sich fragen müssen, was damit gewonnen sei. Overbeck warf grundsätzlich die Frage auf, »ob unser Verständnis der Kirchenväter schon weit genug gediehen ist, um zu gestatten, sie so rücksichtslos theologisch abzuurteilen? Verstehen aber soll man, bevor man urteilt; es gibt keinen Standpunkt, der dieser Forderung sich zu entziehen gestattete; auch der korrekteste Protestantismus ist kein solcher Standpunkt.«[5]

In den wiedergegebenen Äußerungen Overbecks meldet sich der Protest des Historikers gegen die dogmatische Vergewaltigung einer Epoche zugunsten einer anderen zum Wort. Seine Abwehrstellung kehrte sich aber nicht einseitig gegen die apologetische, traditionelle Richtung, sondern ebensosehr gegen eine zweite Front.

Nicht minder heftig lehnte Overbeck eine ganz undogmatische und unkirchliche Historiographie ab, die in Verkennung dessen, was echte Historie zu leisten vermag und was nicht, in ein feuilletonistisches Raisonnement gerät. Croce nannte diese Geschichtsschreibung nicht unzutreffend »poetische Historie«. Ihre Grenzen gegen die Belletristik verfließen in der Tat. Es ist eine Historiographie, die im Grunde unter die Rubrik »historischer Roman« einzuordnen ist, welche Tendenz sie jedoch nicht zugeben will. Entscheidend fällt die Anklage gegen sie ins Gewicht, die aller Geschichtsschreibung eigentümliche Frage: Was ist geschehen? verlassen zu haben. An deren Stelle trat die Frage: Was könnte in Anbetracht dieser und jener Überlieferung möglicherweise geschehen sein? Es ist kein Wille mehr vorhanden, sich in den Zusammenhang und die Eigenart eines Stoffes einzuarbeiten, sondern Vermutungen und Hypothesen, die man wahllos über sein Objekt ergießt, müssen die historische Arbeit ersetzen. Am Ende hat man nicht gehört oder gelernt, was die Quellen berichten, sondern – wie Overbeck besonders gegen Renan geltend machte – eine Fülle subjektiver Reflexionen, die in ihren psychologischen Motivierungen ihre Stärke besitzen.

Overbecks Angriff war nicht in erster Linie gegen die Machwerke sensationslüsterner Literaten gerichtet – obwohl er diesen auch gilt –, sondern vor allem gegen die Leben-Jesu-Forschung. Schon in den 1860er Jahren verurteilte er sie durch die einfache Feststellung, daß eine »Biographie Jesu zu schreiben eine Verirrung« sei.[6] Ausschließlich historische Erkenntnis führte ihn zu seiner Ansicht, daß über ein Leben, dessen Überlieferung, von ganz wenigen Notizen abgesehen, aller Wahrscheinlichkeit nach nur ein Jahr umfasse, keine Biographie geschrieben werden könne. Das Quellenmaterial, kritisch gesichtet, führt auf solch steile und kahle Höhen, wo ein solches Unternehmen nicht erlaubt ist, will man nicht zu den breiteren und verhältnismäßig fruchtbareren Gefilden der »vier harmonischen Evangelien« zurückkehren, und die Lücken, die auch sie dort noch allzu reichlich einer Biographie entgegenstellen, mit törichten Phantasien über »Bilanzen des Fischereigeschäftes der Familie Zebedäus« und was mehr dergleichen Spielereien sind, vertuschen. Gegen solche phantasievollen und effekthaschenden Geschichtsdarsteller wandte sich Overbeck mit seinen Bemerkungen.

In das Bild des die dogmatisch gefärbte und die psychologistische Geschichtsschreibung ablehnenden Historikers fügen sich Overbecks methodische Grundsätze harmonisch ein. »Die Wissenschaft lebt in und von ihren Methoden, aber das will nicht heißen, daß sie in diesen Methoden auch ihre Majestät hat, daß sie ohne weiteres ihr ihren Wert verleihen. Denn es gibt gute und schlechte Methoden, und nur die kritischen sind gut, vor allem diejenigen, deren Bevorzugung die Wissenschaft ihre Selbstkritik verdankt.«[7] Eine allgemein gültige Methode, die gleich einem passe-partout alle Türen öffnet, besaß Overbeck nicht. Es ist eine solche in der Historie gar nicht möglich, sofern sie nicht von außen, mit einer vorhergefaßten Idee, an den Stoff herantritt. Die richtige Methode kann stets nur aus dem Gegenstand selbst hervorgehen und muß ständig daraufhin geprüft werden, ob sie dem Objekt entspreche und ihm nicht Gewalt antue. Zeitlebens bekämpfte Overbeck die Scheu vor dem immer erneuten Eindringen in die eigentlichen Quellen. Nichts stumpft die kritische Schärfe historischer Arbeiten so ab wie die Vorliebe gewisser Historiker, die Lösung der Probleme des gegebenen Objektes außerhalb desselben, in seiner historischen Umgebung, zu suchen und sie von dort abzuleiten und zu erklären. Es war für Overbeck ein undiskutierbares methodisches Axiom, daß das Unbekannte aus dem Bekannten zu erschließen sei, d. h. der Historiker hat bei den vollkommen hellen Tatsachen einzusetzen und kann von da aus eventuell gewisse Rückschlüsse ziehen, nicht aber soll er sich von Anfang an auf das unbekannte Meer begeben und dort seinen Turm von Hypothesen und Möglichkeiten errichten.

Echte Wissenschaft trachtet nach Overbecks Ansicht stets danach, das Gebiet des Konjekturalen einzuengen, da sie der Konjekturen nicht völlig entbehren kann. »Die Hypothese ist ein unbedingt unentbehrliches Werkzeug jeder Wissenschaft. Aber ebenso unzweifelhaft ist, daß diese Unentbehrlichkeit die Grundursache der Beschränktheit oder der Schwäche jeder Wissenschaft ist. Sie kann der Hypothese nicht entbehren zur Überwindung des Problematischen ihrer Einsichten, aber ihre Hypothesen behaften sie auch zugleich unfehlbar mit dem Problematischen, zu dessen Überwindung sie verhelfen sollen. Es kommt für die Schätzung auch durchaus auf die Qualität der Hypothese an. Es gibt in sich gute und in sich schlechte Hypothesen, und daran erkennt man den Meister der Wissenschaft viel sicherer als an der Menge der von ihm verarbeiteten Hypothesen. Deren bloße Häufung kann vielmehr recht eigentlich zum Kennzeichen des Stümpers werden. Jeder Förderer der Wissenschaft muß mit Hypothesen umzugehen verstehen, aber nicht im geringsten ist, wer im Besitze der letzteren Fertigkeit ist, darum auch schon ein Förderer der Wissenschaft. Dem wissenschaftlichen Gebrauch der Hypothese hat darum die eindringendste Kritik dieser Begriffe vorauszugehen, welche unter den Hypothesen zwischen solchen, die für ihren Zweck brauchbar sind und solchen, die es nicht sind, zu unterscheiden anleitete. Natürlich ergeben sich die Maßstäbe für solche Kritik der Hypothesen in jeder Disziplin aus den individuellen Bedürfnissen ihrer Eigentümlichkeit. Für die Hypothese im Bereich der Geschichtswissenschaft, mit der ich mich allein befaßt habe, möchte ich z. B. vor allem den Gesichtspunkt der Begründung der Hypothese in der Tradition als Grunderfordernis ihrer Zulässigkeit viel strenger betonen als gemeinhin geschieht. Das Moment der subjektiven Erfindung an einer Hypothese muß hier auf ein Minimum reduziert sein, mag auch jede Hypothese, genetisch beurteilt, schließlich sich ins Bodenlose verlieren und in ihrer primitivsten Form meinetwegen ein loser Einfall sein. Subjektiv mag auch jede historische Hypothese ein solcher sein müssen, zur Abschätzung ihres Werts wird schließlich auf die objektive Begründung des Einfalls alles ankommen, d.h. vor allem auf die tiefere Wurzelung des Eindrucks, aus dem er hervorgegangen, in der Tradition. Auf die Raschheit der Entstehung wird für die Schätzung der Hypothese hier wenig oder nichts ankommen. Blitzartig können gute und schlechte Hypothesen als Einfall entstanden sein.«[8] Overbeck betrachtete die Hypothese als eine höchst problematische Notwendigkeit, die der »Kontrolle des Experimentes« unterliege. Daß ihre Benützung eine leidige Unvermeidlichkeit ist, soll nie übersehen werden. Sie darf nur Mittel zum Zweck sein und niemals Selbstzweck werden, ansonst sie eine Plage der Wissenschaft ist.

Die methodischen Grundsätze Overbecks zeichnen sich durch eine seltsame Mischung äußersten Radikalismus mit konservativster Zurückhaltung aus. Seine historische Arbeit besteht in einem eigenartigen Gegeneinanderausspielen dieser beiden Gesichtspunkte. Allgemein galt er in der Geschichte der Forschung als ganz freier und kritischer Kopf. An dieser Auffassung ist zweifellos richtig, daß er ein ganz vorurteilsloser, mit einem unbestechlichen Blick ausgestatteter Forscher war. Gewöhnlich wird aber die vorsichtige Besonnenheit, von welcher seine kritische Einstellung begleitet war, übersehen. Die Ausführungen über den Gebrauch der Hypothese in der wissenschaftlichen Arbeit zeigen, daß Overbeck nicht für eine schrankenlose Betätigung der kritischen Einsichten war. Er wußte, daß jeder Kritik die Gefahr droht, ihr Objekt zu erdrosseln.

Eine ähnliche Stellung wie zur Anwendung der Konjekturen nahm Overbeck zu der Quellenanalyse ein, mit dem Unterschied jedoch, daß seine vorsichtig ablehnende Haltung sich hier oft zu einer scharfen Bekämpfung steigerte. Den Hauptmangel der quellenscheidenden Methode erblickte er in ihrer Bodenlosigkeit. Spottend nannte er sie ein vorzügliches Mittel, um den Texten eine wächserne Nase zu drehen, da sie der Diskussion Horizonte eröffne, bei welchen kein Ende abzusehen sei. Gelegentlich erinnerte er zur Brandmarkung der Verirrungen der Quellenanalyse daran, daß man sich damit auf der Bahn jener »Methode« befinde, die in Bacon Shakespeare wiederfand. Ein weiterer Einwand Overbecks macht geltend, daß die moderne Quellenscheidung bei Anwendung ihrer Methode gar keine Rücksicht auf die Beschaffenheit der ihr vorliegenden Literatur nimmt. Man kann jedoch für kanonische und sonstige Literatur nicht die gleiche Methode verwenden. Innerhalb der kanonischen Literatur ist wiederum zu unterscheiden, ob ein langsamer Kanonisierungsprozeß vor sich gegangen war, der zum Teil uralte Literatur aufnahm, wie es im Alten Testament der Fall war, oder ein rascher, wie bei der neutestamentlichen Urliteratur. »Kurz, man hat vor Anwendung quellenkritischer Scheidung auf literarische Denkmale streng den Unterschied der Form, in welcher sie uns überliefert sind, zu beachten.«[9] Weil diese Forderung im großen und ganzen nicht befolgt, sondern frisch drauflos analysiert wird, stand Overbeck der quellenscheidenden Methode so skeptisch gegenüber.

Auch über die Tradition dachte Overbeck erstaunlich zurückhaltend. Den theologischen Historikern der Gegenwart warf er ein beständiges Hin- und Herschwanken zwischen der Scylla falscher Verehrung und der Charybdis törichter Geringschätzung vor. Wer Geschichte »begreifen« will, hat sie zunächst als Objekt sicherzustellen, wobei ihm die Tradition hilft. »Ohne Tradition gibt es keine Geschichtsschreibung und in der Geschichtsschreibung verdient die Tradition unbedingten Respekt. Aber ebenso gewiß ist, daß die Tradition in dieser Welt einer Unzahl von Unfällen unablässig ausgesetzt ist und mit ihm, wer sich ihr unbedingt unterwirft.«[10] Overbeck forderte, daß die geschichtlichen Ereignisse an Hand der Tradition nachgewiesen werden.

Alle diese methodologischen Äußerungen Overbecks – so kritisch sie sich im einzelnen gegen gewisse Modeauswüchse der modernen Historiographie wenden – bewegen sich durchaus im Rahmen der Kirchengeschichtsschreibung des 19. Jahrhunderts. Nirgends überschritt Overbeck damit das Ziel der offiziellen Historiker. Getreu den Grundsätzen aller echten und vorsichtigen Geschichtswissenschaft war er bemüht, von dem schmalen Weg, der zwischen apologetischer und journalistischer Geschichtsschreibung übrigbleibt, weder zur rechten noch zur linken Seite abzuirren. In dieser präzisen Umgrenzung der historischen Arbeit zeigt sich sein tiefes Verständnis für echte Historiographie. Dank dieser Eigenschaft gelang es ihm, das patristische Studium, namentlich in der protestantischen Theologie, zu neuem Aufschwung zu bringen.

Zu Beginn seiner Beschäftigung mit der Historie verzweifelte Overbeck noch keineswegs daran, dem Christentum vermittelst der Geschichtswissenschaft gerecht zu werden. Er lehnte in der Jenenserzeit die Ansicht Scholtens, der jeden »Versuch, auf dem Wege einer äußeren Beweisführung zur Kenntnis des ursprünglichen Christentums zu kommen, für fruchtlos« erklärte, ausdrücklich ab. Diese Meinung führe, wenn sie völlig ernst genommen werde, zur Aufhebung des Interesses an der Historie.

Eine Bemerkung, die Overbeck als Privatdozent anläßlich seiner Besprechung von F. Ch. Baurs »Neutestamentlicher Theologie« äußerte, führt uns seiner kritischen Einstellung gegenüber der Kirchengeschichtsschreibung des 19. Jahrhunderts näher und ins eigentliche Zentrum seiner historischen Einsicht. »Es ergibt sich, daß das Geschichtliche mindestens nicht mehr als das Dogmatische das ›Wesentliche‹ der biblischen Theologie ist, daß also ihr Zwittercharakter kein zufälliger, sondern ein in ihrem Wesen begründeter Fehler, und das im Laufe ihrer Entwicklung allerdings immer schärfere Hervortreten ihrer geschichtlichen Seite keine Rückkehr zum Wesen, sondern eine Selbstauflösung dieser Disziplin ist.«[11] Diese Äußerung ist vor allem ein Beweis, wie selbständig und wie früh Overbeck zu seiner eigentümlichen Problemstellung gelangte. Sie ist noch ganz vereinzelt, aber als erstes Anzeichen dafür, daß Overbeck an der Entwicklung der theologischen Historie irre wurde, ist sie um so wichtiger. Noch war er aus ihrem Bereiche nicht ausgeschieden und hatte über die Aufgabe des Historikers noch nicht anders zu denken begonnen, sondern wandelte in der gewöhnlichen Bahn aller kritischen Kirchenhistorie. Aber er drängte so kühn vorwärts, daß er stolz einmal ausrufen konnte: »Mit meiner Behandlung kirchenhistorischer Gegenstände bin ich euch doch allen vorausgegangen.«[12] Er nahm also das Verdienst, der modernen Betrachtungsweise kirchengeschichtlicher Probleme die Gasse gebrochen zu haben, für sich in Anspruch. Als nächster auf diesem Wege sei ihm dann Harnack gefolgt.

Mit Overbecks Vorangehen und Bahnbrechen auf dem Gebiete der Kirchenhistorie war aber eine mit jeder seiner Arbeiten größer werdende Entfernung von der offiziellen Kirchenhistorie verbunden. Dieses Abrücken geschah in solch steigendem Maße, daß seine letzten Publikationen bei seinen Fachgenossen nur noch ein verlegenes Kopfschütteln hervorriefen. »Als ob ich ein Pudendum begangen hätte«, meinte Overbeck ironisch zu diesem Kopfschütteln. Die Entfremdung war somit eine gegenseitige. Bei Overbeck hatte sie zur Folge, daß seine Stellung zu den Kirchenhistorikern der Gegenwart immer kritischer und ablehnender, und sein Urteil schließlich so schroff wurde, bis es sich zur Verurteilung der ganzen historischen Theologie steigerte.

Um zum Verständnis dieser Verurteilung zu gelangen, muß auf F. Ch. Baur zurückgegangen werden. Baurs Bedeutung liegt in seiner Erkenntnis, daß es in der historisch arbeitenden Theologie keine anderen Methoden als diejenigen der übrigen Geschichtswissenschaft geben kann und darf. Dieses Axiom enthält das Charakteristische der modernen Kirchengeschichtsschreibung; indem Baur es als Erster aussprach, gilt er als ihr Begründer. Auf dieses Postulat einigten sich, wenn auch nach einigem Zögern, schließlich alle modernen Kirchenhistoriker. Auch Overbeck anerkannte diese Forderung voll und ganz. Sein Schritt über Baur hinaus besteht keineswegs darin, daß er diese Erkenntnis in Frage gezogen oder gar wieder rückgängig gemacht hätte, ausgenommen für die Urliteratur, für welche er eine spezielle Methode forderte. Overbeck wandte gegen Baur nicht ein, diese Forderung erhoben, sondern sie zu wenig radikal durchgeführt zu haben. Diesen Vorwurf dehnte er auf die ganze moderne Kirchengeschichtsschreibung aus. Das wollte Overbeck mit den Worten Pseudohistorie und Pseudokritik ausdrücken, mit welchen er die ganze historische Theologie des 19. Jahrhunderts verurteilte.

Ursprünglich teilte Overbeck die kirchenhistorische Forschung in zwei Zweige ein, einen apologetischen und einen kritischen und zählte sich selbst zu der kritischen Gruppe. Mit der einsetzenden Besinnung über das Wesen und die Aufgabe der Geschichtswissenschaft genügte ihm aber diese Unterscheidung nicht mehr. Gegenüber der apologetischen Geschichtsschreibung verhielt sich Overbeck von jeher polemisch. Die wissenschaftlichen Probleme, die das Christentum der Geschichtsforschung bietet, wurden von den Vertretern der apologetischen Richtung nur unter Zwang zugegeben. In ihren Arbeiten waren sie stets bemüht, so viel zu »retten« als zu retten möglich war, und immer mehr oder weniger darauf bedacht, ihre dogmatische Ansicht aus dem behandelten Objekt herauszubringen. Deshalb war Overbeck zu diesem Flügel der Kirchenhistoriographie nur eine ablehnende Stellung möglich.

Bedeutsamer ist, daß Overbeck den kritischen Zweig der modernen Theologie bei schärferer Zuspitzung der Probleme als einen pseudokritischen empfand. Der Wandel in der Beurteilung wurde durch die Wahrnehmung hervorgerufen, daß »die alttübingische Schule, wie sie Baur gegründet hatte, vor allem im und vom Bemühen lebte, die theologische Geschichtsbehandlung und theologische Betrachtung von ihren theologischen Erbsünden zu befreien; das moderne theologische Jungtübingen in seinem Geschichtsbetrieb vom entgegengesetzten Bestreben lebt, die Geschichtsbetrachtung wieder an die Theologie auszuliefern«.[13] Es ist hier an Overbecks Stellung hinsichtlich der Unvereinbarkeit von Christentum und Geschichte zu erinnern, die bei Erörterung der historischen Präliminärfragen dargestellt worden ist. Overbeck folgerte aus dieser Diskrepanz, daß auch die geschichtliche Forschung in einem Widerspruch zum Christentum stehe. Alles historische, kritische Arbeiten besteht immer in einer Seziertätigkeit, vermittelst welcher die alles Leben umgebenden schützenden Hüllen zerstört und aufgelöst werden. Die destruktive Auswirkung aller Geschichtsforschung auf dem Gebiete des Christentums war für Overbeck so unbestreitbar feststehend, daß er alle Beweise für überflüssig hielt. Die Kirchenhistorie kann das aber nicht zugeben, da sie sich dadurch ihrer eigenen Auflösung aussetzen würde. Durch die Einführung teleologischer oder moralischer Kategorien in die Historie gerät sie, in der Illusion philosophisch zu verfahren, in die Zweideutigkeit theologischer Geschichtsbetrachtung und dadurch auf die Bahn der Pseudohistorie.

Weil die Vermengung theologischer und historischer Gesichtspunkte nur eine Pseudohistorie hervorzubringen vermag, kann auch nichts anderes als eine Pseudokritik daraus folgen. Der theologische Forscher besitzt gar nicht die innere Freiheit gegenüber seinem Objekt, um ihm mit einer wirklich kritischen Einstellung entgegentreten zu können. Er steht zu diesen geschichtlichen Urkunden in einem gewissen Verhältnis des Glaubens und der Pietät, das ihn an einer möglichst vorurteilslosen Betrachtung hemmt. Nur eine gebrochene und verkrampfte Kritik ist dem theologischen Historiker möglich, die Overbeck aber als Pseudokritik bezeichnete. Er nannte sogar F. Ch. Baur – von dessen gutem Geiste die heute herrschende Kritik ganz verlassen sei! –, weil er Theologe war und auch immer sein wollte, den »Vater nicht nur der modernen Kritik, sondern auch der modernen Pseudokritik«.[14]

Es ist klar, daß in dem Vorwurf der Pseudokritik die Ursache des gegenseitigen Nichtmehrverstehens zwischen Overbeck und der offiziellen Forschung liegt. In diesem Anwurf erblickte die traditionelle Kirchengeschichtsschreibung eine so schwere Verdächtigung, daß sie Overbeck aus der Reihe ihrer anerkannten Forscher strich. Overbeck hatte das deutliche Gefühl, schon zu seinen Lebzeiten für die deutsche historische Theologie nicht mehr zu existieren. Gleichzeitig betrachtete er in steigendem Maße – mit wenig Ausnahmen – die Publikationen der modernen Kirchenhistoriographie mit unverhohlener Verachtung.

Es ist nicht der Zweck dieser Ausführungen, in dem Streite zwischen Overbeck und der offiziellen Kirchengeschichtsschreibung als Richter zu urteilen. Über Recht oder Unrecht von Overbecks Anschuldigung ist hier nicht zu entscheiden. Es sei nur bemerkt, daß Overbecks generelle Verurteilung vielleicht etwas über das Ziel hinausschoß und jedenfalls an der Schwäche leidet, die allen solchen Verallgemeinerungen anhaftet.* Die Gegner sollten jedoch nicht übersehen, daß Overbeck mit seinen Behauptungen den wunden Punkt der Kirchengeschichtsschreibung getroffen hat. Sicher wird derselbe durch stillschweigendes Übergehen und Ignorieren des Anklägers nicht geheilt.

Overbecks leidenschaftliche Ablehnung der offiziellen Kirchenhistorie mußte hier erwähnt werden, weil nur von ihr aus sein Gedanke einer profanen Kirchengeschichte richtig verstanden werden kann. Diese Idee entstand in ihm durch seine Auseinandersetzung mit der modernen Kirchengeschichtsschreibung, auf die deshalb noch näher eingetreten werden muß.

Overbeck fällte über das Reformbedürfnis der gegenwärtigen Kirchengeschichtsschreibung das Urteil, »daß diese sich zur Zeit kaum selbst versteht, sich über sich selbst in der größten Verwirrung befindet«.[15] Die Unklarheit der offiziellen Kirchenhistorie besteht darin, daß sie zwei sich widersprechende Tendenzen

* Es muß hier darauf hingewiesen werden, daß die heftigen Verurteilungen sich hauptsächlich im Nachlaß finden, und es sich somit um Formulierungen handelt, die Overbeck zunächst nur für sich aufgezeichnet hatte. In welcher Form er sie an die Öffentlichkeit gebracht hätte, kann nicht festgestellt werden; daß er sie aber einer »Polierung« unterzogen hätte, scheint mir außer Zweifel zu sein.

verfolgt. Im 19. Jahrhundert wurde die Kirchengeschichtsschreibung theoretisch zum Selbstzweck. Programmatisch anerkennt sie kein anderes Ziel als unvoreingenommene Erforschung des historischen Tatbestandes. Methodisch will sie auf eine Stufe mit der übrigen Geschichtswissenschaft gestellt werden. Neben dem Bekenntnis zur rein wissenschaftlichen und wertfreien Historie besteht aber inkonsequenterweise und in direktem Widerspruch dazu die Tendenz, die Absolutheit des Christentums zu beweisen. Die Bemühung um Objektivität wird immer wieder durch das apologetische Interesse durchkreuzt. Die bezeichnende Formulierung für diese gegensätzlichen Tendenzen findet sich bei Hans von Schubert: »Das Höchste ist noch nicht geleistet, eine Geschichte des Christentums im großen Stil, wie die Weltgeschichte Rankes, mit Zurückstellung, aber auf Grund sorgfältigster Kleinarbeit, mit voller objektiver Ruhe, aber in der souveränen Gewißheit, daß eben eine solche Darstellung von dem Königsgange Christi durch seine Menschheit das vollendetste, das zwingende Zeugnis ab legt.«[16] Overbeck bemerkte dazu: »Ist das Ziel theologischer Betrachtung der Geschichte die Darstellung der von der göttlichen Providenz in der Geschichte beschrittenen Wege, so ist die Aufgabe einer solchen Geschichtsschreibung schon an und für sich das Ideal einer Kannegießeraufgabe.«[17] Die primäre Absicht von Overbecks Ausführungen über die Kirchengeschichtsschreibung war, dieser Verkoppelung zweier sich widersprechender Tendenzen ein Ende zu machen und alle zweideutigen Vermengungen auszuscheiden.

Es ist kein Zufall, daß Overbeck bei seiner Überlegung kirchenhistorischer Probleme auf die Anfänge der Kirchengeschichtsschreibung zurückgeführt wurde. Bei der eingehenden Betrachtung ihrer Entstehung gewann er die Erkenntnis, die ihm den eigentlichen Sinn einer Kirchengeschichte erschloß.

In seinem Basler Programm »Über die Anfänge der Kirchengeschichtsschreibung« (1892) wies Overbeck in einem wohldurchdachten Gedankengang nach, wo diese Anfänge nicht zu suchen sind. Alle Versuche, die Kirchengeschichtsschreibung mit der Apostelgeschichte beginnen zu lassen, lehnte er – schon in seiner Bearbeitung von de Wettes Kommentar zur Apostelgeschichte – als unmöglich ab. Der Apostelgeschichte fehlen die zwei unumgänglichsten Voraussetzungen eines Geschichtswerkes: chronologische Reihenfolge der Geschehnisse und der Wille, auf die Nachwelt Kunde zu bringen. Auch gegenüber den Denkwürdigkeiten des Hegesipp leistete Overbeck den Nachweis, daß es keine voreusebische Kirchengeschichte gibt. Euseb von Cäsarea ist der Vater der Kirchengeschichtsschreibung, welcher Anspruch ihm nicht streitig gemacht werden kann.

Erst mit Eusebs Kirchengeschichte wurde die historische Betrachtung im Schoße der Kirche geboren. Um die Erfassung ihrer Bedeutung bemühte sich Overbeck hauptsächlich in seinen historischen Studien. Ein ungeheures Material, das noch der Edition harrt, findet sich über Euseb in Overbecks Nachlaß. Die Herausgabe wird allerdings durch die unabgeschlossene Überlieferung erschwert.

Overbeck maß Eusebs Kirchengeschichte einen so großen Wert bei, weil sie die erste und einzige Kirchengeschichte war, die von einer grundlegenden, Jahrhunderte überdauernden Idee getragen wurde. Er hielt Euseb für einen vorzüglichen Historiker. Besonders schätzte er an ihm seinen Sinn für Ordnung, die Urkundlichkeit, mit welcher er seine Erzählung belegt, und die Objektivität, mit welcher er seine Persönlichkeit und ihren Anteil am Stoff behandelt, Eigenschaften, die Euseb als Geschichtsschreiber vornehmlich auszeichnen. Daß seine Darstellung dennoch einen so unbefriedigenden Eindruck hinterläßt, »hängt am Gegenstande und nicht an ihm. Die Kirche entzieht sich der Geschichte und darum kann ein großer Geschichtsschreiber am wenigsten etwas damit anfangen. Was Eusebs Werk zu wünschen übrig läßt, dient ihm als Historiker viel mehr zum Ruhm als zur Unehre, denn eben damit ist seine Darstellung ihrem Gegenstand nur adaequat.«[18]

Eusebs Grundgedanke ist, daß die Christen eines der Völker der Weltgeschichte sind, und zwar das vornehmste, alle überragende, ja die anderen zusammenhaltende Volk. »Die Voraussetzung der einst lebendigen und eine Kirchengeschichtsschreibung zu erzeugen und zu erhalten fähigen Idee war, daß das Christentum als Volk die über die Gesamtheit der einzelnen Völker übergreifende Einheit sei.«[19] Overbeck fand bei seinen eindringlichen Studien über Eusebs Kirchengeschichte, daß dessen Begriff der Kirche eine seltsame Verbindung von Phantastik und Realistik ist.

Das Realistische an Eusebs Idee besteht in seiner Betrachtung der Kirchengeschichte als Volksgeschichte. Seine Kirchengeschichte hatte sich von der Weltgeschichte noch nicht emanzipiert, sondern stellt einfach ein Stück der Weltchronik dar und schließt sich an dieselbe an. Mit seiner Erkenntnis, die Kirchengeschichte wie die Weltgeschichte zu beschreiben, hatte Euseb tatsächlich einen historischen Einsatzpunkt gewonnen.

Diese realistische Auffassung der Kirchengeschichtsschreibung verband sich jedoch bei Euseb mit einer ausgesprochen phantastischen Vorstellung. Die Christen für ein besonderes Volk unter den übrigen Völkern zu halten, ist genau besehen ein frommer Wunsch, dem jeder Wirklichkeitsgehalt fehlt. »Denn Eusebius hat durch den grundverkehrten Gesichtspunkt, in den er die Geschichte der Christen als eine Volksgeschichte hineinzwang, die optische Täuschung veranlaßt, daß diese Minister überhaupt Bischöfe wären und die Welt fortan von solchen regiert werde. Die Theologen ausgenommen, weiß die Welt schon längst, daß sie sich nicht sub specie christianismi betrachten läßt, und dem Zwang dieser Tatsache hat sich die Kirchengeschichtsschreibung, selbst die theologische, längst fügen müssen. Eben weil die Theologie erst so spät und nachträglich entdeckte, was sie mit dem Christentum tat, nämlich es sub specie mundi oder saeculi betrachten, geht sie selbst heutzutage aus den Fugen und mit ihr auch das Christentum.«[20] Obwohl Overbeck anerkannte, daß die Kirchengeschichtsschreibung nie mehr eine Idee von gleich umfassender und tragbarer Kraft wie diejenige von Euseb für ihre eigene Begründung hervorbrachte, sah er dennoch von Anfang an ein schiefes Element in ihr wirksam.

Es wurde der Kirchengeschichtsschreibung zum Verhängnis, daß sie die realistische Seite an Euseb fallen ließ und die phantastische immer mehr ausbildete. Genauer gesagt, daß die unwirkliche Betrachtungsweise, die Euseb seinem Werk zugrunde gelegt hatte, durch die Reformation noch eine konfessionalistische Verunstaltung erfuhr, was Overbeck mit folgenden Worten ausdrückte: »Die Kirchengeschichtsschreibung ist ein Stück Weltgeschichtsschreibung und ist auch ursprünglich nichts anderes gewesen. Erst die pseudokritische Kirchengeschichtsschreibung der Reformation, welche die Geschichtsschreibung in Rücksicht auf die Kirche zum Weltgerichte machte, hat dies zu verkennen begonnen, aber damit nun auch die Kirchengeschichtsschreibung in eine Reihe von Abenteuern gestürzt, an denen sie sich noch heute herauszuwickeln hat.«[21]* Es war Overbeck nicht um eine Vergleichung der Kirchengeschichte Eusebs mit den Magdeburger Centurien zu tun. Ihm lag an der Feststellung, daß die Kirchengeschichtsschreibung mit der konfessionellen Belastung ihre eigentliche Möglichkeit, einen Teil der Universalgeschichte zu beschreiben, noch mehr vergaß. Die Kirchengeschichte darf aus der übrigen Menschengeschichte nicht isoliert werden. Weil die traditionelle theologische Auffassung der Kirchengeschichte diesem Gedanken nicht Rechnung trägt, ist sie falsch und muß umgestürzt werden. Denn Eusebs Idee einer Kirchengeschichte – die Geschichte der Kirche als die Geschichte eines Volkes – wird heute nur noch als loser Einfall bewertet, von welchem kein Kirchenhistoriker im Ernst noch Gebrauch macht. Wollte die Kirchengeschichtsschreibung diesen Gedanken als tragende Grundsäule stillschweigend beseitigen, so hätte sie für einen Ersatz besorgt sein müssen. Ein unmögliches Unternehmen ist aber, einfach auf Eusebs phantastischen Bahnen weiterzuschreiten und fernerhin Kirchengeschichte mit der Vorstellung der Christen als eines besonderen Volkes unter den übrigen Völkern zu schreiben, ohne das geringste Bedenken über die Statthaftigkeit solchen Tuns durchblicken zu lassen. Zum mindesten

---

* Eduard Schwartz beanstandete diese Ausführung als eine wenig glückliche Formulierung, mit der Bemerkung, daß sie Geschichtsschreibung und Geschichtsforschung verwechsle und ihrem Inhalt nach wohl auch unrichtig sei.[22]

müßte einmal die Frage gestellt werden, ob der von Euseb eingeschlagene Weg noch Gültigkeit habe. »Die Kirchengeschichtsschreibung ist bis jetzt noch immer der babylonische Turmbau, den Euseb begründet hat. Man baut immer weiter in die Höhe, ohne des Grundsteines noch irgendwie eingedenk zu sein. Eine dunkle Vorstellung von heiliger Geschichtsschreibung liegt aller Kirchengeschichtsschreibung noch von Eusebius her zugrunde, weil der Mythus unverstanden geblieben ist, den er mit seiner Vorstellung eines ›Christenvolkes‹ in die Welt gesetzt hat. Während er vielmehr tatsächlich mit dieser Vorstellung von vornherein alle Kirchengeschichtsschreibung auf den profanen Weg gewiesen hat, der ihr der Natur der Dinge nach stets allein offenstand, noch offensteht und allezeit auch offenstehen wird. ... Man hat heute vergessen, daß Kirchengeschichtsschreibung als Profangeschichte angefangen hat, und meint sich darüber nun auch jedes Bewußtseins über das eigene gegenwärtige Tun entschlagen zu können.«[23]

Overbecks Gedanke einer profanen Kirchengeschichte ist seine Antwort auf die Frage nach der Gültigkeit von Eusebs Idee der Kirchenhistorie. Sie knüpft bewußt an die fallen gelassene realistische Seite von Eusebs Werk an und will zugleich ein Versuch einer neuen Begründung der Kirchengeschichtsschreibung sein.

Die erste Forderung, die Overbeck mit seiner profanen Kirchengeschichte im Auge hatte, bestand darin, daß die Kirchengeschichte wieder, wie zu Zeiten des Euseb, als ein Stück der Weltgeschichtsschreibung betrachtet werde. Der letzte Geruch einer historia sacra ist auszutilgen. Der Kirchenhistoriker hat keine besonders begnadete Geschichte zu schreiben, sondern lediglich einen Teil der Universalgeschichte, gleich dem Kunsthistoriker, der einen anderen Teil der Universalhistorie bearbeitet. Er hat die Kirche unter dem Begriff der Zeit zu betrachten, denselben auf sie anzuwenden und demzufolge Anfang und Ende und einen zwischen beiden liegenden Verlauf zu unterscheiden. Gegen diese Betrachtungsweise wird sich allerdings »der echte Begriff der christlichen Kirche stets zur Wehr setzen. Das wird jedermann, der die Miene annimmt, eine Kirchengeschichte zu schreiben, ohne der Kirche etwas antun zu wollen, stets empfinden, gegen seinen Willen, wenn er denn das Unmögliche unternimmt.«[24] Aus dieser Kollision entsteht alle Pseudohistorie, die bald historisch, bald wieder unhistorisch verfährt.

Um dieser Unklarheit zu entgehen, erhob Overbeck als zweite Forderung für die profane Kirchengeschichte, daß sie nicht eine »theologisch beschränkte und eingehürdete« Geschichte sein dürfe.[25] Durch den radikalen Verzicht auf eine christliche Betrachtungsweise schränkt die profane Kirchengeschichte den Widerspruch, der in aller geschichtlichen Darstellung der Kirche enthalten ist, auf ein Minimum ein. Zur Vermeidung dieses Widerspruches forderte Overbeck die Ersetzung des religiösen Aspektes durch den profanen. Profan, das will besagen entheiligt und entweiht von allen kirchlichen Sonderbestimmungen, in reiner Weltlichkeit und, wie die wörtliche Übersetzung des Wortes profan lautet, in »Ruchlosigkeit« soll der kirchenhistorische Prozeß verfolgt werden. Nur wenn theologisch ganz unbefangen an ein geschichtliches Objekt herangetreten wird, ist ein wissenschaftliches Verständnis der historischen Probleme möglich. »Wer sich von vornherein als θεοδιδακτος empfindet, hat überhaupt nur alles weitere wissenschaftliche Fragen zu lassen, zu dem er weder Beruf noch dabei Aussicht, etwas zu erreichen, hat.«[26] Wer das Christentum und seine spätere Geschichte als wissenschaftliche Probleme anerkennt, wer sie historisch betrachten und erforschen will, hat sich allein an die exakte Methode zu halten und jede theologische und kirchliche Betrachtungsweise auf sich beruhen zu lassen. Nur bei völlig profanem Vorgehen ist der kritische Standpunkt gewonnen.

Die Forderung der Profanität der historischen Forschung bezieht sich nur auf die Methode und nicht auf den Inhalt der Kirchengeschichte. Es ist deshalb eine Verkennung von Overbecks Gedanken einer profanen Kirchengeschichte, wenn sie Vischer mit dem Unternehmen vergleicht, eine Geschichte der Musik zu schreiben unter der Voraussetzung, daß die Freude am Wohlklang eine seltsame Verirrung einzelner Menschen sei.* Overbecks Idee einer profanen Kirchengeschichte besagt über die Wahrheit oder Unwahrheit, über die Wirklichkeit oder Unwirklichkeit des zu beschreibenden Objektes gar nichts. Die profane Kirchengeschichte beruht nicht auf der Annahme, daß das religiöse Leben der Menschen ein Irrtum sei, wohl aber setzt sie voraus, daß es möglichst ohne Vorurteile erforscht werden müsse. Das erkenntnistheoretische Axiom, nur wer ein Christ sei, könne Kirchengeschichte treiben und verstehen, wird abgelehnt. Um das religiöse Sein anderer Menschen zu verstehen, bedarf es nicht eines eigenen religiösen Innenlebens. Ebensowenig ist es notwendig, den fehlenden Glauben durch ein psychologisches Sicheinfühlen zu ersetzen. Diese theologischen Postulate, die der Bearbeitung der Kirchengeschichte stillschweigend involviert wurden, schließt Overbecks profane Idee allerdings aus.

Mit der Ablehnung dieser Voraussetzung steht die Wissenschaft auf Overbecks Seite. Wird die theologische Behauptung der Erkenntnismöglichkeit historischen Geschehens konsequent durchgedacht, so führt sie zur Aufhebung der gesamten Geschichtswissenschaft. Wenn man nur als Christ eine Geschich-

* Auch Karl Bauer mißversteht vollständig die Idee der profanen Kirchengeschichte in seiner Abhandlung über »F. Ch. Baur als Kirchenhistoriker«.[27] In der Zusammenstellung von Baur und Overbeck kann er formell keinen Unterschied zwischen beiden wahrnehmen, wohl aber in sachlicher Beziehung. Auf Grund dieses sachlichen Unterschiedes lehnt er Overbecks Postulat einer profanen Kirchengeschichte ab, mit der Begründung, daß sich dieselbe nur aneignen könne, wer den Ausgangspunkt mit Overbeck gemein habe, d. h. wer sich absolut skeptisch zur Religion stelle. Diese Argumentation geht von der falschen Voraussetzung aus, daß der Ausgangspunkt der profanen Kirchengeschichte der Skeptizismus sei. Overbecks historische Methode ist ganz unabhängig von seiner persönlichen Stellung zur Religion. Die profane Kirchengeschichte ist eine wissenschaftliche Aufgabe, die über Overbeck hinausreicht. Das Resultat von Bauers Ausführungen, daß die profane Kirchengeschichte hier etwas in eine andere, richtige Beleuchtung rücken, da übersehene Zusammenhänge herausarbeiten, dort Lücken ausfüllen könne, gibt zwar die Notwendigkeit der profanen Forschung neben der theologischen zu; dieses Zugeständnis wird aber durch das unbewiesene Urteil, daß sie keine »wirklich befriedigende Bearbeitung des ganzen Gebietes« zu liefern vermöge, wieder unwirksam gemacht.

te der christlichen Religion schreiben kann, müßte man konsequenterweise auch Chinese sein, um eine Geschichte Chinas zu schreiben usw. Auf diese Weise gelangt man zur Leugnung jeglichen Verstehens und Erfassens fremdseelischen Geschehens. Diese Leugnung wird aber durch die faktischen Ergebnisse der Geschichtswissenschaft widerlegt.

Overbecks Idee einer profanen Kirchengeschichte will nichts anderes als mit dem Charakter der Wissenschaftlichkeit völlig ernst machen, weil es gar keine Wissenschaft geben kann, die nicht profan wäre. Ist es also den modernen Kirchenhistorikern mit ihrer Aussage, daß die Kirchengeschichtsschreibung keine anderen Methoden mehr kenne als die der übrigen Geschichtswissenschaft, ernst und nicht um eine bloße Phrase zu tun, so kann ihre Tendenz gar keine andere als eine profane sein. Sie müßte denn zu der von ihr selbst aufgegebenen Ansicht zurückkehren, daß die Kirchengeschichte eine von aller übrigen Geschichte qualitativ verschiedene Geschichte sei. Overbecks Postulat einer profanen Kirchengeschichte ist somit nichts anderes als die letzte und konsequent zu Ende gedachte Etappe der modernen Kirchengeschichtsschreibung. Sie entsetzt sich über ihr eigenes Bild, wenn sie sich weiterhin so davor bekreuzt, wie es bis dahin der Fall war.

Als wesentliche Kennzeichen der profanen Kirchengeschichte wurden ihr weltgeschichtlicher Charakter und ihre Befreiung von aller theologischen und kirchlichen Einhürdung angeführt. An deren Stelle sollen rein historische und profane Kategorien treten. Während in diesen Bestimmungen letzten Endes nur die energische Durchführung der modernen, historischen Einsichten zu sehen ist, steht ihr drittes Charakteristikum auch zu der gegenwärtigen historischen Methode in einem gewissen Widerspruch, bzw. Spannung.

In der Geschichtsschreibung gibt es zwei Möglichkeiten der Interpretation. Auf dem einen Weg versucht man sich die Vergangenheit durch eine Angleichung an die eigene Zeit und die eigenen Gedanken verständlich zu machen. Dadurch wird eine Aktualisierung und Belebung des historischen Gegenstandes erreicht.

Alle psychologische Geschichtsschreibung, deren Wesen ästhetisches Sicheinfühlen ist, beruht auf solcher Annäherung. Daß alles zeitliche Geschehen ursprünglich und einmalig ist, und alle bloß psychologische Erfassung ihm nicht gerecht zu werden vermag, wird von dieser Geschichtsschreibung als unwesentlich übersehen. Indem sie die Vergangenheit in die Gegenwart einbezieht, glaubt sie die Verständlichkeit der Phänomene zu erhöhen. Overbeck lehnte diese Art der Geschichtsschreibung ab. »Das Alte möglichst in der Behandlung zu Modernem herabzudrücken, das mag ein Historiographen des Augenblicks sich besonders empfehlendes und bei ihrem Publikum vielleicht auch wirklich bewährtes Verfahren sein.«[28]

Die profane Kirchengeschichte beruht auf der anderen Möglichkeit historischer Deutung, bei welcher der Historiker die Vergangenheit in den Gegensatz zur Gegenwart und in Distanz zum eigenen Sein rückt. Der profane Kirchenhistoriker wählt den Standort für seine Arbeit außerhalb des Christentums, nicht aus antireligiöser Einstellung, sondern weil eine historische und wissenschaftliche Forschung sowohl eine innere als äußere Betrachtung fordert.

Overbeck beurteilte alle direkte Unmittelbarkeit, alle Annäherungsversuche und die Zudringlichkeit, mit welcher die moderne Kirchengeschichtsschreibung an das alte Christentum herantritt, ausdrücklich als falsch. Von allen zeitgemäßen Werturteilen, die jene Epoche näher bringen sollten, wollte er nichts wissen. Er forderte als notwendigste und unerläßlichste Bedingung, daß die unüberbrückbare Entfernung, die den modernen Menschen von dem alten Christentum trennt, anerkannt und zugegeben werde, ehe man »sich so überaus kameradschaftlich«[29] dazu stelle. Wer die Distanz nicht zugebe, beweise damit nur, wie fern und verständnislos er diesem ursprünglichen Christentum gegenüberstehe. Weil die zeitgenössische Theologie Overbeck die Richtigkeit dieser Behauptung nicht zugestand, hielt er es fernerhin für unwesentlich, ob sich die apologetische oder die liberale Theologie bemühe, jenes Christentum zu erforschen. Bei beiden ist das Hauptbestreben darauf gerichtet, die Distanz zwischen dort und hier möglichst zu verwischen und sich jene fremde Erscheinung tunlichst zu assimilieren. Auch die theologische Kritik wird gewöhnlich nur von dem Willen getragen, die ihr unverständlichen Züge zu beseitigen oder als »zeitgeschichtliche Bedingtheiten« unschädlich zu machen.

Den aller Annäherungstendenz entgegengesetzten Willen hat Overbeck als conditio sine qua non gefordert. Er sprach den völlig unzeitgemäßen Satz aus, es sei an ein Verständnis jenes ursprünglichen Christentums nur dann zu denken, wenn man sich restlos klar mache, daß man es nur aus ihm selbst verstehen könne und weder aus seiner Umgebung noch aus seiner Zeit, aber »nur um den Preis gänzlicher Lossagung von ihm, um den Preis der Erkenntnis, wie fern man ihm steht«.[30] Mit diesem ungewöhnlichen Grundsatz trat er der ganzen übrigen Kirchengeschichtsschreibung entgegen. Ohne diesen vorbehaltlosen Verzicht auf Identifizierung hielt Overbeck ein Verstehen dieses Phänomens für ausgeschlossen. Er hob in seiner Monographie über das Johannesevangelium hervor, daß es ihm nur dank seiner Distanzierung gelungen sei, den Schlüssel zur Lösung des Rätsels des vierten Evangeliums auszugraben.[31] Wo mit Enthusiasmus an die Erforschung des Urchristentums herangetreten und jene Vergangenheit als bewunderungswürdig und nachahmenswert geschildert wurde, mit welcher es gelte sich in Einklang zu setzen, hatte er ein nicht zu beseitigendes Mißtrauen, daß etwas unrichtig gesehen oder verschoben, umgedeutet und unterschlagen werde. Nach Overbecks Ansicht war das ursprüngliche Christentum und die zunächst darauf folgende Geschichte nur unter den Kategorien der Fremdheit und der Rätselhaftigkeit, der Andersartigkeit und des Phantastischen usw. zu erfassen.

Overbecks kirchenhistorische Arbeiten beweisen, daß es sich bei seiner Anschauung, wonach das alte Christentum durch Distanzierung von der modernen Welt mehr an Verständlichkeit gewinnt, als wenn man die beiden Größen möglichst ineinanderfallen läßt, um keine Schrulle handelt. Alle haben mehr oder weniger den Zweck, die Fremdheit und Andersartigkeit des ursprünglichen Christentums zur heutigen Auffassung des Christentums darzutun. Seine polemischen Arbeiten richten sich stets gegen jene Darstellung, die die Distanz nicht zugeben will und die deshalb außerstande ist, das alte Christentum auch nur historisch richtig zu sehen. In dieser Polemik behielt Overbeck im großen und ganzen recht. Es wurde denn auch von Vischer hervorgehoben, daß es zum großen Teil Overbeck zu verdanken sei, wenn man heute das ursprüngliche Christentum wieder mehr in dessen eigenem Lichte sehe, als das früheren Geschlechtern beschieden war.[32]

In seinem Bestreben, die Fremdheit des Christentums gegenüber der modernen Welt zu zeigen, ging Overbeck so weit, vor allem das Unfaßbare und Sonderbare des Christentums und seiner Geschichte herauszuarbeiten. Er richtete – wenn z. B. an seine Abhandlung »Über die Auffassung des Streites des Paulus mit Petrus in Antiochien bei den Kirchenvätern« erinnert wird – ein besonderes Augenmerk auf das Unwahre und Verkehrte in der Geschichte des Christentums. In dieser Hinsicht eignet Overbecks Werk, gleich demjenigen Lessings, eine gewisse zerstörende Tendenz.

»Die Aufgabe einer profanhistorischen Behandlung der Kirchengeschichte leidet« nach Overbecks launigem Ausspruch »gegenwärtig nur an der freilich kapitalen Schwäche, daß ihr die Ausführung noch fehlt. Wer an sie glaubt, hat einstweilen keinen besseren Trost als die Betrachtung der Albernheiten, in die die Kirchengeschichte unter den Händen ihrer theologischen Bearbeiter gerät.«[33] Mit dieser Bemerkung beantwortete er die Frage nach dem tatsächlichen Stand seiner Idee einer profanen Kirchengeschichte selbst. Daß er sie nicht geschrieben hat, ist eine bekannte Tatsache.* Man schloß aus diesem Umstand, es be-

* Overbecks postumes Werk »Christentum und Kultur« ist nicht, wie Troeltsch in seinem »Historismus« meinte, »ein Entwurf der Feuerbachisch-Nietzschisch gedachten Kirchengeschichte«.[34] Zu diesem Urteil wurde Troeltsch nebst der chronologischen und historischen Anordnung des Stoffes in »Christentum und Kultur« durch Bernoullis Einleitungsworte verführt, in welchen zu lesen ist, daß mit diesem Buch die »erwähnte Lücke einigermaßen ausgefüllt«[35] sei. Diese Worte dürften kaum ganz zutreffend

kunde sich darin die Unmöglichkeit von Overbecks Unternehmen, und daß er an seiner eigenen Don Quixoterie zuschanden geworden sei. Dunkel und verworren aber wurde die Idee einer profanen Kirchengeschichte von der ganzen neueren Kirchengeschichtsschreibung gesucht und angestrebt. Overbeck besaß jedoch allein den Mut, ihre letzten Konsequenzen zu ziehen. Will die Kirchengeschichtsschreibung ihren eigenen Anspruch, reine Historie zu sein, nicht Lügen strafen, darf sie vor seinen Folgerungen nicht zurückschrecken.

Overbeck selbst hat sein Ziel nie aufgegeben und sammelte unermüdlich Material für die Profanhistorie. Die Ausführung unterblieb zum Teil wegen seines vorzeitigen Altersleidens, das auch diesen Plan unterband. Wie schwer er darunter gelitten hatte, sein stolzes Münster nicht mehr haben auftürmen zu können, sprach sein Kollege Mez an Overbecks Grab aus. Die andere Ursache, an der die profane Kirchengeschichte scheiterte, war der »rohe Block der Mißgestalt der Anfänge der Kirchenge-

sein. »Christentum und Kultur« ist kein Geschichtswerk. Schon die Form der einzelnen Notizen, aus welchen es zusammengestellt ist, richten dagegen unübersteigbare Schranken auf. Außer den philosophischen und persönlichen Gedanken, die diesem Werk seine große Bedeutung verleihen, enthält es überaus wertvolle Bausteine für die Voraussetzungen einer profanen Kirchengeschichte. Eine profane Kirchengeschichte ist das Buch jedoch, an Overbecks eigenem Kriterium gemessen, nicht. Werturteile, mögen sie noch so profan sein, machen keine Kirchengeschichte aus. Niemand hat das stärker betont als Overbeck selbst. Was würde er wohl dazu sagen, daß in seiner profanen Kirchengeschichte ausgerechnet Harnack das ausführlichste Kapitel ausmacht, ein Historiker, der vielleicht in der Geschichte der Kirchengeschichtsschreibung einen Platz erhalten wird, sicher aber nicht in der Kirchengeschichte selbst. Die Bemerkung Troeltschs: »So sieht die profane Kirchengeschichte aus: Begründet auf eine sehr äußerliche Theorie der Religion, eine Mischung von Wahrem und Falschem, von scharf gesehener Realität und Oberflächlichkeit, von Objektivität und mitunter gehässigster Subjektivität« ist vorschnell und falsch, weil sie sich auf ein Werk stützt, das diesen Anspruch gar nicht erhebt.[36] – Weit eher als »Christentum und Kultur« sind die »Studien zur alten Kirche«, wenn auch nicht die profane Kirchengeschichte, so doch ein Fragment derselben. Nicht der Aufbau der profanen Kirchengeschichte ist daraus zu ersehen, wohl aber ein Schimmer ihrer Intention.

schichte«, den er aus den Händen der theologischen Kirchenhistoriker zu übernehmen hatte. Am Mangel der notwendigen Vorarbeiten und Einzeluntersuchungen ging Overbecks Aufgabe in die Brüche. Wenn er, nachdem heute eine gewaltige Durcharbeitung jener Gebiete vorliegt, noch einmal beginnen könnte, wollte er es nach seiner eigenen Aussage wagen.

Die Nichtausführung der Idee einer profanen Kirchengeschichte durch Overbeck selbst bedeutet für die Kirchengeschichtsschreibung zweifellos einen schweren Verlust, nicht aber die Unmöglichkeit derselben. Bedeutsam ist in erster Linie ihre Idee, die Overbeck in so vorbildlicher Weise vertrat, daß sie noch heute lebt, worauf es vor allem ankommt. Er selbst hat »jungen, allerdings sehr unternehmungslustigen« Forschern, »die des selbständigen Gedankens fähig wären, eine Kirchengeschichte zu unternehmen«, die profane Kirchengeschichte als Aufgabe vor Augen gestellt und ihnen zugerufen: »Kümmert euch um die Theorien, welche euch eure angeblich das Christentum verteidigenden und vermeintlich liberalen Meister vortragen, gar nicht und sehet den Dingen selbst ins Gesicht. Ihr könnt dabei selbst Meister, die sich besseren Dank erwerben, werden!«[37]

Christentum und Kultur

Die Frage nach dem Verhältnis des Christentums zur Kultur stellt Overbecks Kernproblem dar. Alle Fragen, um welche sein Denken kreiste, münden im letzten Grunde immer wieder in dieses eine Problem. Es ist der Angelpunkt seiner Reflexionen. Wer Overbeck in dieser Frage verstanden hat, hat ihn in seinem Zentrum begriffen. Zwischen diese beiden Größen sah er sich in seinem Leben eingekeilt, durch die Auseinandersetzung mit diesen beiden Komponenten erhielt sein Leben einen Inhalt, den er gleich dem Stein des Sysiphus immer von neuem zu rollen suchte.

Overbecks Fragestellung hinsichtlich Christentum und Kultur ist eines seiner Hauptverdienste. Er hat die ganze Problemstellung um mindestens ein halbes Jahrhundert vorweggenommen und gewissermaßen hellseherisch den Wellenkreis, der daraus entstand, umschrieben. Dieses Witterungsvermögen und diese Vorwegnahme machten Overbeck in seiner Zeit einsam und unverstanden. Weil seine theologischen Zeitgenossen von dem unaufhaltsamen Herannahen einer neuen Zeit gar nichts merkten, weil ihnen jeder Blick für das Kommende fehlte, hatten sie gar keinen Zugang zu dem Anliegen Overbecks. Er war unter ihnen wie eine Schwalbe im Winter. Werner Elert hat die Theologie der siebziger Jahre, die Overbecks Wächterruf in erster Linie betraf, für das von Overbeck gestellte Problem als völlig unreif erklärt.[1] Sie sah, wo sich Overbeck von einer brennenden Angelegenheit bedrängt fühlte, nicht die geringste Veranlassung, eingehender nachzudenken. Was Overbeck durch die Zusammenstellung der beiden Worte ›Christentum und Kultur‹ ausdrücken wollte, existierte für die Theologen gar nicht, oder genauer gesagt, was für ihn ein Problem war, war für sie eine selbstverständliche Gegebenheit, die keiner näheren Begründung bedurfte.

Overbeck hat das Problem nicht erstmalig entdeckt. Die Frage nach dem Verhältnis von Christentum und Kultur ist beinahe so alt wie das Christentum selbst. Die Fragestellung kann durch die ganze Literatur der Kirchenväter verfolgt werden, im Mittelalter erfuhr sie den ersten Lösungsversuch und wurde von den Reformatoren bis zu den Aufklärern ständig erwogen. Sie stellt sich somit als eine der Zentralfragen der christlichen Geistesgeschichte dar. Overbecks Bedeutung besteht nicht darin, einzig und allein auf eine ungelöste Frage gestoßen zu sein, an der bisher alle Geschlechter ahnungslos vorübergegangen waren, sie ist vielmehr darin zu sehen, daß er in einer Zeit, welche die Beziehung zwischen Christentum und Kultur gedankenlos hinnahm, als erster ein Problem sah, das an Wichtigkeit und Tragweite all die kleinlichen Späßchen und Mätzchen, mit denen sich die Theologen abgaben, weit übertraf. Nur ganz wenige Männer des 19. Jahrhunderts sahen die zur Diskussion stehende Schwierigkeit mit gleicher Deutlichkeit und im gleichen Umfang. Mit geringen Ausnahmen betrachtete das ganze vergangene Säkulum die Übereinstimmung von Christentum und Kultur als eine Selbstverständlichkeit. Die Klarheit und Tiefe, mit der Overbeck dieses Verhältnis durchdachte und erlebte, verleiht seinen Ausführungen ihre Aktualität. Keine verstaubte und überholte Gelehrsamkeit haftet ihnen an. Sie sind wie für die Gegenwart geschrieben und das Problem ist in all seinen Auswirkungen erfaßt. Weil seine Ausführungen weder eine abgelegene Winkelangelegenheit noch eine sensationsartige Modesache zum Gegenstand haben, sondern eines der sich immer wiederholenden

Zentralprobleme des abendländischen Denkens behandeln, haben sie noch heute ihren bleibenden Wert.

Um Overbecks Fragestellung zu verstehen, muß zunächst auf seine Bestimmung des Christentums eingegangen werden. Denn erst durch seine Ansicht über das Christentum und seine Erfassung von dessen Eigentümlichkeit wurde er auf das Problem geführt. Das neue Verständnis für das Christentum, das Overbeck bei seiner Bemühung um dieses Phänomen aufging, hat ihn so sehr von seinen theologischen Zeitgenossen getrennt. Seine Definition des Christentums ist ein primärer Wert in seiner Lebensarbeit. Er sah wie wenige das ursprüngliche Christentum nicht in einem fremden Lichte und betrachtete es nicht durch die Brille einer beliebigen Zeitphilosophie. Er fand wieder die dem Christentum eigentümlichen Kategorien und lehrte dadurch auch die nachfolgenden Geschlechter wieder etwas von dem realen Sein des Christentums verstehen.

Overbecks Interesse richtete sich in dieser Frage auf das Christentum und nicht auf das Problem der Religion. Bernoulli wies mit Recht auf Overbecks »Schonung der Religion«[2] hin, die er bei seinen Angriffen auf die Theologie wiederholt bestrebt war in Sicherheit zu bringen. Eine Analyse des Begriffes der Religion, wie sie sich z. B. bei Feuerbach findet, wird man bei Overbeck vergeblich suchen. Er bezeichnete den üblichen Streit unter gebildeten Menschen der Gegenwart über die Religion als wie geschaffen, um sich gegenseitig zum Narren zu halten. »Wir streiten uns in Wahrheit nie um die Religion, die es gar nicht gibt, sondern stets nur um eine Religion, von der es sich freilich fragt, ob wir sie haben oder nicht haben. Haben wir im Streit um unsere Religion die eine Religion nicht, auf die es jedesmal allein ankommt, so ist auch damit die Entbehrlichkeit der Religion bewiesen. Jene eine Religion aber beweist sich stets selbst und ist auf keinen Fall auf dem Wege eines Strebens nach der Religion zu erstreiten. Denn auf diesem ist überhaupt kein Ziel abzusehen.«[3] Nicht um das nie zu fassende Abstraktum einer sogenannten allgemeinen Religion, die es in Wirklichkeit nie gegeben hat und nie geben wird und die lediglich in den Köpfen einiger Gelehrter spukt, handelt es sich bei Overbeck, sondern um das ihm durch die konkrete Lage nahe gerückte Christentum, aber um das Christentum selbst, nicht um dessen Wesen.

Von allen Begriffen der modernen Theologie war Overbeck derjenige des Wesens des Christentums am unsympathischsten. Diese Abneigung ist weder aus einem persönlichen Widerwillen zu erklären noch aus dem Umstand, daß Harnack seine Säkularschrift mit dem majestätischen Titel »Das Wesen des Christentums« schmückte. Overbeck empfand es als eine Absurdität, nach dem Wesen des Christentums zu fragen und das als eine epochemachende Neuigkeit zu verkündigen, nachdem es nun 2000 Jahre in der Welt existierte und wirkte. »Das Christentum ›verwest‹, was Wunder, daß die Nachfrage nach dem Wesen wächst«,[4] spottete er und sah in der wahllosen Handhabung des Begriffes in der Gegenwart ein besonderes Merkmal ihrer Gedankenlosigkeit und Verworrenheit. Reine Neurasthenie nannte er den übermäßigen Gebrauch dieses Wortes und erklärte sich diese beliebte Beschäftigung aus dem krankhaften Bedürfnis der modernen Theologie, sich in den Nebel oder jene Nacht zu flüchten, in der alle Katzen grau erscheinen und jede Untersuchung zu einem bloßen Amusement und sinnlosen Spiel wird. Was z. B. ein Troeltsch über den Wesensbegriff geschrieben habe, reiche hin, um einen Menschen, der nicht Wolken um sich zu verbreiten für den Zweck der Wortkunst halte, vor dem Gebrauch des Wortes zu warnen und mit Ekel zu erfüllen. Overbeck stritt nie um bloße Worte. Auch in diesem Fall ging es ihm nicht um das Wort Wesen, sondern um die Sache, die sich dahinter verbarg. Es ist keine Zufälligkeit, welcher Worte sich ein Mensch bedient. Sie sind der Ausdruck für seine Erfassung der Dinge. Sachlich bekämpfte Overbeck an diesem Wortgebrauch die Unterscheidung zwischen »Wesen« und »Verwirklichung« des Christentums, die von den Menschen eigens erfunden worden ist, »um sich die ganze Welt und alles was darin ist – also auch das Christentum – zu verderben und unkenntlich zu machen«.[5] Für Overbeck war das ganze Gerede vom Wesen des Christentums ein bloßes Wortgeflunker, an welchem sich der Mensch berauschen will, um sich einer persönlichen Stellungnahme zu entziehen.

Es findet sich in keiner Arbeit Overbecks eine begriffliche Bestimmung des Christentums, auch nicht in der »Christlichkeit«, die am ehesten eine solche vermuten ließe. Er verzichtete von vornherein darauf, das Wesen des Christentums in einen Begriff einzufangen oder auf eine Formel zu bringen, aus der Erkenntnis, daß man mit diesen modernen und etwas hochklingenden Untersuchungen ein fremdes Element an den Gegenstand heran bringt und beinahe unausweislich der Täuschung zum Opfer fällt, rein historische Arbeit zu leisten, während man gewöhnliche Apologetik treibt, indem man unter der Aegide der Wissenschaftlichkeit seine eigene Ansicht des Christentums in die Welt hinausgehen läßt.

Angesichts der Unmöglichkeit, von einem so komplexen Gebilde wie dem Christentum ein abgerundetes und in sich geschlossenes Bild zu geben, bemühte sich Overbeck, gewisse Kegelschnitte durch das historische Phänomen des Christentums zu legen. Ein solcher einzelner Schnitt darf aber nicht für sich oder als etwas Ganzes betrachtet werden. Wenn man nun eine Anzahl solcher Kegelschnitte, wie sie sich in seinen Arbeiten zerstreut finden, zusammenträgt und miteinander vergleicht, kann man daraus die Struktur des Christentums, wie sie Overbeck gesehen hat, bestimmen.

Man warf Overbeck vor, daß er in seiner Betrachtung des Christentums von Schopenhauer abhängig sei. Damit ist aber über die Wahrheit seiner Auffassung nicht das geringste ausgesagt, selbst wenn die Behauptung richtig wäre. Es liegt aber gar keine Veranlassung vor, seiner Aussage, daß er die Bestimmung des Christentums nicht aus Schopenhauer habe – »wohl aber, dank seiner Darstellung, die leuchtende Evidenz, die sie für mich hat«[6] – das Vertrauen zu verweigern. Er sprach später sogar von der »Grundverkehrtheit« von Schopenhauers Auffassung des Christentums und bezeichnete sie als buddhistisch.[7]

Ebenso erweist sich Troeltschs Meinung, wonach Overbecks Beurteilung des Christentums einfach identisch wäre mit derjenigen Nietzsches und Feuerbachs, als eine aus der Luft gegriffene Behauptung, die nicht auf einer sorgfältigen Untersuchung beruht, sondern aus einer überhastigen Kombinationssucht entsprungen ist. Overbecks Beziehung zu Nietzsches Auffassung des Christentums wurde schon früher dargestellt.

Das Ergebnis deckt sich mit der Feststellung des Nietzsche-Biographen Andler, daß Nietzsches »Auslegung des Christentums namentlich von Franz Overbeck beeinflußt ist«,[8] wozu ergänzend zu bemerken ist, daß Nietzsche Overbecks vorsichtiges, hintergründiges Herantasten an das Christentum zugunsten einer pamphletartigen Bekämpfung fallen ließ.

Die gemeinsame Eigentümlichkeit an Overbecks und Feuerbachs Charakterisierungsversuch des Christentums ist die starke Berücksichtigung der alten Kirche. Feuerbach räumte, im Unterschied zu Overbeck, auch den Reformatoren noch ein gewisses Recht der Mitsprache ein. Die moderne Form des christlichen Verständnisses wird dagegen wiederum bei beiden völlig ausgeschlossen. Nur als Gegenstand der Polemik wird sie herangezogen. Das gemeinsame Bestreben von Feuerbach und Overbeck ist, den Gegensatz des Christentums zu seiner modernen Vertretung darzutun. Darin erschöpft sich aber ihre Übereinstimmung. Ihre inhaltliche Erfassung des Christentums trägt unmißverständliche Unterscheidungsmerkmale, die durch die Verschiedenheit von Overbecks historischer und Feuerbachs religionsphilosophischer Methode bedingt sind. Daß bei Overbeck in der Hauptsache »ein Feuerbach ohne Dialektik zugrunde liegt«[9] (Troeltsch), trifft nicht von ferne zu, da weder seine Schriften noch die wenigen Bemerkungen, die sich in seinem Zettelkatalog über Feuerbach finden, auf eine nähere Beschäftigung mit Feuerbach schließen lassen.

Der grundlegende Unterschied zwischen Overbecks Ansicht über das Christentum und Nietzsches und Feuerbachs Analyse ist aber vor allem durch die völlig verschiedene persönliche Einstellung bedingt. Feuerbach und Nietzsche – und nicht minder Bruno Bauer[10] – traten dem Christentum als bewußte und ausgesprochene Atheisten gegenüber. Diese starre Haltung unterscheidet sie von Overbecks ruheloser Umkreisung des christlichen Problems. Indem er auf eine Identifikation mit dem Christentum verzichtete und zugleich auf die Erweisung des imaginären Illusionscharakters oder die Bekämpfung als des größten Schandfleckens der menschlichen Geschichte, trat er dem Phänomen mit der größtmöglichen Vorurteilslosigkeit gegenüber. Sein erkennender Blick wurde nicht durch Haß und Wut, die meistens aus einem Ressentiment entstehen, verschleiert und getrübt. Overbeck war auch nicht durch das Geschäftsinteresse, das den Theologen mit dem Christentum verbindet, an dessen wertfreier Forschung gehemmt. Über die theologische Betrachtung des Christentums sprach Overbeck das scharfe Urteil: »Von Theologen sich das Christentum verständlich und begreiflich machen lassen, heißt deshalb nichts anderes, als auf dessen Verständnis verzichten, sich von dorther Verständnis holen, wo es gerade nicht zu erwarten ist.«[11] Zu abhängig und zu wenig distanziert schien ihm bei den Theologen das Verständnis für das Christentum. Je nach Konfession und je nach der kirchlichen Richtung steht bei ihnen das Resultat der Forschung schon zum voraus fest. Overbecks Versuch, das Christentum zu verstehen, steht mitten zwischen der leidenschaftlichen atheistischen Diskreditierung und derjenigen der interessierten theologischen Unkenntlichmachung des Christentums.

Schon der Punkt, an welchem Overbeck mit seiner Charakterisierung des Christentums einsetzt, zeigt seinen starken Gegensatz zu der gewöhnlichen und landesüblichen Auffassung. Overbeck ging nicht von der im Protestantismus zum Zentralbegriff gewordenen und von Ritschl neu akzentuierten Idee der Versöhnung aus. Nicht nur daß ihm das Christentum dadurch aufs schwerste kompromittiert und in seinem Fortbestehen gefährdet erschien, ist bedeutsam, sondern ebensosehr die Feststellung, daß er wirklich nicht mit einer dogmatischen, wohl aber einer echt historischen Intention an sein Objekt heranging.

An erster Stelle seiner Bestimmung des Christentums sprach Overbeck die seinerzeit ganz unbekannte Beobachtung aus, daß das Christentum prinzipiell in die Antike gehört. Unter der

Wucht und der Vorherrschaft theologischer Betrachtungsweise erfährt in der heutigen Kirchengeschichtsschreibung nach Overbecks Meinung der Kampf zwischen Christentum und Antike insbesondere eine ganz falsche Darstellung.* In dem Bestreben, sich selbst das Christentum möglichst verständlich und annehmbar zu machen, neigt man dazu, es nur im Gegensatz zu dem hinter ihm liegenden Altertum zu sehen. Nach der bisherigen Beurteilung ließ man die neue Zeit mit dem Christentum beginnen oder erblickte jedenfalls darin den Keim, aus welchem die neue Zeit hervorging, indem an Stelle des antiken Denkens und Empfindens ganz andere Gedanken und Einrichtungen traten. Overbeck verwarf diese Ansicht als modernisierende Christentumsdarstellung. Gegenüber allen Versuchen, das Christentum als einen modernen Wert auszugeben, betonte er die tiefen Wurzeln, die es mit der antiken Welt verbinden, wobei er keineswegs nur die Religion und Theologie des Judentums im Auge hatte, sondern sein eigentlich antikes Wesen. »Um die Stammverwandtschaft des Christentums und der antiken Welt vollends anschaulich zu machen, drängt ... sich die Beobachtung auf, als habe zugleich mit dem Verschwinden eines Stückes Altertums aus unserem Leben auch das Christentum an Verständlichkeit für uns verloren.[12] Overbeck gab diesem Gedanken in der »Christlichkeit« einmal die Formulierung, daß das Christentum die Einbalsamierung darstelle, in welcher das Altertum auf unsere Zeit gekommen sei. Das Christentum hat das Altertum nicht überwunden, wofür Overbeck das Versagen des Christentums gegenüber dem Gegensatz von Griechentum und Römertum anführte, indem es das ganze Problem von Ost und West in unverminderter Stärke und Schärfe weiterpflanzte. – In der Betonung der an-

* Overbeck fand allerdings, daß die Philologen in der Frage des Verhältnisses von Christentum und Antike keine größere Einsicht bekundeten, und erklärte sich daraus die Verständnislosigkeit, der sein Aufsatz über »Die Anfänge der patristischen Literatur« unter ihnen begegnete. »Selbst mein lieber Freund Rohde hat mich sehr wider Wunsch und Verhoffen hier enttäuscht. So viel ich weiß, habe ich nur bei Prof. Norden Anklang gefunden.«[13]

tiken Struktur des Christentums ist nicht eine Degradierung zu sehen. Overbeck erkannte dem Altertum auf jeden Fall den Wert der Vorbildlichkeit für uns zu. Er hielt die alten Griechen im Unterschied zu Burckhardt und Nietzsche nicht für so mitleidslos und schrieb ihnen deshalb auch nicht die große Grausamkeit zu, jedenfalls nur eine solche, die von den christlichen Jahrhunderten weit übertroffen wurde. Dagegen leitete er aus der prinzipiellen Zugehörigkeit des Christentums zur Antike den Gegensatz des Christentums zur modernen Denkweise ab. Weil das Christentum das unter uns am Leben gebliebene Stück Altertum ist, ist es der natürliche Vertreter des Alten gegenüber allem, was sich im Unterschied dazu als Neuzeit der Menschheit empfindet. Modernes Christentum ist deshalb eine contradictio in adjecto und kann nur die Bezeichnung für ein in sich selbst gebrochenes Wesen sein.*

---

* Overbeck hat in seiner Arbeit über »Die Sklaverei in der alten Kirche« in glänzender und scharfsinniger Weise dargetan, wie das Christentum auch in der Sklavenfrage ganz in den Voraussetzungen der antiken Welt stecken blieb. In seinem Nachlaß finden sich Ausführungen hinsichtlich der Frauenfrage, die denselben Zweck verfolgen, daß das Christentum die antike Herabsetzung der Frau nicht preisgab. »Das griechische Heidentum hat auf gewissen Gipfeln seiner Entwicklung die Frau auf eine höhere Stufe als jemals das Christentum erhoben. Bei der Art aber, wie die ganze Frage besprochen zu werden pflegt und so auch von Wilamowitz besprochen wird, wird gewöhnlich verkannt, daß, was das Christentum für die Hebung des Ansehens der Frau und ihrer Würde getan hat, rein gelegentlich geschehen ist und sozusagen nur im Gedränge des dem Christentum um sein Leben aufgedrängten Kampfes. Niemals ist das Christentum auf jene Hebung an und für sich aus gewesen, sondern es hat im letzten Grunde der Frau sich nur angenommen, weil es sie im gegnerischen Heidentum unterdrückt und herabgesetzt fand. Aus Opposition stellte es sich auf die Gegenseite. Nur die gebührende Hervorhebung dieses Gesichtspunktes macht es begreiflich, daß das alte Christentum zugleich die Frauen gegen die Heiden vertrat und in seinem eigenen Schoß nur zur Unterhaltung ihrer alten Geringschätzung wirkte. Eben dabei übersah es, daß es nur auf einen Standpunkt zurückfiel, an dessen Überwindung das Heidentum schon längst und vielfach bemüht gewesen war. Eben darum hat das Christentum den Streit um die Frau niemals so ursprünglich und tief aufgenommen wie die Griechen. Denn nur diese haben es bisweilen zu einer Hochschätzung der Frau gebracht, die auf der Erfahrung, die sie selbst mit ihrer Herabsetzung ge-

Aus der Betonung des antiken Charakters des Christentums folgt dessen enge Beziehung zum Judentum. Nicht aus der hellenistischen Welt, sondern aus dem Judentum ging das Christentum hervor. »Der Gott des Christentums ist der Gott des Alten Testaments.«[14] Mit dieser Identifikation richtete sich Overbeck gegen alle Versuche von Marcion bis zur Gegenwart, das Alte Testament vom Christentum loszulösen. Er nannte das Vorgehen der modernen theologischen Kritik, das Alte Testament unbedacht in eine vorderasiatische Religionsgeschichte aufzulösen und doch nicht zuzugeben, daß sie damit nicht nur das Ansehen und die Autorität des Alten Testaments untergräbt, sondern vor allem die ganze bisherige Begründung des Christentums erschüttert und umstößt, einen Unsinn. Das Alte Testament läßt sich nicht beseitigen, ohne der Bedeutung Christi im Neuen Testament Abbruch zu tun, weil das Alte Testament Christus nicht nur zeitlich vorausgeht, sondern Christus selbst darin lebt, und das ganze Alte Testament sozusagen das abbildende Zeugnis seines Lebens ist. Wer das Alte Testament aus dem Kanon streichen will, schneidet die Wurzel des Christentums ab.**

macht hatten, beruhte. Das hat das Christentum nie getan, das der Frau nie mehr als höchstens das Mitleid entgegengebracht hat, die es aller Kreatur entgegenbrachte. Im übrigen hat es die Frau, sie verurteilend, zwar auch nur in das allgemeine Verwerfungsurteil eingeschlossen, dem nach ihm alle Kreatur unterlag, aber auf Grund der antiken Anschauung von der minderen Würde der Frau, die es teilte, hat es dieses Verwerfungsurteil mit Rücksicht auf die Frau nur verschärft. In Wahrheit kann man vom Christentum gar nicht sagen, daß es jemals auch nur – wie die Griechen – auf dem Wege zur Frauenbefreiung gewesen wäre. Wo es auf diesen Weg gekommen ist, da stand es schon längst und mannigfach unter dem Banne ihm fremder Mächte. (Ich denke dabei besonders an gnostische Kreise der alten Kirche. Aber auch spätere Perioden der Kirchengeschichte liefern hier ihre Beispiele.) Namentlich Augustin hat nie daran gedacht, die ursprüngliche antike Anschauung von der Frau preiszugeben.«[15]

** Overbeck beschäftigte sich in diesem Zusammenhang mit der Frage des Pessimismus und des Optimismus im Christentum. Die Schwierigkeit dieses Streites sah er darin, daß sich das Christentum in dieser Hinsicht selbst nicht klar sei. Er griff deshalb auf das Alte Testament zurück und kam dabei

In positiver Weise legte Overbeck die Bestimmung des Christentums in dem einen Satz aus: Christentum ist nichts anderes als Christus und der Glaube an ihn. Diese ebenso schlichte als treffende Definition findet sich sowohl in der »Christlichkeit«[16] als unter seinen späten Aufzeichnungen im Nachlaß.[17] Daß Christus das Christentum sei, will sie nicht ausdrücken. Wie wäre das möglich, wenn das Christentum – und was sollte es sonst sein? – mehr oder weniger identisch ist mit der Kirche. Overbeck woll-

zu der höchst merkwürdigen Feststellung einer Überlegenheit der alttestamentlichen Weltbetrachtung über die christliche, die sich wie uralte Weisheit zu moderner Torheit zueinander verhalten. »Insofern der Gott des Alten Testamentes die Welt für gut erklärt und sich das Alte Testament diesem Urteil unterwirft, ist es freilich optimistisch, doch eben mit dieser Unterwerfung so pessimistisch wie möglich. Denn diese Unterwerfung begründet es mit nichts anderem als mit Furcht. Es läßt also die ›Güte‹ der Welt um Gottes willen wohl gelten, aber von sich aus weiß es nichts davon, noch auch davon, daß diesem Gott selbst die Eigenschaft der Güte anders zukäme als um der von ihm selbst für ›gut‹ erklärten Welt willen. Sich selbst zu einem guten Gott zu bekennen, ist eben was das Alte Testament wohlweislich unterläßt. Auch das ist ihm Gott, weil er überhaupt die Schlüssel zu jederlei Rechtfertigung allein in der Hand hat. Von sich aber kennt das Alte Testament keine Theodicee und ist eben darum dem Christentum sehr überlegen. Darin hat Marcion in der Tat das Alte Testament sehr richtig verstanden, daß er das Bewußtsein eines gerechten Gottes ihm ausschließt und das eines guten ganz absprach.«[18] In dem Verzicht auf eine Theodicee sah Overbeck die Überlegenheit des Alten Testamentes, das seinen Gott auf den Begriff der Gerechtigkeit stellte und ihm seine Vertretung selbst überließ. Das Alte Testament wußte nur von einem Gott, der zu fürchten ist, womit es bekundete, daß es richtig verstanden mit Willen äußerst pessimistisch ist. Diesen Pessimismus nahm das Christentum gleichsam mit der Muttermilch in sich auf. Trotzdem schritt es zu einer Theodicee fort, indem es gegen das Alte Testament den Versuch unternahm, der Welt zu beweisen, daß sie diesen Gott auch zu lieben habe. Die Welt von der Liebe als dem Wesen Gottes zu überzeugen, ist ihm aber nicht gelungen, weshalb es, wie es nicht anders möglich war, Schiffbruch erlitt. Durch die mißlungene Betrachtung der Welt als Schöpfung eines Gottes der Liebe, der sie nicht nur geschaffen, sondern auch erlöst hat, und durch seine eigenen Lebenserfahrungen wurde das Christentum in Tat und Wahrheit zu einem der vornehmsten Zeugen des Pessimismus. Es trug nur dazu bei, »die Menschen vor die Frage zu führen, ob es überhaupt eine Theodicee gibt, d. h. mit anderen Worten, einen Gott, der Objekt eines solchen Rechtfertigungsversuches sein kann«.[19]

te mit dieser Definition vielmehr dartun, daß das Christentum nicht jemandes persönlicher Glaube ist und es deshalb keinem Christen frei steht, etwas Beliebiges zu glauben. Nur der Glaube an Christus darf als Christentum bezeichnet werden. Dieser Glaube ist etwas Überzeitliches und existierte zu Lebzeiten Jesu gar nicht. Erst Paulus führte das Christentum in den Bereich der Geschichte, weshalb Overbeck das Christentum historisch auch erst mit dem Heidenchristentum beginnen läßt. Nur Wahn kann seinen Anfang mit Jesu historischer Person gleichsetzen. »Der nach dem Tode Jesu auflebende Glaube des Paulus ist kein geringeres Wunder als der Glaube Jesu an sich selbst.«[20] Denn weder Christus für sich noch der Glaube, den er gefunden, hatte auf Erden historisches Dasein. Die Darstellung des Wesens des Christentums »rein historisch« ist deshalb ein Gallimathias. Eine solche »beabsichtigte Darstellung wird sich nie anders als aus dem Herzen der Sache selbst, des Christentums, geben lassen und eben darum nicht historisch, von Harnack so wenig wie von mir, die wir beide außerhalb des eben bezeichneten Herzens stehen. Für alle Geschichte kommt es vor allem auf Unterscheidung der Zeiten an. Das Christentum ist aber etwas Überzeitliches, zu Lebzeiten Christi war es noch gar nicht da, nach Christi Tod hat es sich aller historischen Wahrnehmung entzogen, indem Christi Anhänger ein vollkommen unfaßliches, zwischen Sein und Nichtsein zweideutig schillerndes Ding wurden«.[21]

Glaube an Christus ist die einfachste Definition des Christentums. Auf diese Grundbestimmung folgt als weiteres, besonders charakteristisches Kennzeichen des Christentums die gespannte Erwartung auf das unmittelbare Eintreffen der Parusie. Für Paulus' Auffassung des Evangeliums ist der Glaube an die Nähe der Wiederkunft Christi von entscheidender Bedeutung. Die rastlose Eile auf seinen Missionsreisen, seine ganze Denkart ist nur im Hinblick auf den eschatologischen Hintergrund zu verstehen. Mit der Preisgabe des Glaubens an die demnächst hereinbrechende Parusie hat sich das Christentum nicht von einer zeitgeschichtlichen Bedingtheit befreit, sondern den Glauben an seine ewige Jugend damit verloren. Overbeck hielt alle darauf hinauslaufenden Bestrebungen, die eschatologische Erwartung als einen Bestandteil der ablösbaren Gewandung des Christentums zu betrachten und es lediglich auf den Glauben des Individuums an einen gnädigen Gott zu beschränken, für bloße Einbildung, die nur den Zweck habe, die moderne Welt mit dem Christentum zu versöhnen. Die optimistische Zukunftsstimmung der Gegenwart bildet den fundamentalsten Gegensatz zum Pessimismus der altchristlichen Eschatologie. Der Glaube an das nahe Weltende liegt der Gegenwart so fern als nur möglich. Die moderne Welt hat für die Vorstellung einer Wiederkehr Christi so wenig Raum, daß sie nicht einmal die Erwartung auf das Eintreffen der Parusie als das Hauptcharakteristikum des Urchristentums konzipieren kann.

Und doch finden in der Eschatologie, d.h. in der Zukunfts- oder Todeslehre des Christentums, wie sie Overbeck auch nennt, alle Auffassungen desselben seine höchste Weisheit. An diesem Punkte entfernt sich Overbecks Verstehen des Christentums am weitesten von der Auffassung des 19. Jahrhunderts, und hierin gelang ihm die tiefste Erfassung des Christentums, auch spiegelt er am deutlichsten seine eigene Stellung zum Christentum wider. Es zeugt für das kongeniale Verständnis dieses Nichtchristen für das Christentum, daß er nicht, wie fast ausnahmslos alle Systematiker des 19. Jahrhunderts, die Eschatologie als einen bedeutungslosen Anhang an das Ende der dogmatischen Darstellung verwies, sondern sie als den dominierenden Gedanken in den Mittelpunkt des Christentums rückte und über dessen Todesweisheit ebenso tiefe als weise Worte fand. Das christliche memento mori ist nach Overbecks Ansicht unter den Menschen mißverstanden und deshalb zur christlichen Todesbetrachtung mißbraucht worden. Auch vom Standpunkt einer philosophischen Weltauffassung aus hat das Christentum mit seiner Präkonisation des Todes nicht nur recht, sondern es dürfte damit sogar eine unvergleichliche Sympathie mit der Menschheit bewiesen haben. Jedenfalls »ist richtig verstanden die christliche Todesmystik, um welcher willen das Christentum besonders zur kultur-feindlichen Macht geworden ist, als welche es gemeinhin gilt, vielmehr ein Grundzug der ›Humanität‹ des Christentums, seines innigen Verständnisses für Menschenwesen«.[22]

Overbeck trat der Auffassung, die in dem christlichen Todesgedanken einen besonders sprechenden Zug der Inhumanität und Menschenfeindlichkeit des Christentums sah, wohl stark entgegen und brachte diese eigentümliche Weisheit wieder zum Leuchten. Man muß sich jedoch hüten, seine Ausführungen über die christliche Todesweisheit mit einem falschen Gewicht zu versehen. Der Begriff hat bei ihm nicht – wie ihn Barth interpretierte – einen positiven Klang. »Denn etwas anderes als Todesweisheit ist das Christentum nicht. Es lehrt uns dasselbe wie der Tod, nicht mehr noch weniger, und hilft uns auch nicht mehr noch weniger. Nur mit Hilfe unserer eigenen Träumereien kann uns das Christentum über den Tod weghelfen.«[23] Overbeck teilte Nietzsches Auffassung, dem das Christentum die Predigt vom schnellen Tode war, nicht, aber er zog die spinozistische Todesbetrachtung der christlichen entschieden vor.*

* Overbecks Erfassung und Kritik des memento mori des Christentums ist in folgender Nachlaßnotiz gedrängt zusammengefasst: »Soweit die Mahnung des Christentums an den Tod ein Beitrag von unvergleichlicher Mächtigkeit an unsere bessere Weltkenntnis ist, haben jedenfalls moderne Realisten oder Wahrheits- und Wissensfanatiker den geringsten Grund, auf das Christentum herabzusehen und ihm abhold zu sein. Allein ist das Christentum ein solcher Beitrag? Eben nicht, denn weder hat das Christentum selbst ein solcher Beitrag sein wollen noch je so unter Menschen gewirkt. Nicht über die Welt aufklären, sondern über sie helfen will das Christentum, es kümmert sich darum auch gar nicht um die Welt, wie sie ist, wohl aber darum, wie sie sein soll. Damit will es aber aufklären über das, wofür es für uns keine Aufklärung gibt. Das Christentum richtet für seine Zwecke seine Blicke dahin, wo für menschliche Augen nichts zu sehen ist, und hat es darum auch nicht schwer, uns über Welt und Tod nur mit einem Wahn zu helfen, nämlich mit der Auferstehung (vgl. Paulus I. Kor. 15). Ob es damit seinen Zweck erreichte, nämlich uns Menschen überhaupt zu helfen, d.h. auch noch anderen, die sich helfen lassen wollen, mag dahingestellt bleiben, über die Welt führt es den, der wissen will, wie es mit ihr steht, nur irre. Unser menschliches Bedürfnis, die Welt zu sehen, wie sie ist, läßt es jedenfalls unbefriedigt, auf dessen Frage antwortet es insbesondere auch mit seiner Erinnerung an den Tod nicht. Es macht sich, indem es den Tod nicht

Overbeck hat erkannt, daß das vom Christentum mit seinen Aussagen über die jenseitige Welt verbreitete Licht keineswegs in erster Linie der Erhellung jener transzendenten Welt dient, sondern vor allem der Verdunkelung der diesseitigen. Mit allem, was das Christentum über die letzten Dinge sagt, bezweckt es stets die Entwertung des Daseins. Die Vorstellung der Hölle z. B. mit ihren ewigen Strafen fällt in sich selbst zusammen und wird unmöglich, wenn sie von dem finsteren Bild des Erdenlebens, wie es das ursprüngliche Christentum besaß, losgelöst wird. Von dieser düsteren Weltauffassung läßt sich das Christentum nicht trennen. »Auf etwas anderes als auf die Unseligkeit der Welt ist das Christentum im Ernst nie begründet worden.«[24] Diese Beurteilung der Eschatologie hatte als weiteres Charakteristikum »die Weltverneinung als innerste Seele des Christentums«[25] zur Folge.

Da das Christentum den Weltgenuß nicht vernichten konnte, nahm es ihm die Weihe, die das Altertum darüber verbreitet hatte. Das Christentum anerkannte die Welt gar nicht mehr

übersieht, zwar auch um unser Wissen von der Welt verdient, aber leider fängt es zugleich an ›doppelt‹ zu sehen, und das kann keinem Wissen dienen. – Kann jemals die Eindringlichkeit der Vorstellung einer Not, in der man sich befindet, an und für sich dieser Not abhelfen und noch etwas anderes leisten, als daß sie die Hilfsbedürftigkeit steigert? Nein, und das übersieht das christliche memento mori. ... Das christliche memento mori kann uns menschlich ernstlich dienen nicht, indem wir es als Lösung eines Rätsels oder Antwort auf eine Frage gelten lassen, sondern nur als Stellung einer uns gegebenen Aufgabe. Deren Lösung steht aber noch aus, d. h. das Christentum ist eine Lösung dafür höchstens unter manchen anderen, die sich uns Menschen darbieten. – Soll uns der Tod daran mahnen, uns für ein ›anderes Leben‹ zu schonen und in möglichster Reinheit und Unverletztheit zu erhalten? So lehrt wohl das Christentum über den Tod denken, nicht aber eine natürliche und menschliche Auffassung dieser Tatsache. In dieser ist der Tod vielmehr der ernsteste Warner vor solcher Schonung, sofern er durch seine Unentrinnbarkeit nichts eindringlicher lehrt, als daß wir überhaupt nicht für Schonung bestimmt sind. Wir sollen vielmehr zugrunde gehen. ... Für das Leben läßt uns der Tod auf jeden Fall am besten kalt, von vornherein kalt, da wir doch durch ihn schließlich dahin gelangen.«[26]

als mögliche und würdige Stätte der Religion.* Für die Auffassung Jesu ist das Wort von den um des Himmelreichs willen Verschnittenen (Mt. 19, 12) gleichsam der Schlüssel. Die Denkweise des Urchristentums konnte in der Welt nur durch Verfolgung siegen, weshalb es asketisch werden mußte. Das Christentum hat somit die Askese sozusagen vom Mutterleib an in sich.

Die Behauptung der asketischen Grundstruktur des Christentums wurde vor allem von den protestantischen Fachgenossen so übel vermerkt und kopfschüttelnd abgelehnt. Overbeck registrierte es deshalb sofort, wenn sich ein protestantischer Theologe wie Loofs[27] zur Anerkennung des asketischen Charakters des ältesten Christentums gedrängt sah. Die Leugnung der asketischen Tendenzen und Neigungen des Christentums durch die protestantischen Theologen ist von der Reformation her bedingt. Die Reformation – in toto gesehen – unternahm den Versuch, die Askese vom Christentum abzulösen, in der Meinung, diese Ablösung nicht nur ohne Schaden vollziehen zu können, sondern dadurch sogar ein verunstaltendes, fremdes Element aus dem Christentum auszuscheiden. »Während in Wahrheit eben diese Abtrennbarkeit asketischer Weltbeurteilung vom Christentum nicht besteht. ... Das Christentum ist zweifellos in seinem Grundcharakter asketisch, und zwar exzessiv asketisch«,[28] lautet Overbecks Antwort auf diesen Ablösungsversuch. Er erklärte Luthers Urteile über die christliche Askese aus dessen höchst persönlicher Verzweiflung und erkannte ihnen deshalb nur geringen Anspruch auf Objektivität und Richtigkeit zu. Wenn die Leugnung des asketischen Grundcharakters zu Recht bestünde – argumentierte Overbeck – würde man sich zur absurden Konsequenz gedrängt sehen, daß das Christentum während der ganzen patristischen und scholastischen Periode von der ihm völlig fremden Macht der Askese beherrscht und verunstaltet war. Erst nach einer 1500jährigen Dauer hätte sich das Chris-

---

* Aus dieser Tatsache erklärte sich Overbeck die auffallende Armut der Kirchengeschichte an großen und reinen Charakteren. »Von den größten und reinsten erfährt in diesem Bereich die Geschichte nichts.«[29]

tentum selbst gefunden und der Menschheit sein wahres Gesicht, nämlich seine unasketische Lebensbetrachtung, gezeigt.*

Man verbaut sich das Verständnis für Overbeck völlig, wenn man nicht fein auf seine Ausführungen über das asketische Wesen des Christentums hört. Schopenhauers Anschauung vom asketischen Christentum lehnte Overbeck als »Fabelei« ab. Er habe die Bedeutung und Eigenart der christlichen Askese zu wenig beachtet und sie mit der buddhistischen Askese in einen Topf geworfen, was mit seinem Grundirrtum, der Stammverwandtschaft des Christentums mit dem Buddhismus und der damit verbundenen Verkennung der Verflechtung von Christentum und Judentum, zusammenhänge. Overbeck war auf den Unterschied der außerchristlichen und der christlichen Askese aufmerksam geworden. Hätte Luther, wie Harnack meinte, die Menschheit »vom Banne der Askese« befreit, so hätte ihm das die Menschheit nie zu danken vermocht. Zum Glück dachte er gar nicht daran und erreichte dieses Ziel auch nicht. Es lebt in der Menschheit ein unbewußtes Gefühl, daß sie ohne Askese gar nicht auskommen könnte, daß alle Entwicklung in aufsteigender Linie innerhalb der Grenzen der menschlichen Kultur die Askese zur Voraussetzung hat und ihrer nicht entbehren kann. Die tiefe Einsicht, mit welcher Overbeck den Dingen auf den Grund sah, führte ihn auf die ihre Evidenz in sich tragende Wahrheit, daß lusterfüllender und asketischer Trieb zum Gleichgewicht der Menschheit in demselben Maße beteiligt sein müssen. Dem Nachweis der aske-

* Hält man die asketische Haltung für eine unwesentliche und dem Christentum nur vorübergehend und zeitweise anhaftende Eigentümlichkeit, so wird man auch dem Mönchtum verständnislos gegenüberstehen. Overbeck hat schon in der »Christlichkeit«[30] das Mönchtum als eine »der tiefsinnigsten und edelsten Erscheinungen der Kirchengeschichte« bezeichnet, obgleich ihm schon damals klar war, daß die protestantische Theologie nie die Gerechtigkeit zu dessen Würdigung besessen und die katholische Theologie »die Reinheit des Verständnisses längst verloren habe«. Die Gelassenheit und die Anmaßlichkeit der modernen Theologie, die das Klosterwesen geschwätzig als ein Mißverständnis des Christentums bezeichnete, war Overbeck unverständlich. Hätte doch ohne dieses »Mißverständnis« des Klosterwesens die Kirche nicht einmal den Sturz des römischen Reiches überlebt.

tischen Grundstruktur des Christentums liegt somit nicht eine diskreditierende Absicht zugrunde, sondern er stellt eine die innersten Wurzeln des Christentums bloßlegende Arbeit dar, an deren vorurteilsloser Anerkennung die protestantische Theologie allerdings durch ihre unasketische Existenz gehindert ist.

Overbeck war sich klar, daß es historisch betrachtet kein Christentum an sich gibt, sondern immer nur ein in die Welt hinaus getretenes Christentum, das die Gestalt einer Kirche annahm. Dieses kirchliche Christentum definierte er historisch als diejenige religiöse Gemeinschaft, die sich aus dem Evangelium als prähistorischer Embryo zur christlichen Kirche auswächst. Das allein hielt Overbeck für die der Sache adäquate historische Definition der Kirche.* Infolge seiner Prähistorizität konnte das Evangelium nur unter Negation aller Geschichte oder unter der Voraussetzung einer hyperhistorischen Welt bestehen, das will besagen, nur während sehr kurzer Zeit; die Kirche ist dagegen nur in der langen Periode, die sie historisch ausfüllte, vorstellbar. Mit dieser Feststellung ist auch der Unterschied von Christentum und Kirche klargelegt: die Kirche ist das in die große Welt, die Welt des römischen Reiches hinaus getretene historische Christentum mit Ausschluß seiner Urperiode, während das Christentum noch ganz in seinen jüdischen Windeln lag und überhaupt nicht in die große Welt einging.

Aus dieser Formulierung folgt von selbst die Tatsache, daß die Kirche die Massen der großen Welt in sich aufnehmen muß. Massen können aber, wie Overbeck in Übereinstimmung mit Taine, Kierkegaard und Kübel betont, nie christlich werden. Die Kirche muß deshalb als Massenkirche, ob sie will oder nicht, auf die Idealität ihrer Prinzipien verzichten, denn das ursprüngliche Christentum ist unpopulär; Eigentum eines Volkes kann es nur als fertige, aller kritischen Prüfung enthobene Erscheinung werden. – Mit der Massenkirche ist auch das Problem der Macht ge-

* Overbeck gab noch eine zweite, inhaltlich gleichlautende Definition: »Die Kirche ist die historisch fertige Gestalt des Christentums, in der es seine geschichtliche Existenz erlebt.«[31]

geben. Das Christentum hat von Haus aus keine Macht und wollte auch keine haben, ja es ist sogar ausgesprochen mißtrauisch gegen alle Machtbetätigung. Die Kirche konnte sich aber nur durch Machtmittel behaupten. Nichts schien Overbeck deshalb charakteristischer für die Qualität des modernen Christentums als dieses Trachten nach Macht, seine affektierten Herrschergebärden. Als Beispiel sei nur die Ritschlsche Schule angeführt, die – genau wie die Jesuiten – das Christentum lediglich noch unter dem Gesichtspunkt des Machtmittels zur Erlangung der Weltherrschaft betrachtete.

Durch das als Massenkirche in die Welt eingegangene Christentum war für Overbeck der Konflikt mit der Kultur bedingt. Mit einem besonderen Ingrimm wandte er sich gegen die Oberflächlichkeit der Theologie, die das aus dieser Beziehung entstehende Problem nicht wahrnehmen wollte und sogar als Aufgabe der Theologie das Ziel aufstellte, »das Christentum in die Kultur hereinzusetzen«. Overbeck bemerkte zu dieser vermeintlichen Aufgabe der Theologie, daß sie leicht zu stellen, aber unendlich schwer zu erfüllen sei und die ganze Tragödie der christlichen Kirchengeschichte in sich schließe.

Um Overbecks Fragestellung im richtigen Lichte zu sehen, genügt es nicht, seine Bestimmung des Christentums zu kennen. Nach seiner eigenen Aussage gereicht es der Klarheit der Debatten über die Beziehung von Christentum und Kultur zum heillosen Schaden, wenn nicht auch erklärt wird, was unter Kultur zu verstehen sei. Es muß deshalb noch kurz sein Begriff der Kultur berührt werden. Nur bei Erläuterung beider Komponenten kann das Problem richtig verstanden werden.

Overbeck faßte den Umfang der Kultur so weit als möglich und bezog alles ein, was aus menschlicher Denkweise hervorgegangen ist. Die Religion darf nicht zum voraus ausgeschieden werden, wenn nicht alles verdorben werden soll. Kultur war somit für Overbeck der umfassendere Begriff als Religion. Er billigte der Religion nicht für alle Zeiten den Primat über die Kultur zu. Auf einer bestimmten Stufe menschlicher Entwicklung hatte sie ihn wohl einmal besessen. Heute bezeichnet Kultur eine Gesamtheit, die Religion nicht ausschließt, sondern in sich schließt. »Auf der Möglichkeit, das Tote unter uns leben zu lassen, beruht alle menschliche Kultur und insofern setzt diese Totes – den Tod unter Menschen – voraus, und haben auch die mystischen Sätze des Hebräerbriefes (9, 16) allein Sinn, an welcher Stelle sich überhaupt die Zusammenhänge christlicher Denkweise mit menschlicher Kultur, sowohl mit ihren Wurzeln in tiefster Barbarei wie mit ihren Blüten auf den sublimsten Höhen der Kultur, in höchst originеller Weise verflechten. Die Lebendigen und die Toten der Menschheit sind die beiden Grundsäulen ihrer Kultur.«[32] Kultur als Menschenbesitz – Besitz des Einzelnen und des Geschlechts – kann den Tod unmöglich nur als feindliche Macht betrachten. Weil sie den Tod zur Voraussetzung hat, muß vieles, unendlich vieles sterben und zugrunde gehen, bis die Kultur zustande kommt. Eines dieser vielen Dinge, die an ihr zugrunde gehen müssen, ist die Religion. Ist die Religion »aber einmal in unsere Kultur übergegangen, so ist sie als Religion tot und lebt nur vom Leben, das ihr die Kultur noch vergönnt«.[33] – Das zur Kirche gewordene Christentum ist als Religion längst ein Bestandteil der Kultur geworden und stellt ein Element derselben dar, in einem viel weiteren Bereich, als es auf den ersten Blick erscheint. Es taucht oft an völlig unerwarteten Stellen, unter politischen Institutionen auf, als deren Urheber niemand die Kirche vermuten würde.*

Diese Betrachtung der Kultur schließt den unlöslichen Konflikt mit dem Christentum in sich. Da die Kultur als der Geist der Welt bezeichnet werden muß, ergibt sich für ein zum Bruche mit der Welt entschlossenes Christentum die Notwendigkeit, diesen Geist zu vergessen oder wenigstens danach zu trachten, ihn zu vergessen. Diese Bestrebung war dem Christentum eigentümlich, solange es sich selbst verstand. Mit der asketischen weltverneinenden Lebenshaltung war implizite die Kulturfeindlichkeit

* Overbeck dachte in diesem Zusammenhang an die modernen Parlamente, deren Entstehung er sich – mit Ausnahme des englischen – aus den Konzilien der Kirche erklärte.

des Christentums gegeben. »Zeit ihres Beisammenseins haben sich Christentum und Welt nie verstanden.«[34] Die Bestreitung der Kulturfeindlichkeit des Christentums war für Overbeck nur ein Symptom der Erstorbenheit der wirklich praktischen Ideen des Christentums in der Welt. Nur unbedacht kann modernes Christentum von den »Segnungen unserer Kultur« reden, womit es seine vollständige Unkenntnis der tiefen Diskrepanz zwischen Christentum und Welt bekundet. Über diese »Segnungen« war das Christentum einst sehr anderer Meinung.

Der geschichtliche Überblick, in welchem Overbeck das Problem von Christentum und Kultur im Laufe der 2000jährigen Geschichte darstellte, kann hier nur angedeutet werden. Einer solchen skizzenhaften Wiedergabe haften nicht zu beseitigende Mängel an; sie ist aber zum Verständnis von Overbecks Behandlung des Problemes unumgänglich notwendig.

Am Anfang des Christentums steht der radikale Bruch mit der Welt, und rein blieb es nur, solange die Christen in ständiger Erwartung auf das Eintreffen der unmittelbar nahe geglaubten Parusie lebten und vom Willen auf Welteroberung frei waren. Als sie aber im 4. Jahrhundert auf die Idee verfielen, die Welt für das Christentum zu erobern, eroberten tatsächlich nicht die Christen die Welt, sondern die Welt überwältigte das Christentum. Es ist, als ob an dem Phantasma der christlichen Welteroberung ein Fluch hänge, an welchem sich das Christentum schließlich den Hals auch gebrochen hat. Das Urchristentum wollte aus guten Gründen von der »Welt« nichts wissen. Als es sich mit der Welt einließ, wurde es von ihr gebrochen und durch die Kultur gelähmt. Dadurch war das Christentum im Grunde besiegt. Seit Konstantin, erklärte Overbeck in Übereinstimmung mit der Mehrzahl der Verfallstheoretiker der Kirchengeschichte, war es mit der ehrlichen Auseinandersetzung des Christentums und der Welt vorbei, seit Konstantin ist es »entschieden, daß man es mit ihm niemals zu etwas anderem bringen werde als zu einem Kulturchristentum, das sich mit der Einbildung zu begnügen hatte, die Welt erobert zu haben, während es in Wirklichkeit sich von ihr hatte erobern lassen«.[35] Seitdem das Christentum zur Staatsreligion geworden war, wurden die Christen zu Bildungschristen, die einem Auge, das nach reinen Umrissen verlangt, ein beleidigendes Bild darbieten. – Overbeck übersah zwar die unterscheidenden Merkmale nicht, welche die Christen der alten Kirche von den späteren Christen trennen. Er warf nicht alles in einen Topf zusammen, sondern hob die graduellen Unterschiede sehr stark hervor. Von einer Kulturfreudigkeit und Kulturseligkeit konnte seiner Ansicht nach bei den tief melancholischen Gestalten des patristischen Zeitalters nicht geredet werden.

Während das alte Christentum nicht mit und in der Welt leben wollte, während es sich nur widerstrebend und der Not gehorchend mit ihr einließ, ging das mittelalterliche Christentum bewußt auf das kulturelle Leben ein. Seine Eigentümlichkeit bestand darin, daß es der Welt nicht vorbehaltlos verfiel, sondern sie mit einer einzigartigen Kraft beherrschte. »Das Mittelalter ist nicht etwa eine geschichtliche Periode des Christentums neben anderen, sondern es ist im eigentlichen Sinn des Wortes die geschichtliche Periode des Christentums, die Periode, in der das Christentum eine Geschichte in dieser Welt hatte, in dieser Welt in den Formen lebte, ohne welche in ihr überhaupt nicht zu leben ist, noch gelebt wird.«[36] Das Mittelalter ist das Blütezeitalter der Kirche, weil sie in diesem Zeitalter wirklich alle gleichzeitigen Organismen der menschlichen Gesellschaft überragte, ja ihren Gesamtbau und dessen Gliederung beherrschte, was zu keiner anderen Zeit je der Fall war. In der alten Kirche erstrebte das Christentum dieses Ziel ausdrücklich nicht, in seiner zweiten Periode war es noch auf dem Wege dazu und nach dem Mittelalter, in der neueren Geschichte, ist es wieder weit davon entfernt, indem das Christentum entweder auf die souveräne Gewalt in der menschlichen Gesellschaft selbst verzichtete – wie im Protestantismus – oder sie nur noch in leeren, rhetorischen Tiraden – wie im Katholizismus – zu behaupten sucht.*

* Über Overbecks Ansicht des Mittelalters ist seine Vorlesung über »Vorgeschichte und Jugend der mittelalterlichen Scholastik« zu vergleichen.

Die Reformation sah Overbeck in dem für sie charakteristischen Zwielicht. Einerseits beurteilte er sie einfach als Fortsetzung des Mittelalters und hob ihre geringe Emanzipation davon hervor. Die Reformation ist nicht nur in dem Bereich der Theologie – Trinität und Erbsündenlehre! –, sondern in ihrer ganzen Weltbetrachtung viel tiefer im Mittelalter stecken geblieben, als gemeinhin beachtet wird, und ihr Fortschritt wird von der protestantischen Forschung im allgemeinen stark überschätzt. Auf der anderen Seite erblickte Overbeck im Protestentismus den Beginn der neueren Zeit, d. h. die Geschichte der Losreißung der nach christlichen Satzungen der katholischen Kirche organisierten menschlichen Gesellschaft. Die Beobachtung, daß sich der Protestantismus selbst nicht klar und eindeutig zu dieser Einschätzung der Reformation bekannte, hemmte Overbeck, sie als die völlig richtige anzunehmen. Der Protestantismus ist nur insofern der Befreier der Menschen, als er der Zerstörer der Kirche ist. Aber ist er dieser Befreier auch wirklich oder renommiert er nur mit dem Gedanken der Menschenbefreiung? »Es ist ihm als Menschenbefreier nicht so sehr darum zutun, dies wirklich zu sein, als den guten Schein daran zu behalten. Und eben dazu fährt er fort, in der Welt Kirche zu spielen.«[37] Geschichtlich betrachtete Overbeck den Protestantismus als subalternes Wesen gegenüber dem Katholizismus, von dessen Gnade er lebe, dessen er bedurfte, um überhaupt ins Leben zu treten und dessen Untergang er nicht überdauern werde. Die Überlegenheit des Katholizismus beruht auf der Unentbehrlichkeit einer Tradition für jede Religion. Overbeck anerkannte aus diesen Erwägungen die These des streitbaren Dominikaners Denifle, dem Protestantismus sei jede selbständige religiöse Bedeutung abzusprechen, weil er dem Staat so preisgegeben und deshalb nur noch als ein politisches Geschichtsproblem aufzufassen sei, als »vollkommen richtig«. Wer sich außerhalb der beiden Parteien stelle und nicht konfessionell befangen sei, könne sich der Richtigkeit von Denifles Anklagen nicht leicht verschließen. Die katholische Kirche habe sich allerdings nicht besonders darüber zu freuen, da sie an ähnlichen Gebrechen leide. Für beide Kirchen sei die Aufdeckung dieser Dinge »fatal«, wenn auch noch keineswegs vernichtend.

Wie Overbeck im letzten Grunde die Reformation und den daraus resultierenden Protestantismus auch beurteilt haben mag – seine Stellung in dieser Frage ist wegen der Dürftigkeit der Notizen sehr schwer festzustellen – den großen Einbruch sah er zweifellos erst in der Aufklärung. Auch in der Reformation kämpfte das Christentum noch gegen den Geist dieser Welt.

Ein letzter Kämpfer des Christentums gegen die Welt war für Overbeck der Franzose Pascal. Wegen der tiefen Liebe, die Overbeck zu diesem »Ritter der Wahrheit« hinzog, ist es notwendig, auf seine Beziehung zu Pascal etwas näher einzugehen. Es ist auffallend, daß Overbeck die feinsten und tiefsten Worte zur Verfügung standen, wenn er auf Pascal zu sprechen kam.[38] Nie verschwieg er den unauslöschlichen Eindruck, den diese Gestalt auf ihn gemacht habe. Mit einer erstaunlichen Anteilnahme und Belesenheit hat Overbeck die ganze Überlieferung über Pascal in sich aufgenommen. Indem er Pascal als echten – und letzten? – Christen gelten ließ, den er in seiner Art sogar entschieden über Luther stellte, dürfte der Ansicht, Overbeck habe mit einem gewissen Nihilismus jegliche religiöse Erscheinung torpilliert, die Spitze abgebrochen sein. Overbeck hat keineswegs jede Äußerung und Betätigung christlichen Seins als wert- und inhaltslos abgelehnt. Es zeigt sich hier nur mit nicht zu übersehender Deutlichkeit, daß ein religiöses Leben ein gewisses Ausmaß haben und von Ernst erfüllt sein mußte, um vor Overbeck bestehen zu können. War es von Wahrheitsmut getragen und wirklich von einem gewissen Format, hatte Overbeck nicht nur nichts dagegen einzuwenden, sondern es hatte eine seltsame Anziehungskraft auf ihn.

Nicht nur Pascals gänzlich unphiliströse, beinahe weltmännische Art und Weise und die Geschlossenheit und doch Ziellosigkeit, mit welcher er sein Christentum vertrat, verbanden Overbeck mit diesem Menschen. Die innere Leidenschaft, die seine Pensées verrieten, entlockten Overbeck das Wort, daß sie nur mit dem »Christentum selbst untergehen« könnten. Und Pascals Apologie war für Overbeck die einzige, von welcher er sagen konnte, daß sie nicht die Arbeit eines Fachphilosophen, wohl aber die eines Denkers sei, in dessen Werk Apologie und Kritik noch verbunden waren. Das tiefe Gefühl der Humanität, von welchem Pascals Pensées getragen waren, hatte es Overbeck besonders angetan. Nicht weniger sprach ihn Pascals Behandlung seines Gegenstandes an, bei welcher er sich nicht einfach auf die Defensive zurückgezogen hatte, sondern von einer deutlichen Angreiferlust erfüllt war. Er trat nicht als Anwalt des Christentums auf, sondern als Richter gegenüber den Menschen.

Den stärksten Eindruck und die größte Ehrfurcht flößte Overbeck jedoch die asketische Erfassung und Vertretung des Christentums ein, die Pascal im Gegensatz zum mondänen und bigotten Halbweltchristentum des Zeitalters Ludwigs XIV. auf sich nahm. In dieser Hinsicht sah er Pascal so viel näher bei Paulus als Luther. »Nirgends vielleicht tritt die Sympathie zwischen beiden Persönlichkeiten unmittelbarer hervor als in ihrer Empfindung sowohl der Traurigkeit als auch der Freude des Christen.«[39] Pascal erlebt von sich aus als Christ nach, was einst Paulus vor ihm erlebte. Er steht zu ihm nicht wie Luther in einem Autoritätsverhältnis, sondern sieht in ihm nur den schlichten Glaubensbruder. Er kämpfte sein Christentum ganz individuell, wie Paulus, durch, während es Luther in den großen Kampf seiner Zeit verflochten tat. Paulus diente Luther zur Befreiung von der Kirche. Pascal denkt an eine solche Befreiung nicht, sondern ist und bleibt in seiner Kirche und erkämpft sein Christentum nicht gegen die Kirche, sondern gegen die Welt. Freilich »ist Pascal keineswegs ein Christ wie andere, auch er ist es nur in seiner Weise und trägt mit dem Christentum an Ketten, an denen er schüttelt und reißt. Aber bei ihm kommt's, obwohl sein Freiheitsdrang gewiß nicht geringer, vielleicht noch größer ist, doch zu keinem Zerreißen der empfundenen Ketten. Sie werden bei ihm doch eben nicht nur als solche empfunden. Pascal war mit dem Christentum wirklich zusammengewachsen, es war sein Lebenselement, er beweist vielleicht auch wie sonst niemand, daß dieses Christentum doch nicht das reine Todesprinzip gewesen ist, das Nietzsche daraus gemacht hat.«[40] Die Wirkung Pascals war daher die gleiche wie die des echten Christentums, ebenso viele Menschen für sich zu gewinnen als abzuschrecken. Durch seine persönliche Existenz mit Stachelgurt und Weltverneinung suchte er die Nachfolge Christi zu verkörpern, mit welcher das alte Christentum nicht die persönlichen Ansichten Jesu im Auge hatte, sondern etwas, das seinem Schicksal, dem Drama seines Lebens glich.

Pascals Versuch blieb ein Torso, was die Vermutung aufkommen läßt, daß er der »letzte Versuch« war. Nach ihm brach die moderne Zeit wie ein schäumender Sturzbach herein und überschwemmte das Christentum vollständig. Dieser Gedanke findet sich bei Overbeck auch in der Formulierung, daß, was in der alten Zeit vom Christentum in der Welt und ihrer Kultur lebte, nur unfertige Bausteine oder Gliedmaßen waren, und was jetzt noch davon lebt, nur Trümmer sind, die das Mittelalter überdauert haben. Das Christentum, das einst mit dem Glauben anfing, sich mit der Welt nicht vertragen zu können, wurde seit der Aufklärung und in der modernen Welt schließlich das »Mädchen für Alles«. Das ursprünglich anspruchsvolle Ding, das in der Welt gar keinen Raum zu finden meinte, machte späterhin die Erfahrung, daß es überall unterkam und in der Welt ganz heimisch wurde. Durch seinen einstmals radikalen Bruch mit der Welt verdarb es sich von vornherein sein Verhältnis zu ihr. »Es vermochte nie wieder den Weg zur Welt zurück zu finden, den es sich selbst abgeschnitten hatte, während es sich schließlich gefallen lassen mußte, in die Welt und in die ganze von Natur bestehende Veränderlichkeit ihres Wesens zurückgezwungen zu werden. Nur seine Advokaten, die Theologen, vermochten diesen Unfall dem Christentum zum Heil umzudeuten.«[41]

Der Vertrag, den das Christentum mit der Kultur schloß, lief nach Overbecks Meinung auf die Vernichtung des Christentums hinaus. In der Kollision des Christentums mit der Kultur ist das Christentum der leidtragende Teil, es unterlag in dem gigantischen Ringkampf und ging daraus so schwer geschlagen hervor, daß es daran zugrunde ging. Das ist der Sinn von Overbecks immer wiederkehrendem Urteilsspruch: finis Christianismi. Bei keiner seiner Ausführungen zeigte er sich weniger kämpferisch, war er von dem Willen objektiver Urteilssprechung stärker erfüllt. Nicht die geringste Befehdung des Christentums liegt in dieser Hinsicht in seinen Schriften vor. Ohne jedes Frohlocken, aber auch ohne jedes Bedauern wollte er lediglich das tatsächliche Ende des Christentums feststellen. Die Sache schien ihm so klar und so eindeutig zu liegen, daß sie zu ihrer Erhärtung keinerlei Hilfe von seiner Seite bedürfe, er habe nur das Protokoll des Tatbestandes aufzunehmen. Im Hinblick darauf stellen die nachfolgenden Ausführungen lediglich historische Feststellungen dar.

Die Verkündigung des finis Christianismi bezog Overbeck auf sämtliche Konfessionen. Dem Protestantismus sprach er zwar insbesondere jegliche Zukunft ab. Er sei zu seinem Ende gelangt, was er beweise, indem er nur noch von der Vergangenheit lebe. Keine Lebenskraft von Bedeutung wohne ihm mehr inne. Die Erfüllung seiner Aufgabe, die alte Kirche zu verdrängen, ist ihm bei keinem Volke restlos gelungen; daß er sie noch nachholen werde, besteht gegenwärtig nicht die geringste Aussicht.

Das deutsche Christentum hat sich schon in der Reformationszeit von seinem Mutterboden, der katholischen Kirche, losgerissen und sich entwurzelt. Infolgedessen konnte das Christentum unter den Deutschen nur degenerieren, wie es denn auch nie besonders gut gediehen ist. Die moderne Deutschtümelei* ist nur das protestantische Gegenstück zum katholischen Gallikanismus des 17. Jahrhunderts unter den Franzosen. Nicht um eine Parteinahme im Nationalitäten- und Konfessionsstreit war

* »Ein Land, das imstande gewesen ist, vor Europa eine solche Komödie aufzuführen wie Deutschland mit seinem Kulturkampf und dabei so viel Instinktlosigkeit bewiesen hat in der Ordnung seiner eigenen, angeblich höchsten Angelegenheiten, sieht am allerwenigsten danach aus, daß es in der Religionsgeschichte der Menschheit zu besonderen Taten berufen ist. ... Seine religionsgeschichtlichen Prätentionen sollte Deutschland an den Nagel zu hängen vor allem für an der Zeit erachten.«[42]

es Overbeck zu tun, sondern um die Begründung des allgemeinen Niedergangs des Christentums und des deutschen insonderheit. In beiden Erscheinungen erblickte er Belege zur Erhärtung seiner These.*

Besonders im Chauvinismus nahm Overbeck ein deutliches Verfallssymptom des Christentums wahr. Nicht nur war es außerstande, Europa die Landplage des Nationalismus zu ersparen, sondern es trug sogar wesentlich zur Erhöhung desselben bei. Ein Christentum, das heute nationalistisch ist –und welches wäre es nicht? –, beweist eben dadurch, daß es altersschwach ist bis zum Kindisch-geworden-sein. Es mag einmal Zeiten gegeben haben, in welchen das Christentum seine Kraft bewies, indem es sich Völker assimilierte und sich mit deren nationalem Leben verband. Heute aber sind diese Zeiten so gründlich vorbei, daß das Christentum vom Volke assimiliert wird. Wer könnte die Unwahrheit dieser Behauptung Overbecks beweisen?

Nicht günstiger beurteilte Overbeck den Konfessionalismus. Als Historiker wußte er, daß die Konfessionen einst die Gefäße waren, die unter den Völkern den Kern des kulturbildenden Wertes des Christentums bargen. In der modernen Zeit sind sie aber nur zu einer Quelle der Verlegenheit geworden. »Hat zur Zeit der Streit der christlichen Konfessionen überhaupt noch Inter-

---

* Diese Ausführungen Overbecks dürfen nicht psychologisch erklärt werden. Mit seiner französischen Abstammung mütterlicherseits haben sie nichts zutun. Ebensowenig verraten sie einen Kryptokatholizismus. Angesichts der damals grassierenden Nationaleitelkeiten wollte er dem krassen Vorurteil über das Verhältnis des Germanentums zum Christentum entgegentreten. Die vielgepriesene Verwandtschaft von Germanentum und Christentum hielt Overbeck für eine bewußte Irreführung.[43] Vom rein historischen Standpunkt aus stehen z.B. die Franzosen dem Christentum näher und sind damit inniger verwachsen. »Werden aber die germanischen Stämme, welche selbständige Kirchen in der Geschichte gegründet haben, miteinander verglichen, so sind es auf keinen Fall die Deutschen, welchen in Hinsicht auf Echtheit, Ursprünglichkeit und Altertümlichkeit dem Zeugnis der Geschichte zufolge der Vorrang gebührt, sondern die Engländer als Nachkommen der Angelsachsen. Und auf englischem Boden gehen den Engländern in dieser Hinsicht die Irländer auf Grund ihrer keltischen Herkunft vor.«[44]

esse? Nein! Denn das Christentum, um welches es sich bei diesem Streit zur Zeit allein noch handelt, ist nicht das alte und echte Christentum, sondern das sogenannte moderne oder Neuchristentum. ... Hat aber irgendeine Konfession noch den ernstlichen Glauben, es noch wesentlich weiter zu bringen, als wo sie jetzt steht? Der ganze Streit ist momentan ein Streit um nichts und hat keine Aussicht, noch darüber hinaus zu kommen. Damit es anders stünde, müßten die verschiedenen Kirchen nicht mit so unlöslichen Ketten an ihre Nationen gebunden sein. Das hält sie zusammen und grenzt sie auch gegeneinander ab, weit mehr jedenfalls als ihr Christentum. Das ist tatsächlich in der Welt Nebensache geworden.«[45] Overbeck sah in der konfessionellen Form des Christentums die spezifisch theologische Form. Über deren Verbreitung gab er sich keiner Täuschung hin und hielt den Konfessionalismus keineswegs für ein Privateigentum der Orthodoxie. Er kannte unter den Orthodoxen in ungewöhnlichem Maße von diesem Laster freie Theologen, und unter liberalen und aufgeklärten Theologen wahre Mustergestalten von konfessionellen Fanatikern. – Overbeck übersah nicht den Vorteil, der jedem Land neben dem Nachteil aus der konfessionellen Spaltung erwachsen ist. »Jedes Land (Volk) ist nur glücklich zu preisen, dem seine Geschichte die Gunst erwiesen hat, es im Besitze beider Konfessionen zurück zu lassen.«[46] Ja er sah darin sogar »die beste Gewähr dafür, daß ihnen für die Zukunft vielleicht noch eine Bedeutung für die Herbeiführung ›besserer Zeiten‹ unter uns Menschen zukommt. Freilich auch dafür, daß das Christentum noch nicht ihr letztes Wort ist, Religion überhaupt wahrscheinlich nicht.«[47] Trotz diesen anerkennenden Worten sind nach Overbecks Ansicht alle Kirchen in einem Spital krank und leiden an denselben Gebrechen. Was können sie, ruft er aus, Törichteres tun als sich untereinander das schwere Leben, das sie führen, noch schwerer machen durch konfessionellen Streit? Ein konfessionalistisches Christentum – Overbeck erachtete den Konfessionalismus auch als einen Beweis der Unchristlichkeit der Theologie, d. h. der natürlichen Unfähigkeit dieser Disziplin, das Christentum zu vertreten – wird sich die Welt zu allerletzt aufschwatzen lassen, da »die moderne Welt froh ist, den Konfessionsstreit los zu sein, und sie wird sich an der Freude, die sie daran hat, doch wohl schwerlich mehr irre machen lassen, welches die Miseren auch sein mögen, die sie für den Verlust eingetauscht hat«.[48] Aus letzterem Grunde machte Overbeck darauf aufmerksam, daß es auf keinen Fall lediglich auf das Loswerden des Konfessionalismus ankomme, sondern vielmehr darauf, was er die gute Art dieses Loswerdens nannte.

Was könnte die Richtigkeit des finis Christianismi stärker begründen, als daß sich die Menschen der Gegenwart nicht anders als kritisch zum Christentum verhalten und das keineswegs nur auf dogmatischem Gebiet, sondern weit mehr noch gegen dessen ethische Forderungen. Der Mensch der modernen Zeit setzt sich mit dem Christentum auseinander, was nichts anderes besagen will, als er befreit sich von ihm. Wer behaupten wollte, die moderne Welt sei eine von Christentum beherrschte, verfiele der Lächerlichkeit. Um des Christentums willen mit der Welt zu brechen und alles daran zu geben, hat, wie Overbeck erkannte, in keinem Zeitalter unmittelbare und allgemeine Sympathien erregt, aber selten galt es wie in der Gegenwart als reine Torheit. So steht es heute mit der Christlichkeit der christlichen Welt! Die Christen halten ihr Christentum selbst für eine Sache, um die sie sich nur halb zu kümmern brauchen! »Mit dem Christentum geht es zu Ende, es hat keine Macht über die Menschen mehr und wird gegenwärtig von manchem seiner öffentlichen Bekenner offen verworfen, von unzähligen sanfter und gewissermaßen still abgelehnt.«[49]

Overbecks Argumentation für den Marasmus des modernen Christentums erfährt noch eine eigentümliche Krönung. Die Verschärfung seiner Beweisführung gipfelt in einer Umkehrung der gewöhnlichen Betrachtungsweise. Alle Anzeichen, die für den großen Aufstieg des Christentums in der modernen Zeit angeführt werden, entlarvte er als typische Verfallssymptome. Nur zwei solcher Erscheinungen, die in der Gegenwart eine gewisse Rolle spielen, seien hier berührt.

Das moderne Christentum sieht mit einem gewissen Stolz und Befriedigung auf die großen und zahlreichen Konferenzen und Kongresse, die zu seiner Belebung abgehalten werden. Je größer die Teilnehmerzahl, je zahlreicher die religiösen Vertreter und je internationaler sich die Sache abspielt, eine um so weltbewegendere Bedeutung wird ihr zugemessen. Overbeck bezweifelte, daß bei all diesen Veranstaltungen mehr herauskommen werde, als auf den ökumenischen Konzilien der Vergangenheit für Kirche und Christentum herausschaute. Was kann das Christentum und die verschiedenen Konfessionen von diesen Schaustellungen auf Kongressen und Konferenzen anderes erwarten »als die wilden Tiere vom Vergnügen des in der Menagerie um sie versammelten Publikums? ... Kurz, es gibt kaum ein sprechenderes Symptom der gegenwärtigen Dekadenz der Religionen als die universalen religionshistorischen Kongresse der Gegenwart. ... Die Religionen aber geben dazu nur ihre Wolle wie die Schafe bei der Schur her und werden sich dabei nur zu Tode erkälten können, das Christentum ohnehin, das schon von zu Hause aus keine überschüssige Wärme mehr auf den Festplatz trägt. ... Indem das Christentum heutzutage mit den anderen Religionen, die sich dazu hergeben, auf unseren modernen Religionsjahrmärkten herumgeschleppt wird, erfährt es eine Behandlung, wie sie etwa der Historiker Herodot bestens vertrüge, das Christentum, so wenig wie sonst eine andere Religion, gar nicht verträgt.«[50] Overbeck hatte wahrgenommen, daß eine Religion am besten mit sich selbst lebt. Aus dem gegenwärtigen, so häufigen Spazieren-geführt-werden erwachsen den Religionen die vielen Schwierigkeiten, und das Christentum wird so vollends zu seinem Ende geführt werden.

Der zweite Punkt, auf welchen sich das moderne Christentum so viel zugute tut und den Overbeck völlig negativ bewertete, ist das vielbesprochene Thema von Christentum und sozialer Frage. Fühlte sich doch das moderne Christentum berufen, das befreiende und lösende Wort zu sprechen in dieser überaus verknoteten, schwierigen Frage. Overbeck stand als unpolitischer und parteiloser Mensch diesem ganzen Komplex von Problemen unbefangen gegenüber. Auch hier wußte er von seinen historischen Studien her, daß sich Christentum und Sozialismus ursprünglich indifferent zueinander verhielten, daß aber eine absolute Inkompatibilität durch die Geschichte widerlegt wird. Die richtige Darstellung des Sachverhaltes sei, daß sich das Christentum mit einem gewissen Sozialismus nicht verträgt. Overbecks Interesse richtete sich jedoch nicht auf die Beurteilung dieser Frage, sondern auf den Erweis der Dekadenz des modernen Christentums auch diesem Problem gegenüber. Obwohl Overbeck bei Forderungen politischer Art jede Berufung auf das Christentum als eine Absurdität bezeichnete, da man sich für die sich widersprechendsten und entgegengesetztesten Dinge auf das Christentum stütze, sah er in der strikten Auseinanderhaltung von Christentum und Wirtschaftsordnung mit Recht den Bankrott des Christentums, indem dessen Anerkennung auf eine nichtssagende »Geistigkeit« und »Innerlichkeit« reduziert werde: vor der Türe aller lebenswichtigen Probleme »soll das Christentum als ›Geist‹ stehen!« Nur innerlich soll es die Seele trösten, unbekümmert darum, wie sich die Menschen über die Befolgung seiner praktischen Forderung hinwegsetzen. Kein Wunder, daß »die Regelung der zwischen Christentum und Gesellschaftsordnung abzusteckenden Grenzen in die Hände einer Polizei gelegt erscheint, welche darüber zu wachen hat, daß Gesetzgebung und Verwaltungstechnik vom Christentum gehörig respektiert werden. Das ist der vulgäre Standpunkt des Bourgeois oder des Philisters in Handhabung aller Rechte, in deren glücklichem Besitz er sich befindet. Unterwirft sich das Christentum der diese Rechte schützenden Polizei, so hat auch der Bourgeois nichts dagegen«.[51] Zweifellos sind das recht verhöhnende und verächtliche Worte, die Overbeck über die Behandlung der sozialen Frage im modernen Christentum äußerte. Wer aber wollte behaupten, daß sich die Vertreter von rechts oder links im Ernste den für sie unbequemen Folgerungen des Christentums unterwerfen oder auch nur grundsätzliche Klarheit über ihre Stellung zum Christentum erstreben? Im Reich des »Allgemeinen« darf das Christentum –

als Geist! – »Deklarationen« so viele es will abgeben, im »Besonderen« oder im einzelnen konkreten Fall aber hat es hübsch das Maul zu halten.*

Mit diesen Äußerungen hat Overbeck seinen objektiv feststellenden Betrachtungsstandpunkt zugunsten eines persönlichen, polemischen Tones verlassen. Allerdings richtete er sich darin noch rein gegen die Art und Weise, in welcher das moderne Christentum die Probleme zu behandeln pflegte. Bisher wurde seine These des finis Christianismi nur mit Argumenten verfochten, die er aus der Praxis oder den Gepflogenheiten des modernen Christentums abgeleitet hatte. Direkt gegen das Christentum hatte er sich noch mit keinem Wort gewendet. Man könnte deshalb bis hierher seine Stellung derjenigen eines strengen christlichen Eiferers gleichsetzen. Eine solche Charakterisierung Overbecks wäre jedoch unrichtig, insofern als sie nicht den ganzen Umfang seiner Argumentation berücksichtigte. Es läßt sich bei einer eingehenden Kenntnis seiner Schriften nicht übersehen, daß zu den bisherigen Erwägungen, die den Untergang des Christentums zum Gegenstand haben, noch eine Reihe Gedanken treten, die sich direkt gegen das Christentum an sich wenden. Nehmen diese Ausführungen auch nicht einen sehr großen Raum in Overbecks Werk ein, so dürfen sie doch nicht unbeachtet übergangen werden.

Auch die Reflexionen gegen das Christentum lassen sich nicht in logischer Verkettung zu einem geschlossenen Gedankengang zusammenfassen. Sie sind aber nichtsdestoweniger von einem Achtung gebietenden Willen, das Zentrum zu erfassen, ge-

* Ein weiteres Merkmal des Untergangs des Christentums sei hier noch als Fußnote angeführt: »Die Scheu und gründliche Unehrlichkeit, mit der man in der modernen Welt und heutzutage zumal an die Frage der Trennung von Kirche und Staat zu gehen pflegt, scheint mir eines der beredtesten Symptome des Alters, d. h. der Altersschwäche des Christentums. Ein jugendliches hielte diese Duckmäuserei nicht aus. Aber ein greisenhaftes hat allerdings allen Grund dazu, bei dieser vorsichtig zu sein, es hat in der Tat die Kraft zu ihrer Lösung nicht mehr, es fühlt wenigstens mit Grund ihre Lebensgefährlichkeit; für ein solches Christentum muß die Frage ein noli me tangere sein.«[52]

tragen. In den mannigfachsten Variationen kreisen sie im Grunde stets um ein Thema.

Overbeck wirft dem Christentum vor, sich zu Unrecht zum Wendepunkt der Weltgeschichte gemacht zu haben. Auf die Frage, ob das Christentum wirklich eine neue Zeit herbeigeführt und mit dieser Tatsache die christliche Zeitrechnung realiter begründet habe, antwortet er scharf und unzweideutig nein. Denn das Christentum sprach von der neuen Zeit unter einer Voraussetzung, die nicht eingetroffen ist, daß diese Welt vergehen und einem neuen Himmel und einer neuen Erde Platz machen werde. Alle Werturteile des Christentums sind deshalb für den modernen Menschen unannehmbar. Denn alle haben die Verneinung der bestehenden Welt und die Erwartung der hereinbrechenden Parusie zur Voraussetzung. Außerhalb dieses ursprünglichen Zusammenhanges, in eine weltbejahende Kultur hineinversetzt, als a priori feststehende Maximen, werden sie sinnlos. »Das Evangelium ist weltunmöglich, schon jene Forderung (Mt. 18, 3) hebt seine Weltmöglichkeit entweder auf, oder dann die Kirche aus den Angeln. Es ist nicht anders: Christen müssen Kinder sein, aber sie können es nicht. Das ist auch ganz in Ordnung, die Forderung ist für eine andere Welt aufgestellt worden als für die, in welcher gegenwärtig Kirche und Christentum existieren.«[53]

Der Erlösungsgedanke des Christentums läuft deshalb in dessen Bunde mit der Kultur »auf ein ungeheures welthistorisches quid pro quo« hinaus. Denn das Christentum nagelt die Menschen mit seinem Erlösungsanspruch auf einen Tatbestand fest, auf welchen sie schon von jeher genagelt waren – daß sie eine Einheit von Himmel und Hölle sind. In dieser nur vermeintlichen Erlösung sah Overbeck das Hauptvergehen des Christentums. Gewiß, das Christentum will den Menschen helfen und verdient schon aus diesem Grunde keinen Haß. Aber das Vermögen, den Menschen zu helfen und sie zu erlösen, hat es ohne Zweifel nicht. In seiner Todesweisheit bringt es die Menschen nicht weiter als eben der Tod auch, das will besagen, Tod und Christentum überlassen die Menschheit der gleichen Trostlosigkeit. – Am stärksten wurde Overbeck somit von des Christentums Ohnmacht, der Tatsache, daß es den Menschen nicht helfen kann, ergriffen. Auf alle Fälle hat sich das Christentum als unfähig erwiesen, eine universale Botschaft an alle Menschen auszurichten. Nie hat es vermocht, ein Volk wirklich zu überwinden und zu Christen zu machen. Zu allen Zeiten und bei allen Völkern gab es nur Durchschnittschristentum. »Nur einzelnen hilft es und hat anders auch nie geholfen.«[54]

Nicht das Christentum ist übergeschichtlich – fährt Overbeck in seinen Reflexionen gegen das Christentum weiter fort –, sondern die Geschichte wächst über das Christentum hinaus, weil sie mit allen anderen Dingen auch jenes umfaßt. Unsere Zeitrechnung ist zwar noch christlich, weil das Christentum das älteste der noch unter uns lebendigen Dinge der Geschichte ist. Für alle Zeiten ist dieser Umstand jedoch nicht gesichert. »Demnach kann auch bei dieser Zeitrechnung niemand interessierter sein als das Christentum, für niemand kann z. B. der Übergang von einem Jahrhundert ins andere, den wir augenblicklich erleben – ich schreibe dies am 4. Januar 1900 – weniger gleichgültig sein. Was heißt das, 1900 Jahre alt sein? Will 1900 Jahre alt sein viel oder wenig sagen, ist ein Alter von 1900 Jahren jung, ist es alt? ist es am Ende für die Verhältnisse der Menschenwelt zu alt? das sich zu fragen, kann sich das Christentum am wenigsten ersparen.«[55] Nichts schien Overbeck des Christentums Anspruch auf Ewigkeit und Unveränderlichkeit gründlicher zu erledigen, als es unter dem Gesichtspunkt der Jugend oder des Alters zu betrachten. Denn wie kann das Ergebnis jeder ernsten, historischen Beurteilung anders lauten, als daß das Christentum gewesen, jung gewesen und jetzt alt geworden und also »dem Ende nahe« ist, gibt es doch kein Alter, das nicht Vorbote des Todes wäre.*

* »Denn es ist klar, daß die Äternität des Christentums sich auch nur sub specie aeterni vertreten läßt, d. h. von einem Standpunkt, der von Zeit und dem unter sie fallenden Gegensatz von Jugend und Alter nichts weiß. Wo Jugend oder Alter für den Glauben an das Christentum überhaupt etwas zu sagen haben, wo diese beiden Lebensalter auseinandertreten und nicht in den höheren Begriff ewiger Jugend zusammenfließen, wo Jugend für sich auffällt als des Alters ermangelnd und das Alter sich nicht mehr als ewige

Auch diese Ausführungen dienen der Erweisung seiner Behauptung des finis Christianismi. Man müßte wirklich »fälschen«, wie Bernoulli in seinem Vorwort zu »Christentum und Kultur«[56] bemerkt, wollte man irgendwie beschönigen, daß sich Overbecks Aussagen gegen das Christentum an sich richteten und nicht nur gegen ein verdorbenes und irregeleitetes Christentum. Sie sollten ein für allemal unmöglich machen, Overbeck zu einem Christen wider Willen zu stempeln. Sogar seine erwähnte Ehrfurcht vor dem Christentum, die nicht nur jugendlicher oder vorübergehender Art war, erfährt durch diese Angriffe eine gewisse Einschränkung. Die einzelnen Aussagen mögen von ungleicher Durchschlagskraft und einige Gedanken vielleicht auch nicht bis in das Zentrum des Christentums vorgedrungen sein, alle aber spiegeln eine starke Auseinandersetzung mit dem Christentum wieder.**

Jugend empfindet, da ist das Christentum zu seinem Ende gelangt, und daraus erklärt sich sein Stand in Vergangenheit und Gegenwart. Jene berief sich gegen das Christentum auf seine Jugend, weil sie eben noch nicht daran glaubte. Die Ungläubigen der modernen Welt wissen gegenwärtig nur von seinem Alter, die Ungläubigen der Zeit seiner Anfänge nur von seiner Jugend zu reden. Das ist auch ganz in der Ordnung. Soll vom Christentum gelten, daß es ewig ist, so kann es kein historisches Alter haben, und weder seine Jugend noch sein Alter kann den, der wirklich in ihm steht, ernstlich beschäftigen. Anders bei dem, der draußen steht. Für diesen ist das Alter, in dem das Christentum steht, die erste Eigenschaft daran, die ihm in die Augen fällt; solchen Leuten hat das Christentum nicht anders als entweder zu jung oder zu alt scheinen können.«[57]

** Aus seinem Nachlaß sei noch die folgende Stelle festgehalten: »Das Christentum hat den Warnungsruf in die Welt ergehen lassen ›Richtet nicht‹, aber zugleich dem Gedanken an ein Weltgericht unter Menschen erst Lehen verschafft, wenigstens unter ihnen zu einem Ideal gemacht. Das ist unmöglich, und die Verschmelzung von zwei einander so widersprechenden Idealen gehört, neben anderen Verschmelzungen der Art, die das Christentum fertig gebracht. zu den Leistungen des Christentums, die es in der Welt zu den krummen Wegen gezwungen haben, die es stets gegangen ist und die uns Menschen um die Ehrlichkeit unserer Jugend gebracht haben. Mit dergleichen hat das Christentum uns mit einer Verlogenheit ausgestattet, die uns vor ihm noch fremd war. Wenn es auch bei unseren uns von jeher ins Lehen mitgegebenen Talenten kein Wunder ist, daß wir in dieser

Daß Overbeck hinsichtlich seiner Weissagung des kurz bevorstehenden Endes des Christentums die Dinge in etwas verkürzter Perspektive sah, vermindert die Bedeutung seiner Ausführungen nicht. Er trug der Zähigkeit der Religionen, dank welcher sie eine Reihe von Entartungen zu überstehen imstande sind, zu wenig Rechnung. Es erwachte ihm zwar selbst bisweilen ein Zweifel an seiner Verkündigung des finis Christianismi. »Bedenkt man die Lebenskraft, welche noch heute die altindische Religion in ihrer Heimat bekundet, so ist freilich das Alter des Christentums noch kein Argument gegen seine Fortdauer.«[59] Phantastischen Erwartungen gab sich Overbeck nicht hin. Er vertrat nur den Standpunkt, daß eine geschichtliche Erscheinung, wenn sie von der Wurzel bis zur Krone angefault und unterminiert sei, auf die Dauer nicht bestehen könne, sondern in sich selbst zusammenstürzen müsse.

Mit der Verkündigung des finis Christianismi ist einer der Hauptgedanken Overbecks zum Thema des Christentums und der Kultur erwähnt. Es darf zwar nicht unbeachtet bleiben, daß der Gedanke in dieser Formulierung nur in seinen Papieren vorkommt. Welche Gestalt und Rundung er ihm verliehen hätte, wenn er damit in die Öffentlichkeit getreten wäre, kann nicht mehr entschieden werden. Die Betrachtung des gigantischen Ringens der christlichen Religion mit der menschlichen Kultur führte Overbeck zu seiner Ansicht. Auf Grund dieser kirchenhistorischen Feststellung verfocht er die Diskrepanz von Christentum und Kultur mit solcher Schärfe und Eindringlichkeit. In der Leidenschaft und der Konsequenz, mit welcher er für seine Erkenntnis eintrat, ist Overbecks größte Bedeutung für das Problem zu sehen. Seine Zeit besaß wie wenige gar kein Verständnis für die Kluft, die zwischen Christentum und Kultur besteht; ihre ganze Bemühung war – auf theologischer Seite mit wenigen Ausnahmen – auf die sofortige Ausgleichung der kleinsten und lei-

Schule des Christentums gute Fortschritte gemacht haben, und schließlich selbst es zur Kunst bringen, als Christen dem Christentum selbst den Hals umzudrehen.«[58]

sesten Spannungsschwingungen gerichtet; unter solchen Verhältnissen gegen jede Überbrückung, Synthese und Vertuschung der Gegensätze eingetreten zu sein, ist Overbecks nicht hoch genug einzuschätzendes Verdienst. Er hat für diesen Kampf das Odium der Unzeitgemäßheit, Einsamkeit und Ablehnung auf sich genommen.

Overbeck gehört ohne Zweifel zu den Kritikern ihrer Zeit; seine Bedeutung erschöpft sich jedoch nicht in dieser Einreihung. Er hat auf dem Gebiete der Theologie – wie im folgenden Kapitel ausgeführt wird – an Götzenzertrümmerung eine beträchtliche Arbeit geleistet und stand gegenüber verschiedenen Fronten in starker Opposition. Aber so sehr Overbeck zu den Männern, die wie Nietzsche, Ibsen, Tolstoi – um nur einige Namen anzuführen – gegen Götter und Götzen ihrer Zeit anstürmten, gezählt werden muß, unterscheidet er sich doch eigentümlich von ihnen. Er besaß aus seiner Betrachtung, die »zu tief in den Grund der Dinge geblickt«[60] hat, eine Erkenntnis, die sich bei den anderen Kulturkritikern nicht findet.

Was Overbeck von den Kirchen- und Gesellschaftskritikern in solch bedeutsamer Weise trennt, ist seine Einsicht, daß trotz ihrer Notwendigkeit die Kritik der Tiefe ihres Themas nicht gerecht zu werden vermag. Es ist mit der Aufzeigung allerlei morscher Zustände und Einrichtungen in Welt und Kirche nicht getan, so sehr diese Arbeit immer wieder geleistet werden muß. Alle Mißstände des Christentums sind mehr oder weniger durch dessen Verschmelzung mit der Kultur bedingt. Nicht erst im 19. Jahrhundert ist das Christentum wegen seines Bündnisses mit der Kultur zu einem blutlosen Scheinchristentum herabgesunken; seit seinem Eingehen auf die Welt besteht die Verquickung dieser gegensätzlichen Größen, die das Christentum zur Dekadenz verurteilte, so daß es in der Folge gar nicht anders als degenerieren konnte. – Mit einer einseitigen Anklage der Verweltlichung des Christentums ist nicht die ganze Tiefe der Problematik erfaßt. Diese Anklage erhoben auf ihre Weise auch alle radikalen Pietisten. So stark und so heftig Overbecks Kritik der Zusammenkoppelung von Christentum und Kultur war, ist sie doch nicht sein letztes Wort. Wenn die Schwierigkeit nur in der Verquickung von Christentum und Kultur bestünde, so wäre die Lösung in einer konsequenten Trennung gegeben. Dann würde der Fragestellung Overbecks nicht das Verzweifelte und Hoffnungslose anhaften. Es bestünde dann immerhin noch die Möglichkeit, sich entweder auf die Seite des Christentums zu stellen und in asketischer Weise sich zu bemühen, der Welt abzusterben, oder entschlossen auf das Christentum zu verzichten und sich entschieden auf die Seite der Kultur zu stellen. Beide Entscheidungen müßten als reine und saubere Lösungen bezeichnet werden, da sie die beiden Gebiete unvermengt ließen und sie nicht zu etwas anderem machten, als sie selbst sein wollen. Beide Stellungen sind von den Männern der Opposition bezogen worden, indem sie entweder wie Nietzsche das Christentum verneinten zugunsten der Kultur, oder wie Tolstoi unter Ablehnung aller Kultur restlos dem Christentum gehorchen wollten.

Eine solche Entscheidung konnte Overbeck nicht vollziehen. Nicht, daß es ihm an der Kraft zu einer reinlichen Scheidung gefehlt hätte, wohl aber wäre eine solche gewaltsame Lösung mit seinem Wissen um die Verkettung von Christentum und Kultur in der Geschichte in Widerspruch geraten.

Overbeck stand im Ringkampf zwischen Christentum und Kultur nicht ungeteilt und selbstverständlich auf der Seite der Kultur. Daß er nicht auf der Seite des eschatologischen asketischen Christentums stand, weil es ihm nicht möglich war, den Glauben an die Parusie und die Askese zu vertreten, wurde schon früher ausgeführt und braucht nicht nochmals hervorgehoben zu werden. Bernoulli wies daraufhin, daß Overbeck seine Stellung gegenüber der Kultur nur in dem Konditionalsatz äußern konnte: »Wenn einmal die Kultur da ist, die wert sein wird, gegen das Christentum recht zu behalten.«[61] Erst dann kann nach Overbecks Ansicht berechtigterweise vom Standpunkt der Kultur aus mit einer Kritik gegen das Christentum vorgegangen werden. In der Gegenwart sei diese Kultur nicht vorhanden, nicht einmal eine, die den Namen verdiente, geschweige denn dem Christentum überlegen wäre. Overbeck gab sich darüber keiner

Täuschung hin. Nichts verriet für ihn den Mangel an jeglicher Kultur stärker als das besondere und beschränkte Interesse, das seine Zeit an den Entstehungsfragen der Kultur nahm. Aus Mangel an Besitz fehle der Gegenwart jede Anschauung einer Kultur, und sie interessiere sich deshalb törichterweise für sie, bevor sie da sei. Overbeck sprach es deshalb klar aus: »Zur Zeit haben wir Deutsche keine Kultur.«[62] Alle gegenteiligen Behauptungen brandmarkte er als Dünkel. Mit einer Kultur, wie sie D. F. Strauß in seiner Schrift »Der alte und der neue Glaube« in platter Weise verkündete, sei das Christentum, wie Overbeck in der »Christlichkeit« ausführte, schon einmal fertig geworden.

So blieb Overbeck in der Frage, ob Christentum oder Kultur, in einer seltsamen Unentschiedenheit eingeklemmt, selber ein Opfer der unseligen Verquickung der beiden Mächte. In seiner Einklemmung zwischen diese beiden Mühlsteine erfolgte zunächst die dargestellte Infragestellung der Entwicklung des Christentums und schließlich des Christentums an sich. Es gilt aber genau darauf zu achten, daß Overbeck es in Frage stellte und immer wieder in Frage stellte, daß er aber diese Frage nie mit einer endgültigen Antwort aus seinem Leben zu beseitigen suchte. Dieses immer aufs neue, beinahe ziellose und jedenfalls unabgeschlossene Aufwerfen des Problems unterscheidet Overbeck sowohl von allen ausgesprochen antichristlichen Bekämpfern des Christentums, wie Feuerbach und Bruno Bauer, als auch allen christlichen Verteidigern wie Tolstoi. Daß Overbeck seine Frage immer aufs neue erhebt, womit er die Erkenntnis der Unvermeidlichkeit der Kollision zum Ausdruck bringt, gibt seiner Fragestellung ihre besondere Tragweite und Tiefe. Mit einer einseitigen Anklage oder einer voreiligen Entscheidung für die eine der beiden Größen ist so wenig getan wie mit einer Versöhnung der unversöhnlichen Gegensätze. Verständnis für die Bedeutung und die Unausweichlichkeit der Sachlage zu gewinnen, ist vor allem anderen notwendig.

Die Verbindung von Christentum und Kultur ist kein bloßes »Scheinbündnis«, das zu jeder beliebigen Zeit wieder aufgelöst werden könnte. Diese Wahrnehmung Overbecks ist von größter Bedeutung. Die beiden Kontrahenten haben gar nicht mehr die Macht, ihren Vertrag zu lösen. Im Verlauf der Geschichte wurden sie derart miteinander verflochten und nahm besonders das Christentum so viele kulturelle Elemente in sich auf, daß sie nicht mehr voneinander los können und sich in dieser Untrennbarkeit gegenseitig blutig reiben müssen. »Das Christentum ist in der Form, in welcher es zu den modernen Völkern gelangt ist, keineswegs nur eine Religion, es ist zugleich eine Kultur.«[63] Ja, es ist geradezu auf die Kultur angewiesen; nachdem die Parusie nicht eingetroffen ist, kann es nicht im luftleeren Raum existieren. Anderseits ist die abendländische Kultur auf eine Art und Weise mit dem Christentum verflochten, daß sie ebenfalls nicht mehr ohne diese Verbindung zu denken ist. Die europäische Kultur besäße nicht ihr heutiges Ausmaß, wenn bei allen ihren Erscheinungsformen in Kunst, Literatur, Philosophie, Gesellschaft usw. der christliche Einfluß nicht mitgewirkt hätte. All die angeblichen reinlichen Scheidungsmöglichkeiten bestehen in Wirklichkeit gar nicht, sondern beruhen tatsächlich auf einem Kompromiß.

Overbeck war klar, daß die heutige Menschheit unter einem theokratischen Regierungssystem nicht mehr leben kann. »Für Nachkommen der Aufklärer ist darin fortan nicht mehr der leiseste Duft von Theologie zu dulden.«[64] Zu stark ist die moderne Welt von den Nachteilen einer mittelalterlichen Einheitskultur überzeugt, zu leidenschaftlich ist ihr Freiheitsdrang, als daß sie sich noch einmal unter eine solche Herrschaft beugen würde. Die Kultur kann nicht mehr bedingungslos der Religion untergeordnet werden.

Ebensowenig kann die Religion aus dem Bereiche der Kultur gestrichen werden. Die Ausmerzung der Religion aus dem Organismus der Kultur ist nichts anderes als das durch das Mittelalter gezeitigte Vorurteil der Aufklärung. Als Erben nicht nur der Aufklärung, sondern auch des Mittelalters können die Menschen der Gegenwart diese Streichung nicht vollziehen. Der Zweifel an einer religiösen Kultur kann von der Aufklärung übernommen werden, ohne aber zugleich ihre Blindheit gegen jeglichen Wert der Religion als Kulturmacht zu teilen. Die Stellung des Christentums im Mittelalter verpflichtet die Gegenwart keineswegs zu einer gleichen Schätzung derselben, wohl aber verbietet sie die vollständige Ausscheidung des Christentums aus der Kultur. Beiden Kulturen, der religiösen und der nichtreligiösen, ist Gerechtigkeit widerfahren zu lassen, indem man sie beide in der Gegenwart in ihre Rechte einsetzt.[65]

Diese Ausführungen Overbecks dürfen nicht interpretiert werden, als hätte er doch einer wohlüberlegten Ausbalancierung das Wort gesprochen. Mit einer Ausgleichung der Gegensätze käme er in den stärksten Widerspruch mit seiner Hauptthese, der Unvereinbarkeit von Christentum und Kultur. Sein ganzer Kampf gegen alle Kompromisse zwischen Christentum und Kultur würde in sich zusammenfallen. Eine solche Inkonsequenz ist Overbeck nicht zuzutrauen. Seine Mahnung richtet sich vielmehr gegen eine Auffassung, die mit einer einfachen Streichung des Christentums aus der Kultur das Problem lösen will. Overbeck besaß eine zu große Kenntnis der 2000jährigen Geschichte des Christentums, als daß er solch einfache und geradlinige Lösung für richtig hätte halten können. Um sich mit einer so wohlfeilen Lösung beruhigen zu können, hatte er einen zu tiefen Einblick in die Größe und Schwere des Problems getan. Seine eigene Fragestellung und die ganze Bemühung seines Lebens wäre sinnlos gewesen, wenn der gordische Knoten so leicht hätte durchhauen werden können.

Das Eigenartige und Bedeutungsvolle an Overbecks Durchleuchtung der Beziehung von Christentum und Kultur ist, daß sie überhaupt keine Lösung darstellt. Jede Lösung müßte mit seinem Grundaxiom in Kollision geraten. Overbecks Verdienst besteht gerade darin, daß er die Unmöglichkeit einer Lösung nachwies, wenigstens einer solchen, die der heutige Mensch von sich aus bewerkstelligen könnte. In der Gegenwart kann nur die Unmöglichkeit der Quadratur des Kreises eingesehen werden.

Overbecks Lösung konnte, entsprechend seiner unheimlichen, nie zur Ruhe kommenden Skepsis, die auch immer wieder gegen sich selbst skeptisch war, bei dem geschilderten Sachverhalt nur lauten: Vorsicht!, was in diesem Zusammenhang besagen will, daß über das Verhältnis von Christentum und Kultur mit aller notwendigen Besonnenheit zu wachen ist. Wird die Kultur unbedacht dem Christentum »historisch überlassen«, so sinkt das Verhältnis zu einem bloßen Gewohnheitsverhältnis herab. Gewohnheitsmäßig könne man aber, meint Overbeck, auch mit einem Leichnam leben. Darum dürfe das Verhältnis von Christentum und Kultur nie seinen eigenen, immanenten Gesetzen überlassen werden. Bei einem Gewohnheitsverhältnis zwischen Christentum und Kultur gewinnen beide Partner nichts und gehen im Laufe der Zeit unfehlbar aneinander zugrunde. »In unserem Verhältnis zum Christentum haben wir vor allem Vorsicht zu beobachten, es geht zu weit über uns hinaus, als daß wir uns erlauben könnten, es mit ihm anders zu halten. Die Vorsicht kann freilich aus doppelter Wurzel wachsen. Entweder steigt sie aus dem Boden des Glaubens, dann haben wir vor ihm nur zu verstummen, oder sie haftet im Unglauben, dann haben wir uns von ihm nur fernzuhalten. Wir mögen von ihm reden, aber wie läßt sich das in anderer Sprache tun als in der der Kritik? Es zu vertreten ist nicht unsere Sache und für uns zu gefährlich. ... Unvorsichtigkeit mit dem Christentum setzt uns mit ihm einer doppelten Gefahr aus. Entweder unser Verhältnis zu ihm artet zum öden Gewohnheitsverhältnis aus, oder wir stürzen uns in einen unüberlegten Ausrottungskampf mit ihm hinein.«[66]

In diesen Reflexionen ist Overbecks tiefster Beitrag zu dem Thema von Christentum und Kultur zu sehen. Sie bleiben innerhalb der Frage und der Kollision. Sie können nicht als Versuch, dem Problem doch noch auf eine heimliche Weise die scharfe Spitze abzubrechen, mißverstanden werden. Wer sich unbefriedigt von dieser »rein negativen Art« (Wernle) Overbecks abwendet, um sich nach einer positiven Antwort umzusehen, hat den Sinn der ganzen Frage verkannt. Denn wie kann ein Problem wie das Verhältnis des Christentums zur Kultur anders als unbefriedigend zur Darstellung kommen!

Nicht als krönender Abschluß, der ja im Widerspruch zu allem bisher Gesagten stünde, soll am Ende dieser Ausführungen noch eine Möglichkeit erwähnt werden, die schwach und kaum sichtbar am entferntesten Horizont von Overbecks Blickfeld auftaucht. Eine systematische Darstellung erweckt leicht den Schein, als hätte er in einer Stufenfolge seinem Gedankengebäude eine letzte glorreiche Überdachung gegeben. Overbecks Andeutungen über diesen Gegenstand liegen aber nicht in einer fertigen Gestalt vor. Wann dieser neue Ausblick in seinem Denken greifbare Formen angenommen hat, läßt sich aus seinen Papieren nicht bestimmen. Jedenfalls dürfen diese Überlegungen zu Overbecks übrigen Reflexionen nicht in einem Verhältnis des Nacheinander, sondern des In- und Nebeneinander gedacht werden. Seine skeptische und negierende Einstellung wurde wahrscheinlich in seinen letzten Jahren, in welchen er noch von einem eigentümlichen Lichtstrahl getroffen wurde, der seinem Porträt diesen Ausdruck des Weisen gibt, immer wieder von solchen neuen Einsichten und Ausblicken stoßweise durchbrochen. Nie aber vermochte sie Overbecks vorsichtige Zurückhaltung zu beseitigen. Sie richteten einzig seinen Blick noch nach einer anderen Seite.

Das Verhältnis dieser überraschenden Möglichkeit zu Overbecks sonstiger skeptischer Kritik wird am besten verständlich, wenn sie in Analogie gesetzt wird zu dem Verhältnis der Heilsweissagungen der israelitischen Propheten zu ihrer hauptsächlichen Untergangsverkündigung. Wie dort die Unheilsdrohung dem Volke gegenüber die primäre Ursache des Auftretens der Propheten ist, wie bei ihnen aus der dunklen Nacht der Verkündigung von Ende und Untergang Israels plötzlich der zarte Hoffnungsschimmer durchbricht »Vielleicht erbarmt sich Jahve«, so muß auch der Silberstreifen am Horizont der geistigen Welt Overbecks gewertet werden. Der Beurteilung der ganzen bisherigen religiösen Entwicklung der Menschen als einer heillosen und darum still zu stellenden Verirrung stellte er unerwartet die kühne Möglichkeit gegenüber, »daß die religiösen Probleme überhaupt auf ganz neue Grundlagen zu stellen sind, eventuell auf Kosten dessen, was bisher Religion geheißen hat«.[67]

Von einer – etwa spekulativen – Ausführung dieses Gedankens findet sich aber bei Overbeck keine Spur. Er ist davor mit

Recht zurückgeschreckt und hat nie den geringsten Versuch in dieser Richtung unternommen. Die Möglichkeit ist und bleibt nur eine Möglichkeit, die bei ihm selber nicht zur Wirklichkeit wurde. Was er von dem Kommen einer ganz neuen Welt schrieb, war untrennbar mit seiner Überzeugung verbunden, daß dem heutigen Menschen noch jeder Zugang zu dieser neuen Welt fehle.[68] Es sei denn, der Mensch beginne zu verstehen, »daß wir Menschen überhaupt nur vorwärts kommen, indem wir uns von Zeit zu Zeit in die Luft stellen und daß unser Leben unter Bedingungen verläuft, die uns nicht gestatten, uns dieses Experiment zu ersparen. Selbst zu dieser Erkenntnis wäre übrigens die Bibel eine Erzieherin. Ihre eigene Geschichte liefert uns das großartigste Vorbild auf der Bahn dazu, sofern der Übergang vom Alten Testament zum Neuen Testament einst von solchem sich in die Luftstellen im Grunde nicht verschieden gewesen ist«.[69]

Der Kampf gegen die Theologie

In den Annalen der neueren Theologie wurde der Name Overbecks im großen und ganzen übergangen. Zu widerspruchsvoll erschien seine eigene Existenz, zu unheimlich und verheerend sein Kampf gegen die Theologie seiner Zeit. Von jeher war es ein Ausweg der Theologie, unbequeme Angriffe, die ihr zu nahe traten, mit dem Anathem der Nichterwähnung zu belegen. Die Theologie des ausgehenden 19. Jahrhunderts schritt jedenfalls mit vollständigem Stillschweigen über Overbeck hinweg zur Tagesordnung.

Alle Darstellungen, in welchen die Theologie des 19. Jahrhunderts ihre eigene Entwicklung beschreibt, seien sie von Pfleiderer,[1] von Kattenbusch[2] oder von R. Seeberg,[3] erwähnen den Namen Overbecks nicht mit einem Wort. Geschah es ausnahmsweise doch einmal, so in der Art und Weise Troeltschs, mit nur einem Satz, als Warnung vor dieser undiskutierbaren Angelegenheit.* Indem man seine Sache möglichst leise und stillschwei-

* Der Satz lautet: »Jedenfalls kann es von ihr selbst als solche nicht bezeichnet werden, wenn sie sich nicht ihr eigenes Todesurteil als Theologie schreiben will, wie es Franz Overbeck getan hat, der die wissenschaftliche Selbstanschauung für den Tod des Christentums und der Religion überhaupt hielt und seine theologische Professur nur als das Schutzdach ansah, unter dem er sein Zerstörungswerk in kalter und leidenschaftsloser Abneigung gegen das Christentum um so sicherer vollziehen konnte.«[4]

gend umging, hoffte man, Overbeck am sichersten das Grab des Vergessens zu schaufeln.

Diese Ignorierung Overbecks ist um so auffallender, als einerseits seinen historischen Arbeiten, die er gelegentlich und spärlicherweise veröffentlichte, um ihrer Gelehrsamkeit und Gründlichkeit willen »vollkommenste Beherrschung des Stoffes und der Methode, verbunden mit der höchsten Vorurteilslosigkeit«[5] nachgerühmt wurde, und andererseits die Theologie von einem starken Willen zur Apologetik erfüllt war. Während z.B. Strauß' »Leben Jesu« eine wahre Sintflut von Gegenschriften hervorrief, so daß nach dessen eigener Aussage »alles, was eine Büchse tragen, ja was nur eine Klapper rühren konnte, auf den Beinen« war, wurde Overbecks Streitschrift mit keiner einzigen eingehenderen Antwort bedacht. Die wenigen Rezensionen, mit welchen die »Christlichkeit« angezeigt wurde, stellen höchstens einen ganz flüchtigen Augenblickserfolg dar. Die theologische Kritik, die in diesen Besprechungen zum Ausdruck kam, hat Overbeck selbst als »gänzlich unfruchtbar« erklärt.[6]

Der Grund dieser vollständigen Nichtbeachtung ist ausschließlich in Overbecks Kampf gegen die Theologie zu suchen. Er selbst bezeichnete den Eindruck, den die »Christlichkeit« bei den theologischen Beurteilern vor allem gemacht habe, als »Befremden und Ratlosigkeit«.[7] Die Theologie stand vor einem Phänomen, zu welchem sie einfach nicht wußte, wie sich verhalten. Als die kirchenfeindlichen Männer des 19. Jahrhunderts die Wunder und Mythen des Christentums anzugreifen und mit ihrer Kritik zu zersetzen begannen, waren die Theologen keinen Augenblick im Zweifel, was sie zu tun hatten, um das gefährdete Christentum zu verteidigen. Bei Overbeck aber wurde nicht das Christentum und nicht die Kirche angegriffen, sondern die Theologie selbst in Frage gestellt und einem vernichtenden Urteil unterworfen. Von sich selbst und ihrer eigenen Lage absehen und durch die Verteidigung eines anderen Objektes ihre prekäre Situation vertuschen konnte die Theologie nicht wohl. Die Frage nach ihrer eigenen Existenzberechtigung war aufgeworfen und durch eine solch treffsichere Argumentation unterbaut, daß die Theologie in vollständiger Verlegenheit war, wie sie gegen diesen Stachel löcken sollte. Overbecks Angriff siegreich zurückzuschlagen, seine Beweisführung ad absurdum zu führen, war die Theologie nicht im Stande. Zu vernichtend und zu durchschlagend war sein Angriff, als daß ihn die Theologie hätte abzuwehren vermögen. Zu stark und zu offen wurden hier von einem Kenner ihre eigenen Karten aufgedeckt, so daß es der Theologie unmöglich war, auf Overbeck einzutreten. So verfiel sie denn auf den nächstliegenden Ausweg, der sich ihr darbot, und tat, als hätte Overbeck nicht existiert.

Es ist ein Verdienst C.A.Bernoullis, daß er es als Overbecks Nachlaßverwalter zu diesem vollständigen Begräbnis nicht kommen ließ. Bernoulli gab von Zeit zu Zeit aus dem Nachlaß Overbecks eine Schrift heraus,* gleichsam als warnendes Menetekel an der Wand der Theologie. Aber zu durchbrechen vermochte er als einzelner das Schweigen nicht, das vermochte einzig und allein die Zeit.

Der Krieg und die Revolution, die eine Erschütterung der mit der politischen Entwicklung aufs engste verknüpften Theologie des 19. Jahrhunderts brachte, rückten Overbeck in ein neues Licht. Sein Kampf gegen jene Theologie stand plötzlich in neuer Beleuchtung, und seinen »Weissagungen« widerfuhr unerwartete Bestätigung. Die Theologie sah sich gezwungen, sich auf »Overbeck redivivus«[8] zu besinnen. Kattenbusch fühlte sich genötigt, in der Neuauflage seines Werkes[9] wenigstens in einer Fußnote Overbeck als Außenseiter zu erwähnen, wenn er auch glaubte noch beruhigend feststellen zu können, daß Overbeck wegen seiner verzettelten Arbeit nie eine größere Wirkung werde auszuüben vermögen. Werner Elert[10], der den letzten Versuch unternahm, die Entwicklung der Theologie des 19. Jahrhunderts unter dem Schema Diastase und Synthese zu verstehen, ordnete Overbeck unter dem Gesichtspunkt ein: die Absage an die Kul-

* An erster Stelle die Biographie »Franz Overbeck und Friedrich Nietzsche« (1908); dann »Das Johannesevangelium« (1911); Nietzsches Briefwechsel mit Franz Overbeck (1916); »Jugend und Vorgeschichte der mittelalterlichen Scholastik« (1917); und zuletzt »Christentum und Kultur« (1919).

tur. Durch diese Einordnung kam Overbeck in die Nähe jener Männer, die bemüht waren, das Christentum aus seiner degenerierenden Verbindung mit der Kultur zu lösen und zu sich selbst zurückzuführen.

Stärkste Aufmerksamkeit fiel auf Overbeck, als Karl Barth über den Nachlaßband »Christentum und Kultur« einen Aufsatz: »Unerledigte Anfragen an die heutige Theologie«[11] schrieb. Nicht um eine abwägende und wissenschaftliche Untersuchung handelt es sich bei dieser Publikation Barths, sondern um eine Beschlagnahmung Overbecks für die eigene Position. Unmittelbar nebeneinander mit Blumhardt wurde Overbeck gestellt. »Rücken an Rücken, wenn man so will, sehr verschieden im Habitus, in der Terminologie, in der Vorstellungswelt, im Erlebnis, aber zusammengehörig in der Sache, Blumhardt als der vorwärts schauende, hoffende Overbeck, Overbeck als der rückwärts schauende, kritische Blumhardt, einer zum Zeugnis für die Sendung des anderen.«[12] Trotz allen Differenzen sei der sachliche Angriff hier und dort derselbe, so daß ein Nachweis oder eine Abgrenzung für alle, die sehen können, nicht einmal notwendig sei. Wo Bernoulli nur Skeptizismus und zerfetzende Kritik, wo Troeltsch nur atheistische Einflüsse von Feuerbach und Nietzsche wahrnahmen, sah Barth zwar »nicht das Christentum, aber das Elementare, Primäre, Transzendentale, Unmittelbar-Weltliche, die Parusieerwartung, die hinter dem Christentum steht, und nicht die humanitäre Kultur, von der dieser Theologe, der keiner sein wollte, herkommt.«[13] Gegen alle eigenen Versicherungen Overbecks, daß er ohne jegliche Beziehung zum Christentum sei, genügt Barth die »trockene Feststellung«, daß Overbeck den Ursprung jedenfalls nicht als Zuschauer gehütet habe, wofür »wahrscheinlich im Himmel großes Verständnis vorhanden ist.«[14] Aus Overbecks Reden hörte Barth einen »jeremianischen Zwang«, sein Kampf schien ihm gar nicht anders als »christlich«, als ein Stück »Urgeschichte« aufgefaßt werden zu können.[15] Neben Platons Phädon ist Overbeck zu stellen als »heidnischer Verkündiger der Auferstehung, von denen es heißt: solchen Glauben habe ich in Israel nicht gefunden«.[16] – Diese

Aussagen wurden durch die Erklärung Barths verstärkt, daß der Frontwechsel von der ersten zur zweiten Auflage seines »Römerbriefes« nebst einigen anderen Faktoren Overbeck verursacht habe, und daß in seinem Kommentar eine eigentliche Auseinandersetzung mit diesem »selten frommen Manne« geführt werde.[17] In seiner »Dogmatik« hat Barth Overbeck endgültig in seine theologische Ahnenreihe der Neuzeit eingeordnet.[18]

Doch was Barth bei der Lektüre des Overbeckschen Nachlaßbandes »unausgesetzt beschäftigte«, war nicht dessen Kampf gegen die Theologie an sich, sondern wie es möglich war, daß die »heute am Ruder befindliche Theologie in ihrer Jugendzeit an einem Fachgenossen wie Overbeck und an den von ihm an sie gerichteten Fragen so gleichmütig und unangefochten vorbeikam?«[19] Darum erhebt Barth nochmals diese »unerledigten Anfragen« auf den Schild und ist voller Ungeduld, daß »die von diesen Anfragen von links (Overbeck) und rechts (Blumhardt) in die Mitte genommene Theologie sich endlich entschließen möchte, Antwort zu geben«,[20] um sich schließlich darüber zu wundern, daß die theologischen Hühner die ihnen dargereichten Körner nicht aus seiner Hand fressen wollten!

Eine eigene Antwort hat Barth auf diesen alle Theologie nicht nur die positive und die liberale in Frage stellenden Kampf Overbecks nicht gegeben. Sich einfach mit dem Fragesteller solidarisch zu erklären und dessen Geschütze gegen seine eigenen Feinde zu richten und eine Theologie aufzubauen, die zweifellos dem gleichen vernichtenden Verdikt wie die übrigen zum Opfer fallen würde, ist keine Antwort.

Es ist überhaupt ein Mißverständnis, zu glauben, die Theologie müsse auf Overbecks Absage an sie unter allen Umständen und mit allen Mitteln eingehen. Overbeck selbst nahm deutlich wahr, daß er Menschen, die ernst und nicht nur scheinbar auf ihn eingingen, den Geschmack an jeglicher Theologie verdarb und auferlegte sich aus diesem Grunde den Studenten gegenüber die früher beschriebene Zurückhaltung. Er nahm sich auch die Freiheit und rühmte sich dessen sogar, die Epoche der Theologie, die durch den Namen Ritschl bezeichnet wird, zu verschlafen, und verurteilte dieses Verschlafen auch nicht, als er sich am Ende seines Lebens mit der Ritschlschen Theologie noch näher bekannt machte. Wenn sich aber Overbeck das Recht zusprach, eine theologische Strömung, die ein halbes Jahrhundert das Denken der Theologen beherrschte, einfach zu verschlafen, so muß auch der Theologie das Recht zugestanden werden, Overbecks Anklage zu ignorieren. Wenn deshalb die Theologie der Ansicht ist, daß sich die Beschäftigung mit Overbeck für sie nicht lohne, besteht keine zwingende Notwendigkeit, ihr wie einem Kind einen Löffel Lebertran, diese »Dosis« einzulöffeln.

Eine andere Frage ist, ob diese Umgehung Overbecks für die Theologie nicht von nachteiliger Wirkung war. Es ist Barth durchaus Recht zu geben, daß wahrscheinlich die Entwicklung der Theologie des 19. Jahrhunderts anders verlaufen, wenn sie dieser Beschäftigung nicht aus dem Wege gegangen wäre. Ohne Zweifel hätte sich ein näheres Eingehen auf Overbeck gelohnt, und die Theologie hätte daraus, wenn auch vielleicht nur in negativem Sinne, einen Gewinn gezogen. Die Übergehung Overbecks von seiten der offiziellen Theologie muß als verpaßte Möglichkeit bezeichnet werden.

Es darf jedoch nicht übersehen werden, daß die Theologie bei ihrer Vermeidung der Begegnung mit Overbeck von einem Instinkt geleitet war. Es war Overbeck nicht, wie mißverständlich schon dargestellt wurde, um eine Reformierung der Theologie zu tun. Sein Ziel war vielmehr die Vernichtung der Theologie, wie das bald klar und einleuchtend werden dürfte. Es war deshalb ein Instinkt der Selbsterhaltung, auf diesen Kampf nicht einzutreten.

Overbeck selbst zeigt eine merkwürdige Schwankung in der Beurteilung der Tragweite seines Angriffes gegen die Theologie. Einerseits maß er ihm eine Bedeutung für das ganze Christentum bei und war felsenfest davon überzeugt, daß man noch auf ihn zurückkommen werde, wenn er auch dieses Ereignis selbst nicht mehr erlebe. Es liegt beinahe etwas Prophetisches in der Zuversichtlichkeit, mit welcher Overbeck von der endlichen Siegesgewißheit seines Angriffes sprach. Anderseits schrieb er von seiner »Christlichkeit«, daß niemand gehalten sei, darin mehr zu sehen als die Bekenntnisse eines Sonderlings, und hob den monologenhaften Charakter seiner Streitschrift in dem Nachwort zur zweiten Auflage stark hervor. Er habe sich viel zu stark darauf verlassen, als moderner Mensch verstanden zu werden, und in dieser Annahme viel zu monologisch geredet und es sich mit dem Beweisen zu leicht gemacht.[21] Allenfalls habe er die Anfänge eines Beweises geliefert, daß die Theologie als Wissenschaft dem Christentum mehr geschadet als genützt hat, aber ganz vernachlässigt zu fragen, wie sich die Theologie zur Wissenschaft verhalte, ob sie auf Wissenschaftlichkeit Anspruch erheben könne oder nur ein Parasit an deren Tafel sei. Und nicht viel anders verhielt sich Overbeck in der zweiten Auflage der »Christlichkeit«, in deren Vor- und Nachwort er wiederum willigen Hörern mehr erzählte als er unwilligen bewies und es auch hier nur wieder zu einem Monolog brachte. Dieser rein persönlichen und inoffiziellen Einstellung zur Sache ist es zuzuschreiben, daß Overbeck trotz der leidenschaftlichen Erregtheit, mit welcher er alle Vorgänge verfolgte, und der heftigen Erbitterung gegen die Entwicklung der Theologie nie mehr mit einem großen Lärm losbrach.

Overbecks doppelte Beurteilung seines Kampfes gegen die Theologie darf nicht gegeneinander ausgespielt und keine der beiden als die allein ausschlaggebende bezeichnet werden. Die Ausführungen, in welchen er das Monologische seiner Äußerungen betont, erweisen sich jedoch zunächst als der beste Weg zum tieferen Verständnis.

Der offiziellen Theologie Overbecks Angriff immer wieder vor Augen zu führen und ihr Eingehen auf Overbeck zu fordern, ist sinnlos, da sie das von ihren Voraussetzungen aus nun einmal nicht kann und auch die nötige Unbefangenheit zu dieser Beschäftigung nicht aufbringt. Man setzt sich auf diesem Weg auch mit Overbecks eigenem Verhalten in Widerspruch, der von seiner Waffe nicht bei jeder Gelegenheit und Ungelegenheit Gebrauch machte. Overbeck selbst verstand sich vielmehr so, daß er mit sich, zur eigenen Klärung, ein Gespräch führe. Einem Shakespeareschen Monolog, in welchem sich eine Gestalt über ihr eigenes Selbst Rechenschaft zu geben versucht, wegen des persönlichen Charakters dieses Selbstgesprächs keinerlei Bedeutung zuzuerkennen, wird wohl niemand einfallen. Legte doch Shakespeare gerade in seine Monologe von seiner tiefsten Weisheit, um damit anzudeuten, daß beim Selbstgespräch, in welchem sich der Mensch selbst durchsichtig zu werden versucht, seine letzten Quellen zu fließen beginnen.

Um eine solche Verständigung mit sich selbst handelt es sich in erster Linie in Overbecks Kampf gegen die Theologie. Wer darin nur ein irres Reden eines Eigenbrötlers oder glucksende Töne eines Grillenfängers sehen kann, dem sei das unverwehrt. Mag die ganze Theologie an dieser »Ketzertheologie« – wie Overbeck sie selbst in seinem Nachlaß nannte, als was sie auch einzig und allein zu vertreten sei[22] – unbekümmert vorbeigehen, wenn sie der Meinung ist, das sei gut und bekömmlich für sie.

Es wird jedoch immer einige wenige Einzelne geben, die in diesem eigenartigen Selbstgespräch etwas hören, das sie festhält, die in diesem Monolog ihre eigene Frage um Sein oder Nichtsein vernehmen. Für diese Wenigen hat der ausgesprochene Individualist Overbeck geschrieben, für diese Einzelnen sind seine Worte bestimmt. Um ihretwillen wurde dieser Monolog nicht leise und flüsternd gesprochen, sondern so laut und deutlich, daß sie sich daran beteiligen können. Für sie aber haben diese Worte bindenden Charakter.

Die Verpflichtung, die seine Worte für den Einzelnen zur Folge haben, führt aber zur erstgenannten Bewertung von Overbecks Kampf gegen die Theologie zurück, nach welcher er ihm eine Bedeutung für die ganze Christenheit beimaß. Durch diese Einzelnen gewinnt Overbecks Angriff im Laufe der Zeit auch für das übrige Christentum Bedeutung.

Nach diesen einleitenden Worten dürfte es klar sein, daß Overbeck nicht eine moralische Verurteilung der Theologie bezweckte. Er selbst betonte mehr als einmal, daß er überhaupt kein Weltgericht kenne und vollends keines, das er berufen wäre, an irgendeinem Ding zu vollziehen, und bezog dieses Urteil ausdrücklich auch auf sein Verhältnis zur Theologie. Gerade weil sich Overbecks Kampf mit einer Verurteilung so nahe berührt, gilt es, die Nuance, die seine Einstellung von einer solchen unterscheidet, zu beachten. Overbeck selbst hat die tiefe Weisheit des »Richtet nicht« der Bergrede zu sehr erkannt, um selbst ein solches Gericht über die Theologie zu verhängen. Er sprach aus dieser Erkenntnis auch nicht von moralischer Minderwertigkeit sondern von Schicksal, dem gegenüber kein Mensch ein Recht habe, den anderen zu verurteilen. Höchstens habe man sich glücklich zu preisen, selbst dem Schicksal entgangen zu sein.

Auch die Ansicht, die Overbecks Kampfansage einfach Verständnislosigkeit für die Theologie meint vorwerfen zu können, wird ihr nicht gerecht. Overbeck wußte nur zu tief, wofür die Theologie da ist, und bezweifelte auch nicht, daß sie, so gut wie alles andere, für etwas gut sei in der Welt oder wenigstens gewesen sei. »Warum nicht z.B. zur Sicherstellung der Grenzen der Humanität, zu unserer endgültigen und radikalen Befreiung von aller Deisidämonie, von aller transzendenten Überweltlichkeit.«[23] Overbeck war bestrebt, soweit es mit seiner Einstellung vereinbar war, auch der Theologie gerecht zu werden. Daß er in einen solchen Konflikt mit ihr geriet, ist in den Grundvoraussetzungen seines Denkens begründet.

Overbecks Widerspruch ist an dem alten Problem aus der Geschichte des Christentums, dem Verhältnis des Wissens zum Glauben, erwacht. Seinen Ausgangspunkt nahm er von der These: »Der Antagonismus des Glaubens und des Wissens ist ein beständiger und durchaus unversöhnlicher.«[24] Overbeck sagte »Wissen«, aber es könnte ebensogut heißen »Vernunft«; denn die Unvereinbarkeit von Glaube und Vernunft ist gemeint. Die Interpretation, daß er nicht die Vernunft, das Wissen an sich, meine, sondern die autonome Vernunft, das seine Grenzen nicht kennende Wissen, die falsche Einschätzung des Wissens usw., ist eine Abschwächung. Die vorwiegend von apologetischer Seite unternommene Ausdeutung des Problems, wonach die besonnene Vernunft, solange sie keine Gebietsüberschreitung vornimmt, mit dem wahren Glauben, der eingedenk bleibt, daß sein Reich die unsichtbare und nicht die sichtbare Welt ist, nicht in Kollision geraten kann, ist gerade die Front, gegen welche Overbeck seine leidenschaftliche Polemik richtete.

Der Glaube ist, solange er lebendig und echt bleibt, von einer unüberwindbaren Abneigung gegen die Vernunft erfüllt.* Nichts ist imstande, den Glauben, solange er glaubt, mit der Vernunft zu versöhnen. Beginnt in einer Religion das Wissen zum Worte zu kommen, ist es immer ein Zeichen, daß der Glaube am Entschwinden ist und seine ursprüngliche Kraft verloren hat. Es ist dem Glauben, solange er sich selbst versteht, wesenseigentümlich, die Vernunft von sich fernzuhalten. Nur solange er von diesem Willen beherrscht ist, bleibt er gegen den Einbruch des Wissens gefeit und kann sich ihm entziehen. Ist diese Tendenz gebrochen und ruft er das Wissen als Stütze zu Hilfe, ist es um ihn geschehen. Dann dringt das Wissen durch alle Poren ein, stellt sich neben den Glauben und bleibt dennoch in seinem Wesen stets etwas von ihm verschiedenes.

Nur dann braucht eine Religion das Wissen nicht zu fürchten, wenn es ihr möglich ist, die Angriffspunkte, die jede Religion dem Wissen bietet, vom Wissen fernzuhalten und ihre Bekenner außerhalb der Grenzen des Wissensinteresses festzuhalten. Overbeck führte als Beispiel die alte Kirche an, die ihre Kraft gerade darin bewies, daß sie sich über den wissenschaftlich augenscheinlichen Widerspruch hinwegsetzte und neben das synoptische das johanneische Christusbild zu stellen vermochte. Solche Kühnheit war nur durch ganz andere als wissenschaftliche Kräfte möglich; sind jene Kräfte aber dahin, so kann das Wissen nur noch die Diskrepanz zwischen den beiden Auffassungen konstatieren und dadurch die einheitliche Autorität der Schrift unter-

---

* »Es gibt keinen anderen Glauben als Kinderglauben und diesen sollen wir uns immer erhalten oder zu glauben gar nicht meinen. Dies will nicht sagen, daß wir, was wir als Kinder glaubten, zu glauben nicht aufhören sollen. Eine solche Forderung wäre absurd, nur ein gedankenloser Schwärmer kann sie tun, und sie wird in den Verhältnissen der Gegenwart immer unmöglicher. Nicht auf das Was, sondern auf das Wie kommt es an. Nicht was wir als Kinder glaubten, sollen wir immer glauben, sondern was wir glauben, sollen wir immer wie Kinder glauben.«[25]

graben. Das alte Christentum besaß dafür noch ein Verständnis und machte aus dieser Erkenntnis nicht den geringsten Versuch, die antike Bildung vor dem drohenden Verfall zu retten. Nur das nackte Leben hat es ihr gelassen und ihr nicht einmal das unbeschwerte Weiterleben gestattet, sondern sie sich als regungsloses Werkzeug dienstbar gemacht. Darin sah Overbeck den Sinn des schweren Kampfes der Kirche mit der Gnosis. Das Wissen brach nicht ohne einen Gewaltakt mit den ältesten Alexandrinern in die Kirche herein. Die Bewertung der griechischen Philosophie, mit welcher Clemens Alexandrinus seine Begründung einer christlichen Wissenschaft rechtfertigte, ist vom Standpunkt des ursprünglichen Christentums aus eine verwegene Ketzerei. Die alte Kirche hat sich zwar die Frucht dieser Neuerung gefallen lassen, weil sie ihrer bedurfte, den Nachfolgern gestattete sie aber nicht mehr, es jenen ähnlich zu tun, und über die Zulässigkeit einer wissenschaftlichen Behandlung der Glaubensgegenstände kam sie nie zur Ruhe.

Bei dem Satz, daß Glaube und Wissen sich in unversöhnlicher Antipathie gegeneinander verhalten, verharrte Overbeck zeitlebens. Wenn die ursprüngliche Abneigung beseitigt ist, hat das Wissen auf den Glauben keine andere Wirkung als die der Zerstörung und der Degeneration. Die »Verwüstung, welche die Wissenschaft auf dem Gebiete des christlichen Glaubens angerichtet hat«,[26] ist der offenkundige Beweis dafür. Das Wissen hat in religiöser Beziehung keine aufbauende Wirkung zur Folge, sondern nur eine auflösende, indem es die Mythen zersetzt. »Eine Religion kann aber gegen ihren Besitz an Mythen nur so lange gleichgültig sein, als ihre mythenbildende Kraft eine lebendige ist, das heißt so lange die Wunderkräfte, die ihren Mythus hervorbrachten, noch in ihr fortwirken.«[27]

Das Nichteingestehen der Ausschließlichkeit und Unverträglichkeit von Glauben und Wissen ist die charakteristische Eigentümlichkeit der Theologie, von welcher Overbeck so heftig abgestoßen wurde. Die Theologie ist der Versuch, den religiösen Glauben vermittelst vernünftiger Gründe jeder Generation annehmbar zu machen. Dieser geheime Zweck darf nicht ausgesprochen werden, weil das Bemühen, den Gebildeten den Glauben begreiflich zu machen, notwendig Häresien erzeugen muß. Man hüllt deshalb dieses Geheimnis in den Mantel der allgemeinen Zweckbestimmung der Theologie, daß sie die Wahrheit des religiösen Glaubens in wissenschaftlicher Form an den Tag bringe und den Wahrheitsgehalt des christlichen Glaubens in die Denkformen der Zeit umprägen müsse. Ein lebenskräftiger Glaube wird sich dafür bedanken. In dem Unternehmen, den religiösen Glauben rationell zu begründen und ihn dadurch zu verteidigen und zu stützen, sah Overbeck die Grundverkehrtheit der Theologie. Lichtenberg war ihm ein so interessanter, antitheologischer Typus, weil er – in seiner seltsamen Mischung von hervorragender kritischer Anlage und naivsten Aberglaubens – »das Absurde als Absurdes gelten läßt, auf seine Begründung verzichtet und dadurch in strenger Weise seinen Bereich beschränkt. Der Theologe will seinen von Natur nicht zu begründenden Glauben begründen und verwischt dadurch die Grenzen des Verstandes und des Unverstandes, indem er den Bereich des Absurden ungebührlich erweitert und sich selbst zu dessen Knecht macht«.[28]

Overbecks besonderen Zorn reizte, daß die Verkoppelung von Wissen und Glauben mit dem Namen der Wissenschaft gedeckt wurde. Die Theologie nennt sich die wissenschaftlich begriffliche Form des Glaubens. Diese Selbstbezeichnung nannte er einen Wahn. Denn die Theologie hat als Wissenschaft keine eigenen Erkenntnisprinzipien, sondern muß sie, da sie nicht das Vermögen hat, den übrigen Wissenschaften welche zu diktieren, von jenen beziehen, wodurch sie gerade deutlich macht, daß sich der Glaube in Abhängigkeit begibt. Einst war die Theologie an der Tafel der Wissenschaft die Gastgeberin, heute aber als »simple Philologie« ist sie nur noch ein Parasit und muß sich nach Parasitenart der allgemeinen Sitte der Tischgesellschaft akkomodieren und die Miene der Wissenschaft annehmen. Aber Theologen, die sich mit Wissenschaft befassen, gedeiht nichts, weil ihnen grenzenlose Subjektivität vorzuwerfen ist, und zwar gegen die neueren Theologen, wie Overbeck sagt, mit dem Akzent, daß sie bei ihnen bis zur Unverschämtheit gediehen ist.

Durch diese heillose Verworrenheit ist sie ihrer ganzen Aufgabe nach zur ewigen Unfruchtbarkeit verurteilt, denn nach keiner Seite ist sie, was sie gerne sein möchte. Das ist die Nemesis für ihren Anspruch, Wissenschaft zu sein. Weil sich der Begriff »christliche Wissenschaft« als ein Wahn selbst vollkommen entwurzelt hat, forderte Overbeck eine auf den Grund gehende Revision des Verhältnisses von Glaube und Wissen.*

Die Tätigkeit der Theologie besteht darin, das »Geheimnis des Glaubens«, das den Juden ein Ärgernis und den Griechen eine Torheit war, das sich aller Vernunft gegenüber spröde und inkongruent verhält, doch vermittelst begrifflichen Denkens in Lehrsätze und Dogmen zu fassen. Indem die Theologie den Glauben mit dem Wissen in Berührung bringt und neben das rein religiöse Interesse noch ein zweites, ihm fremdes stellt, ist das Tun jeder Theologie »an sich selbst und seiner Zusammensetzung nach ein irreligiöses«.[29] Die Behauptung des irreligiösen Charakters aller Theologie hielt Overbeck stets aufrecht. Im Laufe der Jahre trug er immer neues Material zu ihrer Begründung zusammen. In der Stellung der Theologie zur Urgeschichte sah er später einen besonders evidenten Beweis für seine Ansicht. Das Hauptbestreben der Theologie sei z.B. bei der Urgeschichte darauf gerichtet, eine Menge Dinge zutage zu fördern, welche die

---

* Das ist der Punkt, an welchem Ernst Hermann Haenßler mit seiner dem Andenken Franz Overbecks gewidmeten Schrift »Die Krisis der theologischen Fakultät« (1929) einsetzt. Nach seinen eigenen Worten »steht hinter dem Verfasser groß, Gehorsam heischend, steht nötigend und zwingend der Schatten Franz Overbecks. Der zielbewußte und energische Kampf nicht gegen das Christentum, sondern gegen die Universitätstheologie ist die ideelle Testamentsvollstreckung eines Universitätstheologen. Was hier in meiner Arbeit schlecht und recht auseinandergesetzt und begründet vorliegt, ist nur der auf unsere Gegenwartsverhältnisse gebrachte Ausdruck aller der Gedanken, die Franz Overbeck in seiner ›Christlichkeit‹, vor allem aber in seinen nachgelassenen Schriften niedergelegt. Etwas freilich kommt von mir aus dazu und ist nicht von Overbeck herübergenommen: Der Wille, sich für die Postulate einzusetzen und sie durchzukämpfen. Overbeck selbst wollte das nicht, er wollte ausdrücklich nur das Material bereitstellen und abwarten, was ein anderer damit anfängt.«[30] – Der von Haenßler selbst betonte Unterschied darf nicht unterschätzt werden. Bereits im Vor-

Urzeit des Christentums absichtlich im Dunkel des eigenen Unbewußtseins mit Nacht zugedeckt hatte, so daß es wiederum mit den spezifisch religiösen Interessen kollidiert.**

Die Charakteristik der Theologie als einer irreligiösen Erscheinung drückt Overbecks Auffassung in einer bündigen Formel aus. Doch ist das Verhältnis der Theologie zur Religion und umgekehrt ein viel zu kompliziertes und verzweigtes, als daß es mit einem Wort erschöpfend umschrieben werden könnte. Daß Religion und Theologie nicht dasselbe ist, bezeichnete Overbeck als eine Spatzenweisheit, deren Verkündigung kein Interesse mehr entgegengebracht werden könne, wenn nicht die vollkommene Klarheit über die Konsequenzen dieser Unterscheidung damit verbunden sei. Bei seiner Sammlung von Material kam Overbeck später noch zu einer schärferen Beurteilung.

Die Beziehung der Theologie zur Religion besteht zunächst darin, daß die Theologen von den Religionen in den Dienst genommen werden. Ihre Aufgabe in diesem Dienstverhältnis ist, gewisse Urwahrheiten, welche die letzten Probleme der menschli-

wort zur ersten Auflage der »Christlichkeit« hat Overbeck darauf Gewicht gelegt, daß er sich »nur mit der theoretischen Lösung des Problemes von Christentum und Bildung« befasse und »nicht mit den tausendfachen praktischen Verträgen zwischen ihnen«. Durch diese kulturkämpferische Ausmünzung von Overbecks Gedanken erweckt Haenßlers Schrift den Verdacht, Overbeck nur als Mittel für einen andern Zweck benützt zu haben.

** Darum geht es nicht an, mit Eduard Thurneysen zu sagen: »Man wendet sich mit einer gewissen kühlen Wissenschaftlichkeit der rein objektivierenden Betrachtung zu, weil man sich der Wahrheitsfrage als solcher überhaupt nicht mehr zu stellen wagt. Daß dies im Grunde das Ende der Theologie bedeutet, hat der Basler Theologe Franz Overbeck – so verstehen wir seine Bedeutung! – zu allgemeinem Verdrusse offen ausgesprochen. Er konnte es tun, weil er noch etwas wußte von dem, was eigentlich Theologie sein müßte, obwohl er sie, was seine Person betraf, im Grunde ebenfalls für verloren gegeben hatte.«[31] Daß dieses Verstehen von Overbecks Bedeutung, das man noch gar mit einem Ausrufzeichen versieht, falsch ist, kann nach dem oben Ausgeführten nicht mehr fraglich sein. Overbeck wußte nicht, »was eigentliche Theologie sein müßte«, damit sie diesen Namen verdiente, sondern ihm war jede Theologie an sich eine irreligiöse Erscheinung.

chen Existenz und die Schwierigkeiten, unter welchen das Leben verläuft, gar zu offen mitteilen, niederzuschlagen. Der Mensch soll diese Urwahrheiten nicht zu sehen bekommen. Um den allerdings »aussichtslosen Ringkampf« mit diesen Urwahrheiten zu führen, steht die Theologie im Dienste der Religion. In der Art und Weise, wie die Theologie den Kampf gegen diese Urwahrheiten zugunsten der Religion führt, kommt es zum Ausdruck, daß das natürliche Verhältnis zwischen Theologie und Religion nicht ein freundschaftliches, sondern ein feindseliges ist. »Man kann die Theologie den Satan der Religion nennen.«[32] Die Theologie reizt die Religion, Fanatismus, Streitsucht, Inquisition usw. zu entwickeln und sich somit von der unerquicklichsten Seite zu zeigen. Sie vermag jedoch nicht, die Kräfte und das Ansehen, das die Religion durch diese unerfreuliche Entwicklung verliert, zu ersetzen, und ist überhaupt nicht in der Lage, die ursprünglichen Kräfte und den Mythos, den die Religion hervorgebracht hat, selbst weiter hervorzubringen. Overbeck hat diese Ansicht auch einmal humoristisch dahin formuliert, daß jede Religion für ihre Theologie die Henne sei, die ihr die goldenen Eier legt, und deshalb nicht selbst erschlagen werden dürfe. Diese Art von Schonung hat aber die Theologie für ihr Haustier nicht. Ihre Wirkung auf die Religion ist, dem gegenteiligen ersten Augenschein zum Trotz, nicht eine schöpferische, sondern eine destruktive, indem sie nichts anderes als eine idealistische Entleerung der lebendigen und realen Religion für den Zweck einer abstrakten, begrifflichen Vertretung oder Apologie ist. Sie gelangt unter Umständen und zuletzt immer dazu, die Religion los zu werden. Aus diesem Grunde stellt sich die Theologie als ein unentbehrliches Kulturbedürfnis bei jeder historisch gewordenen Religion ein.

Den bis dahin ganz allgemein ausgeführten Gedankengang über das Verhältnis von Theologie und Religion hat Overbeck konsequent auf die konkrete Beziehung der Theologie zum Christentum angewendet und übertragen. In logischer Folge nannte er die christliche Theologie »eine sehr frühe Korruption der christlichen Religion«.[33] Eine Theologie lag ebensowenig in der ursprünglichen Erwartung des Christentums wie eine irdische Geschichte, da das Christentum in die Welt trat mit der Ankündigung ihres demnächst stattfindenden Untergangs. Erst als sich das Christentum heimisch niederließ und sich selbst weltförmig machen wollte in einer Welt, die es vordem verneint hatte, stattete es sich auch mit einer Theologie aus. So sah denn Overbeck in der Theologie nichts anderes als einen Teil des Verweltlichungsprozesses des Christentums, eine Luxusware, die sich das Christentum gestattet habe und die wie aller Luxus nicht umsonst zu haben und von verderblicher Wirkung auf seine Benützer sei. Aus dieser Betrachtung der Dinge warf Overbeck die Frage auf, »ob die Theologie jemals auf das Prädikat einer christlichen Anspruch gehabt« habe und verneinte diese Frage in der »Christlichkeit« schlechterdings.[34] Durch den Umstand, daß er in die Theologie geraten sei, führt Overbeck einmal aus, sei er zu einem rationalistischen, das heißt einem schlechten Christen geworden und habe nichts anderes werden können. Dadurch sei er sich selbst zu einem beständigen und unwiderlegbaren Argument für seine eigene allgemeine Ansicht, daß die Theologie der beste Weg sei, es mit dem Christentum zu verderben, geworden. Denn in der Theologie wurde das Christentum zu einem Problem; die Wirkung aller Theologie ist, das Christentum problematisch zu machen, das heißt es in Frage zu stellen.

Ausgehend von dieser in der Geistesgeschichte einzig dastehenden Betrachtung des Verhältnisses von Theologie und Religion, die mit einer merkwürdigen Schonung der Religion eine ebenso heftige Ablehnung der Theologie verband, und die Overbeck stark von Paul de Lagarde unterscheidet, eröffnete Overbeck in der »Christlichkeit unserer heutigen Theologie« (1873) seinen Kampf gegen diese Disziplin.

Die damalige protestantische Theologie teilte sich in zwei Hauptrichtungen, die apologetisch-positive und die liberal-freisinnige. Zwischen diesen beiden Hauptgruppen gab es noch eine Reihe von Vermittlungsversuchen, die aber in diesem Zusammenhang von keinerlei Eigengewicht sind.

Über die apologetisch-positive Theologie, mit deren Bekämpfung Overbeck seine Polemik begann, fällte er das Urteil, daß sie »von der Sache, die sie vertritt, nur noch die Schale ohne den Kern in den Händen« besitze.[35] Er bezeichnete die Vorstellung einer Theologie, die sich zum christlichen Glauben rein apologetisch verhalten könne, als eine Illusion. Diese Illusion war in gewisser Hinsicht auch in der alten Kirche vorhanden. Sie war in der alten Kirche aber nur deshalb möglich, weil das Aufkommen der Theologie mit dem rapiden Verfall aller Bildung und Wissenschaft zusammenfiel. Im Mittelalter war die Illusion noch haltbar, weil dann so gut wie in der alten Kirche die Wissenschaft neben dem Glauben nur den Platz einer geduldeten Größe einnahm, wie es das bekannte Wort von der Philosophia ancilla theologiae drastisch zum Ausdruck bringt.

Overbeck anerkannte nur eine Form der Apologie, die er als die einzig erlaubte und legitime bezeichnete: das eigene Leben und Sein. Nicht durch Worte muß man die Menschen für das Christentum gewinnen wollen, sondern man muß selbst sein und verkörpern, wozu man die anderen Menschen gerne machen möchte. Von dieser Form der Apologie lebte noch etwas in der alten Kirche.

Wenn sich aber eine Theologie nur noch verteidigen kann, ist sie bei ihrem Ende angelangt. Sie gibt damit unzweideutig zu verstehen, daß sie im Rückzug, im Verfall begriffen ist, daß sie in jenem Ringkampf mit den Urwahrheiten unterlegen ist und nur noch in kraftlosen Abwehrgesten ein notdürftiges Dasein fristen kann. Stets ist das sich Verteidigen eine Konzession an den Standpunkt der Gegner. »Das Bedürfnis nach einem Beweis des Christentums in der Kirche setzt in ihr auch die Existenz des Unglaubens schon voraus.«[36] Bis zu seinem Stil ist der Apologet von der Gesellschaft, in die er sich begibt, beeinflußt. Mit all ihren Argumenten wirkt die Apologie nur auf ihre Anhänger und Gläubige, während sie bei den Außenstehenden weit mehr Zweifel weckt als niederschlägt, zumal, wenn sie noch von der politischen Konjunktur des jeweiligen Momentes abhängig ist. Die Apologie verrennt sich derart in die unsinnige Aufgabe, etwas unbedingt auf eine rechthaberische Art und Weise zu verteidigen, daß Overbeck ausrief: »Erst mit den theologischen Apologeten kennt man die Menschen recht, vor deren Freundschaft man den Schutz des Himmels erbittet.«[37] Über ihren Wert für das Christentum berief sich Overbeck gerne auf Lichtenbergs Wort: »Daß in den Kirchen gepredigt wird, macht deswegen die Blitzableiter auf ihnen nicht unnötig.«

Gegen alle theologische Apologetik wies Overbeck auf die Stelle Hiobs hin, da Hiob gegen seine Freunde bemerkt: »Wollt ihr Gott verteidigen mit Unrecht, und für ihn List brauchen? Wollt ihr seine Person ansehen? Wollt ihr Gott vertreten?« (13, 7 u. 8) und empfahl dazu die Duhmsche Auslegung. An Stelle der Apologetik verlangte Overbeck die Haltung der Liebe. Diese Forderung zeigt besser als alles andere, wie dieser Mensch tatsächlich der Welt und den Dingen gegenüberstand. »Menschen ist es nicht beschieden« – so lautet das tiefe und unvergleichliche Wort Overbecks – »in irgendwelche Beziehung zu treten, die sie nur einfach verteidigen könnten, denn keine derselben vermögen menschlicher Kritik stand zu halten. Zum Glück indessen können Menschen lieben, und so sollen sie Mutter und Vater, ihr Vaterland, ihre Geschwister und Freunde, ihre Geliebte lieben, aber nicht verteidigen. Dies gelänge der Liebe nicht so, wie sie es möchte, d. h. bis ans Ende – doch liegt darin für sie kein Hindernis. Liebe erkennt keinen Angriff an und ist verloren, läßt sie sich irre machen. Aber das kann eigentlich gar nicht geschehen, denn sie ruht auf ganz anderer Grundlage als auf der Anerkennung objektiver, allgemein auch für andere bestehender Unangreifbarkeit ihrer Objekte, ist darum durch keinen fremden Angriff von ihrem Boden abzudrängen.«[38]

Eine solche Einstellung ahnt jedoch die heutige Apologetik nicht von entfernt. In ihrer Literatur herrscht nicht einmal – »mit sehr geringen und blassen Ausnahmen!« – der Geist wissenschaftlicher Untersuchung, sondern der rohe Ton des seine Sache mit allen Mitteln und Finten verteidigenden Advokaten, durch dessen Ausführungen vielleicht einige in ihrer vorgefaßten Meinung bestärkt werden, aber sicher niemand wahrhaft gefördert wird. Das einzige Interesse, von welchem sie beherrscht zu sein scheint, ist lediglich ihre eigene Selbsterhaltung. Zu diesem Zwecke ist ihr kein Mittel zu schlecht und kommt es ihr auch nicht darauf an, in besonders verzweifelten Situationen sogar die Wege der Kritik zu beschreiten. Sie bewegt sich zu Zeiten »nur noch auf den Grenzen des religiösen Wahnsinns« und ist auf dem besten Weg, sich um den Verstand zu reden, wozu die Theologie bei ihrer Sucht nach Geistreichigkeiten und Neuigkeiten ohnehin eine starke Veranlagung hat. Overbeck vertrat gegenüber all diesen Erscheinungen den Standpunkt, es könne gewiß kein Glauben sein, der seine Sache auf solch »schamlosen Unsinn« gründe. Diese Apologetik nahm er so leidenschaftlich unter die Geißel. »Wir leben, sagt man, in einer glaubenslosen Zeit. Es mag sein, und wir Kritiker mögen es beweisen. Aber gewiß unsere Apologeten nicht minder. An ihnen mag es eine richtende Zukunft vielleicht noch eindringlicher beweisen.«[39]

An erster Stelle ist unter den Mitteln, mit welchen die heutige Apologetik das Christentum zu beweisen sucht, der historische Beweis zu nennen. Von einer wesentlich anderen Interpretation ihrer religiösen Schriften als der historischen weiß sie kaum noch etwas. Sie glaubt, auf historischem Wege ihres Christentums wieder gewiß werden zu können. Overbeck wies gegenüber dieser starken Überschätzung des Historischen für die positiven Zwecke einer Religion nach, daß der historische Beweis der wertloseste aller Beweise sei. Bei der Entstehung jeder Religion geht es sehr unhistorisch und unwissenschaftlich zu, und wer vermeint, dabei alles wissenschaftlich glätten zu können, kann jedenfalls nur einen ganz verdorbenen Glauben und eine ganz unzulängliche Wissenschaft dazu gebrauchen. Auch in diesem Punkte war die alte Kirche noch von dem »unbegreiflichen Wahn« frei, eine heilige Urkunde durch Anwendung der historischen Interpretation in ihrem religiösen Ansehen erhalten zu können. Würde die Apologetik das Trügerische aller historischen Beweise durchschauen, »so wurde sie sich wohl hüten, im Kanon solche Unterschiede zu machen, da dessen religiöse Autorität auf dem gleichmäßigen Ansehen aller seiner Teile beruht«.[40]

Der historische Beweis wird an Hohlheit nur noch vom naturwissenschaftlichen übertroffen. Wie wenig Wesentliches muß man trotz allem Christentum zu sagen haben, rief Overbeck aus, wenn man die christliche Position auf solchen Treibsand gründet, wie es in den theologisch-naturwissenschaftlichen Betrachtungen und Beweisen zutage tritt. Welche Verrenkungen, welche faulen Künste, welche Beschränktheit und welche theologische Charakterlosigkeit wird aufgeboten, um nur ein Wunder gegen den Ansturm moderner Naturwissenschaft zu retten und zu halten. Gegen jeden Wunderbeweis brachte Overbeck den Einwand vor, daß wer Wunder verteidige, sich gewissermaßen anheischig mache, selbst Wunder zu tun. Zum allerwenigsten sollte man einem Wunderverteidiger anmerken, daß er in einer Welt lebt, in welcher Wunder geschehen. Was soll man aber zu Leuten sagen, »die, soviel man weiß, ihr Leben ungefähr so einrichten wie heutzutage jedermann, das heißt als ob es keine Wunder gäbe«.[41]

Alle Worte, die Overbeck gegen die apologetisch-positive Theologie richtete, münden in die eine Anklage aus, daß sie wohl noch hier und da die alten Worte und Vorstellungen des Christentums in den Mund nehme, in ihrer praktischen Lebensführung aber so weit davon entfernt sei wie die ganze moderne Welt. Das Christentum dieser orthodoxen Theologie läuft auf ein leeres Wortchristentum hinaus. So obenhin spiegelt man sich ein wenig in den Worten des Christentums, aber daß man tatsächlich in dieser Glaubenswelt lebte, davon kann nicht die Rede sein. Obgleich man darin, wofür man Glauben fordert und was man verteidigt, auch denken und empfinden müßte, redet diese Theologie von Dingen, von welchen ihr offenkundig jede Anschauung, Erfahrung und innere Überzeugung fehlt. Würden die Theologen mehr bedenken, was für ein zweideutiges und verräterisches Ding die menschliche Rede ist, würden sie über manche Dinge nicht in so hohen Tönen ihren rhetorischen Neigungen die Zügel schießen und den Mund davon überfließen lassen, wovon ihr Herz leer ist.

Das Christentum der Apologetik ist mit der Welt völlig eins geworden. Nicht die geringste Spannung zwischen seiner Verkündigung und der modernen Kultur ist wahrzunehmen. Overbeck wies als Beispiel auf die Tatsache hin, daß das Christentum in seiner

Wurzel zweifellos unpolitisch und übernational war, währenddem die apologetisch-positive Theologie zu den treuesten Wächtern nationalistischer Vorurteile gehöre. Wie sollte das auch anders sein bei der völligen Erstorbenheit der praktischen Ideen des Christentums in diesen Kreisen. Von der asketischen Welt- und Lebenshaltung des alten Christentums ist auch bei der Apologetik nichts anderes übriggeblieben als das »dürre Laub« jener alten Mythen und Dogmen, an welchen sie nun glaubt das Christentum vollständig zu besitzen. Was anders kann man aber »auch von einer Theologie erwarten, welche wirklich der Meinung ist, der Glaube sei ein Ding, das im Wolkenkuckucksheim wohne, wo er sich mit einigen entseelten Geschichten und Dogmen vergnügen könne, dagegen auf Erden nichts oder wenig zu suchen habe«.[42]

Die »Christlichkeit« hätte zweifelsohne mehr und dankbarere Leser gefunden, wenn Overbeck nur dieses scharfe Kapitel gegen die Apologetik geschrieben hätte. Die feindliche Schwester der Apologetik, die liberal-freisinnige Theologie, hätte diese Polemik mit lautem Jubelgeschrei begrüßt und ihren Verfasser als einen der befähigtsten Kämpfer gegen alle Dunkelmacherei gepriesen. – Dann aber wäre Overbecks Unternehmen keine Geistestat mehr gewesen, sondern zu einem innertheologischen Mönchsgezänk herabgesunken. Die Bedeutung seiner Schrift besteht gerade darin, nicht einen der vielen, letztlich völlig harmlosen und ungefährlichen Parteihader entfacht, sondern die Theologie als solche in Frage gestellt zu haben. Nicht gegen eine spezielle Vertretung oder besondere Gruppe von Theologen war sein Angriff gerichtet. Seiner letzten Intention nach, die Overbeck bei der Abfassung der »Christlichkeit« selbst noch nicht völlig erfaßt hatte, wandte er sich gegen jede und alle Theologie, mochte sie sein, wie sie wollte. Diese Stellungnahme gegen jegliche Theologie – die sich damals erst in der Befehdung der beiden Hauptrichtungen der Theologie auswirkte – hatte das der »Christlichkeit« widerfahrene vollständige Unverständnis zur Folge. Die Menschen, die sich durch ihre eigene Entwicklung und den Fortschritt der Zeit aus der orthodoxen Auffassung des Christentums herausgehoben fühlten, glaubten in der liberal-freisinnigen Theologie eine Modifikation des Christentums gefunden zu haben, die den veränderten Zeitumständen Rechnung trug. Alle diese nach einer neuen Auffassung des Christentums Suchenden waren geneigt, Overbecks Ablehnung der apologetischpositiven Theologie zuzustimmen. Diese Theologie schien ihnen den neuen Zuständen wirklich nicht mehr gerecht zu werden und auch nicht mehr von einem genügenden Wahrheitsbewußtsein getragen zu sein. Man suchte und sehnte sich deshalb nach einem umgestalteten, der neuen Wirklichkeit angepaßten Christentum.

Nun hatte aber seltsamer- und unverständlicherweise dieser Mann, der das Verlogene und Schiefe der apologetisch-positiven Theologie wie wenige scharf durchschaute, die neue Theologie, die das Christentum durch eine einfache Beseitigung der zeitgeschichtlichen Bedingtheit dieser Religion vertreten zu können meinte, mit gleicher Heftigkeit aufs Korn genommen. So modern und so vorurteilslos dieser Mann war, eröffnete er dennoch eine nicht weniger aggressive Polemik gegen die liberalfreisinnige Vertretung des Christentums. Dieser »Schuß in den Rücken«, sagte Paul Wernle, habe den theologischen Liberalismus schwer getroffen.[43]

Lautete das Urteil über die apologetische Theologie kurz und spitz, daß sie vom Christentum nur noch die Schale ohne den Kern in den Händen habe, so über die liberal-freisinnige Theologie, daß sie mit dem Kern auch noch die Schalen des Christentums von sich geworfen habe. Infolgedessen ist sie in einer noch stärkeren Illusion befangen. In der unchristlichen Lebensführung und -betrachtung stimmen die liberalen Theologen mit ihren feindlichen Brüdern überein, und in der Behandlung der religiösen Formen des Christentums huldigen sie beide dem gleichen Wahn, nur in verschiedener Richtung: die Apologeten wollen das Christentum mit wissenschaftlichen Mitteln verteidigen, die Liberalen glauben es mit denselben Mitteln wieder aufbauen zu können, nachdem sie es vorher kritisch zersetzten.*

* Es ist in diesem Zusammenhang nochmals an Overbecks Urteil über die wissenschaftlich-kritische Einstellung der liberalen Theologie als Pseudokritik zu erinnern.

Während die Apologeten wenigstens gelegentlich noch die Worte, mit welchen das ursprüngliche Christentum seine Stellung zur Welt ausdrückte, erwähnen, wobei sie allerdings an alles andere eher denken, als diese weltablehnende Haltung in ihrer eigenen Existenz zu verwirklichen, so ist bei der liberalen Theologie auch von diesen bloßen Worten keine Silbe mehr zu hören. Sie hat ausdrücklich erklärt, vom »alten Kirchenglauben« nichts mehr wissen zu wollen. Infolge dieser Erklärung ist die liberale Theologie ohne Zweifel ehrlicher als die Apologetik. Indem diese Ehrlichkeit aber mit der nicht zugegebenen Preisgabe des Christentums erkauft ist und die liberale Theologie die sich aus ihrer Erklärung ergebenden Konsequenzen nicht zieht, verschließt sie sich dem wahren Sachverhalt noch gründlicher. Die liberale Theologie meint, ohne dem Christentum den geringsten Abbruch zu tun, daraus annehmen oder verwerfen zu können, was ihr beliebt, je nachdem, wie es Zeit und Umstände gerade erfordern. Vergessen, vollständig vergessen ist, daß dem Christentum nicht frei steht zu glauben, was ihm genehm oder nicht genehm ist.

Von dem unversöhnlichen Widerspruch zwischen Christentum und Kultur ist in den Kreisen der liberalen Theologie nicht mehr die geringste Ahnung vorhanden. Die beiden Grundsäulen, auf welchen ihr Christentum ruht, sind die Familie und der Staat, zwei Gebilde, zu welchen das ursprüngliche Christentum, wenn nicht ein ablehnendes, so doch sicherlich kein freudig bejahendes Verhältnis hatte. Aber die Diskrepanz zwischen dem Urchristentum und dem heutigen Kulturchristentum ist für die liberale Theologie nicht einmal mehr ein Problem. So gehen »wir mit ihr vollends einem Zustand der Dinge entgegen, bei welchem man die christliche Religion vor allen anderen zu preisen haben wird als die Religion, mit welcher man machen kann, was man will«.[44]

Von dem weltflüchtigen und weltablehnenden Glauben der ersten Christen mit ihrer beständigen Erwartung der baldigen Wiederkunft Christi ist die liberale Theologie so weit entfernt, daß sie die Eschatologie nicht einmal als einen der Zentralgedanken des Urchristentums konzipieren kann. Und doch könnte sie sich gerade an der Parusieerwartung ihres Mißverhältnisses zu den Grundideen des Christentums bewußt werden. An Stelle der eschatologischen-asketischen Haltung ist die widrigste »Sentimentalisierung, Verflachung und Entnervung des Christentums« getreten.[45]

Das ist in einigen knappen Zügen der Inhalt der beiden Hauptkapitel der »Christlichkeit«, bereichert um einige wenige Gedanken aus Overbecks späterer Zeit, die nur seine gleichbleibende Haltung in der Ablehnung der Christlichkeit der Theologie dokumentieren sollen. Overbeck selbst hat das Resultat der »Christlichkeit« in die kurzen Worte gefaßt, daß das heutige Christentum nur noch ein Schatten eines alten Namens sei. Bei der Abfassung der Schrift habe ihn kein anderes Motiv geleitet »als ein Totenkleidchen für unsere deutsche Theologie zu verfertigen«.[46] Es blieb unbenützt, wie er hinzufügt, da die Theologie noch nicht bereit war, sich in den Totenschrein zu legen.

Die »Christlichkeit«, in der Overbeck zum erstenmal zum Sturm gegen die Theologie blies, wäre nicht vollständig und richtig charakterisiert, wenn der darin unternommene Versuch, den so heftig bekämpften Theologien eine bessere gegenüberzustellen, nicht auch erwähnt würde.

Overbeck nannte diese bessere Theologie die kritische und bekannte von sich selbst, daß er nie von einer anderen als einer kritischen Theologie zu wissen vermocht habe. Die Haupteigenschaft dieser kritischen Theologie muß nach Overbeck sein, daß »sie in sich selbst keine Unklarheit bestehen läßt über den durchaus nicht rein religiösen Charakter ihrer Ziele, und weiß, daß sie in deren Verfolgung keineswegs ausschließlich dem Christentum, sondern dem Bedürfnis dient, der Weltbildung eine Stätte neben dem Christentum möglich zu machen«.[47] Dem Christentum wird sie insofern dienen, als sie ihm eine Beschützerin sein wird gegen jegliche Theologie, die das Christentum vertritt, indem sie es der Welt akkomodiert. Ohne sich selbst mit der christlichen Lebensbetrachtung zu identifizieren, wird die kritische Theologie den übrigen Theologien doch verwehren, daß sie unter dem Namen des Christentums ein unwirkliches Wesen, dem man die Seele – die Weltverneinung! – genommen hat, durch die Welt schleppen.

Die Wahrnehmung, daß Overbeck in der »Christlichkeit« noch nicht alle Konsequenzen, die aus seiner eigenen Bestimmung der Theologie folgen, gezogen hat, und ihm auch die Tragweite seiner Fragestellung noch nicht vollständig übersehbar war, läßt sich nicht abweisen. Wird diese kritische Theologie mit Overbecks eigener Charakterisierung der Theologie konfrontiert, so ist dieselbe ganz nahe daran, in die Art der von ihm so kräftig befehdeten Theologien zurückzufallen. Denn die Tendenz der bekämpften theologischen Systeme ist ja, neben den rein religiösen Interessen noch anderen Bedürfnissen zu dienen. Unterscheidend trennt Overbeck von aller übrigen Theologie, daß er sein Unternehmen klar und ohne Visier als ein nicht rein religiöses betont wissen wollte, währenddem die Theologie sonst bestrebt ist, diesen Sachverhalt zu verschleiern. Dem Christentum aber dient – und das wußte Overbeck sehr gut – auch eine solch kritische Theologie, die nebenbei doch andere Zwecke verfolgt, so wenig wie der Bildung.*

Overbeck gab deshalb die kritische Theologie bald auch selbst wieder auf. Im Nachwort zur »Christlichkeit« bemerkte er, daß er sich gelegentlich ein Wort von einer »besseren Theologie«, als einem von ihm verfolgten Ziele, habe entschlüpfen lassen. Auf Grund dieser Bemerkung mag man solche Äußerungen

* Diese kritische Theologie und nicht die so berüchtigten Schlußvorschläge ist das Bedenkliche der »Christlichkeit«. Mit diesen Schlußvorschlägen hat es folgende Bewandtnis: Overbeck schlug die Unterscheidung eines esoterischen und eines exoterischen Standpunktes des wissenschaftlich gebildeten Theologen vor und berief sich dafür auf die alte Kirche und die alltägliche Praxis, in welcher sich jeder Theologe nach diesem Grundsatz verhalte. Overbeck wollte die individuelle Überzeugung freigeben, aber die amtliche Äußerung binden. Er nannte es einen Irrtum, daß der Geistliche glaube, immer seine persönliche Meinung vortragen zu müssen. Nichts nütze den Pfarrer in dem Maße ab wie das ausschließliche Lehrer- und gar nicht Priestersein. Der Begriff des Priesters könne aber in keiner religiösen Gemeinschaft gänzlich fallen gelassen werden. Mit diesem Satz dürfte er eine in jenen Jahren völlig verschüttete und erst heute wieder geahnte Wahrheit ausgesprochen haben. – Overbeck war sich klar, wieviel Anstoß

im Opus Overbecks, die in dieser Richtung zu deuten scheinen, zusammenstellen, wie das Barth getan hat.[48] Man darf jedoch Overbecks eigenes Urteil über eine »neue« Theologie nicht übersehen, wonach jeder Leser, der genauer zusehe und nicht nur so obenhin lese, sich trotz diesem lapsus calami an seiner besseren Einsicht nicht werde irre machen lassen, daß er von dieser »besseren Theologie« nichts oder so gut wie nichts wisse, keinesfalls genug, um in sich das Gefühl entstehen zu lassen, zu einem Reformator der Theologie berufen zu sein. Diese kritische Theologie hat vor den übrigen einzig den Vorzug, sich selbst ihrer Schädlichkeit bewußt zu sein. Dieses Bewußtsein der eigenen

diese Schlußvorschläge erregen mußten und äußerte sich zu Treitschke darüber: »Allein noch hat mir niemand, der mir seine Abneigung dagegen aussprach, etwas Gescheites über die Lösung der Aufgabe gesagt, die Qualität der Bildung des Theologen nicht leiden zu lassen unter seiner praktischen Bestimmung, worauf es mir vor allem ankommt.«[49] In der Tat verdienen Overbecks Vorschläge nicht die Verachtung und den Abscheu, mit welchem man sich davor bekreuzte. Overbeck dachte von der Unlöslichkeit des Bandes, das Theologie und Pfarramt verbindet, in steigendem Maße skeptisch,[50] betonte aber später namentlich, daß die Theologen die Bildung gar nicht verdienten. Das habe er bei der Abfassung der »Christlichkeit« nicht bedacht und auch nicht gewußt. Inzwischen habe er die Entwicklung der modernen Theologie erlebt und sei über das Verhältnis von Christentum und Bildung vollkommen erbaut worden! Das möchten, sagt Overbeck, kritische Leser der zweiten Auflage nicht vergessen und nicht unbedacht lassen. Als alter Mann wünsche er vielmehr, der Bildungskorb möge den Theologen etwas höher gehängt werden. Im übrigen war Overbeck bei der Niederschrift dieser Schlußvorschläge von dem Bewußtsein getragen, darin nur »Komödiengeheimnisse« die schon allgemein zutage lägen und seiner Enthüllung nicht mehr sonderlich bedürften, zu verraten. Deshalb habe er sich für ihre Beweisführung auch nicht noch ausgesprochen gepanzert. Was Overbeck auf diese Lösungsmöglichkeit führte, war sein Wille zu einer reinlichen Scheidung von wissenschaftlicher Forschung und pfarramtlicher Praxis. In seinem Nachlaß findet sich darüber noch die Bemerkung: »Naiv gläubig oder bewußt ungläubig muß der wahre Theologe sein. Nur dann läßt sich mit ihm etwas anfangen, kann er insbesondere der Leiter einer Gemeinde sein. Für sich selbst muß der Theologe von der Religion nichts verlangen, sei es sofern er mit ihr fertig ist. Ist er noch für seine Person ein Friedesuchender, dann lasse er wenigstens die Praxis eines Theologen sein.«[51] – In Overbecks späterem Denken spielen diese Schlußvorschläge keine Rolle mehr, wahrscheinlich ist er selbst davon abgekommen.

Schädlichkeit vermag nach Overbecks Ansicht vielleicht dazu beizutragen, daß sich diese Theologie selbst am Leben erhält, niemals aber das Christentum, dem zu dienen sie den Anspruch erhebt. – Die kritische Theologie darf in Overbecks Leben nur als ein Übergangsstadium bewertet werden.

Es wäre verständlich, wenn Overbeck nach dem Mißerfolg der »Christlichkeit« vorgezogen hätte zukünftig zu schweigen, statt weiterhin tauben Ohren zu predigen. Man glaubte auch gegen ihn den Vorwurf erheben zu müssen, daß er mit seinem Protest zu stark zurückgehalten und geschwiegen habe, wo er dringend hätte reden sollen.[52] Dieser Vorwurf kann aber nur aus einer ungenügenden Kenntnis des Sachverhaltes erhoben werden. Denn kaum zwei Jahre nach der Veröffentlichung der »Christlichkeit«, obwohl Overbeck nicht eine Antwort darauf erhalten hatte, die auch nur ein Verstehen der Fragestellung bewiesen hätte, ließ er zum zweitenmal einen kurzen Warnungsruf in die Welt hinausgehen. Im Vorwort zu seinen »Studien zur alten Kirche« führte er aus, daß sie neben dem hauptsächlichen, rein historischen Interesse den Zweck hätten, »an einem Stück Kirchengeschichtsschreibung die Fragwürdigkeit der Christlichkeit der Theologie anschaulich zu machen«,[53] und die Meinung der neueren Theologie zu diskreditieren. Overbeck bemerkte ausdrücklich, daß er die Theologie schon einmal, in allgemeiner Weise, in Frage gestellt und mit diesem Unternehmen bisher nicht mehr Beifall gefunden als er erwartet habe, aber auch nicht den Theologen, der seine Meinung richtig aufgefaßt und ernst genommen hätte. Er wolle aber diese Gelegenheit nicht unbenützt lassen, seine Frage noch einmal in der größtmöglichen Kürze und Einfachheit zu wiederholen: das Christentum sei eine viel zu erhabene Sache, als daß es in einer im ganzen ihm entfremdeten Welt dem Einzelnen so leicht gestattet sein soll, sich ohne weiteres damit zu identifizieren.

Aber nicht nur die »Studien« enthalten in ihrem Vorwort diesen Ausfall gegen die Theologie, die sich so ohne weiteres und gedankenlos glaubt als christlich ausgeben zu dürfen, ohne den dafür schuldigen Tribut in der Lebenseinstellung zu bezahlen.

In allen seinen Veröffentlichungen kann man an irgendeiner Stelle seine Polemik gegen die Theologie finden, allerdings oft nur ganz versteckt und nebenbei, oft nur in der Art und Weise, in welcher die historischen Ansichten und Ergebnisse der neueren Theologie zurückgewiesen und bekämpft werden.

Noch einmal – zum drittenmal also! – erhob Overbeck offenen und ausdrücklichen Protest. Dreißig Jahre nach seinem ersten Angriff holte er im Nachwort zur zweiten Auflage der »Christlichkeit« (1903) wieder zum Schlag aus. Overbeck hat in seiner Replik an Viktor Widmann selbst bemerkt, daß dieses Nachwort das »alte Thema für die Gegenwart« neu wieder aufnehme.[54]

Im dritten Kapitel dieses Nachwortes setzt sich Overbeck eingehend mit der Frage auseinander, wie sich das Unternehmen, seine nun 30 Jahre alte »Christlichkeit« unverändert in die Welt hinausgehen zu lassen, zu den inzwischen in der Geschichte der Theologie geschehenen Ereignissen verhalte. War diese Schrift veraltet? War inzwischen eine Theologie entstanden, die ein ganz anderes Verhältnis zu Christentum und Welt vertrat? Was hatte er zur modernen Theologie zu sagen?

Overbeck gestand freimütig, vom Vorabend der Dinge, denen die Zeit entgegen trieb und ging, nichts geahnt zu haben, als er die »Christlichkeit« schrieb, um sich aus seiner persönlichen Not zu befreien. Über die ihm zum Trotz aufgekommene moderne Theologie und deren Aufschwung habe er deshalb nur staunen können und selbst gewissermaßen ein Schüler der modernen Theologie werden müssen, bevor er sie, als sie da war, verstanden habe. In der »Christlichkeit« hatte er als das Unausstehliche an der Theologie die Leugnung ihrer Distanz gegenüber dem Christentum gebrandmarkt. Daß sie die rationalistische Weltbetrachtung mit dem Christentum in Einklang zu setzen vermeinte, betrachtete er als ihre Grundschwäche. An dieser neuen Theologie war nun Overbeck nichts unverständlicher als die Kaltblütigkeit und Gelassenheit, mit welcher sie z. B. die Kritik am Neuen Testament betrieb, im Vergleich zu den früher und auch von ihm selbst dabei gehegten Empfindungen. Man deckt am Christentum und seinen Urkunden alle möglichen Bedenklichkeiten auf, ohne sich das geringste daraus zu machen. Diesem Vorgehen entspricht auch die Wohlfeilheit der Mittel, mit welchen man alle Bedenken, soweit sie sich etwa melden könnten, meint niederschlagen zu können. Die moderne Theologie will nicht auf Kritik verzichten und doch gibt sie nicht zu, daß zur freien Ausübung dieser Kritik eine totale Umänderung ihrer bisherigen Stellung zum Christentum notwendig ist. In seiner Meinung, sich die Freiheit zur wissenschaftlichen Erforschung erst erobern zu müssen, da sie ihm von Kirche und Theologie bestritten schien, sah Overbeck den Grund, daß er sich mit seiner »Christlichkeit« so arg verhauen hatte. Inzwischen war eine Theologie aufgekommen, die eine Bemühung um diese Freiheit für völlig überflüssig erachtete, und für ein Opfer, das Overbeck dieser Freiheitsbemühung durch seine Lossagung vom Christentum brachte, nicht das geringste Verständnis hatte. Auf seine Anklage der Verweltlichung des Christentums antwortete die moderne Theologie, indem sie sich dieser Verweltlichung rühmte. Die Frage der »Christlichkeit«, ob die Theologie noch irgendeine Aussicht auf Fortdauer habe, sei von keinem Theologen ernst genommen worden, denn sonst hätte nicht die moderne Theologie aufkommen können, die durch ihre Existenz gerade das bewies, was ihm unmöglich schien! Es bleibe ihm nichts anderes übrig, fügte Overbeck ironisch hinzu, als für seine geringe prophetische Begabung in Sack und Asche Buße zu tun.

Heute will es aber scheinen, daß Overbeck nicht so bar jeder tieferen Ahnung war, als er prophezeite, die Theologie werde einen Zustand der Dinge heraufführen, bei welchem man das Christentum vor allem als die Religion werde zu preisen haben, mit welcher man machen kann, was man will. In dem erwähnten Nachwort empfahl er aus dieser Einsicht der Theologie statt ihrer Redseligkeit dringend Stille und Schweigen. Denn als öffentliche Angelegenheit vermöge sich das Christentum in der modernen Welt kaum zu präsentieren. Seine Theologie sei ihm von alters her eine Verführung gewesen, sich vor der Welt sehen zu lassen. Dieser Wächterruf war allerdings in dem Lärm des neueinsetzenden theologischen Betriebes ungehört und ohne Echo untergegangen. Daß aber Overbeck nicht jede prophetische Gabe fehlte, mögen seine Worte beweisen, daß es so nicht weitergehen könne. Seine Behauptung, die Theologie werde, wenn sie so weiterschwatze, das Christentum noch zu Tode schwatzen, wurde jedenfalls nicht Lügen gestraft. Es ist allem Anschein nach nicht so weitergegangen.

Daß ihm, dem Bestreiter der Christlichkeit der Theologie, nichts willkommener sein und nichts mehr recht geben konnte als das Aufkommen der modernen Theologie, hat Overbeck selbst erwähnt. Sie gab ihm nicht nur keinen Anlaß, anders über diese Disziplin zu denken, sondern war der sprechendste und schlagendste Beweis ihrer Unchristlichkeit. Die Zuversicht der modernen Theologie, mit dem Christentum in Ordnung zu sein, wenn sie sich nur neben dem Christentum auch zur modernen Bildung bekenne, konnte der Verfasser der »Christlichkeit« nicht teilen. Die Verquickung von Christentum und Bildung war für ihn keine neue Weisheit, die befreiend und erhebend auf ihn gewirkt hätte, sondern der Wahn, den er von Anfang an bekämpft hatte. »Denn, daß die Theologie stets modern gewesen ist, und eben darum auch stets die natürliche Verräterin des Christentums war, ist eine Grundthese meines Schriftchens.«[55] An diesem Urteil, schloß Overbeck das Nachwort seiner zweiten Ausgabe ab, mache ihn auch das jüngste Ereignis auf der Siegeslaufbahn der modernen Theologie – die Harnacksche Säkularschrift: Das Wesen des Christentums! – nicht im geringsten irre, vielmehr beweise sie ihm viel eindringlicher als das Wesen die Unwesentlichkeit dieses Christentums.

Das Nachwort zur zweiten Auflage der »Christlichkeit« enthält Overbecks Heroldsruf zum Kampf gegen die moderne Theologie. Mehr als ein schrilles, aber unmißverständliches Warnungssignal war es nicht. Niemand war davon stärker durchdrungen als Overbeck selbst. Von dem in seinem Nachlaß aufgespeicherten »reichen Material, das er zu einer Kritik der modernen Theologie«[56] gesammelt hatte und den »pathologischen Studien«, wie er sie einmal nannte, machte er in diesem Zusammenhang nur spärlichen Gebrauch. Nicht einmal den Anspruch erhob er, in jenem Nachwort zur »Christlichkeit« eine irgendwie ernst zu nehmende Auseinandersetzung mit der modernen Theologie zu geben. Overbeck war infolge seiner umfassenden Kenntnis der Theologie vor der Einbildung geschützt, trotz seiner starken Antipathie dagegen, man könne eine Größe, wie sie die moderne Theologie darstellt, mit einer Handbewegung erledigen. Er hat die Größe und Macht der Theologie anerkannt und ist nie der Versuchung des Pamphletisten, sie zu verkleinern, unterlegen. Sein Leben lang rang er zäh und hart mit ihr, als mit einer ebenbürtigen Gegnerin. Diese Tatsache darf bei der angeblichen Uninteressiertheit, mit welcher er der Theologie gegenübergetreten sei, nicht übersehen werden und sollte eine schnellflüchtige Aburteilung seines Kampfes unmöglich machen.

Man hat aus dem Umstand, daß Overbeck die große Schlacht gegen die moderne Theologie nicht selbst geschlagen hat, die Berechtigung ableiten wollen, seinen postumen Veröffentlichungen keinen oder nur ganz geringen Wert zuzuerkennen. Eine Bestreitung der modernen Theologie könne nur Anspruch auf Bedeutung erheben, wenn sie unmittelbar im Augenblick und vom Verfasser selbst vorgebracht werde. Sei die geschichtliche Stunde vorbei und der Verfasser tot, so entbehre die Auseinandersetzung weiteren Interesses. Dieser Einwand übersieht das weitere Bestehen der modernen Theologie und verkennt die Umstände, die Overbeck an der Ausführung dieses Kampfes verhindert haben.

Overbeck sammelte unermüdlich das Material zu dieser Polemik, bis es zu einer gewaltigen Stoßkraft angeschwollen war. In Anbetracht des in seinen Papieren aufgespeicherten Stoffes und dessen, was er jetzt wisse, lautet eine Tagebuchnotiz, fühle er sich bisweilen zu nichts Geringerem als zur Befreiung der Kultur von der modernen Theologie berufen. Und doch, fügt er verzichtend hinzu, »trotz aller Vorbereitung bin ich nicht im Besitze der Kräfte, über den Lärm, den ich hervorrufen würde, noch Herr zu werden. Denn um etwas anderes wäre es mir nicht zu tun, als um den Nachweis des finis christianismi am modernen Christentum«.[57] Zweifelsohne hatte Overbeck bei seiner aristokratischen und vornehm zurückhaltenden Natur und eingedenk allen Unheils, das mit der Erhabenheit solcher Gewitter in der Religionsgeschichte immer unzertrennlich verbunden war, einen starken Widerwillen gegen alle neuen Stürme. Auch mochte seine mit dem Alter zunehmende Weltoffenheit und Heiterkeit ihn davor zurückschrecken lassen, mit einem Streit und einer Polemik aus der Welt zu scheiden. Diese Scheu vor einem Sturm genügt aber nicht zur Erklärung, daß es Overbeck bei diesem letzten Wächterruf bewenden ließ. Bei der Veröffentlichung der »Christlichkeit« hatte er seine Abneigung gegen etwelche Folgen ruhig auf die Seite gelegt, erwartete er doch, daß ihn die Schrift um sein Lehramt bringen werde. Dem Kampfe Overbecks gegen die Theologie nur Wert beizumessen, wenn er ihn mit Einsatz seiner eigenen Person geführt hätte, ist deshalb falsch, zumal er in der »Christlichkeit« und auch im Nachwort zu deren zweiten Auflage für seine Ansichten höchstpersönlich eingetreten ist.

Overbeck brach aus einem anderen Grunde selbst nicht mehr stärker mit seinem Schlachtenruf gegen die moderne Theologie hervor. Der ausschlaggebende Faktor, daß er dieses Unternehmen, obwohl er sich »berufen« fühlte und sich unablässig zur Vorbereitung rüstete, doch nicht vollständig ausführte, war – wie bei der Nichtausführung des Gedankens einer profanen Kirchengeschichte – sein Alter und seine unterhöhlte Gesundheit. Es war zweifelsohne nicht Mangel an Mut oder Interesse, was ihn davon zurückhielt. Wenn er ein jüngerer und vor allem ein gesünderer Mann wäre, bemerkte er einmal, hätte er sich ohne Frage beizeiten zur Wehr gesetzt und noch einmal eine Streitschrift als Seitenstück zur »Christlichkeit« geschrieben. Overbeck war demnach von dem unverkennbaren Willen erfüllt, seinen Kampf gegen die moderne Theologie noch selbst in aller Form und Ausführlichkeit auszutragen. Nur durch den äußeren Umstand seines vorzeitigen Altersleidens, das ihn eine Zeitlang sogar mit Erblindung bedrohte und seine ganze geistige Tätigkeit strengster »Diät« unterwarf, wurde er an der Ausführung verhindert.

Bei dieser Sachlage ist es aber fraglos berechtigt und sogar notwendig, diesen Kampf, wie er im Nachlaß vorliegt, eingehend vorzuführen. Das ganze postume Material trägt offenkundig einen zur Veröffentlichung bestimmten Charakter. Daß die vernichtende Kritik von einem Toten stammt, nimmt ihr nichts von ihrer Aktualität. Der Kampf, um den es Overbeck ging, ist nicht abhängig von seiner persönlichen Anwesenheit, wie er selbst oft betonte, sondern er ist eine Geistesangelegenheit von überpersönlicher und zeitloser Bedeutung.

Die eigentümliche Form, in welcher Overbeck sein Kampfmaterial hinterließ, ist ein erschwerendes Moment für die Darstellung dieses Kampfes. Weil er selbst verhindert war, den Streit in aller Form auszutragen, läßt sich der eigentliche Plan seines Vorgehens nicht mehr mit vollständiger Deutlichkeit erkennen. Bernoulli hat sehr richtig darauf hingewiesen, daß die Nachlaßveröffentlichungen »halb Steinbruch und halb Fundament«[58] seien. Die Unverbundenheit und Unabgeschlossenheit der Argumente wird reichlich aufgewogen durch den Reiz, in die Werkstätte eines Polemikers sehen und der Formung seiner Gedanken in statu nascendi beiwohnen zu können.

Overbecks Polemik richtete sich ausschließlich gegen die moderne Theologie protestantischen Bekenntnisses. Es wäre aber ein Irrtum zu glauben, er habe die katholische Theologie ausdrücklich ausgenommen. Die katholische Theologie hat keine Ursache, sich als unbeteiligte Dritte an diesem Kampfe zu freuen. Moderne Theologie war nach Overbecks Ansicht in die katholische Kirche so gut wie in die protestantische eingedrungen. F.X. Krauß, Schell und Ehrhardt verfolgen im Grunde dieselbe Tendenz wie ihre protestantischen Kollegen. »Kulturkatholizismus ist nichts anderes als eine Parallelerscheinung zum modernen Christentum und zur modernen Theologie unseres Protestantismus.«[59] Die Kirche war dem Ansturm der modernen Welt auf der ganzen Linie unterlegen. Von einer inneren Überlegenheit ist weder auf katholischer noch auf protestantischer Seite etwas zu spüren. Deshalb hat auch der ganze Streit zwischen Katholizismus und Protestantismus seinen Sinn verloren. Die Zeit ist da, in welcher sich dieser Gegensatz als ein religiös zur Entscheidung forderndes Ereignis verwischt. Overbeck stand selbst allem gegensätzlichen Gezänk der Konfessionen kühl und frei gegenüber.

Die Wissenschaft hatte ihn von allem Konfessionalismus befreit. Er hatte weder mit dem Katholizismus noch mit dem Protestantismus auch nur das geringste zu tun. Sein Urteil über den Kulturkatholizismus ist nicht konfessionell bedingt, sondern lediglich die Feststellung einer Tatsache. Daß sich seine Polemik vorwiegend gegen die moderne protestantische Theologie richtete, hat seinen Grund in Overbecks Herkunft und »Zugehörigkeit« zur protestantischen Konfession. Er kämpfte nicht gegen einen ihm fremden Gegner außerhalb seines Gesichtsfeldes, sondern griff den Feind an, der ihm unmittelbar gegenüberstand.

Zur geschichtlichen Orientierung ist es notwendig, zunächst auf die Entstehung der modernen Theologie, wie sie Overbeck gesehen hat, einzugehen. Modernes Christentum, meinte er, definiert und datiert sich im allgemeinen selbst. Aber innerhalb desselben gibt es ein Christentum, das in einem besonders prägnanten Sinn modern genannt zu werden verdient, insofern als es selbst diese Bezeichnung für sich in Anspruch nimmt.

Die moderne Theologie beginnt nach Overbeck nicht, wie zunächst zu erwarten wäre, bei Schleiermacher, den er als einen der ersten Parasiten an der Tafel der Wissenschaft bezeichnete. Warum Overbeck nicht bei Schleiermacher die moderne Theologie beginnen ließ, hat er nicht näher begründet. Er ging voll Mißtrauen an Schleiermachers Religiosität vorüber, die ihm in ihrer Red- und Schreibseeligkeit verdächtig war.

Die deutsche modern-protestantische Theologie der Gegenwart ist ein Produkt der Dekadenz der alten Tübinger Schule. Ihre eigentlichen Väter sind Richard Rothe und Albrecht Ritschl, die dieses moderne Christentum, wenn auch in sehr verschiedener Weise, so doch beide gleich stark, begründet und gestiftet haben. Es handelt sich in diesem Zusammenhang nicht um eine objektive Darstellung und Würdigung der Verdienste dieser beiden Patriarchen der modernen Theologie, sondern um die Beleuchtung, in welcher Overbeck sie sah.

Rothe nannte Overbeck eine Lichtgestalt, der in der Theologie zu einem Sauertopf geworden sei. Mit der modernen theologischen Denkweise ist Rothe durch seine Annahme verbunden, daß Christentum und Kirche in der Geschichte nur ein zufälliges, nicht notwendiges und deshalb auch wieder leicht lösliches Verhältnis miteinander eingegangen seien. Durch die Propagandierung dieses Gedankens hat Rothe die Sprachverwirrung in der religiösen Welt nur noch gesteigert, wofür sich Overbeck sogar auf Zugeständnisse von Rothes Freunden berufen konnte.

Eine durchschlagende Wirkung war Rothe versagt. An seiner Stelle hat die moderne Theologie Ritschl zu ihrem eigentlichen Begründer erkoren.[60]* Eine Zukunft auf christlichem Gebiet weissagte Overbeck aber der Ritschlschen Theologie nur hinsichtlich ihrer Schädlichkeit. Overbeck hielt Ritschls Versuch und Erfolg, dem Christentum durch Dogmatik auf die Beine zu helfen, für noch viel ephemerer als denjenigen Schleiermachers. Hat Ritschl Sehleiermacher »abgetan«, wie der schöne Ausdruck in den theologischen Diskussionen lautet, so stehen nach Overbeck »die Füße derer, die ihn hinaustragen« gewiß nicht ferner als im Falle der Sapphira. Overbeck brachte die Ritschlsche Theologie mit ihrem Welteroberungsdrang in engste Verbindung mit der Entstehung des Deutschen Reiches durch Bismarck.** Reichsgründung und Ritschlsche Theologie weisen die innigsten Berührungspunkte auf, und Overbeck sah in Bismarck einen der

* Auf Ritschls »öffentliche Anzapfung« Overbecks in »Rechtfertigung und Versöhnung« – Overbecks Christentum sei im Grunde Buddhismus – ist Overbeck nicht eingetreten, aus der Überzeugung, daß Ritschl hier wie der Blinde von der Farbe rede. Overbeck sah in Ritschl nur »ein sehr fragwürdiges Verständnis für die sie beide angehende Sache«. Ritschl hätte, wie Overbeck in einer Nachlaßnotiz bemerkte, vor allem bezweifeln sollen, ob der Verfasser der »Christlichkeit« ein Christ sei. »Nun bin ich es in der Tat nicht und auch schon damals, wo mich Ritschl aus meinem Büchlein kennenlernte, nicht gewesen.«[61]

** Der Abschnitt »Die Religion Bismarcks« in »Christentum und Kultur«[62] wird bei Nichtbeachtung von Overbecks Intention mißverstanden. Overbeck wollte nicht Bismarcks Christentum in persönlicher Beziehung zu nahe treten. Davor habe er mindestens so viel Respekt wie vor seinem eigenen! »Sondern nur darum ist es mir zu tun, die Schätzung, in welcher es bei Theologen steht, in Frage zu stellen, d.h. freilich vielleicht, was das Kitzlichste bei der ganzen Frage ist.«[63]

Hauptverantwortlichen für die Existenz der modernen Theologie, der sogar mehr als Ritschl und Harnack für sie getan habe. Diese beiden Gestalten waren nur Bismarcks theologische Kreaturen, die sich bereit erklärten, dem Deutschen Reich zu Diensten zu stehen und für die Lieferung einer passenden Kirche besorgt zu sein und gleichzeitig einen besonders dankbaren Exportartikel zur Verfügung zu stellen. Das Deutsche Reich brauchte nur seine Hand abzuziehen von der modernen Theologie, so hörte sie auf zu existieren. So erging es der altkatholischen Theologie als einem Geschöpf des Reiches und so wird es dereinst auch der modernen Theologie ergehen. In dieser Verquickung von Theologie und Politik sah Overbeck die Entstehung der modernen Theologie. Daß die theologischen Fakultäten unter diesen Umständen zu einem Spielplatz der Politik wurden, wollte Overbeck aus eigener, in nächster Nähe gemachter Erfahrung beweisen.

Aus dieser kirchenhistorischen Situation ist Overbecks Kampf gegen die moderne Theologie entsprungen. Sie bildet die eigentümliche Folie zu diesem Streit. Um das Vorgehen Overbecks restlos zu deuten, genügt jedoch der geschichtliche Zusammenhang nicht. Alle großen Geisteskämpfe haben ihr auslösendes Moment im Wahrheitssinn eines einzelnen. Aus dem Zusammenprall von Overbecks unbestechlicher Ritterschaft der Wahrheit mit der zeitgeschichtlichen Situation in der Theologie ging seine heftige Bestreitung der modernen Theologie hervor.

Es ist keine Frage, daß Overbecks rücksichtslose Bekämpfung seines Gegners der letzte, im großen Stile unternommene Geisteskampf in der Geschichte der Theologie ist. Nicht um eine der modernen Theologie gerecht werdende Abhandlung, in welcher Vorzüge und Nachteile auf die Wage des besonnenen kritischen Urteilers gelegt werden, ging es Overbeck. Eine ausgesprochene Kampfesfront beherrscht das ganze Terrain. Mit der Leidenschaft, die seinen Gegner in das Nichts zurück schleudern will, trat Overbeck der modernen Theologie entgegen. Kein Wunder, daß er mehr als einmal dem Gegner bitter Unrecht tat, daß er in der Hitze des Gefechtes auch nicht mehr die kleinste Berechtigung des Widerpartners anerkennen konnte. Es geschah nicht zum erstenmal in der Geschichte, daß in einem solchen Geisteskampf, in welchem ein einzelner gegen die Übermacht einer geschlossenen Phalanx stand, dem Angreifer eine starke Verkennung des Gegners unterlief. Lessing ist dem Pastor Götze und dessen biederer Entrüstung in keiner Weise gerecht geworden, sondern hat dieses edle Kirchenlicht unbarmherzig dem Spott und dem Hohn der lachenden Welt preisgegeben. Auch Kierkegaard hat sich bei seinem Angriff durch alles andere als zarte Rücksichtnahme auf die dänische Geistlichkeit leiten lassen und setzte die von ihm bekämpften lutherischen Wahrheitszeugen sicher ins Unrecht, indem er bei ihnen die gleiche Wahrheitserkenntnis voraussetzte, die er besaß. Gerechtigkeitsverteilung ist Sache des Historikers, aber nicht des unmittelbar Beteiligten. Auf der Tribüne läßt sich gut reden, wenn sich in der Arena die Kämpfer auf die Schilde klopfen. Nicht anders ist über die scharfen Worte und Hiebe, die Overbeck in diesem Kampfe ausgeteilt hat, zu urteilen. Sie sind die unvermeidlichen Begleiterscheinungen aller Kämpfe, angefangen bei Paulus' grimmiger Polemik gegen die »Hunde« und »nichtswürdigen Elemente«, über die Kirchenväter und Reformatoren bis zu Kierkegaards Beleidigungen der lutherischen Pfarrer als »Menschenfresser der abscheulichsten Art«. Wenn die Leidenschaft erwacht ist, wenn die Wahrheit auf dem Spiele steht, kann auf Takt und Höflichkeit keine Rücksicht genommen werden, dann greift der Beteiligte oft zu ganz untauglichen und unzulänglichen Mitteln, die kritischer Prüfung nicht standhalten, und es mischen sich allerlei menschliche und allzumenschliche Dinge unter, die bei nüchterner Betrachtung besser unterblieben wären. In dem Momente aber, da die Schilde aufeinander prallen und die Funken sprühen, in dem Augenblick, da es hart auf hart geht, sind Schmähungen und Beleidigungen nur zu verständlich. Overbeck war bis ins Innerste erregt über den grandiosen Bluff der modernen Theologie, seine Wut kannte keine Grenzen mehr, schonungslos trieb er seine Gegner zu Paaren und hieb sie zusammen. Unnütz, sich über diese schneidend scharfe und pointierte Art Overbecks als Sünde wider den Heiligen Geist zu entrüsten. Er selber sah in allen solchen Rittern der Entrüstung, die mit ihrem Lanzenstummel so gewichtig daher zu reiten kamen, nur Demagogen und entrüstete sich nicht auch über sie, sondern rief ihnen lachend zu: »Geh heim, mein Lieber, und lege deine volle Rüstung erst wieder an, denn so bist du nicht präsentabel.«[64]

Der »scharfe Stachel«, die »bissigen Ausfälle« und die »leider oft bedauerliche« Art und Weise, in welcher Overbeck die moderne Theologie befehdete – und die von den Theologen so sehr gerügt wurde und sie so sehr voreingenommen machte –, sind keine Gründe, seinen Kampf nur im geringsten geringer zu werten. Das wäre nur begründet, wenn es sich bei Overbeck um kleinliche und persönliche Rankünе handelte. Man wird aber dem Urteil Walter Bauers, das er anläßlich einer Rezension des »Johannesevangeliums« aussprach, nicht verschließen können: »Mit dem polemischen Ton, der hier und weiterhin im Buche fortgesetzt angeschlagen wird, sollte aber uns doch der hingebende Eifer versöhnen, mit dem Overbeck bei der Sache ist. Er streitet nicht um des Streites willen, sondern um die Bahn frei zu machen für den Marsch zum Ziel.«[65] Man sollte sich somit über die Schärfe der Overbeckschen Ausführungen nicht aufhalten und namentlich nicht, wie es Harnack und Troeltsch getan haben, sie auf eine persönliche Charakteranomalie zurückführen. Persönlich war Overbeck von gewinnender Freundlichkeit und Loyalität, wie er denn auch nach Fritz Barth »als edle, liebenswürdige Persönlichkeit allen seinen Schülern unvergeßlich ist«.[66] Auch bei Overbeck ergibt sich wie bei anderen Polemikern die psychologisch ohne weiteres verständliche Tatsache, daß er in menschlicher Beziehung von einem Wohlwollen und einer Güte ohnegleichen war, im sachlichen Streite, wo es die Aufgabe erforderte, allerdings von einer schneidenden Schärfe.

Was dem Verständnis seines Kampfes heute noch hemmend im Wege steht, ist auch gar nicht der Hagel von Spott und Verachtung, den Overbeck auf seine Gegner niederprasseln ließ. Overbecks Verachtung seiner Gegner ist nicht ein nur ihm eigentümliches Charakteristikum, sondern, wie bereits angeführt wurde, ein Wesensmerkmal aller Situationen, in welchen ein leidenschaftlicher Mensch gegen eine Welt voll Lug und Trug zu Felde zieht. Niemand wird sich heute mehr darüber aufregen, wie Pascal die jesuitischen Patres unter die Geißel der öffentlichen Züchtigung nahm und sie über ein Jahrhundert in Frankreich unmöglich machte. Das geschah aber im 17. Jahrhundert und trägt heute unverkennbar den Stempel des Vergangenen. Darin liegt der Unterschied zu Overbecks Angriff. Von dem Pathos, mit welchem ein Pascal gegen die Jesuiten vorging und das damals der Schrecken und das Entsetzen aller Fälscher und Betrüger war, fühlt sich heute niemand mehr betroffen und beleidigt. Darüber kann man sich heute ungestört freuen und sich ungehindert der Bewunderung dieses scharfgeschliffenen Stahles in der Hand Pascals hingeben. Ganz anders verhält es sich, wenn Overbeck in der Gegenwart, gezwungen von seiner inneren Notwendigkeit, gegen einen heutigen Gegner mit heutigen Waffen einen solchen Kampf eröffnet. Da ist ein Erstaunen und eine Entrüstung darüber, denn hier gibt es allerdings nichts zu verherrlichen von sicherer Warte aus, sondern hier verschlägt es jedem Theologen den Atem, hier wird jeder unmittelbar getroffen. Man kann da nicht im Abstand der Zeit den Wahrheitsmut Pascals preisen, sondern muß die »Bosheit« und die »Giftigkeit« Overbecks verdächtigen. Es ist das alte Lied, daß man die gegenwärtigen Wahrheitskünder steinigt und den durch den Tod und die Zeit ungefährlich gemachten Denkmäler errichtet. Die allzu nahe Gegenwärtigkeit von Overbecks Kampf liegt dessen Anerkennung noch hemmend im Wege.

Auf die Dauer wird man aber das Zugeständnis, daß es Overbeck in diesem Kampf um eine zentrale Angelegenheit ging, nicht verweigern können. Er hat nicht etwas Nebensächliches zum Hauptthema gemacht, ist nicht an etwas einzelnem hängen geblieben, sondern hat mit tiefem Blick das Wesentliche vom Unwesentlichen geschieden und den Gegner im Zentrum angegriffen. Er wollte gleich Florian Geyer »den Bischof von Bamberg mitten ins Herz« treffen. Die Geradheit, mit welcher Overbeck auf sein Ziel losging, verleiht seinem Kampf – trotz der Verzettelung – diese Geschlossenheit und Treffsicherheit.

Nicht unabsehbare und kleinliche Einwendungen gegen die moderne Theologie bilden den Gegenstand seiner Polemik. Alle Argumente kristallisieren sich um einen Hauptgedanken, sind nur Variationen des einen Themas und dienen nur zur Beweisführung und Stützung dieses Grundpfeilers. Diese Behauptung, um welche alle anderen Gedanken kreisen, lautet: die moderne Theologie ist der Verrat am Christentum. Sie hat das Christentum grundsätzlich preisgegeben, dem Christentum den Heroismus entzogen und es in der widerwärtigsten Weise verbürgert. In dem bewußten Verzicht auf die Verwirklichung des christlichen Glaubens im realen Leben hat sie sich durch Akkomodation an die moderne Welt ein bequemes Salonchristentum zurecht gemacht.

Overbeck versuchte diese Behauptung in zwei Richtungen zu erhärten. Seine Beweisführung kann in eine direkte und in eine indirekte eingeteilt werden. In direkter Weise suchte er seine Behauptung, daß die moderne Theologie auf die wirkliche Ausübung des christlichen Glaubens verzichte, durch den Hinweis auf ihr Verhältnis zur Orthodoxie anstatt zum Pietismus zu beweisen. Das Kennzeichen der Orthodoxie besteht darin, die Wahrheit des Christentums durch Theorie, durch Dogmatik zu beweisen, während das Anliegen des Pietismus ist, diesen Beweis aus dem Leben, durch die Führung seiner eigenen Existenz zu erbringen. Was Wunder, daß die moderne Theologie nach Orthodoxie lechzt und sich aus dem Pietismus so wenig macht, ja den Pietistenhammer Ritschl zu ihrem Schulhaupt erkor. Die Ansprüche des Christentums auf die Beeinflussung des konkreten Lebens und praktischen Daseins des einzelnen hat die moderne Theologie stillschweigend preisgegeben und sucht sich für diesen Verzicht im Bereiche der Dogmatik so rechtgläubig und so repristinationsartig als möglich auszudrücken. Damit liefert aber die moderne Theologie nur den schlagenden Beweis, daß es ihr ausschließlich um ihre eigene Selbsterhaltung zu tun und das Christentum ihr im Grunde Nebensache ist. »Denn die innerste und reale Not der Gegenwart sitzt in der Praxis; was das Christentum vor allem bedarf, um sich in der Welt noch zu behaupten, ist der Erweis seiner praktischen Durchführbarkeit im Leben, denn eben dieses ist seiner Zucht an allen Ecken und Enden entwachsen.«[67] Das ist jedoch der modernen Theologie gleichgültig, sie will vor allem in ihrer Illusion, christlich zu sein, verbleiben, zu welchem Zwecke sich die Orthodoxie besser eignet als der Pietismus. Im modernen Leben aber dürstet das Christentum vor allem nach Pietismus, das will besagen nach der Verwirklichung im konkreten Leben. Die moderne Theologie dagegen dürstet nach Lehre und Orthodoxie; denn mit Leben, und zwar mit modernem Leben, hat sie sich schon genügend vollgetrunken. Deshalb, spottet Overbeck, erhält in der modernen Theologie das Christentum nichts zu trinken. An der Wahrheit dieser Beobachtung vermögen alle entgegengesetzten Versicherungen nichts zu ändern, denn es hilft gar nichts, sich zum Christentum dogmatisch zu bekennen und ethisch den konträren Weg zu gehen. Aus diesem Verhalten folgerte Overbeck das Urteil, daß die moderne Theologie nur Totengräberarbeit verrichtet. »Die moderne Theologie ist die Schminke auf den erbleichenden Wangen des Christentums der Gegenwart und darum nur ein Symptom des Alterns des Christentums.«[68]

Die tatsächliche Preisgabe des Christentums in der modernen Theologie kann aber auch an ihrem Verhalten zur Grundstruktur des Christentums dargetan werden. Der Enthusiasmus ist das charakteristische Kennzeichen des realen Christentums und Overbeck hat eindeutig hervorgehoben, daß man »Christ nur als Enthusiast sein könne«.[69] Wohl gehört der Begriff zu einem der geläufigsten im Vokabularium der modernen Theologie, und sie wirtschaftet damit wie mit einem Rechenpfennig, oft ist er noch die einzige Vorstellung, die sie mit dem Urchristentum zu verbinden weiß. Trotzdem ist es aber gerade Enthusiasmus, was allem modernen Selbstbewußtsein fehlt. Die moderne Theologie redet auch ganz kaltblütig, mit dem deutlichen Gefühl, selbst keinen zu besitzen, davon, ja sie sieht im Enthusiasmus und in seinen ungewöhnlichen Auswirkungen den berechtigsten Vorwand und das bequemste Mittel, um ihre Entfernung vom Urchristentum zu rechtfertigen. In Tat und Wahrheit ist man einfach nicht mehr stark und »rustik« genug, um wie das Urchristentum enthusiastisch zu sein. Statt dem echten und gewaltigen Enthusiasmus huldigt man nun einer blöden und schwachköpfigen Schwärmerei. Overbeck vertrat zwar die Ansicht, ohne Schwarmgeisterei könne die Menschheit nun einmal nicht auskommen; wenn das »Tröpfchen Schwärmerei« unverfälscht und echt war, hatte er sogar eine gewisse Sympathie dafür, unbezähmt und fessellos richte aber die Schwarmgeisterei die Menschen zugrunde und führe sie zu den größten Tollheiten. In der Theologie sah sie Overbeck ungehemmt walten, weil sie ihr im Blute steckt, und was die moderne Theologie noch besonders ekelhaft macht, ist ihre kaltgewordene Schwärmerei.

Es ist unmöglich, hier alle Argumente Overbecks zum direkten Beweise seiner These des Abfalles der modernen Theologie anzuführen. Es wäre eine ewige Wiederholung des einen Themas. Dagegen muß der indirekte Beweis noch erwähnt werden, mit welchem Overbeck dartat, daß die moderne Theologie an etwas ganz anderem als am Christentum interessiert war.

Modern will diese neue Theologie sein. Overbeck warf die Frage auf, was in diesem Zusammenhang modern heiße? Wie man das Wort ins Deutsche übersetzen müsse? Er lehnte die Auffassung ab, als hieße modern nichts anderes als gegenwärtig. Er folgerte vielmehr aus der Etymologie des Wortes, daß modern mit dem Wort Mode verwandt sein werde. Am besten sei es, das Wort mit »modern sein heißt der Mode unterworfen sein« zu umschreiben. Kaum aber hatte Overbeck diese Definition aufgestellt, so zog er mit unbarmherziger Logik und höhnender Verächtlichkeit die Konsequenz daraus: »So ist auch modernes Christentum nichts weiter als ein der Mode unterworfenes Christentum. Es gilt eben einzusehen, daß modernes Christentum so viel und so wenig wert ist als ein moderner Hut.«[70] Die ganze verhaltene Leidenschaft Overbecks brach bei dieser Feststellung gegen die moderne Theologie los: Modernismus, daran krankt zur Zeit keine Menschenklasse mehr als die Theologen; moderne Theologie ist augenblicklich der auf der Straße zu öffentlichem Gebrauche liegende Freibrief für jedermann, von den höchsten Dingen zu schwatzen. Wer aber an der Sucht nach Modernität leidet, verliert nach Overbeck jeden Maßstab für einen vernünftigen, den menschlichen Grenzen angepaßten und hiernach maßvollen Gebrauch der Worte.

Modern aber waren die Theologen allezeit und stets von einer grenzenlosen Neuerungssucht geplagt, weshalb sie auch wie eine Windfahne jedem Lüftchen, das durch die Zeit streicht, preisgegeben sind. Die Modernität ist keine spezifische Eigenschaft der heutigen Theologen, wenngleich die gegenwärtigen ihr besonders stark und bewußt verfallen sind. Die ungewöhnliche Betrachtungsweise Overbecks gab ihm die Möglichkeit, Tertullian als »modernen Theologen seiner Zeit zu bezeichnen, wenn man an seine Rhetorik denkt und an die ihm geläufigen Begriffe wie anima naturaliter christiana, die ihn zu einem solchen Repräsentanten stempeln«.[71]

Um ihre Modernität und Neuheit ist die Theologie mehr bekümmert und interessiert als um ihre Christlichkeit, was Overbeck veranlaßte, der Benennung Neuchristentum zuzustimmen. Darin liegt die Heillosigkeit des Konfliktes, daß das Christentum nie modern sein wollte, während die Theologie, wie Overbeck im Nachwort der »Christlichkeit«[72] ausführte, es stets war und deshalb auch allezeit zur ausgezeichneten Verräterin des Christentums wurde. Denn »wirklich gläubige Zeitalter haben sich wohl gehütet, ihr Christentum als solches, als modernes zu verteidigen. Sie bemühten sich vielmehr, den Zeitbegriff vom Christentum ganz fernzuhalten und dazu sein historisches Wesen ganz zu leugnen. Daß neuere Zeitalter vom Christentum mehr und Besseres wüßten als ältere, gerade das erkannten sie nicht an. Das Christentum gehört nach ihnen vielmehr allen Zeitaltern an«.[73] Diese moderne Theologie verhindert die Menschen, jemals zu dem Christentum in eine aufrichtige Beziehung zu kommen; die Grundvoraussetzung, um zum Christentum in ein sauberes und besseres Verhältnis zu gelangen, ist deshalb die Befreiung von der modernen Theologie. Ein wesentliches Merkmal dieser Modernität ist gerade ihre Abkehr vom Christentum. Die Idee des Fortschrittes, auf die sich gegenwärtig die Theologie begründet, und in derem Zeichen sie zu siegen meint, hat das Christentum nie geteilt. Overbecks Ablehnung des modernen Christentums floß nicht aus einer reaktionären und konservativen Haltung. Er selber war ganz modern eingestellt und glaubte an Modernität hinter niemand zurückzustehen und auch seit der zweiten Auflage der »Christlichkeit« niemand über seine Stellung im Zweifel gelassen zu haben. Wegen seiner Bejahung des modernen Lebens aber habe er es auch nur zu einer sehr schiefen »Theologie« gebracht; weil er ein moderner Mensch war, glaubte er auf die Bezeichnung »Christ« verzichten zu müssen.

Die Abkehr vom ursprünglichen Christentum und die daraus folgende Interessiertheit an ganz anderen Dingen wird an dem starken Bildungsbestreben der modernen Theologie deutlich. Da die modernen Theologen die Haltung des realen Christentums aufgegeben haben, stürzen sie sich als Ersatz für das preisgegebene Christentum auf die Bildung. Die Theologen sind daher die geborenen »Bildungsphilister« aller Zeiten. Ihre Bildung ist aber – wegen des damit verbundenen heimlichen Verrates – Bildung mit schlechtem Gewissen. Ihre liebste Beschäftigung ist, eine Synthese zwischen Christentum und Bildung herzustellen, ungeachtet der ausdrücklichen Diastase, die das Christentum zwischen sich und der Kultur betonte. Die Theologen bekümmern sich ja aber bekanntlich wenig um ausdrückliche Aussagen des Christentums, darüber wird mit der größten Gleichgültigkeit hinweggeschritten.

Die Theologie rechtfertigt ihr Interesse und Eingehen auf die moderne Kultur mit der Behauptung, in dem Fragenkomplex über Christentum und Kultur als Vertreterin beider Größen besonders qualifiziert zu sein, das souveräne und zugleich versöhnende Wort zu sprechen. Diesem Anspruch gegenüber drang Overbeck auf die entscheidende Frage: woher die Theologie ihr Recht, in diesem Problem mitzureden, überhaupt ableite? Denn die moderne Kultur spricht ihr diese Fähigkeit ja gerade ab, weil sie weiß, daß die Theologen sich in der Regel zwar als Christen ausgeben, aber auf keinen Fall einfache Christen sind. Ihre Tätigkeit besteht vorwiegend darin, zwischen dem Christentum und der modernen Welt zu vermitteln, so daß sie als echte »Unterhändler« bezeichnet werden dürfen. Aus diesem Grunde traut ihnen niemand mehr recht über den Weg. Immer besteht die Gefahr, von ihnen betrogen zu werden, wie sie denn auch in der Frage des Verhältnisses von Christentum und Kultur die Lösung glauben gefunden zu haben, wenn sie sich zum Christentum und zur modernen Kultur bekennen. Overbeck perhorreszierte deshalb die Theologen als die »Figaros des Christentums«, die »entarteten Schwächlinge«, die »feigen Anbeter« jeglicher Macht und jeglichen Einflusses, die jeder Modeströmung stets mit lautem Jubel zufallen, weshalb sie auch jedem Zeitgeist verfallen sind.

Overbeck hatte somit den Beweis seiner Grundthese, daß die moderne Theologie der Verrat und die Preisgabe des Christentums sei, von zwei Seiten erbracht. Damit war aber seine Polemik gegen die moderne Theologie keineswegs erschöpft. Was ihn in den aufwühlenden Kampf mit der modernen Theologie erst recht verwickelte, waren die Konsequenzen, die sich aus dieser Feststellung ergaben. Die moderne Theologie war weit davon entfernt, ihre Abschwächung des Christentums ehrlich und uneingeschränkt zuzugeben. Sie suchte vielmehr mit allen Mitteln ihren Abfall zu vertuschen, und da ihr das nicht immer gelingen wollte, griff sie zu dem Ausweg, den Overbeck als Jesuitismus der modernen Theologie am heftigsten aufs Korn nahm.

Zum Verständnis dieser Befehdung kommt es darauf an, sie unter dem richtigen Gesichtspunkt zu betrachten. Es war Overbeck durchaus nicht um den katholischen Orden dieses Namens zu tun. Darüber hatte er nichts anderes zu sagen, als was von einem Historiker zu erwarten ist, als welcher er »vom Jesuitenorden nicht anders zu reden wüßte, denn mit der Empfindung der Verehrung, die ein so sublimes Denkmal der Kirchengeschichte des in der Kirche sich auslebenden Christentums verdient und stets verdienen wird«.[74] Overbeck vermochte diesem Orden und auch seiner Moralität sogar in seltener Weise gerecht zu werden, indem er den falschen Maßstab in der Beurteilung der jesuitischen Moralbücher ans Licht rückte. Er wies daraufhin, daß sie gar nicht eigentliche Lehrbücher der Moral seien, vollends nicht Anweisungen für den Elementarunterricht, sondern Anleitungen zur Ausübung des priesterlichen Richteramtes. Er gab der Behauptung, daß die Grundsätze der Jesuitenmoral in der katholischen Kirche älter seien als die Jesuiten selbst, durchaus Recht und sah namentlich in Augustin einen ihrer Vorgänger derselben. Pascals Kritik habe sie in eine etwas falsche Isolierung gebracht. Im übrigen sei der ganze Jesuitenorden historisch konserviert und insofern unschädlich und ungefährlich gemacht. Die besonders schlimm Aussehenden seien auch hier wieder einmal nicht die Schlimmsten. Der Jesuitismus der modernen Theologen, bei welchen er höchst lebendig sei, müsse als weit gefährlicher bezeichnet werden. »Ritschl und seine Schule kann man als protestantische Jesuiten bezeichnen.«[75] In der Anwendung des Begriffes Jesuitismus auf die moderne Theologie ist einer der ungewöhnlichsten Gedanken zu sehen, mit welchem Overbeck seine kühne Erfassungsgabe dokumentierte.

Was hat den Jesuitismus in der katholischen Kirche hervorgetrieben und ihm zu einer solch beherrschenden Bedeutung verholfen, wenn nicht die der Kirche durch die Reformation aufgenötigte Aufgabe, ihre Herrschaft in einer sich ihr entziehenden und entfremdeten Welt zu behaupten. Als ihr das immer schwerer und unmöglicher wurde, verfiel der Jesuitismus auf den furchtbaren Ausweg, die Kirche durch Anpassung an die veränderten Umstände zu erhalten. Diese Anpassung an alle Situationen hatte die grauenhaften Auswüchse des Jesuitismus im 17. Jahrhundert zur Folge, indem die Jesuiten den widerchristlichsten Ansprüchen bereitwilligst entgegenkamen, um einfach durch eine Erhaltung der Zahl der Gläubigen den kirchlichen Machtwillen durchzusetzen. Diese Preisgabe des Christentums zugunsten einer Popularität war auch das Motiv, das Pascal zur Abfassung seiner »lettres provinciales« bewog.

Einer ähnlichen Situation sah sich Overbeck gegenübergestellt. Auch die modernen Theologen waren ihrer Welt nicht mehr sicher und mußten sich mit Kunst, List und Anbequemung helfen. Darum Overbecks Entlarvung der Ritschlianer als

Jesuiten, die die protestantische Form des Christentums zur Weltherrschaft bringen wollten und sich zu diesem Zwecke dem wilhelminischen Zeitalter nicht weniger anpaßten als die Abbés des 17. Jahrhunderts dem Hofe der Bourbonen. In dieser Anpassung zimmerte, wie Overbeck sarkastisch hinzufügte, die moderne Theologie nur an ihrem eigenen Sarg, weil in der modernen Theologie so gut wie beim Jesuitismus das Christentum lediglich als Mittel zum Zweck, der angestrebten Weltherrschaft, mißbraucht wurde. Der Prozeß der Verjesuitierung, dem das Christentum gegenwärtig so stark entgegen treibt, läuft auch hier wieder auf ein finis christianismi hinaus. »Das echte Christentum wird immer mehr zu Jesuitisimus, zieht sich in diese besonders unechte Form immer mehr zurück. Es wird überall immer mehr Kostüm- oder klerikales Christentum, verschwindet dagegen aus der Laienwelt und wird unter Weltleuten immer unsichtbarer. Sein Triumph läuft immer mehr in das kleine Stück Welt aus, die es wirklich seiner Dressur unterworfen hat.«[76]

Die theologische Rechtfertigung der Verweltlichung war nach Overbeck das eigentlich Verruchte des Jesuitismus. Nicht in der Behandlung der Moral – dieses »fragwürdigsten« aller menschlichen Gebilde! – sah er dessen größtes Vergehen, sondern daß er »weltklug gewordenes Christentum« war. Weil der Jesuitismus das natürliche Erzeugnis der Notlage einer Kirche ist, der er durch einen einfachen Verrat des Christentums zu begegnen sucht, stellt er sich mit größter Wahrscheinlichkeit bei jeder Konfession in einer bestimmten Epoche ihrer Entwicklung ein. Er ist in der von Overbeck gebrandmarkten Form eine durchaus interkonfessionelle Erscheinung und sein mit der Kirche geschlossener Bund ist kaum mehr löslich. »Der Jesuitismus ist nichts weiter als kryptoasketische Vertretung des Christentums in der Welt und eben darum die Konsequenz jeder Theologie.«[77] Auch die moderne Theologie verfolgt ja den absurden Wahn, das Christentum unter der ausdrücklich heilig gesprochenen Hülle der modernen Kultur der Welt aufzudrängen, wodurch sie sich als Jesuitismus idealster und sublimster Form entpuppte. Die moderne Welt soll den asketischen Grundcharakter des Christentums nicht sehen, zu welchem Zwecke man denselben einfach beseitigt und das Christentum auf diese Weise dem allgemeinen humanitären Kulturniveau anpaßt. Aus dieser Tätigkeit der Theologie, der Vermittlung und Überbrückung des Gegensatzes von Christentum und Kultur, zog Overbeck den Schluß, daß Jesuitismus der Geist aller Theologie ist, und richtete gegen diesen Geist seine zersetzende und vernichtende Polemik.

Overbeck nahm demnach nicht an den dem menschlichen Verstande widersinnig erscheinenden Lehrsätzen des Christentums Anstoß, sondern daran, daß man das Absurde des Christentums verschweigen und aus ihm ein durchaus passables und in sich verständliches Kulturgebilde machen wollte. Die dummdreiste Art, mit welcher die Theologen das Christentum vertreten, machte es ihm zum Ekel, so daß er sich verachtend davon abwandte. Diese Einstellung Overbecks darf nicht übersehen werden. Nur dann wird seine Polemik richtig gedeutet. Er bestritt der Theologie ihre Berechtigung nicht auf Grund eines ihr fremden Kriteriums. Nach ihrem eigenen Maßstab – der Christlichkeit – wurde sie beurteilt und zu leicht befunden. In der Bestreitung ihres christlichen Anspruches ließ er ihr allerdings keine Ruhe. Bis in die eigensten Arbeitsgebiete verfolgte er seinen Gegner, stöberte ihn aus all seinen Höhlen und Schlupfwinkeln auf und zerrte schonungslos all das Faule und Verlogene seiner Argumentation und Arbeitsweise ans Licht, um der Kultur gründlich Bescheid zu sagen, was sie von dieser Disziplin zu halten habe. Als erbarmungslose Götzenzertrümmerung müssen die nachfolgenden Diskreditierungen der theologischen Arbeiten verstanden werden.

Über die theologischen Leistungen hat Overbeck überaus scharf und mit blutiger Satire das Todesurteil gesprochen. Kürzer als alle Betrachtungen über die äußere und innere Lage des Christentums und treffender als alle Rückblicke über ein halbes Jahrhundert theologischer Wissenschaft hat er die Situation der Theologie einmal am Beispiel der Johanneischen Frage dargestellt: »Um das Johannesevangelium wird gegenwärtig eine Art

Schachpartie gespielt. Die Figuren dazu, d.h. die wünschenswerte Vermannigfaltung und Bereicherung der Spielmöglichkeit liefert die Tradition: Johannes der Apostel, seine Schule, sein Aufenthalt in Ephesus, Johannes Presbyter usw. Letzterer insbesondere ist augenblicklich eine besonders beliebte, gern gezogene Figur. So wie die modernen Spieler zur Tradition sich zu stellen in der Lage sind, hat für sie diese Tradition ins Spiel zu ziehen nicht das geringste Bedenken, sie dient heute nur dazu, die Freiheit, deren es zu jedem Spiel bedarf, sicherzustellen. Die Spiellaune liefert ohnehin die sorglose Zuversicht, von welcher die modernen Spieler zum Witz und Wert ihrer Konjekturen erfüllt sind. Daß man beim Spiel mit der Johanneischen Frage selbst nicht vorwärts kommt, im Gegenteil oft genug sich bei der Partie vor ein Remis gestellt sieht, das kann bei der nun einmal vorhandenen Spiellaune auch nur dazu beitragen, sie zu steigern. Man will ja nichts mehr bei der Sache, als sich vergnügen. Es kommt nichts ›Ernstes‹ trotz der Betriebsamkeit des Gebarens heraus, vor allem nichts, was ›ernstlich‹ anderen Spielgenossen die Fortsetzung des Spiels verderben könnte. Aber was scheint denn auch diese Art von Kritik anderes im Sinne zu haben, als die Sicherstellung der Fortsetzung ihres Spielbetriebes. Dies unabsehbar zu machen, das liegt ihr viel mehr an, als das johanneische Problem zu fördern und am Ende einem entsetzlichen Rien ne va plus! zu rufen, das der ganzen Spielherrlichkeit ein Ende bereiten würde. Es sei denn, dieser Ruf bedeute auch bei diesem Spiel nur, daß es damit weitergehen könne. In der Tat, nur mit Fröhlichkeit im Spiel diesem Rufe entgegensehen zu können, die Fähigkeit dazu, das mag die augenblicklich moderne Spielseligkeit bei den gegenwärtigen Bearbeitern des johanneischen Problems wirklich vorzüglich sich erwerben. Werden denn aber theologische und gar religiöse Probleme heutzutage anders als in solcher Spiellaune getrieben? Neues fertig bringen will niemand ernstlich, jedermann ungefähr sich so leicht wie möglich mit dem Alten abfinden. So ist auch das johanneische Problem augenblicklich wirklich interessant nicht um seiner selbst willen, sondern nur als vortreffliches Mittel, sich dabei bei guter Laune zu erhalten.«[78]

Diese spielerische Art, die im schneidigsten und fidelsten Tone die halsbrechendsten Themata behandelt, empörte Overbeck besonders stark. Weil die Theologie mit den alten und wirklich schwierigen Problemen nicht fertig wurde, beginnt sie nun an den sozialen Fragen herumzupfuschen, um sich über die Ungelöstheit ihrer eigenen Fragen hinwegzutäuschen. Der heutige Theologe wird von seinem Instinkt dazu getrieben, sich den Gelehrtenrock etwas bequemer zu machen, um sich durch eine interessante und den neuesten Zeitströmungen entsprechende Behandlung den nötigen Aplomb zu verschaffen, der den Erfolg sichert. Ganz zieht er zwar den Gelehrtenrock nicht aus – er will ja wissenschaftlich bleiben! – aber er bildet gewisse Virtuoseneigenschaften aus, dank welchen er im bequemsten Konversationsstil mit allen Problemen fertig wird. Diese ganze Tätigkeit hat Overbeck die »Literatenhaftigkeit der modernen Theologie« genannt, die das Christentum zu dem passenden Unterhaltungsstoff für die Soireen der deutschen Gesellschaft erniedrigt. Sie gibt das Christentum dem Amusementbedürfnis der Bildungsphilister preis, den Leuten also, auf welche es in einer christlichen Gemeinde am allerwenigsten ankommt, die nur eine Art Amateurverhältnis zum Christentum haben und es nur als Spielzeug gebrauchen.

Aus dem großen Reichtum der in Overbecks Nachlaß aufgestapelten Beweise seien nur zwei Beispiele, die den reinen Unterhaltungscharakter der theologischen Arbeitsweise zeigen, angeführt.

Die christologische Frage, der Streit um Christi Gottheit, die in der alten Kirche noch eine ernste und schwere Frage war, ist bei den modernen Meistern zu einer bloßen Rhetorenangelegenheit herabgesunken. Nach Harnack gehört Jesus »nicht ins Evangelium«, nach Troeltsch hat sich das Christentum auf den Menschen Jesus zu gründen, dessen wichtigstes Charakteristikum die »Naivität« ist und den Dritten ist er einfach das größte Ingenium der Geschichte, das sich als erster Repräsentant einer radikalen Umkehr des Willens an deren Spitze stellte und dadurch eine neue Menschenart begründete. Zu allen solchen und ähnlichen Äußerungen hat Overbeck treffend bemerkt, daß sie das Christentum als Religion aufheben und nur als anarchischer Unsinn in der Sprachverwirrung der modernen Theologie zu verstehen seien, in welcher sich nicht mehr, wie einst, das Nachdenken über diese Dinge auf den festen Grund des Glaubens stütze, sondern woselbst man vermeint, durch dieses Nachdenken den verlorenen Glauben wieder zu erlangen.

Das zweite Beispiel, an welchem Overbeck den Marasmus der theologischen Arbeit nachwies, ist die Lutherforschung. Auch dabei handelt es sich um eine Modernisierung Luthers, nicht um einen Luther, wie er ist, sondern wie man ihn gerne haben möchte. Gesteht doch einer der anerkanntesten Lutherforscher, daß dessen Gedanken für die moderne Theologie nicht mehr nachzudenken seien, und daß man sich nicht mehr so sehr an das Christentum Luthers, sondern mehr an dessen urwüchsige Menschlichkeit zu halten habe. Der Protestantismus der modernen Theologie ist deshalb ein gefälschter Protestantismus, dessen zerfallende Trümmer, wie Overbeck spöttisch registrierte, gegenwärtig nur noch durch den Kitt eines Denifle zusammengehalten werden. »Zur Charakterisierung der modernen Theologie ist wenig dienlicher, als daß in ihr Erasmus als Reformator des Christentums als ein ebenbürtiger und nur vom Glück weniger begünstigter Rivale Luthers anerkannt wird. Man hat zu nichts weniger Grund als dazu, dem Erasmus zu diesem modernen Sieg zu gratulieren. Es ist mit ihm nicht weit her, wenn man sich die Truppe näher ansieht, die ihn erfochten hat. Sie weiß selbst nicht recht, zu welchem Christentum, zum erasmischen oder zum lutherischen, sie sich zu wenden hat. Für zaghafte Leute dieser Art ist nichts charakteristischer als die Freiheit, mit der sie sich selbst mit Luthers eigenem Urteil über Erasmus in Widerspruch setzt, ohne zu besorgen, daß sie von Luther abfällt.«[79] Overbeck sah in der beliebten Auffassung der ›Reformation als innerliche Aneignung des Christentums durch den deutschen Geist‹ einstweilen nur ein besonders bezeichnendes Kunststück der modernen Theologie, nämlich »ein Kapitel der Kirchengeschichte für die Fliegenden Blätter bearbeitet« zu haben.

Psychologisch erklärte sich Overbeck diese theologische Betätigung vermittelst Schopenhauers Charakteristik der Theologen, wonach diese die menschliche Dummheit repräsentieren, zu welcher Overbeck als Ergänzung noch die menschliche Schlauheit und Verschlagenheit hinzufügte. Sie sind von einer bäurischen Struktur und einem engstirnigen Gesichtsfeld. »Die Welt ist unser Kirchturm«, so dachten die Theologen immer, so denken sie auch heute noch, die modernen erst recht. Und trotz ihrem beschränkten Horizont glauben sie zu Weltrichtern berufen zu sein. Niemand führt die Superlative so selbstbewußt* bei sich in der Tasche mit; spielt mit Gott und der Seele wie Kinder mit Puppen, mit derselben Sicherheit hinsichtlich ihres Eigentums- und Verfügungsrechtes. Moderne Theologen haben als Vertreter des Christentums vor allem am unzweifelhaftesten eine Neigung zur Selbstgefälligkeit. »Sie scheinen Hebr. 5, 4 nie gelesen zu haben und meinen, es komme zur Versehung ihres Apostelamtes nur auf ihre ›Selbsternennung‹ dazu an.«[80] Sie sind die größten Meister in der Kunst, vom Christentum die höchsten Worte zu machen und es sich zugleich vom Leibe zu halten. Sie kümmern sich nicht so sehr um ihr eigenes Christentum, als um dasjenige anderer Leute.** Overbeck bezeichnete deshalb die Theologen als die Werber des Christentums in der Welt. Sie pressen die Leute, ob sie wollen oder nicht, zum Christentum, was sie sowohl unter Lebenden als Verstorbenen tun. In besonderem Maße ist Goethe das Objekt ihrer Bemühungen. Aber sogar auch Feuerbach gehört zu den modernen Antichristussen, welche die Theologen für das Christentum anrufen. »Ist denn aber«, wandte Overbeck dagegen ein, »alles, dessen es zur ferneren Aufrecht-

---

* Wer nach »Ermäßigungen des Selbstbewußtseins« der modernen Theologie in ihrer Literatur sucht, wird zwar nicht wenige finden. Ihre Sammlung hat Overbeck als Preisaufgabe für ein modern-theologisches Seminar empfohlen!

** Aus diesem Interesse erklärte sich Overbeck die starke Anteilnahme an der Mission: »Man will sich am Christentum unter den Wilden erbauen; wie es bei uns zu Hause damit steht, scheint weniger wichtig. Hier lässt man eher fünf gerade sein.«[81]

erhaltung des Christentums in der Welt bedarf, getan, wenn man aus Feuerbach und seinen anderen antichristlichen Genossen herausdemonstriert hat, daß sie ›dem Christentum innerlich mehr verwandt sind als irgendein Theologe der neueren Welt‹. Wer möchte das bezweifeln, aber wie wenig ist auch damit bewiesen.«[82] Die Verwendung antichristlicher Männer für das Christentum bezeichnete Overbeck als den besonderen Parasitismus der Theologie, an welchem, nebst ihrem Übermut, sie noch einmal zugrunde gehen werde.

Der Grund der Beschlagnahmung solcher fremder Elemente für das Christentum liegt in dem gänzlichen Fehlen jeder Empfindung für die Entfremdung der Neuzeit von den Forderungen des Evangeliums. Die Unehrlichkeit der modernen Theologie besteht darin, daß sie das Christentum nur noch innerlich vertreten will. Mit dieser Innerlichkeit wird sie aber zu dessen eigentlicher Verräterin. Sie huldigt dem absurden Wahn, daß das Christentum an seiner grenzenlosen Wandelbarkeit die beste Gewähr seines Fortbestandes habe. Dieses beständige Umkleiden und Umkostümieren des Christentums vollbringen die Theologen ohne das leiseste Bedenken, daß sich durch dieses andauernde Akkomodation das Christentum verlieren könnte. Daß dieses mit dem Beifall der Zeit ausgestattete Christentum ein maskiertes und nicht das echte ist, wollen sie nicht zugeben. Die Theologen nennen das vielmehr: Auszug zur Eroberung der Welt. In Wirklichkeit ließen ja aber sie sich von der Welt erobern, und in ihrem Wahn nannten sie dann einfach die Welt christlich.* Dieses zur Hälfte der Welt und zur Hälfte dem Christentum Angehören wird von den Theologen mit einer religiösen Sentimentalität verbrämt. Fällt ja doch den Theologen immer zur Rettung einer verzweifelten Situation eine fromme Phrase ein. »Das Herz gibt zur Zigarre, welche die Theologen auf dieser Welt zu rauchen pfle-

* Die von Rade herausgegebene »Christliche Welt« schien Overbeck eines der lustigsten Tanzplätzchen des gegenwärtigen Bildungsphilistertums und für die bloß spielerische Art und Weise, in welcher die moderne Theologie alle Fragen behandelt, das charakteristische Organ zu sein. Das »oberflächlich journalistische Wesen« dieser Zeitschrift war ihm ganz beson-

gen, das beste Deckblatt.«[83] Die Apologie des Christentums wird im Kavalierstile behandelt, nach der Art, wie die letzten Anhänger der Stuarts ihre Sache im Liede verfochten: My Charley is my darling! Die »modernen Quacksalber« haben das ganze Christentum zu einem bloßen Sophistenthema gemacht.

Die überaus scharfe Polemik, mit welcher Overbeck der modernen Theologie zu Leibe ging, erfährt in ihrer letzten Periode noch eine ungeahnte Zuspitzung. Diese Verschärfung des Kampfes zeigt sich in der auffallenden Eigentümlichkeit, daß er sich, im Unterschied zur »Christlichkeit«, außer der breiten Front vor allem gegen die Person des Berliner Dogmenhistorikers Adolf von Harnack richtete.

Es ist zwar zu betonen, daß Harnack in dieser Schlacht nicht allein unter Geschützfeuer genommen wurde. Overbeck nannte, um nur einige ganz wenige Namen aus der großen Zahl anzuführen, Wilhelm Herrmann »die Mustergestalt eines fanatischen Konfessionalisten, der auf dem Papier einem Gegner die eigenen Wahnvorstellungen als reale Qualitäten unterschiebe«, den Außenseiter Arthur Bonus schalt er einen »geistreichen Pfaffen«, und in Paul de Lagarde sah er einen Jesuiten und Komödianten; Carl Hilty empfand er als groben Apologeten, der voll süßlich-sentimentaler Gedankenlosigkeit eine aufgeklärte Religiosität vertrete, Friedrich Naumann verabscheute er als einen Religionsschwätzer und Hermann Kutter bezeichnete er als einen Schwarmgeist und Rhetor. Alle sind, wenn auch in verschiedener Weise, Vertreter des modernen Christentums. Es gibt in der Zeit Overbecks kaum einen Theologen von Namen, über wel-

ders zuwider und er schlug ihr, deren Bestreben es war, die Welt mit einer christlichen Etikette zu versehen, den Wahlspruch vor: »christlich und interessant«, nicht in der Meinung, daß das Blatt das eine oder andere wirklich war, beileibe nicht, aber weil es den Ehrgeiz der Zeitung am schlagendesten wiedergebe. »Würde in Rades ›Christlicher Welt‹ die Wahrheit und nicht nur ein riesiges Quidproquo verkündet, so müßte darin der Ruf vernommen werden: Heil der Welt! Denn sie hat uns Christen verschlungen und die Speise ist ihr so gut bekommen, daß sie darüber christlich geworden ist.«[84]

chen er nicht hergefallen wäre und den er nicht elendiglich zerzaust hätte, wenn auch die meisten eine individuelle Darstellung seiner Ansicht nach gar nicht verdienen, weil sie keine Individuen, sondern nur Orgelpfeifen im großen Konzert der modernen Theologie sind, die in diesem Konzert einfach mittönen.*

Diese Verunglimpfung einzelner Personen wäre nicht zu rechtfertigen, wenn nicht dahinter ein unpersönlicher Kampf um eine große Sache stünde. Overbeck lehnte denn auch ausdrücklich ab, jemand mit seiner Person für das hoffnungslose Chaos der modernen Theologie haftbar zu machen, und war der Meinung, alle Anhänger der modernen Theologenschule hätten sich in die gemeinsame Schuld zu teilen. Aus dieser Erwägung schnitt er in einem mündlichen Gespräch mit Paul Wernle dessen Rückzug, es sei ihm (Wernle) viel weniger um einen Angriff auf Ritschl als auf dessen erbärmliche Schüler zu tun gewesen, mit der Erklärung ab, daß in solcher Sache »Meister und Schule solidarisch seien und sein müßten, Ritschl also für seine Schüler verantwortlich sei«.[85]

Obwohl es Overbeck nicht um die einzelnen Persönlichkeiten zu tun war, läßt sich die Spitze, welche die letzte Phase in seinem Kampf gegen die moderne Theologie unverkennbar gegen Harnack hat, nicht leugnen. Diese Wendung von seiner Polemik darf aber nicht als eine Abbiegung von der Sachlichkeit gedeutet werden. Der Keil, den Overbeck gegen Harnack trieb, ist nicht gegen die Person Harnacks gerichtet, sondern gilt, wie Overbeck sich auszudrücken pflegte, dem »Hohenpriester der modernen Theologie« oder gelinder gesagt, dem ›Mann des Tages‹ (Hans von Schubert), sofern Harnack der von ihr selbst anerkannte Führer und Meister der modernen Theologie war. Wenn

* Als Ausnahmen nannte Overbeck einmal den Verfasser der »Christlichen Bedenken«, Robert Kübel, und den Altlutheraner R. Rocholl. Ferner hat er als die bei weitem interessantesten Erscheinungen unter den gegenwärtigen Vertretern der modernen Theologie gewisse schwäbische Desperados à la Kierkegaard genannt, wie den Vikar Schrempf, und, wenn auch in etwas anderer Weise, den Verfasser von »Kritik und Christentum«, Fink, Diakon in Ulm.

Harnack getroffen niedersank, war das ganze Spiel der modernen Theologie schachmatt gesetzt.

Overbecks leidenschaftliche Bekämpfung Harnacks hat ihren Ursprung in dem steigenden Mißtrauen, mit welchem er Harnacks Gelehrtentätigkeit verfolgte. In früheren Jahren war, wie Overbeck an Nietzsche schrieb, der »kleine« Harnack sein »einziger Leser«,[86] der schon vor etlichen Jahren einzelne Andeutungen Overbecks zur Geschichte der ältesten Kirche aufgegriffen und verwertet hatte. In zunehmendem Maße wurde aber Overbeck gegenüber diesem scheinbar von ihm lernenden Gelehrten skeptisch. Nach Overbecks wissenschaftlichen Kriterien hatte Harnack als ein Abenteurer auf dem Gebiete der Urgeschichte begonnen. Trotz der Zurechtweisung, die ihm Overbeck schon in der »Geschichte des Kanons« hatte zuteil werden lassen, und die Harnack hatte einstecken müssen, ja sogar akzeptiert haben wollte, habe er nie aufgehört, ein Abenteurer zu sein, und wie es zu geschehen pflege, seinen späteren Tagen die schlimmsten Abenteuer vorbehalten. Overbeck konnte schließlich nicht mehr an sich halten und erhob in seiner letzten Arbeit »Die Bischofslisten und die apostolische Nachfolge in der Kirchengeschichte des Eusebius« (1898) nachdrücklichen Protest: »Der Protest soll sich gegen die Phase richten, in welche Harnacks Schriftstellerei nun seit Jahren getreten ist und bei der sie in der Form so unerträglich breit und zerflossen geworden ist und im Inhalt so überladen mit Annahmen von einer in der Wissenschaft mit keiner Notwendigkeit mehr entschuldbaren Subjektivität.«[87] Namentlich mit Harnacks Methode historischer Quellenkritik konnte sich Overbeck nicht befreunden, weil er seine Quellen, und Harnack seine Hypothesen liebe. Aber auch die Flachheit und Flüchtigkeit, mit welcher Harnack alle wissenschaftlich ernsten Probleme behandelte, stieß Overbeck so stark ab. Außerdem bekämpfte er das »äußerst geringe Maß von Denken, das er demgemäß den Fundamenten und den Grundsätzen«[88] der wissenschaftlichen Fragen widmete, und das an dessen Stelle seinen vorgefaßten Meinungen Nachgehen. Dieser unsoliden Arbeitsweise und ihren historisch methodischen Grundsätzen fühlte er sich weit überlegen: »Ich weiß, daß ich Harnacks Literaturgeschichte schon jetzt in ihrem Entstehen, d. h. noch vor ihrer Fortführung über den zweiten Teil des ersten Bandes hinaus tot machen könnte und muß die Arbeit doch unterlassen.«[89] Man hat keinen Grund, bei einem solchen Ausspruch Overbecks an seiner Fähigkeit zu zweifeln.*

Overbeck sah in dem Kirchenhistoriker Harnack nur den durch die Theologie verkrüppelten Historiker. Dieser so stark den Historiker herausstreichende Gelehrte, der das ›Wesen des Christentums‹ »rein historisch« behandeln wollte, entpuppte sich in Tat und Wahrheit gerade in diesen Vorträgen als der vulgärste Apologet, dessen Christentum jede Lebenswahrheit fehle und von dessen Erbärmlichkeit man sich aufs gründlichste und einfachste überzeugen könne, wenn man diese Apologie mit Pascals »Pensées« vergleiche. Aus diesem Grunde war Overbeck von einer so starken Verachtung Harnacks erfüllt. In seinem Zettelkatalog wurde ein eigenes Dossier errichtet mit der Überschrift »Abrechnung mit Harnack«, in welchem Overbeck ausführte, was dazu gehörte, um Harnack zu stürzen.

* Hat auch Harnack – objektiv geurteilt – nicht so flüchtig gearbeitet, wie man nach Overbecks Urteil schließen könnte, so doch nicht mit der Gründlichkeit und dem Scharfsinn, den seine Werke erforderten. Gegen den unverdienten Weltruf als Kirchenhistoriker trat Overbeck auf, und er war der Mann, der auf Grund seiner Arbeitsweise diesen Protest erheben durfte. Es wirkt daher komisch, wenn Harnack bei der Besprechung des unvollendeten Nachlaßwerkes »Das Johannesevangelium« den Spieß umdreht und Overbeck glaubte unzureichende Fähigkeit zum Historiker vorwerfen zu können. Um der Gerechtigkeit willen sollen jedoch die wichtigsten Einwände hier angeführt werden: »Overbeck zeigt sich wie besessen von dem fanatischen, intoleranten und ausfahrenden Geist eines kritischen Pfaffentums, diesen ›theologischen Geist‹ hat er zurückbehalten, nachdem er den Theologen ausgezogen hat ... Dort und hier freut man sich an der durch nichts zu beirrenden Sachlichkeit und Stahlhärte seines formalen Wahrheitssinnes; aber dieser Wahrheitssinn hatte bei ihm eine sehr empfindliche Schranke ... Starr, lieblos und ungerecht war sein Wahrheitssinn, ohne Zartheit gegenüber dem lebendigen Objekt und gegenüber den Personen; ich möchte sagen unorganisch, dabei aber verbunden mit einem Selbstgefühl als Kritiker, das stets beleidigte, weil es, bald versteckt, bald offen, die Person und den Charakter des Gegners antastete ... Die persönliche Note,

Eine »fast schwärmerische Vorstellung«, wie es Overbeck selbst nannte, ergriff für Jahre diesen nüchternen Mann, daß es seine Aufgabe sei, Harnack um sein öffentliches Ansehen zu bringen. Nur durch sein Alter hielt er sich davor geschützt, sich von dieser Schwärmerei hinreißen zu lassen. Er entwarf den Plan einer Streitschrift des Titels »Meister Harnack. Ein Beitrag zur Kritik der öffentlichen Meinung«.** In der Einleitung wollte er Harnacks Gelehrtenansehen in den grotesken und extravaganten Formen, die es nachgerade angenommen habe, darstellen, der Rest sollte eine Blütenlese aus Harnacks Leistungen als Kritiker, Exeget, überhaupt als Mann der Wissenschaft, zur Kontrastierung mit der Einleitung liefern.

Harnack selbst erschien Overbeck als der geringste Gegner; er hatte es bei seinem Angriff auch gar nicht auf ihn allein abgesehen, und auch mit der Meute der Harnackianer wollte er schon fertig werden. Als Person beabsichtigte Overbeck Harnack so wenig wie sonst jemand anzugreifen und er hoffte, auf dem bezeichneten Wege der Person nach Möglichkeit ausweichen zu können. Diese Bemerkung darf nicht übersehen werden, wenn auch klar ist, daß in einem solchen Kampfe Person und Sache überaus schwer zu scheiden sind. Wird in dem Kampfe auch hier

die diesem eigenartigen Ingenium nicht fehlte, ließ alle edle Heiterkeit und freudige Ruhe vermissen. Wie konnte das anders sein, wenn die Religion samt ihrer Geschichte ins Nichts gehört? ... Die edle Heiterkeit und freudige Ruhe fehlten diesem Gelehrten aber auch, weil er von sich selbst niemals loskam und weil es ihm an wirklicher Kraft, ein geschichtliches Problem zu bezwingen, gebrach – an der Kraft, die aus Kongenialität entspringt ... Overbeck besaß ungemeine Anlagen zum Historiker, aber es fehlte etwas, und für die Ziele, wie er sie sich gesteckt hat, haben sie nicht gereicht. Ein virtuoser Bohrer ist noch kein virtuoser Baumeister.«[90]

** Overbecks Plan einer Streitschrift gegen Harnack liegt noch in einer zweiten Fassung vor. Ein fliegendes Blatt sollte als Manuskript gedruckt werden, mit dem Titel »Constantinus redivivus. Ein Beitrag zur Philosophie der Geschichte von Modernus Simplex.« Dieses Blatt war nicht so sehr gegen den Deutschen Kaiser, Wilhelm II., den Overbeck als Demagog und Rüpel betrachtete, als gegen Harnack gedacht, der darin als moderner Euseb auftreten sollte.

und da die Person getroffen, so kommt es in der Beurteilung und Bewertung desselben doch allein auf die Intention an.

Diese Intention war aber darauf gerichtet, Harnack als Favoriten der öffentlichen Meinung an den Pranger zu stellen. Die gegen ihn gerichtete Kritik war weniger ihm als der öffentlichen Meinung zugedacht. Harnack sollte nur als ein ausgezeichnetes Paradigma für die Wertlosigkeit der öffentlichen Meinung verwendet werden. An ihm wollte Overbeck ihre Neigung zur Übertreibung und ihre damit zusammenhängende Gleichgültigkeit gegen die Mängel ihrer auserkorenen Lieblinge dartun. Gegen jene öffentliche Meinung, die Harnack als Meister gleich hoch in Ehren hielt wie Krupp als Fabrikanten deutschen Gußstahles und deutscher Kanonen, wandte er sich. In diesem Kampfe gegen die öffentliche Meinung sah er aber kein Ende und keinen Erfolg ab, weil er keinen greifbaren Gegner vor sich hatte. Bei seinen abnehmenden Kräften fühlte er, daß er sich den Kampf nicht mehr leisten könne und ließ darum die Sache auf die Frage cui bono hinauslaufen. Ja, wenn er sich seines Streites so rasch entledigen könnte, wie Petrus seiner Aufgabe bei der Sapphira, wollte er ihn schon noch unternehmen.

Overbeck fügte sich unwillig genug der Tatsache, durch seine Krankheit ein kampfunfähiger Invalide zu sein. Als Rekonvaleszent war er vom Arzt in seinem Tun und Lassen auf Diät gesetzt, die ihn zum Schweigen verurteilte, während eine Streitschrift gegen Harnack das literarische Unternehmen war, zu welchem er sich zu jener Zeit am besten vorbereitet fühlte. Er kochte vor Wut, daß es ihm nicht mehr vergönnt war, Harnack zu packen, nachdem sich dieser scheute, auf die zweite Auflage der »Christlichkeit«, in welcher er von Overbeck zum zweitenmal öffentlich angegriffen wurde, zu antworten, angeblich aus einem Pietätsverhältnis zu jener Schrift, was aber Overbeck bezweifelte, da das ›Wesen des Christentum‹ einen Hohn auf die »Christlichkeit« darstelle. Trotz dieser Erbitterung wollte Overbeck, wie bereits gesagt wurde, nicht gern mit einer persönlichen Polemik aus der Welt scheiden und gegenüber Harnack als »Spaßverderber« erscheinen, der »ihm in die Suppe spuckte«, um ihm dadurch den

Geschmack zu verderben. »Ihn im Ganzen laufen zu lassen, ist aus besten Gründen längst beschlossene Sache.«[91] Auf der anderen Seite war es aber Overbeck sehr darum zu tun, daß kein falscher Zweifel an seinem Verhältnis zu Harnacks Führung der modernen Theologie aufkomme. Mündlich machte er gegen niemand, der ihn hören wollte, ein Hehl daraus, daß er Harnack für einen Schwätzer halte. Im übrigen aber beschloß er zu schweigen, wenn auch Harnack weiterhin schweige. Um dem Vorwurf zu entgehen, völlig stumm gewesen zu sein, habe er Meister Harnack als Bezeugung der Geringschätzung seines Gelehrtenansehens wenigstens sein Basler Programm von 1898 hinterlassen, das zwar Harnack nicht zu weh tun werde, Overbeck aber doch die Genugtuung gebe, noch etwas für sein eigenes Verständnis getan zu haben. Nach der Besprechung dieses Programms durch Harnack[92] stellte Overbeck jeden Verkehr mit ihm ein und behielt im Nachwort zur zweiten Auflage der »Christlichkeit« das letzte Wort.

Als weiterer Trost blieb Overbeck, daß die Zeit unzweifelhaft Harnacks Scheingröße enthüllen werde. »Der ›Anderen‹, die mich einmal vertreten, bin ich zu gewiß.«[93] Er habe nur vorweggenommen, was einmal auch ohne ihn in bedeutend größerem Maßstab zur Anerkennung kommen werde. Bis dahin warte er ruhig, in der Gewißheit, daß die übrige Welt bald zu der gleichen Erkenntnis kommen werde.

Overbeck legte großes Gewicht darauf, daß seine Polemik gegen Harnack nicht als ein persönliches Gemäkel eines Gelehrten an einem Kollegen verstanden werde. Er besaß die ›edle Heiterkeit und die freudige Ruhe‹, die Begabtheit Harnacks, dessen Vorzüge und Talente anzuerkennen und verspürte dagegen durchaus keinen »Eifer«. Er nahm deshalb die bizarr übertriebene Anklage Platzhoffs, er habe an Harnack einen Mord begangen, mit überlegenem Lächeln gleichmütig hin.[94] Allen Deutungen, es sei ihm nur um die persönliche Rivalität zu tun gewesen, brach Overbeck die Spitze ab mit der eindeutigen Erklärung: »Was Harnack und ich für das Christentum bedeuten, ist eine Personenfrage auf jeden Fall nicht.«[95] Daß es sich in diesem Streite um eine verschiedene Auffassung des Christentums handle, bei welcher man in guter Treue zweierlei Meinung sein könne, und die im verschiedenen Naturell der beiden Beteiligten ihre Erklärung und Begründung finde, hätte Overbeck nie zugegeben. Overbeck war von dem Bewußtsein durchdrungen, daß sein Kampf gegen die Theologie nicht aus einer persönlichen Schrulle entsprungen, sondern für das gesamte Christentum von Bedeutung sei. Aus diesem Grunde darf man seine Betonung, daß es ihm bei der Bekämpfung Harnacks nur um eine Kritik der öffentlichen Meinung zu tun gewesen sei, nicht allzu große Bedeutung beimessen. Diese eigene Beurteilung stellt eine kleine Abschwächung dar, die ihren Grund darin hatte, daß es Overbeck nicht ganz recht war, daß der Kampf nun die persönliche Zuspitzung erfahren habe. Aber er war sich ganz klar, daß die zwischen ihm und der offiziellen Theologie bestehende Differenz von größter Tragweite in der Geschichte des Christentums sei. »Daß ein einzelner Christ« – wie Overbeck es getan hatte – »sich vom Christentum lossagt, kann diesem billigerweise keinen so kräftigen Stoß versetzen, wie einer, der, ohne Christ zu sein, sich als christlicher Reformator gebärdet«,[96] lautet eine Nachlaßnotiz hinsichtlich Harnacks, mit welcher Overbeck aber die ganze moderne Theologie treffen wollte.

Kein Ausdruck war Overbeck in seinem von rasender Wut und Verachtung getragenen Kampf zu schlecht, um nicht just auf die Theologen zu passen, und es gibt keine unangenehme Eigenschaft, die er nicht gerade bei den Theologen vorhanden sah.* Und doch würde man der Sache keineswegs gerecht, wollte man annehmen, Overbeck habe hier in blindem Haß seiner Leidenschaft freien Lauf gelassen und darum den untrüglichen Blick für das wirkliche Sein seines Gegners verloren. Wollte man

---

* Eine einzige charakteristische Ausnahme – die man bei der Beurteilung dieses Kampfes nicht übersehen sollte – ist zu verzeichnen: die Heuchelei. Keine Beschuldigung wird den Theologen gewöhnlich häufiger an den Kopf geworfen. Gerade diese findet sich aber in Overbecks Lasterkatalog nicht. Das Fehlen dieser Anschuldigung macht deutlich, daß Overbecks Gegnerschaft gegen die Theologie unter einem ungewöhnlichen Aspekt steht.[97]

auf diese Weise seinen Kampf gegen die Theologie charakterisieren, so bliebe die tiefe und zeitlose Bedeutung dieses Angriffes vollständig ungewürdigt. Man braucht die wilden – und wenn man so will – haßerfüllten Äußerungen, die Overbeck in dieser Polemik mit unterlaufen sind, gewiß nicht für das Wertvollste daran zu halten. Ebenso verständnislos wäre aber, sie verschweigen oder abschwächen zu wollen. Es gibt sich in ihnen einer der bedeutendsten Polemiker des 19. Jahrhunderts kund, und vor allem geben sie einen Eindruck davon, wie tief Overbeck selbst von diesem Kampfe aufgewühlt war. Niemals aber entbinden sie davon, das Notwendige und Bedeutsame dieses grimmigen Streites zu sehen. Ein »heiliger Zorn« wirkte sich hier aus. Als ein »Hüter des Heiligtumes«, wie früher einmal Overbecks Stellung bezeichnet wurde, stürzte er sich schonungslos auf jeden, der frech und ohne Ehrfurcht zugriff. Er verfügte zu diesem Zwecke über ein scharfes Schwert, das er mit einer überlegenen Sicherheit führte, so daß unter seiner treffsicheren Führung die Funken nur so stoben. Jeder Streich ein Mann! Jeder Hieb ein Ziel! So kann man die leidenschaftliche Art, die durch keine persönliche oder private Erregtheit getrübt, sondern von einer prachtvollen polemischen Klarheit beherrscht war, bezeichnen. Unwillkürlich wird man bei Overbecks Kampf gegen die Theologie an Blaise Pascals vernichtende Polemik in den »Lettres provinciales« gegen die jesuitischen Patres und an Sören Kierkegaards verheerenden Angriff im »Augenblick« gegen die lutherischen Pastoren erinnert. Hier wie dort wird mit einer Polemik, einer Ironie und Satire ohnegleichen gegen eine Theologie, die durch ihre faulen Künste das Christentum zum frömmsten, bigottesten und raffiniertesten Weltgenuß gemacht hat, Sturm gelaufen. Hier wie dort wird einem verheuchelten und verlogenen Theologenchristentum die gleißende Maske heruntergerissen und den Zeitgenossen wieder zum Bewußtsein gebracht, was nach dem Neuen Testament Christentum heißt. Hier wie dort wird an einer morschen und unterhöhlten Theologie das Gericht vollzogen. Die Analogien sind so deutlich und so stark, daß sie sich Overbeck selbst aufdrängten. Und doch legte er, gewiß nicht nur aus Bescheidenheit, ausdrücklich Verwahrung dagegen ein. »Aber andererseits habe ich als Verfasser meiner ›Christlichkeit‹ mit solchen Apologeten des Christentums nichts zu tun, welche wie Kierkegaard, Lagarde, Vinet und ihresgleichen sich im Namen des Christentums gegen das bestehende kehren.«[98] Besonders stark hob Overbeck hervor, daß er ganz anders zu den Dingen stehe als Kierkegaard, der das Christentum angreife, wiewohl er es vertrete, während er es unangegriffen lasse und trotzdem sich abseits stelle.*

Es könnte auf den ersten Blick scheinen, als liege in Overbecks so eifriger Abwehr gegen das In-diese-Linie-gerückt-werden ein merkwürdiges Sich-mißverstehen vor. Man darf jedoch nicht auf den beliebten, namentlich von theologischen Erklärern beschrittenen Ausweg verfallen, Overbeck besser verstehen zu wollen als er sich selbst verstand. In der Beachtung dieser Verschiedenheit von Kierkegaard ist vielmehr das eigentliche Kriterium für das Verständnis Overbecks zu sehen.

Overbecks Kampf gegen die Theologie unterscheidet sich schon im Ausgangspunkt seiner Polemik von derjenigen Pascals

* Über Kierkegaards Angriff auf das Christentum urteilte Overbeck, daß er nur mit Erfolg abgewiesen werden könne, wenn der Angreifer selbst angegriffen und der Anmaßlichkeit seines Verteidigeramtes überwiesen werde. »Ein schwacher Punkt seines Vorgehens ist die falsche, rhetorisch-paradoxe Etikette seines Angriffes auf das Christentum angesichts der bloßen Affektion der Angreifermaske. Es sieht dabei so aus, wie wenn sich Kierkegaard auf sich selbst stellte und nun gegen das Christentum losführe – das tut er doch erst, nachdem er zuvor innerhalb des Christentums Fuß gefaßt hat. Er jedenfalls darf das Christentum nicht angreifen und das in gewissem Sinne noch weniger als die von ihm Angegriffenen. Ein schlechter Vertreter des Christentums ist zu dessen Kritik immer noch besser legitimiert als ein unanfechtbarer, selbst in seinen eigenen Augen unanfechtbarer.«[99] Overbeck hat mit seiner Kritik ohne Zweifel den Finger auf einen schwachen Punkt des Kierkegaardschen Angriffes gelegt, wenn er auch dessen Unternehmen nicht gerecht wurde. Als Erklärung für Overbecks eigentümliche Ablehnung Kierkegaards kann auf die geringe Kenntnis von Kierkegaards Werken in der damaligen deutschen Literatur hingewiesen werden. Overbeck besaß in seiner Bibliothek kein Werk von Kierkegaard und in dem Literaturverzeichnis seines Zettelkatalogs sind nur drei Publikationen über Kierkegaard angeführt: Höffdings Monographie, ein Aufsatz von A. Heubaum in den Preuß. Jahrbüchern 1897 und eine Anzeige von K. Jentsch über »Entweder – oder« in Hardens Zukunft 1904.

und Kierkegaards, wobei der geschichtliche Degenerationsprozeß des Christentums in der modernen Welt die Ursache dieser Verschiedenheit mitbedingte.

Pascal schrieb seine Briefe gegen die Jesuiten noch als schlichter, in seiner Kirche fest verwurzelter Christ. Er fühlte sich berufen, das zersetzende Gift aus seinem Kreise fern zu halten. Als echter Sohn der Kirche vertrat er das Christentum gegen die entarteten Söhne. Er selber verkörperte in seinem Sein, was er von den anderen forderte. Anders ist die Situation schon bei Kierkegaard. Trotz dem Anschein, als verkündige in seinem Kirchensturm ein Prophet einer verdorbenen und satten Kirchengesellschaft den Untergang, liegt bei näherem Zusehen die Sache doch wesentlich anders. Kierkegaard bezeugte deutlich, daß er der kommende Märtyrerprophet nicht sei, so sehr er persönlich immer wieder nach einer prophetischen Berufung Ausschau hielt. Nicht einmal als Christ im Namen des Christentums sprach er sein Urteil über die Christenheit, sondern nur mit dem rein ethischen Anspruch der Redlichkeit führte er seinen Stoß.

Noch einen Schritt weiter entfernt vom Christentum ist Overbecks Angriff auf die Theologie, da er mehrmals betonte, in gar keiner Beziehung zum Christentum zu stehen. Es liegt kein Grund vor, diesen Versicherungen zu mißtrauen. Seine Bestreitung der Christlichkeit der Theologie ist nicht aus Liebe zum Christentum geflossen. Er brachte seinen Streit als gänzlich Außenstehender vor das Forum einer richtenden Zukunft und spielte sich nicht im geringsten als besserer Christ gegen die feindlichen Brüder auf.

Zu dieser Verschiedenheit der Voraussetzungen von Overbecks Unternehmen und demjenigen eines Pascal oder Kierkegaard kommen noch wesentliche inhaltliche Unterscheidungsmerkmale hinzu, die beweisen, daß diese drei Namen nicht auf einer Linie stehen, so nahe sie sich auch berühren.

Overbecks Kampf galt nicht dem Christentum, auch nicht dem entarteten, sondern der Theologie. Das Christentum ließ er, nach eigenem Zeugnis, zunächst auf sich beruhen. Seine Äußerungen gegen das Christentum, die in seinem Werke auch vorhanden sind, haben nie einen kampfartigen Charakter, sondern denjenigen der Reflexion. Er hat in der »Christlichkeit« auch ausdrücklich bemerkt, daß sich seine Schrift ausschließlich gegen die Theologen richte und nicht gegen die Laien, obwohl er von einer sogenannten Laientheologie ganz besonders wenig hielt. Den Theologen sprach er das Recht, das Christentum zu vertreten, ab und verzichtete dadurch vor allem auch selbst auf dieses Recht. Diesen eigenen Verzicht sprach er in so unverblümter Weise aus,[100] daß es den Schein erwecken könnte, als wäre ihm mehr daran gelegen, sich vom Christentum als von der Theologie loszusagen. Und doch bewegte ihn nur das Interesse, sich von der Theologie zu befreien; der damit verbundene Abschied vom Christentum war ihm gänzlich gleichgültig, er betrachtete ihn als eine Konsequenz, die sich beinahe mechanisch und ohne sein Zutun vollzog. »Gegen das moderne Christentum kenne ich nur Gleichgültigkeit, und ich bin schon darum nicht der Mann, ihm ernstlich weh zu tun. In seiner Theologie bestreite ich es freilich von Herzen, was das aber in Hinsicht auf das Christentum bedeutet, das muß ich Berufeneren nach mir zu schätzen überlassen, soweit man nach mir überhaupt noch etwas von mir wissen wird.«[101] Durch seine Abrückung vom Christentum unterscheidet sich Overbeck von jenen Männern und erhält sein Kampf eine andere Note.

Das zweite Unterscheidungsmerkmal aber ist, daß Overbeck jede Tendenz einer Reformation der Theologie vollständig fern lag. Pascal und Kierkegaard erwarteten von ihrem Angriff eine Einkehr der Christenheit. Overbeck erwartete nicht den geringsten Erfolg; er rechnete nicht damit, daß infolge seiner Polemik die Theologie zur Besinnung kommen und sich einer gründlichen Wandlung unterziehen werde. Es ist deshalb unangängig, Overbeck als eine Art ›Bußpredigt‹ an die bestehende Theologie zu verwenden, weil ihr dadurch eine Wendung gegeben wird, die ihr im innersten Wesen fremd ist. Overbeck war von der permanenten Unfähigkeit der Theologie, ihre Aufgabe – die Versöhnung des Christentums mit der jeweiligen Weltkultur – zu lösen, so stark überzeugt, daß er nicht nur ihre gegenwärtige vollständige Baufälligkeit an den Tag bringen wollte, sondern auch ihre

Nichtigkeit an und für sich behauptete. Der Theologie war seiner Ansicht nach überhaupt nicht mehr zu helfen, und im Hinblick darauf betrachtete er die von der modernen Theologie noch im besonderen angerichtete Verwüstung als ziemlich gleichgültig. Overbeck war bei der Verneinung aller und jeder Theologie angelangt, sein Werk galt nicht der Verbesserung, sondern der Vernichtung und Ausrottung der Theologie.

Durch diese Tendenz seiner Befehdung der Theologie hat sich Overbeck um jeglichen Einfluß auf seine Zeit gebracht. Er vermochte nicht im geringsten den Gang der theologischen Ereignisse zu wenden. Die moderne Theologie ging einfach über ihn hinweg. Ungebrochen strebte sie ihren Zielen weiter zu. Sie war von Overbeck zu weit entfernt, als daß sie von seinen Worten noch hätte berührt werden können. Er war im tiefsten Sinne des Wortes unzeitgemäß geworden. Er hatte selber das lebhafte Gefühl, sich durch seine Schriften immer tiefer in den Schlund der Lethe hineingeschrieben zu haben. Schon frühzeitig hätten ihn die Theologen rein instinktiv zu vergessen begonnen, und seit der zweiten Auflage der »Christlichkeit« habe er auch als Kirchenhistoriker für die moderne Theologie aufgehört zu existieren. Das vollständige Unterdrücken dieses letzten Lebenszeichens habe er der Theologie selbst erleichtert, indem er sich aus der Reihe der Theologen selbst gestrichen, allerdings auch nicht für ihre Zwecke geschrieben habe. Immerhin habe er der Theologie einen Nachlaß hinterlassen, mit welchem sie noch eine kleine Weile zu rechnen haben werde und aus welchem ihr noch beträchtliche Unannehmlichkeiten erwachsen könnten. Vielleicht werde sie sich auf diese »tragikomische Figur einer stummen Kassandra, eines zum Schweigen entschlossenen Apokalyptikers«, als was sich Overbeck vorkam, besinnen, wenn seine Weissagung, daß es mit der modernen Theologie noch einmal ein Ende mit Schrecken nehme, sich erfüllt haben werde.

Der »in irgendeinem Winkel der Stadt Basel hockende einsiedlerische Protestler gegen die moderne Theologie« hielt aber unerschüttert an der Hoffnung und der Gewißheit fest, daß es ihm an Nachfolgern nicht fehlen werde, die seine der Fortführung und Vollendung noch harrende Arbeit beizeiten, das will besagen, viel jünger wieder aufnehmen werden. Ihnen werde gelingen, was ihm selbst versagt blieb. Sie werden sich seiner erinnern und ihm den Platz in der Geistesgeschichte einräumen, der ihm gebührt. »Meine Zeit wird schon kommen, erlebe ich sie auch nicht mehr.«[102]

Der Theologe als Antitheologe – Franz Overbeck im Lebensbild Walter Niggs

Niklaus Peter

Wer sich mit den großen religiösen und geistesgeschichtlichen Bruchlinien befasst, für den gehört der Theologe und Theologiekritiker Franz Overbeck ohne Zweifel zu den interessantesten Gestalten des 19. Jahrhunderts. Denn obwohl der Basler Professor für Neues Testament und Alte Kirchengeschichte damals nur wenigen Zeitgenossen bekannt war und seine Wirkungsgeschichte erst posthum, und zudem auf merkwürdig verschlungenen Pfaden, einsetzte, so hat der Philosophiehistoriker Karl Löwith doch zu Recht und energisch auf Overbecks Bedeutung hingewiesen. In seiner großen Studie »Von Hegel zu Nietzsche« (1941), die den Untertitel »Der revolutionäre Bruch im Denken des neunzehnten Jahrhunderts«[1] trägt, widmet er ihm das entscheidende Schlusskapitel.

Damit stellt er Overbeck an die Bruchkante eines geistesgeschichtlichen Prozesses, der von der idealistischen Reinterpretation des Christentums durch Hegel und deren Kritik bei den Junghegelianern und bei Kierkegaard zur explizit »antichristlichen« Verwerfung durch Nietzsche führt. Was Löwith an der Gestalt Overbecks so fasziniert haben mag, ist nicht nur die enge

Freundschaft und geistige »Waffengenossenschaft«[2] mit Friedrich Nietzsche, sondern auch die Tatsache, dass ein Theologe, der zudem ein Gelehrtenleben lang (bis 1897) Theologieprofessor an der Basler Universität blieb, zu einer so ehrlichen und nüchternen Einschätzung der Krise der wissenschaftlichen Theologie wie auch des kirchlichen Christentums gekommen war. Löwith beschließt sein Buch mit den emphatischen Sätzen: »Wer nicht die Mühe scheut, die Gedanken Overbecks nachzudenken, wird in dem Labyrinth seiner vorbehaltvollen Sätze die gerade und kühne Linie eines unbedingt redlichen Geistes erkennen.«[3]

Man mag zu dieser in großen Linien denkenden Interpretation Löwiths stehen, wie man will, erstaunlich bleibt die Tatsache, dass die Wirkungsgeschichte Overbecks *zuerst* im Glutkern einer theologischen Erneuerungsbewegung beginnt, nämlich in der dialektischen Theologie Karl Barths. Und noch mehr mag es erstaunen, dass die erste umfassende biographische Studie über Overbeck, den Theologiekritiker, aus der Feder Walter Niggs stammt. Ihn kennt man doch als »Hagiographen«, als Autor seiner späteren, höchst populären und einflussreichen Werke wie »Große Heilige« (1946), »Das Buch der Ketzer« (1949), »Maler des Ewigen« (1951), »Vom Geheimnis der Mönche« (1953), »Heimliche Weisheit« (1959) und anderer Bücher. Beide aber, Karl Barths frühe Overbeck-Rezeption und das Lebensbild Walter Niggs – welches in dezidiert-kritischer Abgrenzung gegen Barths Overbeck-Deutung geschrieben ist –, hängen auf eine Weise zusammen, die hier mit wenigen Strichen nacherzählt werden soll.

Bernoullis Overbeck-Kompilation und Barths Interpretation

Tatsächlich spielt Franz Overbeck in der Entstehungs- und Formierungsphase der dialektischen Theologie eine entscheidende Rolle. *Nach* dem ersten Römerbriefkommentar von 1919[4], mit dem Karl Barth seine tiefgreifende Irritation über das Versagen der protestantischen Theologie angesichts des Ersten Weltkrieges und seine theologische Neuorientierung zum Ausdruck gebracht hatte, aber *vor* der Abfassung der vollständig überarbeiteten Version von 1922[5], die zur Grundschrift dieser Theologie werden wird, liest Barth also Overbeck. Er liest ihn in einem 1919 eben herausgekommenen Buch, dessen vollständiger Titel folgendermaßen lautet: »Christentum und Kultur. Gedanken und Anmerkungen zur modernen Theologie von Franz Overbeck, weiland Doktor der Theologie und Professor der Kirchengeschichte an der Universität Basel. Aus dem Nachlass herausgegeben von Carl Albrecht Bernoulli«.[6] Dieses Buch elektrisiert Barth, weil es eine fulminante Kritik der modernen liberalen Theologie enthält, die er sogleich als Unterstützung seiner eigenen Kritik des theologischen Liberalismus versteht. Er schreibt eine heute noch lesenswerte leidenschaftliche Besprechung dieses Buches unter dem Titel »Unerledigte Anfragen an die heutige Theologie«[7]. Was für Barths Denken zum fruchtbaren Impuls wird, ist Overbecks *eschatologisches* Verständnis des Urchristentums und seine damit verbundene tiefgreifende Kritik aller zeitgenössischen Theologie. So wird Overbeck nun zum wichtigsten Gewährsmann für Barths eigene theologische Neuorientierung, die im vielzitierten Diktum gipfelt: »Christentum, das nicht ganz und gar und restlos Eschatologie ist, hat mit Christus ganz und gar und restlos nichts zu tun.«[8]

Verständlich wird diese Interpretation Barths[9] erst, wenn man weiß, dass das besprochene Buch nicht eigentlich ein Werk Overbecks, sondern eine 14 Jahre nach dessen Tod zusammengestellte Kompilation eines ehemaligen Schülers ist. Was man darunter zu verstehen hat, ist Folgendes: Aus vieltausend kleinen Blättern mit Notizen, Exzerpten und Gedanken, die Overbeck im Verlauf seines langen Gelehrtenlebens schreibt und alphabetisch in seinen Zettelkasten einordnet, hatte Carl Albrecht Bernoulli unter Mithilfe von Overbecks Witwe, gleichsam mit Schere und Leim, ein Buch gemacht. Einzelne Zettel aus Overbecks »Kirchenlexikon«, ja meist nur einzelne Sätze aus diesen Zetteln wurden von ihm zu einem Fließtext zusammengeschnitten und so zum Buch »Christentum und Kultur« kompiliert.[10] Bernoulli hatte dieses mit einem prägnanten Titel, einer suggestiven Einleitung und mit lektüreleitenden Zwischentiteln versehen, so dass es nun fast wie ein Hauptwerk Overbecks aussah. Nun wissen wir, dass Overbeck selbst für die Zeit nach seiner Emeritierung noch zwei Bücher hatte schreiben wollen, eine »profane Kirchengeschichte« und eine Kritik der modernen Theologie. Als er jedoch sah, dass seine Kräfte nicht mehr ausreichten, übergab er seinem »wilden« Schüler Bernoulli diesen Zettelkasten mit der klar formulierten Abmachung, dass dieser unter Verwendung der genannten Notate ein *eigenes* Buch schreiben sollte – eine kritische Kirchengeschichte. Es ist nicht bekannt, warum Bernoulli dann doch entschied, seine Buchidee und die Kapitelskizzen nicht für ein eigenes Werk zu verwenden, sondern Overbecks Material in seine – Bernoullis eigene – Struktur einzufüllen und das Ganze unter Overbecks Namen zu veröffentlichen. Das suggestive und pathetisch formulierte Fazit der Einleitung Bernoullis zu »Christentum und Kultur« lautete, Overbeck – »dieser hochgelehrte Skeptiker« – stehe »an der Schwelle metaphysischer Möglichkeiten Wache«, und weit und breit sei keiner, »der ihm den Rang des tapferen und treuen Torhüters streitig machte«.[11]

Durchaus anders als Bernoulli, der von der Lebensphilosophie und dem Irrationalismus eines Ludwig Klages beeinflusst war, nahm Karl Barth nun Overbeck als Torhüter für seinen theologischen Neubau in Anspruch, sprach von einem »selten frommen Mann« und verstärkte unter Berufung auf Overbeck die eschatologische Zuspitzung seines zweiten Römerbriefkommentars von 1922. Diese Inanspruchnahme Overbecks durch die dialektische Theologie führte jedoch zu empörten Protesten gegen Barths Deutung, die vor allem aus dem Kreis der ehemaligen Basler Kollegen Overbecks kamen: Die Theologieprofessoren Eberhard Vischer und Paul Wernle hatten Overbecks Rückzug aus den theologischen Diskursen und seine überaus scharfe Kritik aller Theologie in Erinnerung. Für sie war Overbeck ein desorientierter Theologe, dessen lebenslanger Verbleib in der theologischen Fakultät »ein psychologisches Rätsel« und eine menschliche Tragik darstellten. Als »Beweis« für seine These vom gescheiterten Theologen wird Eberhard Vischer später Overbecks autobiographischen Fragmente unter dem Titel »Selbstbekenntnisse« (1941) edieren.

Walter Nigg

Diese innertheologische Auseinandersetzung um Overbeck ist der Kontext, aus dem Walter Niggs Buch »Franz Overbeck – Versuch einer Würdigung« von 1931 als eine gegen Barth wie auch gegen Vischer gerichtete eigenständige Interpretation des Basler Gelehrten zu verstehen ist! Nigg wehrt sich vehement gegen Barths »Beschlagnahmung Overbecks« ebenso wie gegen die negative Psychologisierung durch Vischer. Es ist nicht zuletzt dieses innere Feuer, das sich an einer Kontroverse entzündet hat, welches dieses Lebensbild noch nach fast 80 Jahren zu einer faszinierenden Lektüre macht.

Walter Nigg ist zu Beginn seiner Laufbahn[12] nämlich durchaus dem weiteren Umkreis der dialektischen Theologie zuzuzählen. 1903 als viertes Kind seiner Eltern Albert und Clara Nigg-Studer in Luzern geboren und evangelisch-reformiert getauft, gerät seine Familie 1914 durch den Suizid des Vaters in große finanzielle Bedrängnis. Nicht ganz drei Jahre später stirbt auch die Mutter, worauf er zur katholischen Familie seines Onkels väterlicherseits nach Zug kommt. Schon bald aber, im Jahr 1917, flüchtet der Vierzehnjährige wegen »religiöser Vergewaltigung« nach Zürich, später nach Luzern und Emmenbrücke, wo er sich als Ausläufer und Bürogehilfe durchschlägt. Im Jahr 1919 lernt er in Zürich den religiös-sozialen Pfarrer Hermann Kutter kennen, der ihn tief prägen wird, darauf auch Karl Barth, Eduard Thurneysen und Emil Brunner, mit denen er intensive Gespräche führt. Er holt über Privatunterricht die Maturitätsprüfung nach, beginnt 1923 mit einem Theologiestudium in Göttingen bei Karl Barth, Erik Peterson und Emanuel Hirsch, setzt sein Studium darauf für eine kurze Zeit in Leipzig fort. 1924 kehrt er nach Zürich zurück, wo er 1926 mit einer Arbeit über Heinrich Pestalozzi einen Universitätspreis gewinnt, die später in überarbeiteter Form als eine Summa-cum-laude-Dissertation angenommen werden wird. Im

März 1928 schließt Nigg sein Theologiestudium ab, amtet als Vikar in Zürich-Höngg und Zürich-Enge und wird im Februar 1929 als Pfarrer nach Stein AR gewählt. Während dieser Zeit arbeitet er an seiner Habilitationsschrift, einer biographisch-werkgeschichtlichen Würdigung Overbecks, an der sich Niggs späterer theologischer und religiöser Denkweg schon abzeichnet. Er erhält die *venia legendi* und wird von 1930 an neben seinem Pfarramt als Privatdozent der Kirchengeschichte an der Universität Zürich lesen.

Seit dem Jahr 1931, in dem die Habilitation Walter Niggs »Franz Overbeck – Versuch einer Würdigung« erstmals beim Beck-Verlag in München erschienen ist, hat sich die Lage der Overbeck-Forschung natürlich verändert: Der gesamte Nachlass des Basler Theologen ist 1962 umfassend und auf mustergültige Weise von Martin Tetz[13] beschrieben worden, es sind Spezialstudien über Overbecks literatur- und kanongeschichtliche Arbeiten, über seine theologische Entwicklung, über sein Verständnis von Geschichte und Urgeschichte usf. und über sein Verhältnis zu Nietzsche publiziert worden.[14] Die Basler Overbeck-Edition[15] bringt seit 1994 Overbecks Werke, alle Autobiographica, die Nietzsche-Notate, Vorlesungen und Briefe in einer Auswahl heraus, vor allem aber eine kritische und integrale Neuedition derjenigen Zettel des »Kirchenlexikons«, aus denen Bernoulli seine Kompilation *Christentum und Kultur* zusammengestellt hatte. Auch sind verschiedene Korrespondenzen Overbecks[16] in der Zwischenzeit vollständig veröffentlicht worden. Damit sind alle Interpretationen an den Texten Overbecks überprüfbar geworden.

Niggs Overbeck-Biographie

Was bislang fehlte, war eine gute und gut lesbare neue Einführung in Overbecks Leben und Denken, genau das, was Nigg in seiner Habilitationsschrift geleistet hatte. Es ist deshalb sehr zu begrüßen, dass Niggs Buch nun in einer Re-Edition wieder zugänglich ist, ohne Zweifel ein großer Wurf, der nichts von seiner Frische und von seinem Gehalt verloren hat.

Was Nigg später in seinen bekannten Büchern über Heilige und Ketzer zu einem der meistgelesenen religiösen Autoren machen wird, nämlich die Fähigkeit, mit wenigen Strichen und auf relativ knappem Raum bewegende, farbige Lebensbilder von menschlicher Tiefe zu zeichnen, das ist ihm erstmals in seiner Overbeckstudie auf hervorragende Weise gelungen, hervorragend auch deshalb, weil er hier das Historiographisch-Wissenschaftliche nicht zurückstellt, wie das in seinen späteren Büchern der Fall ist. Es ist großartig, wie Nigg die Kunst des Biographen beherrscht, einen Menschen in den Kontext zeitgenössischer geistiger Problemlagen und Diskurse einzuordnen und so verständlich zu machen, ohne seine individuelle Existenz und Lebensantwort und damit das Einzigartige seiner Persönlichkeit aus den Augen zu verlieren. Vor allem aber scheint mir das Geheimnis der großen Wirkung seiner Lebensbilder darin zu liegen, dass Nigg die von ihm beschriebenen Gestalten liebt, dass er bei ihnen Exemplarisches entdeckt und herauszuarbeiten versucht, dabei aber nie Grenzen und schwierige Seiten vertuscht.

Das gilt auch für diese Overbeck-Biographie: Sie zeichnet im ersten Teil ein souveränes Bild dieses Mannes und schildert das »Problem seines Lebens«: das Problem eines radikalen Theologiekritikers, der sein Leben lang junge Theologen unterrichten musste. Dieses Problem wird nun aber nicht simpel-psychologisch aufgelöst, sondern auf eine ganz spezifische religionskulturelle Problemlage hin sichtbar und produktiv gemacht. Nigg entwickelt deshalb im zweiten Teil Overbecks Geschichtsverständnis, seine auch heute kaum rezipierte Grundkonzeption von Literatur und Urliteratur, und schließt diesen Teil mit einem Kapitel über »Profane Kirchengeschichte« ab. Der inhaltlich gewichtigste dritte Teil entfaltet den Kern von Overbecks Verständnis von Religion, Kultur, Wissenschaft und Christentum und gibt im Schlusskapitel eine differenzierte Beschreibung der Entwicklung, die Overbecks Kampf gegen alle Theologie genommen hat. Es wird deutlich, dass seine Theologiekritik nicht die persönliche Marotte eines deroutierten Theologieprofessors ist, sondern die Wahrnehmung einer komplexen Frage, der sich jeder ernsthafte Gläubige wie auch Ungläubige stellen sollte.

Es stellt eine Tragik eigener Art dar, dass sich Walter Nigg mit seinem – à fond akademischen – Overbeck-Buch aus der universitären Theologie herausgeschrieben hat, dies in unübersehbarer, wenn auch anders gelagerter Parallele zu dem, was Overbeck mit seiner »Streit- und Friedensschrift« »Über die Christlichkeit unserer heutigen Theologie« von 1873 erlebt hatte. Nigg selber hat in einem unveröffentlichten autobiographischen Text Folgendes geschrieben: »Tatsächlich war mit dieser Arbeit meine kirchengeschichtliche Laufbahn beendet, bevor sie begonnen hatte. Das Buch hat mich in die Rolle des Außenseiters gedrängt. Ich schreibe dies ohne das geringste Bedauern. Für das Parteidenken, auch das kirchliche Parteidenken, fehlte mir ohnehin jeglicher Sinn. Es mangelte mir freilich mein ganzes Leben lang der kirchengeschichtliche Gesprächspartner, den ich mir oft gewünscht habe. Alle meine weiteren Bücher sind Monologe eines Einsamen, der im Geruch des Unnahbaren stand. Ich suchte mich mit Kierkegaards Kategorie ›des Einzelnen‹ zu verstehen, daraus mir allezeit Mut und Kraft erwuchs.«[17]

Leser und Leserinnen dieses Buches, die von der differenzierten und doch leidenschaftlichen Wahrnehmung der Gestalt Franz Overbecks durch Walter Nigg beeindruckt sind, sollten es deshalb nicht versäumen, bei ihrer Lektüre ab und zu auch einen freundlichen Blick auf die Gestalt des Biographen selbst zu werfen.

Anhang

Quellennachweis

Abkürzungen der angeführten Werke

Anfänge: Über die Anfänge der patristischen Literatur.

Antrittsvorlesung: Über die Entstehung und das Recht einer rein historischen Betrachtung der neutest. Schriften.

Apostelgeschichte: Kurze Erklärung der Apostelgeschichte.

Bernoulli: Franz Overbeck und Friedrich Nietzsche.

Briefe: Nietzsches Briefwechsel mit Overbeck.

Christlichkeit: Über die Christlichkeit unserer heutigen Theologie (2. Aufl.).

Erinnerung: Zur Erinnerung an Herrn Prof. Dr. Franz Overbeck.

G. A.: Göttinger Gelehrter Anzeiger.

Johannesevangelium: Das Johannesevangelium, Studien zur Kritik seiner Entstehung.

Kanon: Zur Geschichte des Kanons.

Kultur: Christentum und Kultur, Gedanken und Anmerkungen zur modernen Theologie.

L.C.: Literarisches Centralblatt.

N.E.: Nachlaß Exegetica (Die Zahl bedeutet die Nummer des betreffenden Kartons und die beigefügten Worte die Stichworte, unter welchen die Notiz im Karton zu finden ist).

N.H.: Nachlaß Historica.

Studien: Studien zur Geschichte der alten Kirche.

Th. LZ.: Theologische Literatur zeitung.

Vorwort

1 Bernoulli I 439.
2 E. Horneffer, Nietzsches letztes Schaffen (Jena 1907).
3 Charles Andler, La jeunesse de Nietzsche (Paris 1921) S. 168–178 und La maturité de Nietzsche (Paris 1928) S. 163–179.
4 E. F. Podach, Nietzsches Zusammenbruch (Heidelberg 1930).
5 M. Claudius Werke (Weimar 1924) Bd. 2 S. 149.

Bildnis der Persönlichkeit

1 Bernoulli I. 2.
2 Die neue Rundschau 1906 S. 223.
3 Vgl. Kultur 289.
4 N. H. 19 Rothe Charakteristik.
5 Johannesevangelium 7.
6 N. H. 20 Schleiermacher.
7 Vgl. Bernoulli I 6–32.
8 Andler, La jeunesse de Nietzsche S. 174.
9 Christlichkeit 3.
10 Ibid. 4.
11 Ibid. 7.
12 Bernoulli I. 27.
13 Ibid. I. 27.
14 Ibid. I. 27.
15 Ibid. I. 25.
16 Apostelgeschichte S. X.
17 Ibid. XVIII.
18 Ibid. 227.
19 Ibid. XVIII.
20 So Hilgenfeld in »Zeitschrift für wissenschaftliche Theologie« (1871) S. 157 und Jülicher in seiner »Einleitung in das Neue Testament« (1910) S. 341, ferner Wellhausen in G. G. N., Philos.-hist. Abteilung (1907) S. 21.
21 In der »Festschrift zur Feier des 450jährigen Bestehens der Universität Basel« (1910) S. 295.
22 Vgl. Vischer, »Die Lehrstühle und der Unterricht an der

theologischen Fakultät Basel seit der Reformation« (in Festschrift zur Feier des 450jährigen Bestehens der Universität Basel, 1910).
23 Ibid. 218.
24 Ibid. 219.
25 Ibid. 219.
26 Christlichkeit 8.
27 Ibid. 2.
28 Bernoulli I 28.
29 Ibid. I. 84.
30 Basler Nachrichten 28. Juni 1905.
31 Antrittsvorlesung 16.
32 Ibid. 25.
33 Ibid. 30.
34 Ibid. 31.
35 Ibid. 32.
36 Ibid. 32.
37 Briefe 207.
38 Basler Nachrichten 28. Juni 1905.
39 Basler Jahrbücher 1906 S. 149.
40 Ibid. 150.
41 Erinnerung 6.
42 Basler Jahrbücher 1906 S. 152.
43 Die neue Rundschau 1906, Septemberheft.
44 Horneffer, Nietzsches letztes Schaffen S. 43 und ebenso S. 59.
45 Die neue Rundschau 1906 S. 324.
46 Andler, La maturité de Nietzsche S. 163.
47 Überweg-Österreich, Grundriß der Geschichte der Philosophie 4. Teil (1923) S. 716.
48 E. Förster-Nietzsche, Das Leben Friedrich Nietzsches Bd. II S. 609 und 828.
49 Horneffer, Nietzsches letztes Schaffen S. 45.
50 N. H. 16 Nietzsche-Archiv.
51 Andler, La jeunesse de Nietzsche S. 169.
52 Briefe 68.
53 Ibid. 76.
54 Ibid. 108, 158, 185.
55 Ibid. 113.
56 Bernoulli II 238.
57 Die neue Rundschau 1906 S. 327.
58 Ibid. 211.
59 Horneffer, Nietzsches letztes Schaffen S. 64.
60 Die neue Rundschau 1906 S. 320.
61 Ibid. 325.
62 Bernoulli I 90.
63 N. H. 18 Philistertum.
64 Briefe 3.
65 Ibid. 386.
66 Ibid. 134.
67 Die neue Rundschau 1906 S. 209.
68 Ibid. 214.
69 Kultur 281.
70 Die neue Rundschau 1906 S. 217.
71 Kultur 136.
72 O. Crusius, Erwin Rohde (1902) S. 124.
73 N. H. 19 Rohde und Professorentum.
74 N. H. 6 Ehe, Allgemeines.
75 Briefe 92.
76 Basler Jahrbücher 1906 S. 184.
77 O. Crusius, Erwin Rohde S. 69.
78 Der Bund 1903 Nr. 2.
79 Johannesevangelium S. VIII.
80 Nietzsches gesammelte Briefe Bd. II S. 525.
81 Briefe 140.
82 Ibid. 296.
83 Erinnerung 10.
84 Studien S. IV/V.
85 N. H. 11 Interessant Vermischtes.
86 Bernoulli I 224.
87 Erinnerung 6.
88 N. H. 25 Wissenschaft, Allgemeines.
89 Kultur 280.
90 Briefe 249.
91 Kultur 286 – 287.
92 Ibid. 254.
93 Ibid. 292 f.
94 Briefe 38.
95 Kultur 251 f.
96 N. H. Wagner Richard, Vermischtes.
97 Briefe 438.
98 Ibid. 278.
99 Briefe 53.
100 N. H. 21 Spitteler Carl.
101 N. H. 8 Goethes Gegenwart, Allgemeines. Vgl. ferner »Goethes

Verhältnis zum Christentum« in »Christentum und Kultur« S. 142–148.
102 Kultur 252.
103 N. H. 23 Treitschke und Fichte.
104 N. H. 21 Sinn des Lebens, Allgemeines.
105 N. H. 18 Platonismus Allgemeines.
106 N. H. 11 Idealisierung der Dinge, Allgemeines.
107 N. H. 19 Romantik, Allgemeines.
108 Briefe 230.
109 Ibid. 277.
110 Ibid. 402.
111 Kleists Sämtliche Werke Bd. IV S. 12 (Tempelverlag, Leipzig).
112 Basler Nachrichten 28. Juni 1905.
113 Basler Jahrbücher 1906 S. 149.
114 Kultur 288.
115 N. H. 1 Alter, Vermischtes.
116 Ibid.
117 Kultur 298.
118 N. H. 7 Geißler G. H.
119 Erinnerung 6–7.

Das Problem seines Lebens

1 Kultur 136.
2 Ed. Schwartz, Über Kirchengeschichte (Nachrichten von der k. Gesellschaft d. Wissenschaft zu Göttingen. Geschäftliche Mitteilungen), 1908, S. 109.
3 Basler Nachrichten 28. Juni 1905.
4 Briefe 27.
5 Vgl. Förster-Nietzsche, Das Leben Friedrich Nietzsches Bd. II S. 194.
6 Historische Zeitschrift 1920 Bd. 122 S. 280.
7 Barth, Zur inneren Lage des Christentums S. 22.
8 Christliche Welt 1922 S. 249.
9 N. H. 16 Not lehrt beten.
10 N. H. 22 Theologie, Meine.
11 Kultur 190.
12 Christlichkeit 8.
13 Realenzyklopädie für protestantische Theologie und Kirche Bd. 24 S. 301.
14 Bernoulli II 167.
15 Historische Zeitschrift 1920 Bd. 122 S. 281.
16 Christlichkeit 13.
17 Nietzsches gesammelte Briefe Bd. III S. 446.
18 Horneffer, Nietzsches letztes Schaffen S. 62.
19 Kultur 42.
20 Bernoulli I 128.
21 Horneffer, Nietzsches letztes Schaffen S. 62.
22 Andler, La maturité de Nietzsche S. 172.
23 Ibid. 174.
24 Die neue Rundschau 1906 S. 321.
25 Nietzsches Werke (Klassikerausgabe) Bd. II S. 216.
26 Christlichkeit 93.
27 Nietzsches Werke Bd. II S. 187 und 188/189.
28 Andler, La maturité de Nietzsche 173.
29 Bernoulli II 182.
30 Die neue Rundschau 1906 S. 40.
31 Ibid. 222.
32 Kultur 47.
33 Ibid. 226.
34 Ibid. 184.
35 Ibid. 33.
36 K. Holl, Gesammelte Aufsätze zur Kirchengeschichte Bd. II S. 33 und 433.
37 Die neue Rundschau 1906 S. 40.
38 K. Barth, Der Römerbrief (1922) S. 115.
39 O. Crusius, Erwin Rohde S. 190.
40 N. H. 4 Christentum, Mein.
41 Christlichkeit 12.
42 Kultur 179.
43 Christliche Welt 1922.
44 Kattenbusch, Die Theologie seit Schleiermacher (1924) S. 63.
45 Vgl. aus der Biographie von Ludwig Schemann (1919) das Kapitel »Lagarde als religiöser Denker und Neuerer« S. 157–210.
46 Bernoulli I 98.
47 Ibid. I 366.
48 Studien S. VII.
49 Kultur S. XXXVI.

50 Bernoulli I 367.
51 Briefe 85.
52 Kultur 267.
53 N. H. 4 Christentum, Mein.
54 N. H. 4 Christentum, Mein.
55 Christlichkeit 174.
56 N. H. 21 Sorgenvolle.
57 N. H. 19 Rochell, Einsame Wege, Vermischtes.
58 Barth, Zur inneren Lage des Christentums S. 4.
59 Barth in der »Christlichen Welt« 1922 Sp. 249.
60 N. H. 4 Christentum, Modernes Charakteristik.
61 Christlichkeit S. XII.
62 Ibid. 160.
63 Ibid. 201.
64 Die neue Rundschau 1906 S. 225.
65 Christlichkeit 162.
66 Basler Jahrbücher 1906 S. 182.
67 Bernoulli I 85.
68 Christlichkeit 158.
69 Briefe 339.
70 Christlichkeit 173.
71 Basler Jahrbücher 1906 S. 183.
72 Christlichkeit 183.
73 Ibid. 181.
74 Ibid. 176.
75 Troeltsch, Gesammelte Schriften Bd. IV S. 734.
76 Briefe 400.
77 M. Weber, Max Weber (1926) S. 331–335.
78 N. H. 20 Schmidt P. W., Charakteristik.
79 N. H. 25 Wernle Paul, Vermischtes.
80 Barth, Zur inneren Lage des Christentums S. 22.
81 N. H. 25 Zeitschrift für neutestamentliche Wissenschaft.
82 N. H. 4 Christentum, Mein.

Historische Präliminarfragen

1 N. H. 7 Gegenwart, Allgemeines.
2 N. H. 8 Geschichtsschreibung, Allgemeines.
3 N. H. 4a Christenverfolgungen, Römische, Allgemeines.
4 Kultur 3.
5 N. H. 8 Geschichte und Vergangenheit.
6 Kultur 6.
7 N. H. 23 Theologie und Religionswissenschaft, Allgemeines – von Overbeck unvollendete Notiz.
8 N. H. 8 Geschichte, Sinn, Allgemeines.
9 Harnack, Das Christentum und die Geschichte (1897) S. 14.
10 H. v. Schubert, Die heutige Auffassung und Behandlung der Kirchengeschichte (1902) S. 22 u. 32.
11 Wilhelm Bauer, Einführung in das Studium der Geschichte (1921) S. 10/11.
12 Burckhardt, Weltgeschichtliche Betrachtungen (1921) S. 25.
13 Kultur 276.
14 Ibid. 7.
15 Ibid. 7.
16 Ibid. 73.
17 Ibid. 8.
18 N. H. 8 Geschichte und Pessimismus.
19 Kultur 265.
20 Ibid. 7.
21 Barth, »Der Römerbrief« S. 7 und »Dogmatik« Bd. I S. 230; Brunner, »Erlebnis, Erkenntnis und Glaube« S. 104 und »Religionsphilosophie« S. 62.
22 N. H. 24 Urgeschichte, Allgemeines.
23 Kultur 24.
24 Ibid. 21.
25 N. H. 24 Urgeschichte, Allgemeines.
26 Ibid.
27 Ibid.
28 N. H. 24 Urchristentum, Allgemeines.
29 N. H. 4 Christentum, Urchristentum.
30 N. H. 24 Urchristentum, Allgemeines.
31 Das Johannesevangelium 238.
32 N. H. 24 Urchristentum Allgemeines.

33 N. H. 24 Urgeschichte Allgemeines.
34 N. H. 4 Christentum und Sozialismus, Geschichte der Verbindungen.

Christliche Urliteratur

1 N. H. 9 Harnack, Charakteristik, Prophetie. Vgl. Christlichkeit 207.
2 Anfänge 442.
3 Ibid. 442.
4 Johannesevangelium 77.
5 Ibid. 103.
6 Harnack, Lehrbuch der Dogmengeschichte (1909) Bd. I S. 266.
7 Apostelgeschichte S. XXXIX.
8 Studien 22 u. 89.
9 Anfänge 423.
10 Religion in Geschichte und Gegenwart, 2. Aufl., Bd. II Sp. 638.
11 Johannesevangelium 72.
12 Anfänge 429.
13 Ibid. 428.
14 N. H. 16 Neues Testament, schriftstellerischer Charakter.
15 Johannesevangelium 492.
16 Anfänge 429.
17 Anfänge 431.
18 N. H. 3 Brief Allgemeines.
19 N. H. 3 Brief und Literatur, Allgemeines.
20 Johannesevangelium.
21 Anfänge 431.
22 Kultur 78.
23 Johannesevangelium 496 u. 411.
24 Apostelgeschichte XXI.
25 Johannesevangelium 257.
26 Kultur 79.
27 Bertram, Neues Testament und historische Methode S. 17.
28 Kultur 78/79.
29 Johannesevangelium 257.
30 Kultur 78.
31 Apostelgeschichte XX.
32 Ibid. XXVI u. LIX.
33 Anfänge 435.
34 Ibid. 433.
35 Johannesevangelium 214.
36 Ibid. 411.
37 Ibid. 231.
38 Ibid. 232.
39 Ibid. 229.
40 Ibid. 238 u. 193.
41 Ibid. 217, 241 u. 413/14.
42 Ibid. 416. Vgl. 497.
43 Ibid. 300.
44 Ibid. 302.
45 Ibid. 122.
46 N. H. 6 Evangelien Literaturform.
47 Anfänge 443.
48 N. H. 10 Hermas, Hirt der Form des Buches.
49 Anfänge 427.
50 Ibid. 436.
51 Ibid. 437.
52 Vgl. Anfänge 440–442.
53 N. H. 17 Papias Exegesen, Charakter des Werkes, Allgemeines.
54 Anfänge 443.
55 Ibid. 444 u. 448.
56 Ibid. 452–454.
57 Studien 48.
58 Anfänge 447 u. Kultur 74.
59 Johannesevangelium 494.
60 Anfänge 451.
61 Ibid. 454–472.
62 Johannesevangelium 494.
63 N. H. 13 Literatur, Christliche, Charakteristisches.
64 Johannesevangelium 495.
65 Anfänge 428.
66 Johannesevangelium 493.
67 Anfänge 448.
68 Kultur 24.
69 Ibid. 24.
70 Ibid. 22.
71 Ibid. 22.
72 Ibid. 23.
73 Anfänge 452.
74 Johannesevangelium 494.
75 Anfänge 437.
76 Kanon 71.
77 Kanon 70.
78 N. H. 12 Kanonisierung von Schriften.

79 Kultur 25.
80 Kanon 49.
81 Kanon 1.
82 Kanon 39.
83 N.H. 23 Theologie als Wissenschaft, Exegese.
84 N.H. 20 Schriftstellerei, Kirchliche, Exegetisches.
85 N.H. 12 Kanonisierung von Schriften.
86 N.H. 1 Allegorische Interpretation, Allgemeines.
87 Ibid.
88 Johannesevangelium 309 u. 122.
89 Ibid. 122.
90 Kultur 89.

Profane Kirchengeschichte

1 Christlichkeit 7.
2 Bernoulli I 4.
3 N.H. 8 Geschichtsschreibung, Objektivität.
4 N.H. 19 Radikalismus, Allgemeines.
5 Th.LZ. 1879 Sp. 478.
6 L.C. 1863 Sp. 1059.
7 N.H. 25 Wissenschaft und Methoden.
8 N.H. 10 Hypothesen, Allgemeines.
9 N.H. 19 Quellenanalyse, Allgemeines.
10 N.H. 8 Geschichtsschreibung und Tradition.
11 L.C. 1866 Sp. 162.
12 Kultur 292.
13 N.H. 23 Theologie, Moderne Tübinger Schule.
14 Johannesevangelium 21.
15 N.H. 12 Kirchengeschichtsschreibung, Neuere, Allgemeines.
16 H.v. Schubert, Die heutige Auffassung und Behandlung der Kirchengeschichte, Fortschritte und Forderungen (1902) S. 33.
17 N.H. 12 Kannegießerei.
18 N.E. 32 Euseb als Geschichtsschreiber.
19 N.H. 4 Christen und Volk.
20 N.H. 12 Kirchengeschichte und Weltgeschichte, Beziehungen zwischen ihnen.
21 Bernoulli II 137.
22 Ed. Schwartz, Über Kirchengeschichte, Nachrichten von der k. Gesellschaft d. Wissenschaft zu Göttingen. Geschäftliche Mitteilungen (1908) S. 109.
23 N.H. 12 Kirchengeschichtsschreibung, Anfänge, Allgemeines.
24 N.H. 22 Theologie, Geschichtswissenschaft, Allgemeines.
25 N.H. 12 Kirchengeschichte, Profane.
26 Johannesevangelium 122.
27 Blätter für württembergische Kirchengeschichte 1921 und 1922.
28 N.H. 13 Lamprecht, Karl, Vermischtes.
29 G.A. 1882 Sp. 1139.
30 Johannesevangelium 391.
31 Ibid. 498.
32 Basler Nachrichten 1905 28. Juni.
33 N.H. 19 Religionsgeschichte und Theologie, Allgemeines.
34 Troeltsch, Gesammelte Schriften Bd. III S. 497.
35 Kultur V.
36 Historische Zeitschrift Bd. 122 S. 284.
37 N.H. 12 Kirchengeschichte und Theologie.

Christentum und Kultur

1 Elert, Der Kampf um das Christentum S. 439.
2 Kultur XV.
3 N.H. 19 Religion, Allgemeines.
4 N.H. 9 Harnack, Wesen des Christentums, Allgemeines.
5 N.H. 25 Wesen, Allgemeines.
6 Bernoulli I 91.
7 Kultur 31.
8 Charles Andler, Nietzsche und Jakob Burckhardt S. 136.
9 Troeltsch in der Historischen Zeitschrift Bd. 122 S. 285.

10 Über Bauer vgl. Barnikol, Entdeckung des Christentums im Vormärz (1927). Das Urteil Overbecks über Bauer steht in Th. LZ. 1878 Sp. 314 und Th. LZ. 1889 Sp. 30.
11 Kultur 15.
12 Studien 159.
13 N. H. 4 Christentum und Altertum, Allgemeines.
14 Kultur 266.
15 N. H. 7 Frauen (Kirche), Vermischtes.
16 Christlichkeit 74.
17 Kultur 28.
18 N. H. 1 Altes Testament, Pessimismus.
19 N. H.4 Christentum, Allgemeines.
20 Kultur 62.
21 N. H. 4 Christentum, Historisches, Allgemeines.
22 N. H. 23 Tod und Kultur.
23 N. H. 4 Christentum, Eschatologie, Allgemeines.
24 Christlichkeit 71.
25 Ibid. 93.
26 N. H. 14 Memento mori des Christentums.
27 Loofs, Leitfaden zum Studium der Dogmengeschichte, 2. Aufl., S. 58.
28 Kultur 33.
29 Christlichkeit 93.
30 Ibid 83/84.
31 Kultur 95.
32 N. H .4a Kultur, Allgemeines.
33 Kultur 247.
34 Ibid. 65.
35 Ibid. 99.
36 N. H. 4 Christentum, Mittelalter, Allgemeines.
37 N. H. 18 Protestantismus und Katholizismus Gegensatz, Allgemeines.
38 Vgl. die Ausführungen in der Christlichkeit S. 45 f. und vor allem in Christentum und Kultur S. 126–134.
39 N. H. 17 Pascal und Paulus.
40 Die neue Rundschau 1906 S. 223.
41 N. H. 4 Christentum, Wandelbarkeit.
42 N. H. 4a Konfessionalismus, Moderner, Kritik.
43 Vgl. Kultur 101 ff.
44 N. H. 4 Christentum, Deutsches und englisches, Vergleich.
45 N. H. 4a Konfessionalismus, moderner, Allgemeines.
46 N. H. 4a Konfessionsstreit, Deutscher, Allgemeines.
47 N. H. 4a Konfessionalismus, Moderner, Kritik.
48 N. H. 4a Konfessionalismus, Allgemeines.
49 Kultur 208.
50 N. H. 4a Kongresse, Religionshist., Allgemeines.
51 N. H. 5 Diel, Christlicher Sozialismus.
52 N. H. 21 Staat und Kirche, Trennung, Allgemeines.
53 Kultur 64.
54 Ibid. 268.
55 N. H. 1 Ära, Christliche.
56 Kultur IX.
57 N. H. 4 Christentum, Alter, absolut.
58 N. H. 4 Christentum und Weltgericht.
59 N. H. 4 Christentum, Alter, absolut.
60 Kultur 300.
61 Bernoulli II 464.
62 Kultur 247.
63 Christlichkeit 22.
64 Kultur 5.
65 Vgl. Kultur 248.
66 Ibid. 69.
67 Ibid. 270.
68 Ibid. 121.
69 Ibid. 77.

Der Kampf gegen die Theologie

1 Pfleiderer, Entwicklung der protest. Theologie in Deutschland seit Kant und in Großbritannien seit 1825 (1891).
2 Kattenbusch, Von Schleiermacher bis Ritschl (1903).

3 R. Seeberg, Kirche Deutschlands im 19. Jahrhundert (1903).
4 Troeltsch, Gesammelte Schriften Bd. II S. 198.
5 Jülicher, Einleitung ins Neue Testament (1901) S. 362.
6 Christlichkeit 158.
7 Ibid. 158.
8 Vgl. »Die christliche Welt« 1922 Sp. 109, 126 und 142.
9 Kattenbusch, Die Theologie seit Schleiermacher (1926) S. 63.
10 W. Elert, Der Kampf um das Christentum (1921) S. 438.
11 Erschienen in der Broschüre »Zur inneren Lage des Christentums« (1920).
12 Ibid. 4.
13 Ibid. 15.
14 Ibid. 24.
15 Ibid. 14.
16 Ibid. 19.
17 Barth, Der Römerbrief (1922) S. VI.
18 Barth, Die christliche Dogmatik im Entwurf (1927) Bd. I S. VI.
19 Barth, Zur inneren Lage des Christentums S. 3.
20 Ibid. 13.
21 Christlichkeit 161.
22 N. H. 22 Theologie, Meine.
23 Kultur 292.
24 Christlichkeit 22.
25 N. H. 8 Glaube, Vermischtes.
26 Christlichkeit. 41.
27 Ibid. 35.
28 H. N. Lichtenberg, G. Chr., Allgemeines.
29 Christlichkeit 25.
30 E. H. Haenßler, Die Krisis der theologischen Fakultät (1929) S. 141.
31 E. Thurneysen, Das Wort Gottes und die Kirche S. 200.
32 Kultur 13.
33 Johannesevangelium 496.
34 Christlichkeit 21.
35 Ibid. 72.
36 N. H. 4 Christentum, Beweis, Allgemeines.
37 N. H. 2 Apologetik, Allgemeines.
38 Kultur 248.
39 Johannesevangelium 35.
40 Christlichkeit 38.
41 Ibid. 51.
42 Ibid. 69.
43 Religion in Geschichte und Gegenwart, 1. Aufl., Bd. IV Sp. 1097.
44 Christlichkeit 80.
45 Ibid. 93.
46 N. H. 3 Christlichkeit der heutigen Theologie.
47 Christlichkeit 109.
48 Barth, Zur inneren Lage des Christentums S. 22.
49 Bernoulli I 86.
50 Vgl. Christlichkeit S. XI.
51 N. H. 16 ohne nähere Bezeichnung.
52 So Barth im »Römerbrief« S. 435.
53 Studien VII.
54 Basler Nachrichten 1903 Nr. 252.
55 Christlichkeit 217.
56 Ibid. 212.
57 Kultur 289.
58 Ibid. XXXVI.
59 Ibid. 275.
60 Ibid. 159 ff.
61 Ritschl, Rechtfertigung und Versöhnung Bd. III S. 578, N. H. 19 Ritschl, Mein Verhältnis zu ihm.
62 Kultur 148 ff.
63 N. H. 3 Bismarck und Christentum.
64 N. H. 6 Entrüstung.
65 Deutsche Literaturzeitung 1912 Nr. 32.
66 Theologischer Literaturbericht 1912 Nr. 2.
67 Kultur 274.
68 N. H. 22 Theologie, Moderne, Charakter, Vermischtes.
69 N. H. 22 Theologie, Moderne, Enthusiasmus.
70 Kultur 245.
71 N. H. 22 Theologie, Moderne, Charakter, Rhetorik.
72 Christlichkeit 216.

73 N. H. 4 Christentum, Moderne, d. Kritik.
74 Kultur 276.
75 N. H. 11 Jesuiten, Gegner, Protestantische.
76 N. H. 4 Christentum, Moderne, Charakter, Jesuitismus.
77 Kultur 125.
78 Johannesevangelium 82.
79 N. H. 6 Erasmus und Luther.
80 N. H. 22 Theologie, Moderne, Christentum.
81 N. H. 15, Mission, Christliche Gegenwart.
82 N. H. 7 Feuerbach, Ludw., Christentum, Allgemeines.
83 N. H. 3 Breda.
84 N. H. 4a Christliche Welt, Charakteristik.
85 N. H. 25 Wernle und Ritschl.
86 Briefe 321.
87 Bischofslisten 6.
88 N. H. 9 Harnack, Historiker.
89 N. H. 9 Harnack, Vermischtes.
90 Theologische Literaturzeitung 1912 Nr. 1.
91 N. H. 9 Harnack, Meister.
92 In Th. LZ. 1898 Nr. 25.
93 N. H. 9 Harnack, Charakteristik, Ansehen, Allgemeines.
94 Neue Zürcher Zeitung 1903, Beilage zum 14. Mai.
95 Kultur 219.
96 N. H. 22 Theologie, Christlichkeit, Bestreitung.
97 Vgl. Kultur 290.
98 Ibid. 291.
99 Ibid. 279.
100 Vgl. den Schluß des Vorwortes in der »Christlichkeit«.
101 N. H. 22 Theologie, Meine.
102 N. H. 4 Christentum, Welteroberung, Gegenwart.

Nachwort

1 Karl Löwith, *Von Hegel zu Nietzsche.* Der revolutionäre Bruch im Denken des 19. Jahrhunderts, (1. Auflage 1941), Sämtliche Schriften, Bd. 4, Stuttgart 1988.
2 Barbara von Reibnitz, »Ich verdanke Dir soviel, lieber Freund ...«, Nietzsches Freundschaft mit Franz Overbeck, in: *Nietzsche und die Schweiz,* hg. v. David M. Hoffmann, Zürich 1994, sowie Andreas U. Sommer, *Der Geist der Historie und das Ende des Christentums.* Zur ›Waffengenossenschaft‹ von Friedrich Nietzsche und Franz Overbeck, Berlin 1997.
3 Karl Löwith, *Von Hegel zu Nietzsche,* (wie Anm. 1), S. 485.
4 Karl Barth, *Der Römerbrief.* (Erste Fassung) 1919, hg. v. H. Schmidt, Gesamtausgabe Bd. 16, Zürich: Theologischer Verlag 1985.
5 Karl Barth, *Der Römerbrief.* (Zweite Fassung), unveränderter Nachdruck der neuen Bearbeitung von 1922, Zürich 1985.
6 Christentum und Kultur. Gedanken und Anmerkungen zur modernen Theologie von Franz Overbeck, weiland Doktor der Theologie und Professor der Kirchengeschichte an der Universität Basel. Aus dem Nachlass herausgegeben von Carl Albrecht Bernoulli, Basel 1919.
7 Karl Barth, *Unerledigte Anfragen an die heutige Theologie* (1920), wiederabgedruckt in: ders., *Die Theologie und die Kirche,* Gesammelte Vorträge, Bd. 2, München 1920, S. 1–25.
8 Karl Barth, *Der Römerbrief.* (Zweite Fassung) 1985, S. 298.
9 Vgl. dazu Niklaus Peter, Franz Overbeck (1837–1905). *Christliche Eschatologie in der Sicht eines radikalen Theologiekritikers,* in: *Theologische Profile/Portraits théologiques. Schweizer Theologen im 19. und 20. Jahrhundert,* hg. v. B. Bürki und St. Leimgruber, Freiburg/Schweiz 1999, S. 81–94.
10 Vgl. Barbara von Reibnitz' *Einleitung* zu: Franz Overbeck,

Kirchenlexicon, Texte, Ausgewählte Artikel. Overbeck – Werke und Nachlass, Bd. 4, passim.

11 Carl Albrecht Bernoulli in seiner *Vorrede des Herausgebers,* in: *Christentum und Kultur* (wie Anm. 6).

12 An dieser Stelle sei auf das im Herbst 2009 erscheinende große Buch über Walter Nigg hingewiesen: Uwe Wolff, *»Das Geheimnis ist mein«. Walter Nigg – eine spirituelle Biographie und theologische Werkmonographie.* Ich möchte dem Autor danken, dass er mir die Einsichtnahme in sein Typoskript und Teilzitate erlaubt hat.

13 *Overbeckiana.* Übersicht über den Franz-Overbeck-Nachlass der Universitätsbibliothek Basel. I. Teil: *Die Korrespondenz Franz Overbecks.* Verz., Regesten und Texte, hg. in Zusammenarbeit mit M. Gabathuler von E. Staehelin, Basel 1962. II. Teil: *Der wiss. Nachlass Franz Overbecks,* beschrieben von Martin Tetz, Basel 1962.

14 Siehe dazu die Literaturangaben in den Lexikonartikeln: Niklaus Peter, Art. *Overbeck, Franz Camille,* in: *Theologische Realenzyklopädie* (=TRE), Bd. 25, 563–568, sowie: Friedrich Wilhelm Graf, Art. *Overbeck, Franz Camille,* in: *Religion in Geschichte und Gegenwart* (=RGG), 4. Auflage, Bd. 6, S. Sp. 758–759.

15 Franz Overbeck, *Werke und Nachlass,* (=OWN) im Metzler Verlag Stuttgart; bisher erschienen: Bd. 1, *Schriften bis 1873,* hg. v. E. Stegemann und N. Peter, 1994; Bd. 2, *Schriften bis 1880,* 1994, hg.v. E. Stegemann und R. Brändle; Bde. 4–5, *Kirchenlexicon,* 1995, hg. v. B. v. Reibnitz, Bd. 6/1–6/2, *Materialien zum Kirchenlexicon* (Krit. Neuausgabe »Christentum und Kultur« sowie Gesamtinventar), hg. v. B. v. Reibnitz; Bd. 7/1: *Autobiographisches. »Mich selbst betreffend«,* hg. von M. und M. Stauffacher, 2002; Bd. 7/2, *Autobiographisches. »Meine Freunde Treitschke, Nietzsche und Rohde«,* 1999; Bd. 8, *Briefe,* hg. v. N. Peter u. F. Bestebreurtje, 2008; Bd. 9, *Vorlesungen zur Geschichte der Alten Kirche,* hg. v. J. Chr. Emmelius, 2006.

16 *Franz Overbeck – Erwin Rohde: Briefwechsel,* hg. v. A. Patzer. Berlin 1990 (Supplementa Nietzscheana Band 1). *Franz Overbecks Briefwechsel mit Paul de Lagarde.* Herausgegeben, kommentiert und eingeleitet von N. Peter und A. U. Sommer. In: Zeitschrift für Neuere Theologiegeschichte 2, 1996, S. 127–171. *Franz Overbeck – Heinrich Köselitz [Peter Gast]: Briefwechsel.* Herausgegeben und kommentiert von D. M. Hoffmann, N. Peter u. Th. Salfinger. Berlin 1998 (Supplementa Nietzscheana Band 3). *Friedrich Nietzsche – Franz und Ida Overbeck: Briefwechsel,* hg. v. K. Meyer u. B. von Reibnitz. Stuttgart 2000 – sowie der Brief-Auswahlband in OWN, siehe Anm. 15.

17 Walter Nigg, *Ein Wörtlein über meine Bücher* (unveröffentlichtes Typoskript), zitiert nach Uwe Wolff, »Das Geheimnis ist mein« (siehe Anmerkung 8, dort im Kapitel »Zürcher Lehrjahre: Dissertation und Habilitation«, resp. im Unterkapitel »Karl Barths Reaktion: Der Knabe Nigg«.

Bibliographie

1. Anzeigen

1. **G. Flügel**, Mani, Seine Lehren und seine Schriften, Leipzig 1862 (Zeitschrift der deutschen morgenländischen Gesellschaft Bd. 16, Leipzig 1862, S. 765 ff.)
2. **R. A. Lipsius**, Der Gnostizismus und sein Wesen, Ursprung und Entwicklungsgang, Leipzig 1860 (L. C. 1862, Sp. 619 ff.)
3. **E. von Pressensé**, Geschichte der drei ersten Jahrhunderte der christlichen Kirche, 1. Bd., Leipzig 1862 (L. C. 1863, Sp. 98 f.)
4. **F. Chr. Baur**, Kirchengeschichte des neunzehnten Jahrhunderts, Tübingen 1862 (L. C. 1863, Sp. 169 f.)
5. **K. Hase**, Handbuch der protestantischen Polemik gegen die römisch-katholische Kirche, Leipzig 1862 (L. C. 1863, Sp. 337 ff.)
6. **E. von Pressensé**, Geschichte der ersten drei Jahrhunderte der christlichen Kirche, 2. Bd. (L. C. 1863, Sp. 674 f.)
7. **E. Renan**, Vie de Jésus 6ième édit., Paris 1863 (L. C. 1864, Sp. 625 f.)
8. **G. Güntner**, Introduction in sacros Novi Testamenti libros historico-critica et apologetica, Prag 1863 (L. C. 1864, Sp. 625 f.)
9. **F. W. Krummacher**, Die Wahrheit der evangelischen Geschichte, Berlin 1864 (L. C. 1864, Sp. 650 f.)
10. **Ed. Reuß**, Die Geschichte der hl. Schriften des Neuen Testamentes, 4. Aufl. Braunschweig 1864 (L. C. 1864, Sp. 675 f.)
11. **L. Gaußen**, Die Echtheit der hl. Schriften. Aus dem Französischen. Basel 1864 (L. C. 1864, Sp. 721 ff.)
12. Zwei französische Stimmen über Renans Leben Jesu, Regensburg 1864 (L. C. 1864, Sp. 865)
13. **D. Schenkel**, Das Charakterbild Jesu, 2. Aufl., Wiesbaden 1864 (L. C. 1865, Sp. 33 ff.)
14. **Fr. von Raumer**, Schwarz, Strauß, Renan, Ein Vortrag, 3. Aufl., Leipzig 1864 (L. C. 1865, Sp. 81)
15. **A. Stap**, Etudes historiques et critiques sur les origines du christianisme, Bruxelles 1864 (L. C. 1865, Sp. 197 f.)
16. **A. Hilgenfeld**, Bardesanes, der letzte Gnostiker, Leipzig 1864 (L. C. 1865, Sp. 198 f.)
17. **D. F. Strauß**, Das Leben Jesu für das deutsche Volk, 2. Aufl., Leipzig 1864 (L. C. 1865, Sp. 489 ff.)
18. **C. Tischendorf**, Wann wurden unsere Evangelien verfaßt? Leipzig 1865 (L. C. 1865, Sp. 521 ff.)
19. **J. Meyer**, Das Leben Jesu für das deutsche Volk, bearbeitet von D. F. Strauß, Leipzig 1864 (L. C. 1865, Sp. 937)
20. **Fr. Schleiermacher**, Das Leben Jesu, Berlin 1864 (L. C. 1865, Sp. 1105 ff.)
21. **D. F. Strauß**, Der Christus des Glaubens und der Jesu der Geschichte, Berlin 1865 (L. C. 1865, Sp. 1129 ff.)
22. **Ch. Dollfuß**, A propos de la nouvelle Vie de Jésus de D. F. Strauß, Paris 1865 (L. C. 1865, Sp. 1161)
23. **F. Chr. Baur**, Vorlesungen über neutestamentliche Theologie, Leipzig 1864 (L. C. 1866, Sp. 61 ff.)
24. **O. Jäger**, Die Zerstörung von Jerusalem durch Titus Flavius Vespasianus 1865 (L. C. 1866, Sp. 531)
25. **Aug. Klostermann**, Vindiciae Lucanae, Göttingen 1866 (L. C. 1866, Sp. 585 ff.)

26. **O. Thenius**, Das Evangelium der Evangelien, Leipzig 1865 (L. C. 1866, Sp. 610 f.)
27. **Fr. I. Tafel**, Das Leben Jesu, Basel 1865 (L. C. 1866, Sp. 818 ff.)
28. **Th. Keim**, Der geschichtliche Christus, Zürich 1866 (L. C. 1866, Sp. 841 ff.)
29. **E. Renan**, Les apôtres, Paris 1866 (L. C. 1866, Sp. 937 ff.)
30. **H. Lutteroth**, Le recensement de Quirinius en Judée, Paris 1865 (L. C. 1866, Sp. 1109 ff.)
31. **J. Bücher**, Die Chronologie des Neuen Testamentes, Augsburg 1865 (L. C. 1866, Sp. 1130 f.)
32. **G. Volkmar**, Der Ursprung unserer Evangelien, Zürich 1866 (L. C. 1866, Sp. 1155 f.)
33. **C. Harder**, Die Entstehung und Ausbreitung des Christentums in den ersten drei Jahrhunderten, 1. Teil, Neuwied 1865 (L. C. 1866, Sp. 1313)
34. **G. Winer**, Grammatik des neutestamentlichen Sprachidioms, 7. Aufl., Leipzig 1867 (L. C. 1867, Sp. 457)
35. **H. Sevin**, Die drei ersten Evangelien synoptisch zusammengestellt, Wiesbaden 1866 (L. C. 1867, Sp. 457 f.)
36. **C. Weizsäcker**, Untersuchungen über die evangelische Geschichte, Gotha 1865 (L. C. 1867, Sp. 481 ff.)
37. **J. R. Erni**, Evangelienübersicht, Zürich 1867 (L. C. 1867, Sp. 1209 f.)
38. **W. Mangold**, Der Römerbrief und die Anfänge der römischen Gemeinde, Marburg 1867 (L. C. 1867, Sp. 1233 ff.)
39. **J. Kayser**, Über den sogenannten Barnabasbrief, Paderborn 1866 (L. C. 1868, Sp. 25 ff.)
40. **J. H. Scholten**, Die ältesten Zeugnisse betreffend die Schriften des Neuen Testaments, Bremen 1867 (L. C. 1868, Sp. 689 ff.)
41. **A. König**, Die Echtheit der Apostelgeschichte des Lukas, Breslau 1867 (L. C. 1868, Sp. 713 f.)
42. **Th. Zahn**, Der Hirt des Hermas untersucht, Gotha 1868 (L. C. 1869, Sp. 313 ff.)
43. **C. L. W. Grimm**, Lexikon graeco-latinum in libros Ni. Ti. Fasc. IV, Leipzig 1868 (L. C. 1869, Sp. 409 f.)
44. **C. Wittichen**, Der geschichtliche Charakter des Evangeliums Johannis, Elberfeld 1868 (L. C. 1869, Sp. 865 f.)
45. **J. Freudenthal**, Die Flavius Josephus beigelegte Schrift: Über die Herrschaft der Vernunft, Breslau 1869 (L. C. 1869, Sp. 1281 f.)
46. **E. Renan**, Saint Paul, Paris 1869 (L. C. 1869, Sp. 1345 ff.)
47. **M. Krenkel**, Paulus der Apostel der Heiden, Leipzig 1869 (L. C. 1870, Sp. 265 ff.)
48. **H. Sevin**, Zur Chronologie des Lebens Jesu nach den Synoptikern, Heidelberg 1870 (L. C. 1870, Sp. 881)
49. **L. Noack**, Aus der Jordanwiege nach Golgatha, Mannheim 1870 (L. C. 1871, Sp. 393 ff.)
50. **J. Tobler**, Grundzüge der evangelischen Geschichte, Zürich 1870 (L. C. 1871, Sp. 449)
51. **H. Ziegler**, Irenaeus der Bischof von Lyon, Berlin 1871 (L. C. 1872, Sp. 789 ff.)
52. **M. Krenkel**, Der Apostel Johannes, Berlin 1871 (L. C. 1871, Sp. 909)
53. **R. F. Grau**, Entwicklung des neutestamentlichen Schrifttums, Bd. 1, Gütersloh 1871 (Zeitschr. f. wissensch. Theologie 1872, S. 439 f.)
54. **Aem. Luebeck**, Hieronymus quos noverit Scriptores et exquibus hauserit, Leipzig 1872 (L. C. 1873, Sp. 35)

55. Hermiae philosophi, Irrisco gentilium philosophorum etc. veceno. J. Chr. Th. de Otto (= Corpus Apologetarum christianorum saeculi secundi ed. J. Chr. Th. de Otto Vol. IV), Jenae (L. C. 1873, Sp. 321)
56. Sexti sententiarum recensiones latinam graecam syricas coniunctim exhibuit C. J. Gildemeister, Bonn 1873 (L. C. 1873, Sp. 1644)
57. **Th. Zahn**, Ignatius von Antiochien, Gotha 1873 (L. C. 1874, Sp. 1 ff.)
58. **A. Harnack**, Zur Quellenkritik der Geschichte des Gnosticismus, Leipzig 1873 (L. C. 1874, Sp. 585)
59. Patrum apostolicorum opera edd. O. de Gebhardt, A. Harnack, Th. Zahn, Fasc. I, Lips. 1873 (Theol. Literaturzeitung 1876, Sp. 336 ff.)
60. **B. Aubé**, Histoire et persécutions de l'église jusqu'à la fin des Antonius (Th. LZ. 1876, Sp. 446 ff.)
61. Patrum apostolicorum opera edd. O. de Gebhardt, A. Harnack, Th. Zahn, Fasc. II, Edd., alt, Pars I, Lips. 1876 (Th. LZ. 1877, Sp. 284 ff.)
62. Origenis Contra Celsum libri I–IV. Rezens. W. Selwyn, Cantabr. 1876 (Th. LZ. 1877, Sp. 477 f.)
63. Patrum apostolicorum opera edd. O. de Gebhardt, A. Harnack, Th. Zahn, Fasc. III, Lips. 1877 (Th. LZ. 1878, Sp. 281 ff.)
64. **Br. Bauer**, Christus und die Cäsaren, Berlin, 1877 (Th. LZ. 1878, Sp. 314 ff.)
65. **B. Aubé**, Histoire des persécutions de l'église. La polémique païenne à la fin du II Siècle, Paris 1878 (Th. LZ. 1878, Sp. 532 ff.)
66. **E. Pélagaud**, Etude sur Celse, Lyon 1878 (Th. LZ. 1879, Sp. 201 ff.)
67. **C. Merk**, Clemens Alexandrinus in seiner Abhängigkeit von der griechischen Philosophie, Leipzig 1879 (Th. LZ. 1879, Sp. 475 ff.)
68. **Socrates**, Ecclesiastical history with an introduction by W. Bright, Oxford 1878 (Th. LZ. 1879, Sp. 478 f.)
69. **Br. Bauer**, Das Urevangelium und die Gegner der Schrift: Christus und die Cäsaren, Berlin 1880 (Th. LZ. 1880, Sp. 30 ff.)
70. **J. Friedrich**, Zur ältesten Geschichte des Primates in der Kirche, Bonn 1879 (Th. LZ. 1880, Sp. 131 ff.)
71. **V. Schultze**, Archäologische Studien über altchristliche Monumente, Wien 1880 (Th. LZ. 1880, Sp. 350)
72. **M. von Engelhardt**, Das Christentum Justins des Märtyrers, Erlangen 1878 (Histor. Zeitschr., Neue Folge, Bd. 8, S. 499 ff.)
73. **Th. Zahn**, Acta Joannis, Erlangen 1880 (Th. LZ. 1881, Sp. 31 ff.)
74. Juliani imp. Librorum contra Christiana quae supersunt coll. etc., C. J. Neumann, Lips. 1880 (Th. LZ. 1881, Sp. 258 ff.). Kaiser Julians Bücher gegen die Christen. Übersetzt von C. J. Neumann, Leipzig 1880 (ebendaselbst)
75. **V. Ryssel**, Gregorius Thaumaturgus, Leipzig 1880 (Th. LZ. 1881, Sp. 233 ff.)
76. **Jos. Langen**, De commentariorum in epistolas Paulinas qui Ambrosii nomine feruntur scriptore, Bonn 1880 (Th. LZ. 1881, Sp. 371 ff.)
77. **J. Draeseke**, Der Brief an Diognetos, Leipzig 1881 (Th. LZ. 1882, Sp. 28 ff.)
78. **Th. Zahn**, Forschungen zur Geschichte des neutestamentlichen Kanons und der altkirchlichen Literatur, I. Th., Erlangen 1881 (Th. LZ. 1882, Sp. 102 ff.)
79. **B. Aubé**, Des chrétiens dans l'empire Romain de la fin des

Antonins au milieu de 3ième siècle, Paris 1881 (Th. LZ. 1882, Sp. 171 f.). B. Aubé, Etude sur un nouveau texte des actes martyres Scillitains, Paris 1881 (ebendaselbst)

80. **A. Harnack**, Die Überlieferung der griechischen Apologeten des 2. Jahrhunderts in der alten Kirche und im Mittelalter, Leipzig 1882 (H. Z. N. F. Bd. 14 [1883])
81. **Th. Keim**, Rom und das Christentum, Berlin 1881 (G. A. 1882, Sp. 46 f.)
82. **K. Schmidt**, Die Apostelgeschichte unter dem Hauptgesichtspunkte ihrer Glaubwürdigkeit, I. Bd., Erlangen 1882 (G. A. 1882, S. 1313 ff.)
83. **R. A. Lipsius**, Die apocryphen Apostelgeschichten und Apostellegenden I, Braunschweig 1883 (G. A. 1883, S. 865 ff.)
84. **H. Doulcet**, Essai sur les rapports de l'église chrétienne avec l'état Romain, Paris 1883 (G. A. 1884, S. 361 ff.)
85. **Eb. Vischer**, Die Offenbarung Johannis, eine jüdische Apokalypse in christl. Bearbeitung, Leipzig 1886 (Th. LZ. 1887, Sp. 28 ff.)
86. **G. J. Weyland**, Compilatie en Omwerkingshypothesen toegapst op de Apocalypse van Johannes, Utrecht 1886 (Th. LZ. 1887, Sp. 28 ff.)
87. **A. Jahn**, Des hl. Eustathius, Erzbischofs von Antiochien, Beurteilung des Origenes, Leipzig 1886 (Th. LZ. 1887, Sp. 151 ff.)
88. Eine Notiz, den Danieltext des Hebräerbriefs betreffend, lieferte Overbeck noch Th. LZ. 1885, Sp. 241

2. Abhandlungen und Aufsätze in Zeitschriften, Lexikon-Artikeln

1. Die sogen. Scholien der Oecumenius zur Apokalypse (Zeitschr. f. wissenschaftl. Theologie 1864, S. 192ff.)
2. Über zwei neue Ansichten von Zeugnissen des Papias für die Apostelgeschichte und das IV. Evangelium (ebendas. 1867 S. 35 ff.)
3. Über ἐν ὁμοιώματι σαρκὸς ἁμαρτίας; Röm. 8, 3. Offenes Sendschreiben an C. Holsten (ebendas. 1869, S. 173 ff.)
4. Artikel in Daniel Schenkels Bibellexikon, Bd. 1–1V, Leipzig 1869–72, a) Caesarea (I 499 f.), b) Felix (II 263 f.), c) Festus (II 275 f.) d) Ikonium (III 303 f.), e) Lazarus (IV 17)
5. Über das Verhältnis Justins des Märtyrers zur Apostelgeschichte (Zeitschr. f. wissenschaftl. Theologie 1872, S. 305 ff.)
6. Ans dem Briefwechsel des Augustin mit Hieronymus (Historische Zeitschrift, Neue Folge Bd. 6, 1879, S. 222 ff.)
7. Über die Anfänge der patristischen Literatur (ebendas. Bd. 12, 1882, S. 417 ff.)

3. Gelegenheitsschriften

1. Quaestionum hippolytearum specimen etc. Jena 1864 (Habilitationsschrift)
2. Über Entstehung und Recht einer rein historischen Betrachtung der neutestamentlichen Schriften, Basel 1871, Antrittsvorlesung. (Existiert auch noch in einer zweiten, völlig unveränderten und ohne den geringsten Anteil Overbecks entstandenen Titelauflage)
3. Universitätsprogramme: a) Über den pseudojustinischen Brief an Diognet, Basel 1872, b) Über die Auffassung des Streites des

Paulus mit Petrus in Antiochien (Gal. 2, 11 ff.) bei den Kirchenvätern, Basel 1877, c) Über die Anfänge der Kirchengeschichtsschreibung, Basel 1892, d) Die Bischofslisten und die apostolische Nachfolge in der Kirchengeschichte des Eusebius, Basel 1898
4. Zur Geschichte des Kanons. Zwei Abhandlungen, Chemnitz 1880

4. Bücher

1. W. M. L. de Wette, Kurze Erklärung der Apostelgeschichte, 4. Auflage bearbeitet und stark erweitert von Fr. Overbeck, Leipzig 1870
2. Über die Christlichkeit unserer heutigen Theologie. Streit- und Friedensschrift, Leipzig 1873. Bis 1903 in verschiedenen Titelauflagen von Verlag zu Verlag weitergeschoben, dann zweite, um eine Einleitung und ein Nachwort vermehrte Auflage, Leipzig 1903
3. Studien zur Geschichte der alten Kirche. Erstes Heft, Schloß-Chemnitz 1875

5. Anhang

1. Eine Replik (an Herrn Dr. J. V. Widmann in Bern), Basler Nachrichten 1903, Nr. 252
2. Meine Antwort auf Frau Dr. Förster-Nietzsches neueste Publikationen ihren Bruder betreffend. (Frankfurter Zeitung 1904, Nr. 343, Feuilleton des 1. Morgenblattes vom 10. Dezember)

Aus dem Nachlass veröffentlicht

1. Overbecks Briefe an Peter Gast (in »Die neue Rundschau« 1906 S. 26–51)
2. Overbecks Erinnerungen an Friedrich Nietzsche (in »Die neue Rundschau« 1906 S. 209–31, 320–30)
3. Das Johannesevangelium, Studien zur Kritik seiner Entstehung (ed. Bernoulli), Tübingen 1911
4. Friedrich Nietzsches Briefwechsel mit Franz Overbeck (ed. R. Oehler u. Bernoulli), Leipzig 1916
5. Vorgeschichte und Jugend der mittelalterlichen Scholastik, eine kirchenhistorische Vorlesung (ed. Bernoulli), Basel 1917
6. Christentum und Kultur, Gedanken und Anmerkungen zur modernen Theologie (ed. Bernoulli), Basel 1919

Über Overbeck

1. Zur Erinnerung an Herrn Prof. Dr. Franz Overbeck, Basel 1905
2. Basler Nachrichten 28. Juni 1905 (Nekrolog von Eb. Vischer)
3. Neue Zürcher Zeitung 30. Juni 1905 (Nekrolog von C. A. Bernoulli)
4. Basler Jahrbücher 1906 S. 136–192 (Darstellung von Bernoulli)
5. C. A. Bernoulli, Franz Overbeck und Friedrich Nietzsche, nach ungedruckten Dokumenten und im Zusammenhang mit der bisherigen Forschung dargestellt, Jena 1908, 2 Bde.

Über Walter Nigg

Im Juni 2009 erscheint:
Uwe Wolff, »Das Geheimnis ist mein«, Walter Nigg. Eine Biographie, Zürich 2009.